企业家合规进阶十五讲

高慧 / 编著

企业管理出版社
ENTERPRISE MANAGEMENT PUBLISHING HOUSE

图书在版编目（CIP）数据

企业家合规进阶十五讲 / 高慧编著. —— 北京：企业管理出版社，2024.2

ISBN 978-7-5164-2905-1

Ⅰ.①企… Ⅱ.①高… Ⅲ.①企业法—研究—中国 Ⅳ.①D922.291.914

中国国家版本馆CIP数据核字（2023）第182808号

书　　名：	企业家合规进阶十五讲
书　　号：	ISBN 978-7-5164-2905-1
作　　者：	高　慧
责任编辑：	蒋舒娟
出版发行：	企业管理出版社
经　　销：	新华书店
地　　址：	北京市海淀区紫竹院南路17号　　邮　编：100048
网　　址：	http://www.emph.cn　　电子信箱：metcl@126.com
电　　话：	编辑部（010）68701661　发行部（010）68701816
印　　刷：	三河市荣展印务有限公司
版　　次：	2024年2月第1版
印　　次：	2024年2月第1次印刷
开　　本：	787mm×1092mm　1/16
印　　张：	26印张
字　　数：	329千字
定　　价：	128.00元

版权所有　翻印必究　·　印装有误　负责调换

序言

什么是企业家精神？一个基本的共识是企业家要具有契约精神。市场经济本质上是契约经济，真正的企业家将契约精神放在企业经营哲学的第一位，没有契约精神的创业者成不了企业家。

企业家都希望自己的企业长青，商业世界是美好的也是残酷的，"眼看他起高楼，眼看他宴宾客，眼看他楼塌了"。

商学院的教授告诉我们做好企业首先自己是自己的老师，其次身边的每一位同学都是自己的老师，这就是企业家来商学院读书的最大收获。企业家的成功诚然有千万种可能，但是，失败的经历有着殊途同归的命运。

企业家常常问，科学的尽头是什么？法律的尽头是什么？企业家到底需要一堂什么样的课？

著名法学家博登海默先生说，法律是人类最大的发明，别的发明使人类学会了如何驾驭自然，而法律使人类学会如何驾驭自己。

躬身入局的产业律师、公司律师、金融证券律师，经常和企业家们围炉夜话，话题自然离不开企业的传承和治理，离不开统一大市场环境下的合规，能够驾驭企业家的唯有法律，唯有公司治理和合规。这堂课必须有思想引领的范式，这便是著名法学家郑成良先生所说的法律之内的正义，即在事实之真与法律之善、实质合理与形式合理、实体公正与程序公正之间的理性选择。

我们把所处的环境称作VUCA时代，世界的变化是以易变性（volatility）、不确定性（uncertainty）、复杂性（complexity）、模糊性（ambiguity）呈现在我们面前的。

企业家精神不仅在于其敏锐的商业嗅觉和卓越的管理能力，还在于其抵抗资本诱惑的能力。企业家的财富积累和实业梦想借助资本的力量扬帆启航，而资本的海洋，不能缺少深谙资本市场的律师的保驾护航。

企业家需要律师高手帮助其将企业战略落实到契约中，在企业家的灰度决策中保持底线正义。

资本市场风云变幻，"眼看他起高楼，眼看他宴宾客，眼看他楼塌了"，律师是见证者，也是参与者。

一个好的律师不是简单地告诉企业家什么可以做，什么不可以做，而是需要给出一个可执行的解决方案，能够和企业的管理、运营、谈判融为一体，让企业家在资本市场面前学会敬畏市场、敬畏专业、敬畏法治、敬畏风险。

历经数十年资本市场的淬炼与企业家思想的碰撞，笔者完成了这本《企业家合规进阶十五讲》，相信本书的探索会给中国企业家带来不一样的法律体验。

高　慧

目录 CONTENTS

企业家必修课：全面注册制与企业上市合规进阶 / 1

01 理解注册制时代市场环境的变化 2
02 理解注册制下企业上市的本质 3
03 理解注册制下法治的变化 5
04 理解注册制下各板块定位 6
05 理解注册制的企业应符合国家产业政策的定位 8
06 理解注册制下信息披露的尺度 9
07 理解注册制关于上市前的制定、上市后实施股权激励计划的制度 10
08 理解注册制下会计基础规范和企业内控制度 10
09 理解注册制下企业是否具有直接面向市场独立持续经营的能力 11
10 理解注册制下实际控制人、控股股东、董监高的合规性 14

企业家必修课：全面注册制下企业上市重大法律问题合规对策 / 15

01 全面注册制下企业上市合规的边界 16
02 全面注册制下企业上市重大法律问题合规指引 32

企业家必修课：全面注册制与企业香港上市合规进阶 / 68

01 境内企业香港上市 69
02 境内企业香港上市模式选择 71
03 境内企业公开发行 H 股并上市 72
04 境内企业香港红筹 IPO 上市 79

企业家必修课：全面注册制与北交所上市合规进阶 / 91

01 多层次资本市场与北交所上市优势 92
02 北交所、主板、科创板、创业板上市条件 94
03 新三板分层制度 102
04 新三板股票发行制度 104
05 北交所公司治理规则 107
06 北交所信息披露规则合规要点 131
07 北交所退市制度 134
08 新三板公司申请终止挂牌及撤回 137

企业家必修课：创业企业股权架构设计与股权激励进阶 / 140

01 从微念与李佳佳之争看创业企业的股权架构设计 141
02 企业股权架构的基本模式 143
03 ESOP（员工持股计划）的缘起 151
04 股权激励的土壤——创始人、合伙人、团队文化 153
05 股权激励基本模式 & 科创板股权激励案例 155
06 当下最前沿股权激励模式 161
07 股权激励的基本架构和方案要点 170

企业家必修课：家族信托与家族企业传承与治理进阶 / 178

01 家族财富＝家族责任	179
02 家族企业传承与治理危机	182
03 均瑶集团 VS 海鑫集团 家族企业传承的不同之路	186
04 婚姻家庭对家族企业治理的影响	188
05 家族信托与永续传承	190
06 家族信托之企业家如何设置家庭信托传承企业	194
07 家族信托税务问题	199
08 家族信托案例	200

企业家必修课：与创业者和企业家一起研读新《公司法》/ 207

01 简便公司设立和退出	208
02 完善公司资本制度	211
03 优化公司治理体系	213
04 完善国家出资公司规定	219
05 强化大股东、董监高责任	221
06 加强社会公益保护	229

企业家必修课：硬科技企业与风险投资的共赢生态合规进阶 / 231

01 创始人如何看待风险投资	232
02 BP 怎么写	235
03 创始人如何看 DD	236
04 创始人如何看 TS/SPA	239
05 创始人如何看投后管理	257

企业家必修课：ESG 治理下企业低碳合规与数字化转型进阶 / 258

企业家必修课：企业数字化治理下个人信息保护合规进阶 / 270

企业家必修课：知产战略下商业秘密保护进阶 / 283

01	商业秘密保护的国际规则及域外经验	284
02	商业秘密保护的知识产权法 / 竞争法规则	287
03	商业秘密保护的刑法规则	292
04	商业秘密保护的侵权赔偿救济	294
05	商业秘密保护的行政救济	295

企业家必修课：《孙子兵法》与企业谈判的元规则 / 304

01	引子	305
02	谈判的底线规则	306
03	谈判的元规则	308
04	《孙子兵法》与谈判	311
05	中国古代谈判智慧	313
06	哈佛谈判心理学——福克斯	315
07	沃顿商学院斯图尔特·戴蒙德的谈判准则	319
08	谈判者的性格类型与 AC 模型	323
09	商务谈判的 APRAM 模式	324
10	谈判礼仪与谈判风格	326
11	谈判统筹及技巧	334

企业家必修课：企业危机管理与合规治理进阶 / 343

01 企业家如何应对危机	344
02 企业处理危机的基本准则	345
03 新城控股创始人的危机劫	347
04 海底捞的两次危机	348
05 企业家讲真话与道歉的艺术	352
06 舆情引导的黄金四小时法则	353

企业家必修课：企业私董会与企业家精神进阶 / 355

01 私董会的本源	356
02 私董会的组织和运行	357
03 私董会之实战演练	358
04 私董会之企业高管会议模式	371
05 私董会之情景策略规划	373

企业家必修课：企业知识产权战略合规进阶 / 376

01 知识产权	377
02 专利	379
03 商标	382
04 著作权	385
05 商业秘密	387

企业家必修课：新《证券法》要点精读与合规进阶 / 390

01 如何理解注册制与《证券法》...391
02 证券发行制度..393
03 上市公司收购制度..396
04 证券交易制度..397
05 投资者保护制度..402

企业家必修课：全面注册制与企业上市合规进阶

01 理解注册制时代市场环境的变化

注册制时代下市场环境的变化

2019年科创板试点注册制，2020年创业板试点注册制，2023年全面实行注册制，这期间我们经历了新冠疫情对全球经济和供应链体系的巨大挑战，需要面对市场预期和市场信誉的挑战，需要面对大数据监管下的统一大市场的机会和统一大监管的挑战，需要面对全球投资逻辑的变化。注册制的红利已经在试点阶段充分地释放，全面注册制时代，不是不审核，是审核的逻辑发生变化，是大数据监管下《刑法》《证券法》《公司法》灯塔效应、警示效应的自我革命和自我审核。

注册制时代下市场环境的变化——ESG与低碳时代

"3060"碳目标

低碳生态：风能+光伏+氢能=储能

智能生态：制造业+数字化+AI

碳消费生态：乡村振兴

创业生态：方向+投资

产品生态：物联生活

供应链生态：共生体

注册制时代下多层次资本市场

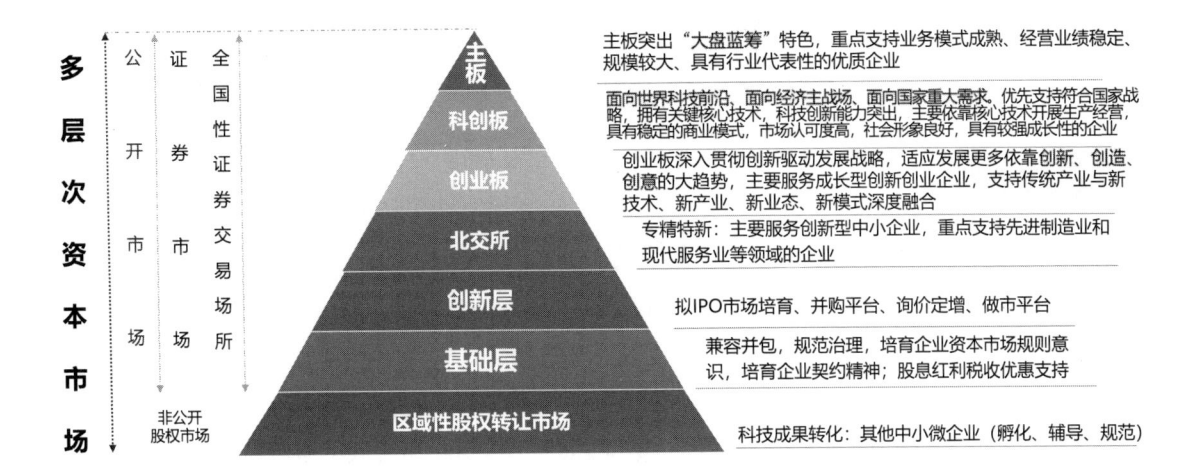

多层次资本市场

全国性证券交易场所
- 公开市场
  - 主板
  - 科创板
  - 创业板
  - 北交所
  - 创新层
  - 基础层
- 非公开股权市场
  - 区域性股权转让市场

主板突出"大盘蓝筹"特色，重点支持业务模式成熟、经营业绩稳定、规模较大、具有行业代表性的优质企业

面向世界科技前沿、面向经济主战场、面向国家重大需求，优先支持符合国家战略，拥有关键核心技术，科技创新能力突出，主要依靠核心技术开展生产经营，具有稳定的商业模式，市场认可度高，社会形象良好，具有较强成长性的企业

创业板深入贯彻创新驱动发展战略，适应发展更多依靠创新、创造、创意的大趋势，主要服务成长型创新创业企业，支持传统产业与新技术、新产业、新业态、新模式深度融合

专精特新：主要服务创新型中小企业，重点支持先进制造业和现代服务业等领域的企业

拟IPO市场培育、并购平台、询价定增、做市平台

兼容并包，规范治理，培育企业资本市场规则意识，培育企业契约精神；股息红利税收优惠支持

科技成果转化：其他中小微企业（孵化、辅导、规范）

02 理解注册制下企业上市的本质

注册制下企业上市的本质

注册制下，企业上市的本质不是未来收益的变现和流动性溢价的获得，企业上市的本质是企业创业精神的传承，是能力越大、责任越大的企业家精神的传承，凡是以变现未来收益和获得流动性溢价为目的的上市企业基本都做不长，因为上市后的诱惑太多，没有定力，没有能力越大、责任越大的使命感的企业最好不要上市。

注册制下的资本市场监管

▷ ■ **《证券法》第24条，责令回购制度**
股票的发行人在招股说明书等证券发行文件中隐瞒重要事实或者编造重大虚假内容，已经发行并上市的，国务院证券监督管理机构可以责令：
(1) 发行人
(2) 负有责任的控股股东、实际控制人

回购证券

▷ ■ **《证券法》第93条，先行赔付制度**
发行人因欺诈发行、虚假陈述或者其他重大违法行为给投资者造成损失的，发行人的控股股东、实际控制人、相关的证券公司可以委托投资者保护机构，就赔偿事宜与受到损失的投资者达成协议，予以先行赔付。
先行赔付后，可以依法向发行人以及其他连带责任人追偿。

▷ ■ **《证券法》第95条"明示退出、默示加入"代表人诉讼制度**
投资者保护机构受五十名以上投资者委托，可以作为代表人参加诉讼。

▷ ■ **民事赔偿责任**
- 《证券法》第85条 信息披露义务人未按照规定披露信息，或者公告的证券发行文件、定期报告、临时报告及其他信息披露资料存在虚假记载、误导性陈述或者重大遗漏，致使投资者在证券交易中遭受损失的，信息披露义务人应当承担赔偿责任。（**直接赔偿责任，推定过错**）
发行人的控股股东、实际控制人、董事、监事、高级管理人员和其他直接责任人员以及保荐人、承销的证券公司及其直接责任人员，应当与发行人承担连带赔偿责任。（**过错连带赔偿责任**）
- 《证券法》第163条 证券服务机构制作、出具的文件有虚假记载、误导性陈述或者重大遗漏，给他人造成损失的，应当与委托人承担连带赔偿责任。（**过错连带赔偿责任**）

▷ ■ **《证券法》第176条，举报奖励制度**
对涉嫌重大违法、违规行为的实名举报线索经查证属实的，国务院证券监督管理机构按照规定给予举报人奖励。

▷ ■ **惩罚制度**
- **信息披露义务人**：给予警告，并处以五十万元以上五百万元以下的罚款；对直接负责的主管人员和其他直接责任人员给予警告，并处以二十万元以上二百万元以下的罚款。发行人的控股股东、实际控制人组织、指使从事上述违法行为，或者隐瞒相关事项导致发生上述情形的，处以五十万元以上五百万元以下的罚款；对直接负责的主管人员和其他直接责任人员，处以二十万元以上二百万元以下的罚款。
- **保荐人**：给予警告，没收业务收入，并处以业务收入一倍以上十倍以下的罚款；没有业务收入或者业务收入不足一百万元的，处以一百万元以上一千万元以下的罚款；情节严重的，并处暂停或者撤销保荐业务许可。对直接负责的主管人员和其他直接责任人员给予警告，并处以五十万元以上五百万元以下的罚款。
- **证券服务机构**：未按照规定保存有关文件和资料的，责令改正，给予警告，并处以十万元以上一百万元以下的罚款；泄露、隐匿、伪造、篡改或者毁损有关文件和资料的，给予警告，并处以二十万元以上二百万元以下的罚款；情节严重的，处以五十万元以上五百万元以下的罚款，并处暂停、撤销相关业务许可或者禁止从事相关业务。对直接负责的主管人员和其他直接责任人员给予警告，并处以十万元以上一百万元以下的罚款。

03　理解注册制下法治的变化

注册制下法治的变化

企业上市后，获得了资本优势、人才优势、先发优势、资源优势，"孙猴子"变成了"孙大圣"。但是，企业家头上也戴上了紧箍——《中华人民共和国刑法》（2024年3月施行）、《中华人民共和国证券法》、《中华人民共和国公司法》（2024年7月施行），三大法重典治市，对于欺诈上市、财务造假可以惩罚到企业家、董监高、保荐机构、证券服务机构，其不得不有敬畏之心，对法治的敬畏、对市场的敬畏、对专业的敬畏、对风险的敬畏，最高可以判处15年有期徒刑，处以非法所募资金金额百分之十以上一倍以下的罚款，或者没收违法所得，并处以违法所得百分之十以上一倍以下的罚款。

（刑法　证券法　公司法　修订）

全面注册制新规解读——《全面实现股票发行注册制总体实施方案》

◆ 证监会部门规章
- 《首次公开发行股票注册管理办法》
- 《上市公司证券发行注册管理办法》
- 《上市公司重大资产重组管理办法》
- 《证券发行与承销管理办法》
- 《北京证券交易所向不特定合格投资者公开发行股票注册管理办法》等

◆ 交易所规则
- 《上海/深圳证券交易所股票发行上市审核规则》
- 《上海/深圳证券交易所上市公司证券发行上市审核规则》
- 《上海/深圳证券交易所上市公司重大资产重组审核规则》
- 《上海/深圳证券交易所首次公开发行证券发行与承销业务实施细则》
- 《上海/深圳证券交易所股票上市规则》（2023年2月修订）
- 《上海/深圳证券交易所科创板股票上市规则》（2023年8月修订）
- 《北京证券交易所向不特定合格投资者公开发行股票并上市审核规则》等

◆ 证监会信息披露内容与格式准则
- 《公开发行证券的公司信息披露内容与格式准则第X号——招股说明书》
- 《公开发行证券的公司信息披露内容与格式准则第46号——北京证券交易所公司招股说明书》
- 《公开发行证券的公司信息披露内容与格式准则第26号——上市公司重大资产重组》

04 理解注册制下各板块定位

注册制的板块定位

1. 主板

主板突出"大盘蓝筹"特色,重点支持业务模式成熟、经营业绩稳定、规模较大、具有行业代表性的优质企业。

【央企、国企等具有规模效应的企业和不符合科创板和创业板定位但具有规模效应的民营企业,市值/财务指标是核心。】

2. 科创板

科创板面向世界科技前沿、面向经济主战场、面向国家重大需求。优先支持符合国家战略,拥有关键核心技术,科技创新能力突出,主要依靠核心技术开展生产经营,具有稳定的商业模式,市场认可度高,社会形象良好,具有较强成长性的企业。

【硬科技,科创属性是核心。2022年12月30日,中国证监会公布了《关于修改〈科创属性评价指引(试行)〉的决定》,其中将判断科创属性最重要的指标"形成主营业务收入的发明专利5项以上"修改为"应用于公司主营业务的发明专利5项以上",所以只满足5项以上发明专利的授权还不行,必须应用,已经产生实际收入才行。】

3. 创业板

创业板深入贯彻创新驱动发展战略,适应发展更多依靠创新、创造、创意的大趋势,主要服务成长型创新创业企业,支持传统产业与新技术、新产业、新业态、新模式的深度融合。都应当平等、便利地在"三大法"的监管体系和统一大市场中自由竞争。

【①三创四新评价标准之一:最近三年研发投入复合增长率不低于15%,最近一年研发投入金额不低于1000万元,且最近三年营业收入复合增长率不低于20%;②三创四新评价标准之二:最近三年累计研发投入金额不低于5000万元,且最近三年营业收入复合增长率不低于20%;③三创四新评价标准之三:属于制造业优化升级、现代服务业或者数字经济等现代产业体系领域,且最近三年营业收入复合增长率不低于30%。】

如何理解科创板的科技创新性?

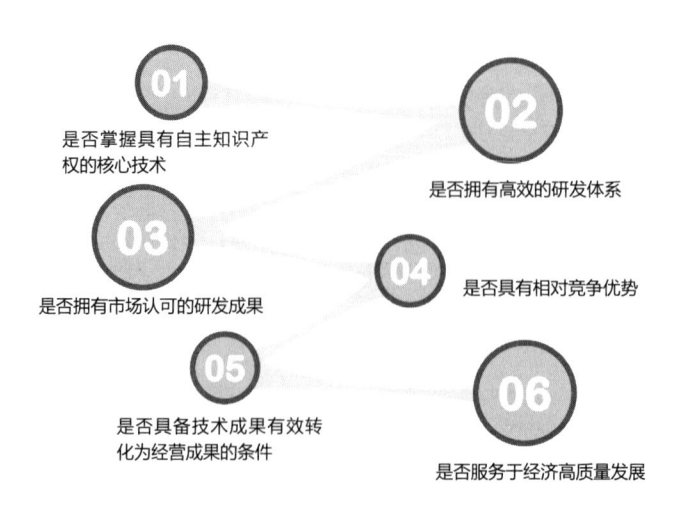

01 是否掌握具有自主知识产权的核心技术

02 是否拥有高效的研发体系

03 是否拥有市场认可的研发成果

04 是否具有相对竞争优势

05 是否具备技术成果有效转化为经营成果的条件

06 是否服务于经济高质量发展

企业对是否具备科创性的自我评估

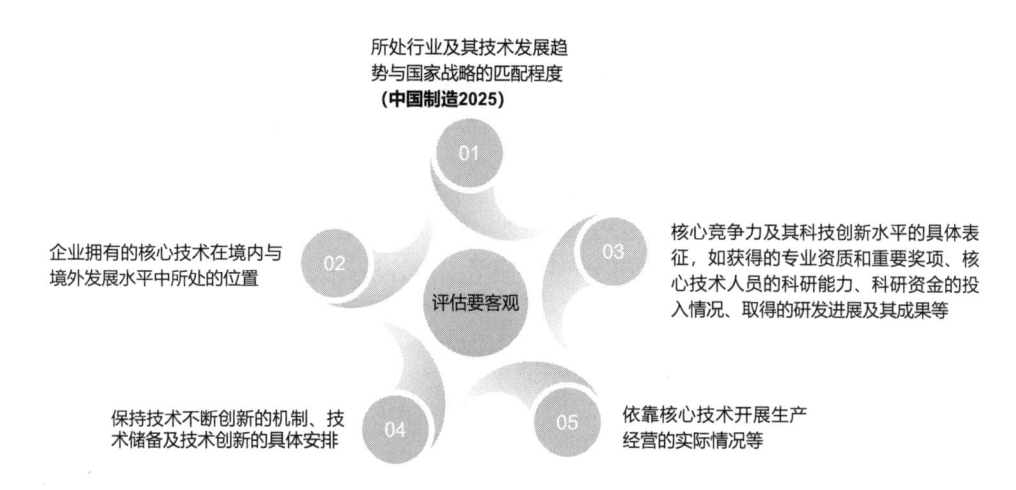

- 01 所处行业及其技术发展趋势与国家战略的匹配程度（中国制造2025）
- 02 企业拥有的核心技术在境内与境外发展水平中所处的位置
- 03 核心竞争力及其科技创新水平的具体表征，如获得的专业资质和重要奖项、核心技术人员的科研能力、科研资金的投入情况、取得的研发进展及其成果等
- 04 保持技术不断创新的机制、技术储备及技术创新的具体安排
- 05 依靠核心技术开展生产经营的实际情况等

（评估要客观）

科创板"科创属性"的判断标准

- ◆ 《上海证券交易所科创板企业发行上市申报及推荐暂行规定》（2022年12月修订）、《科创属性评价指引（试行）》（2022）
- ◆ 为落实科创板定位，支持和鼓励硬科技企业在科创板上市，鼓励和支持同时符合下列4项指标具备"科创属性"的企业申报科创板。
  - ◆ （1）最近三年研发投入占营业收入比例5%以上，或最近三年研发投入金额累计在6000万元以上；
  - ◆ （2）研发人员占当年员工总数的比例不低于10%；
  - ◆ （3）应用于公司主营业务的发明专利5项以上；
  - ◆ （4）最近三年营业收入复合增长率达到20%，或最近一年营业收入金额达到3亿元。

"应用"表明只有通过合同、通过收入量化，才能验证发明专利是否已经形成稳定的应用，也只有经过审计确认的发明专利应用收入才能验证企业是否具备硬科技定位和具备科创属性

除外：采用《上海证券交易所科创板股票上市规则》第2.1.2条第一款第（五）项规定的上市标准申报科创板的企业，或按照《关于开展创新企业境内发行股票或存托凭证试点的若干意见》等相关规则申报科创板的已境外上市红筹企业，可不适用上述第（4）项指标的规定；软件行业不适用上述第（3）项指标的要求，研发投入占比应在10%以上。

- ◆ 特别指标（5选1）
  - （1）发行人拥有的核心技术经国家主管部门认定具有国际领先、引领作用或者对于国家战略具有重大意义；
  - （2）发行人作为主要参与单位或者发行人的核心技术人员作为主要参与人员，获得国家科技进步奖、国家自然科学奖、国家技术发明奖，并将相关技术运用于公司主营业务；
  - （3）发行人独立或者牵头承担与主营业务和核心技术相关的国家重大科技专项项目；
  - （4）发行人依靠核心技术形成的主要产品（服务），属于国家鼓励、支持和推动的关键设备、关键产品、关键零部件、关键材料等，并实现了进口替代；
  - （5）形成核心技术和应用于主营业务的发明专利（含国防专利）合计50项以上。
- ◆ 限制金融科技、模式创新企业在科创板上市。禁止房地产和主要从事金融、投资类业务的企业在科创板上市。

创业板定位

创业板企业发行上市申报及推荐暂行规定（2022年修订）

创业板定位于深入贯彻创新驱动发展战略，适应发展更多依靠创新、创造、创意的大趋势，支持传统产业与新技术、新产业、新业态、新模式的深度融合。

审核要点：发行人的业务模式、核心技术、研发优势。

主要服务成长型创新创业企业

创业板三创四新的评价量化指标

支持和鼓励符合下列标准之一的成长型创新创业企业申报在创业板发行上市：

◆ **三创四新评价标准之一，即研发投入复合增长率、研发投入金额、营业收入复合增长率三项评价指标如下：**
最近三年研发投入复合增长率不低于15%，最近一年研发投入金额不低于1000万元，且最近三年营业收入复合增长率不低于20%。

◆ **三创四新评价标准之二，即研发投入金额、营业收入复合增长率两项评价指标如下：**
最近三年累计研发投入金额不低于5000万元，且最近三年营业收入复合增长率不低于20%。

◆ **三创四新评价标准之三，即营业收入复合增长率单一评价指标如下：**
属于制造业优化升级、现代服务业或者数字经济等现代产业体系领域，且最近三年营业收入复合增长率不低于30%。

◆ 最近一年营业收入金额达到3亿元的企业，或者按照《关于开展创新企业境内发行股票或存托凭证试点的若干意见》等相关规则申报创业板的已境外上市红筹企业，不适用前款规定的营业收入复合增长率要求。

05 理解注册制的企业应符合国家产业政策的定位

企业应符合国家产业政策的定位

企业所选的产业政策与新时代中国特色社会主义思想同呼吸共命运，企业所选择的赛道有市场、有发展潜力，但是，背离共同富裕的逻辑就不是好赛道，所以诸如教培行业、互联网金融、房地产行业、白酒行业等都不符合国家产业政策。

行业负面清单

（一）农林牧渔业；
（二）采矿业；
（三）酒、饮料和精制茶制造业；
（四）纺织业；
（五）黑色金属冶炼和压延加工业；
（六）电力、热力、燃气及水生产和供应业；
（七）建筑业；
（八）交通运输、仓储和邮政业；
（九）住宿和餐饮业；
（十）金融业；
（十一）房地产业；
（十二）居民服务、修理和其他服务业。
禁止产能过剩行业、《产业结构调整指导目录》中的淘汰类行业，以及从事学前教育、学科类培训、类金融业务的企业在创业板发行上市。

06 理解注册制下信息披露的尺度

注册制下信息披露的尺度

充分揭示当前及未来可预见的、对发行人构成重大不利影响的直接和间接风险。凡是投资者做出价值判断和投资决策所必需的信息，发行人均应当充分披露，内容应当真实、准确、完整。不得有虚假记载、误导性陈述或者重大遗漏。

企业应当以投资者需求为导向，基于板块定位，结合所属行业及发展趋势，充分披露业务模式、公司治理、发展战略、经营政策、会计政策、财务状况分析等相关信息。精准、清晰、充分地披露可能对公司经营业绩、核心竞争力、业务稳定性以及未来发展产生重大不利影响的各种风险因素。
➢ 首次公开发行股票并在主板上市的，还应充分披露业务发展过程和模式成熟度，披露经营稳定性和行业地位；
➢ 首次公开发行股票并在科创板上市的，还应充分披露科研水平、科研人员、科研资金投入等相关信息；
➢ 首次公开发行股票并在创业板上市的，还应充分披露自身的创新、创造、创意特征，针对性披露科技创新、模式创新或者业态创新情况。

企业尚未盈利的，应当充分披露尚未盈利的成因，以及对公司现金流、业务拓展、人才吸引、团队稳定性、研发投入、战略性投入、生产经营可持续性等的影响。

企业应当披露募集资金的投向和使用管理制度，披露募集资金对发行人主营业务发展的贡献、未来经营战略的影响。首次公开发行股票并在科创板上市的，还应当披露募集资金重点投向科技创新领域的具体安排。首次公开发行股票并在创业板上市的，还应当披露募集资金对发行人业务创新、创造、创意性的支持作用。

07 理解注册制关于上市前的制定、上市后实施股权激励计划的制度

关于上市前的制定、上市后实施股权激励计划的制度

> 这是一个快鱼吃慢鱼的时代，也是鲇鱼效应发挥作用的时代，人才等不来。企业不要为了上市而上市，做好企业业绩才是王道，上市过程中只要允许的制度，只要对企业发展长期有利，企业就要用好，不要怕审核关注。

08 理解注册制下会计基础规范和企业内控制度

会计基础规范，内部控制健全且有效执行仍然是注册制审核的重点

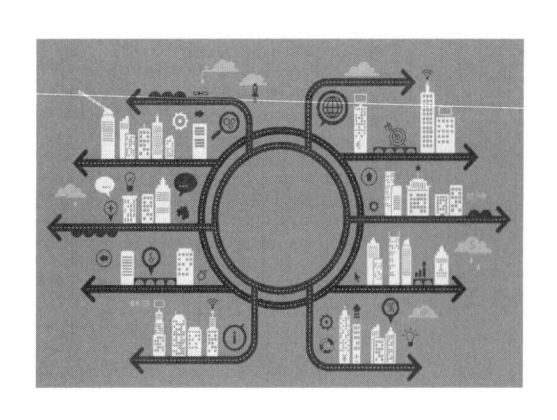

无论是审核制还是注册制，企业会计基础规范程度、企业内控制度健全程度、企业内控制度有效执行程度必然是交易所审核的重点。企业要想上市成功，在大数据环境下，就要老老实实做好财务的基本功。

09 理解注册制下企业是否具有直接面向市场独立持续经营的能力

注册制下企业是否具有直接面向市场独立持续经营的能力

注册制下,要判断企业是否具备直接面向市场独立经营的能力,因为企业经营的逻辑没有变化,企业的治理结构没有变化。所以,资产完整,业务及人员、财务、机构独立仍然是判断企业治理结构是否规范的重要标准。注册制在独立持续经营能力的最大变化是对同业竞争和关联交易审核逻辑的重大变化,判断标准不能有重大不利影响,不能严重影响独立性和显失公平,同时关注重要核心资产的权属、重大经营风险和团队的稳定。

01 资产完整,业务及人员、财务、机构独立,与控股股东、实际控制人及其控制的其他企业间不存在对发行人构成重大不利影响的同业竞争,不存在严重影响独立性或者显失公平的关联交易。

02 主营业务、控制权和管理团队稳定,首次公开发行股票并在主板上市的,最近三年内主营业务和董事、高级管理人员均没有发生重大不利变化;首次公开发行股票并在科创板、创业板上市的,最近两年内主营业务和董事、高级管理人员均没有发生重大不利变化;首次公开发行股票并在科创板上市的,核心技术人员应当稳定且最近两年内没有发生重大不利变化;发行人的股份权属清晰,不存在导致控制权可能变更的重大权属纠纷,首次公开发行股票并在主板上市的,最近三年实际控制人没有发生变更;首次公开发行股票并在科创板、创业板上市的,最近两年实际控制人没有发生变更。

03 不存在涉及主要资产、核心技术、商标等的重大权属纠纷,重大偿债风险,重大担保、诉讼、仲裁等或有事项,经营环境已经或者将要发生重大变化等对持续经营有重大不利影响的事项。

全面注册制新规解读上市条件：主板VS科创板VS创业板VS北交所

公司类型	发行条件	主板	科创板（同时要求有科创属性）	创业板	北交所
一般企业（非红筹、无表决权差异安排）	预计市值、收入、净利润、现金流、研发投入等组合指标	■ 净利润+现金流量/营业收入 最近三年净利润均为正，且最近三年净利润累计不低于1.5亿元，最近一年净利润不低于6000万元，最近三年经营活动产生的现金流量净额累计不低于1亿元或者营业收入累计不低于10亿元 ■ 市值+净利润+营业收入 预计市值不低于50亿元，最近一年净利润为正，且最近一年营业收入不低于6亿元，最近三年经营活动产生的现金流量净额累计不低于1.5亿元 ■ 市值+营业收入 预计市值不低于80亿元，最近一年营业收入不低于8亿元	预计市值不低于人民币10亿元，最近两年净利润均为正且累计净利润不低于人民币5000万元，或预计市值不低于人民币10亿元，最近一年净利润为正且营业收入不低于人民币1亿元	最近两年净利润均为正，最近两年净利润累计不低于5000万元	市值不低于2亿元，最近两年净利润均不低于1500万元，且加权平均ROE平均不低于8%
				预计市值不低于10亿元，最近一年净利润为正且营业收入不低于1亿元	市值不低于2亿元，最近一年净利润不低于2500万元且加权平均ROE不低于8%
	预计市值+营业收入+研发占比		预计市值不低于人民币15亿元，最近一年营业收入不低于人民币2亿元，最近三年研发投入合计占最近三年营业收入的比例不低于15%		市值不低于8亿元，最近一年营业收入不低于2亿元，最近两年研发投入合计占最近两年营业收入合计比例不低于8%
	预计市值+营业收入+经营性现金流 经营性现金流量=营业收入-营业成本-所得税费用-营业外收入+营业外支出-所得税费用加回折旧-所得税费		预计市值不低于人民币20亿元，最近一年营业收入不低于人民币3亿元，且最近三年经营活动产生的现金流量净额累计不低于人民币1亿元		市值不低于4亿元，最近一年营业收入不低于1亿元，最近一年营业收入增长率不低于30%，最近一年经营活动产生的现金流量净额为正
	预计市值+营业收入		预计市值不低于人民币30亿元，且最近一年营业收入不低于人民币3亿元	预计市值不低于50亿元，且最近一年营业收入不低于3亿元	
	预计市值+主要业务或产品获得国家批准+阶段性成果 (1) 医药特别规定 (2) 其他行业需具备明细技术优势		预计市值不低于人民币40亿元，主要业务或产品需经国家有关部门批准，市场空间大，目前已取得阶段性成果。医药行业企业需至少一项核心产品获准开展二期临床试验，其他符合科创板定位的企业需具备明显的技术优势并满足相应条件		
	预计市值+研发投入				市值不低于15亿元，最近两年研发投入合计不低于5000万元

企业家必修课：全面注册制与企业上市合规进阶

公司类型	发行条件	主板	科创板（同时要求有科创属性）	创业板	北交所
红筹企业	预计市值+营业收入（尚未在境外上市）		营业收入快速增长，拥有自主研发、国际领先技术，同行业竞争中处于相对优势地位的尚未在境外上市的红筹企业，申请在科创板上市的，市值及财务指标应当至少符合下列标准之一： 预计市值不低于100亿元； 预计市值不低于50亿元，且最近一年营业收入不低于5亿元	营业收入快速增长，拥有自主研发、国际领先技术，同行业竞争中处于相对优势地位的尚未在境外上市的红筹企业，申请在创业板上市的，市值及财务指标： 预计市值不低于100亿元； 预计市值不低于50亿元，且最近一年营业收入不低于5亿元	
	市值+营业收入（已在境外上市）		市值不低于2000亿元； 市值不低于200亿元以上，且拥有自主研发、国际领先技术，科技创新能力较强，同行业竞争中处于相对优势地位	市值不低于2000亿元以上； 市值不低于200亿元以上，且拥有自主研发、国际领先技术，科技创新能力较强，同行业竞争中处于相对优势地位	
特殊股权结构企业（表决权差异安排）	预计市值+营业收入		预计市值不低于100亿元 预计市值不低于50亿元且最近一年营业收入不低于5亿元	预计市值不低于100亿元 预计市值不低于50亿元，最近一年营业收入不低于5亿元	

除上述外，北交所还要求发行人：

1. 应当为在全国股转系统联系挂牌满12个月的创新层挂牌公司；
2. 最近3年财务会计报告无虚假记载，被出具保留意见审计报告；
3. 不得存在：未按照《证券法》规定在每个会计年度结束之日起4个月内编制并披露年度报告，或者未在每个会计年度的上半年结束之日起2个月内编制并披露中期报告的情形。

10 理解注册制下实际控制人、控股股东、董监高的合规性

注册制下实际控制人、控股股东、董监高的合规性

实际控制人、董监高的合规性仍然是判断企业规范治理的重要标准，无论是在审核制下还是注册制下，基本逻辑没有变化，合规的边界和范围进一步明确和细化。

02 **董事、监事和高级管理人员**不存在最近三年内受到中国证监会行政处罚，或者因涉嫌犯罪正在被司法机关立案侦查或者涉嫌违法违规正在被中国证监会立案调查且尚未有明确结论意见等情形。

01 最近三年内，**发行人及其控股股东、实际控制人**不存在贪污、贿赂、侵占财产、挪用财产或者破坏社会主义市场经济秩序的刑事犯罪，不存在欺诈发行、重大信息披露违法或者其他涉及国家安全、公共安全、生态安全、生产安全、公众健康安全等领域的重大违法行为。

企业家必修课：全面注册制下企业上市重大法律问题合规对策

01 全面注册制下企业上市合规的边界

非资本市场 ➡ 资本市场

IPO ➡ 未来收益现值+流动性溢价

> 没有伤痕累累，哪来皮糙肉厚，英雄自古多磨难

> 我们的飞机已经被打得千疮百孔了，多一个洞也没关系。我们应沉着、镇静，保持好队形。

眼看他起朱楼，眼看他宴宾客，眼看他楼塌了——孔尚任《桃花扇》

春江水暖鸭先知，公司治理问律师
律师是保护企业传承的最后一道篱笆

企业家如何驾驭自己！！！

> 法律是人类最伟大的发明，别的发明让人类学会了如何驾驭自然，而法律的发明，则令人类学会如何驾驭自己。
> ——埃德加·博登海默

> 其实并不是GE的业务使我担心，使我担心的是有什么人做了从法律上看非常愚蠢的事而给公司的声誉带来污点并使公司毁于一旦。
> ——美国通用电气公司前首席执行官杰克·韦尔奇

典型案例：长生生物、康美药业、欣泰电气、康得新、金亚科技、ST新亿、ST慧球

上市公司合规经营退市第一案——长生生物

- **起因**：长生生物老员工实名举报，国家药品监督管理局组织对长春长生生物科技有限公司开展飞行检查，发现其冻干人用狂犬病疫苗生产存在记录造假等严重违反《药品生产质量管理规范》行为。
- **处罚**：
  吉林省食品药品监督管理局：吊销其药品生产许可证；没收违法生产的疫苗、违法所得18.9亿元，处违法生产、销售冻干人用狂犬病疫苗（Vero细胞）货值金额三倍罚款72.1亿元，罚没款共计91亿元。
  国家药品监督管理局：撤销其狂犬病疫苗（国药准字S20120016）药品批准证明文件；撤销涉案产品生物制品批签发合格证，处罚款1203万元。
  证监会：
  - 对长生生物责令改正，给予警告，并处以60万元罚款；对董事长高俊芳、副总张晶、副总刘景晔、副总蒋强华给予警告，并分别处以30万元罚款；对副总张友奎、董秘赵春志、副董兼副总张洺豪给予警告，并分别处以20万元罚款；对董事刘良文、董事王祥明、独董徐泓、独董沈义、独董马东光、副总鞠长军、副总万里明、研发总监王群、行政总监赵志伟、销售总监杨鸣雯给予警告，并分别处以5万元罚款。
- **股票退市**：2019年10月8日，深交所决定长生生物股票终止上市。
- **刑事责任**：【非国家工作人员行贿罪、挪用资金罪、生产销售劣药罪】2018年7月24日晚，长春市长春新区公安分局通报，长春长生董事长等15名涉案人员因涉嫌刑事犯罪，被长春高新区公安分局依法采取刑事拘留强制措施。以上被公安机关带走的15人中有两名公司董事，其中董事、高级管理人员分别是高俊芳（董事长）、张晶（董事）、张友奎、刘景晔、蒋强华。

| 管理 | 怎么才能活？如何活得好？——活下去 |

| 治理 | 不管行不行？传承凭什么？——活得久 |

| 管理的终极目标 | 赢 |

| 治理的终极目标 | 防失控 |

公司治理的第一性原理

- 敬畏市场——锦上添花？雪中送炭 收购、兼并，跨界量力而行
- 敬畏法治——远离财务舞弊、操纵证券市场、内幕交易
- 敬畏专业——专业人做专业的事，聚焦主业
- 敬畏风险——金融风险（股票质押、债券违约、场外配资）、灰犀牛、黑天鹅、明斯基时刻（温水煮青蛙资——资产价值崩溃时刻）

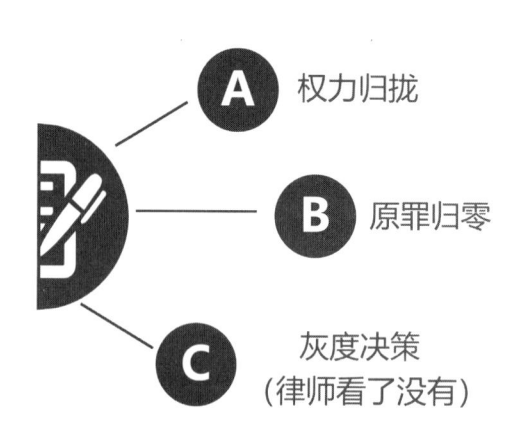

A 权力归拢

B 原罪归零

C 灰度决策（律师看了没有）

公司的演进与公司治理的变革

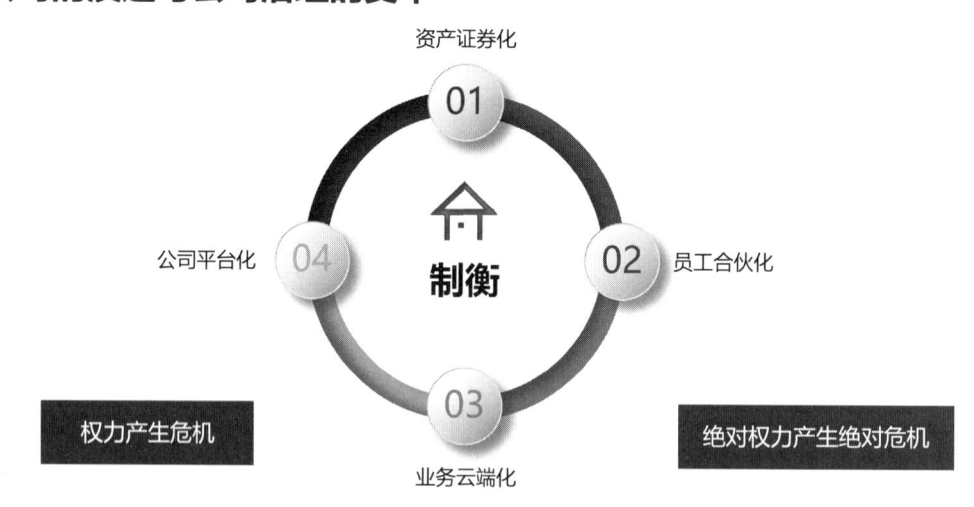

制衡

- 01 资产证券化
- 02 员工合伙化
- 03 业务云端化
- 04 公司平台化

权力产生危机　　　　绝对权力产生绝对危机

上市公司的治理结构

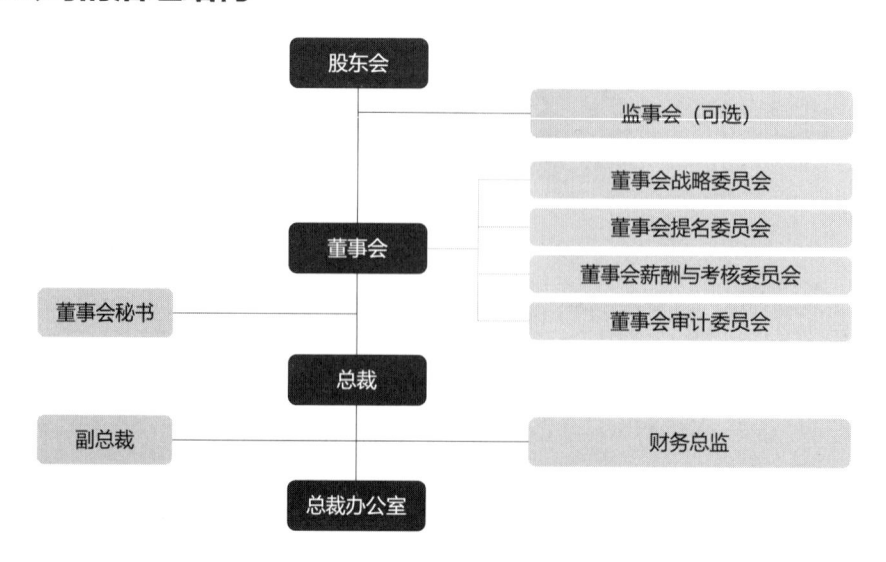

股东会
├─ 监事会（可选）
└─ 董事会
    ├─ 董事会战略委员会
    ├─ 董事会提名委员会
    ├─ 董事会薪酬与考核委员会
    ├─ 董事会审计委员会
    ├─ 董事会秘书
    └─ 总裁
        └─ 副总裁 ── 财务总监
            └─ 总裁办公室

《上市公司治理准则》基本治理架构

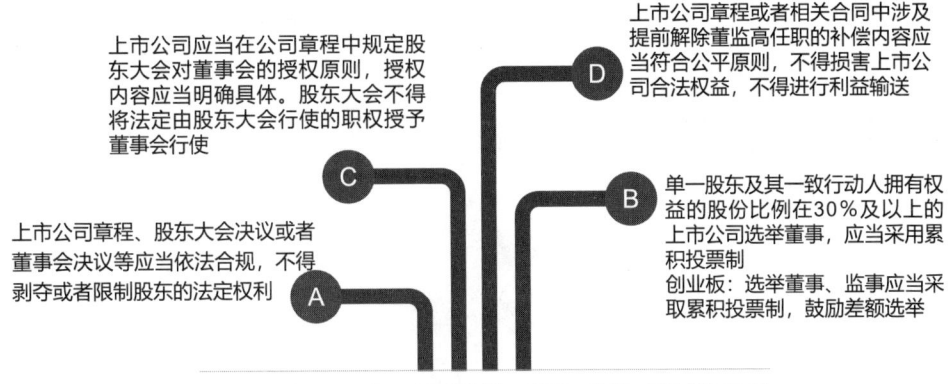

A 上市公司章程、股东大会决议或者董事会决议等应当依法合规，不得剥夺或者限制股东的法定权利

C 上市公司应当在公司章程中规定股东大会对董事会的授权原则，授权内容应当明确具体。股东大会不得将法定由股东大会行使的职权授予董事会行使

D 上市公司章程或者相关合同中涉及提前解除董监高任职的补偿内容应当符合公平原则，不得损害上市公司合法权益，不得进行利益输送

B 单一股东及其一致行动人拥有权益的股份比例在30%及以上的上市公司选举董事，应当采用累积投票制
创业板：选举董事、监事应当采取累积投票制，鼓励差额选举

对象：上市公司股东、实际控制人、董事、监事、高级管理人员

CSR

董事&董事会

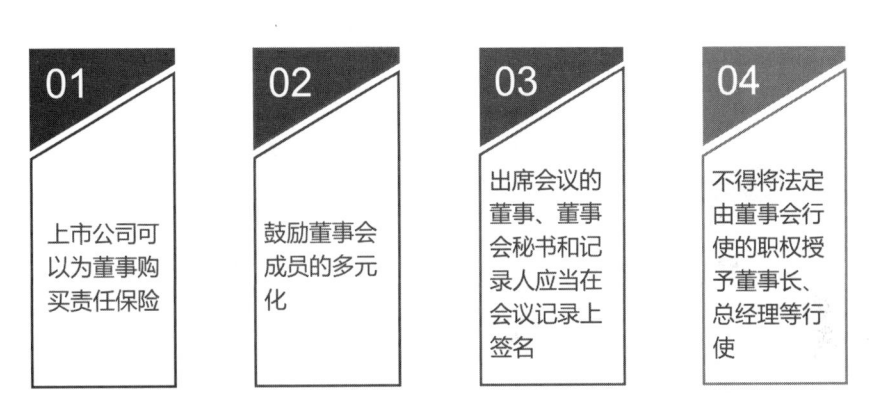

01 上市公司可以为董事购买责任保险

02 鼓励董事会成员的多元化

03 出席会议的董事、董事会秘书和记录人应当在会议记录上签名

04 不得将法定由董事会行使的职权授予董事长、总经理等行使

监事会

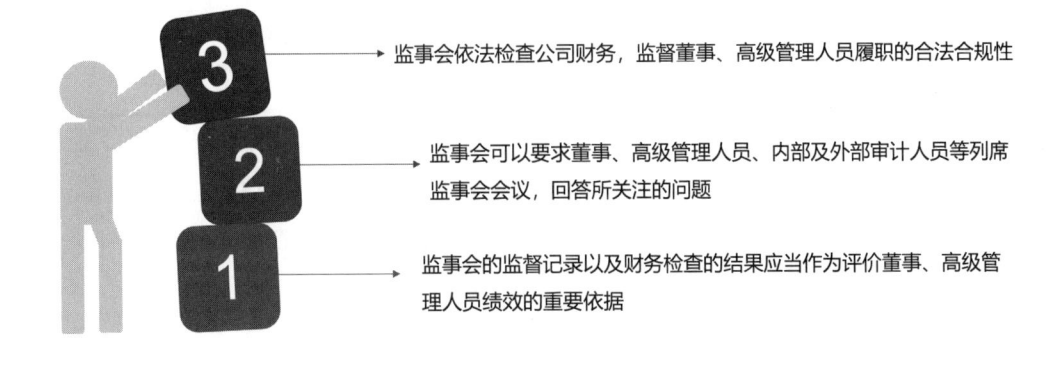

3 监事会依法检查公司财务，监督董事、高级管理人员履职的合法合规性

2 监事会可以要求董事、高级管理人员、内部及外部审计人员等列席监事会会议，回答所关注的问题

1 监事会的监督记录以及财务检查的结果应当作为评价董事、高级管理人员绩效的重要依据

继承对公司治理的影响

亲属、近亲属、家庭成员对企业治理的影响

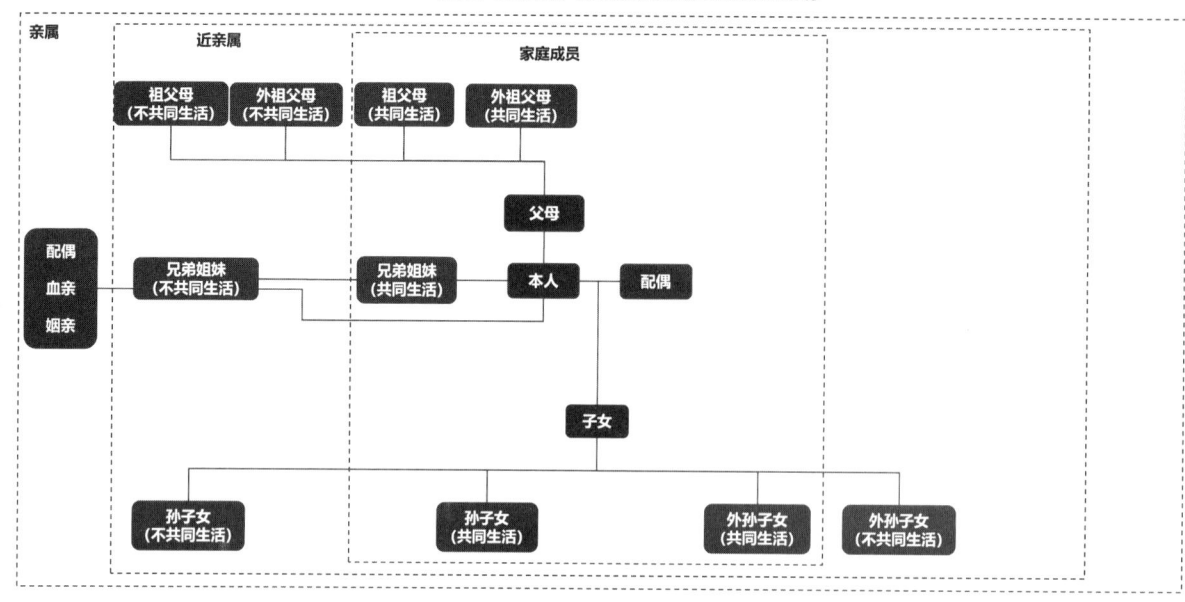

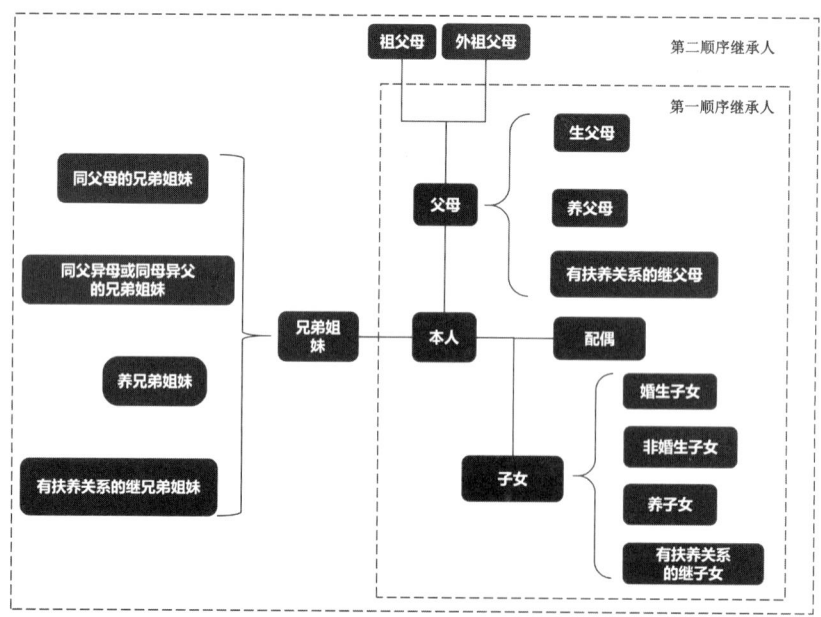

- 亲属
  - 配偶
  - 血亲
  - 姻亲
- 近亲属
  - 祖父母（不共同生活）
  - 外祖父母（不共同生活）
  - 兄弟姐妹（不共同生活）
  - 孙子女（不共同生活）
  - 外孙子女（不共同生活）
- 家庭成员
  - 祖父母（共同生活）
  - 外祖父母（共同生活）
  - 父母
  - 兄弟姐妹（共同生活）
  - 本人
  - 配偶
  - 子女
  - 孙子女（共同生活）
  - 外孙子女（共同生活）

第一顺序继承人
- 父母
  - 生父母
  - 养父母
  - 有扶养关系的继父母
- 本人
- 配偶
- 子女
  - 婚生子女
  - 非婚生子女
  - 养子女
  - 有扶养关系的继子女
- 兄弟姐妹
  - 同父母的兄弟姐妹
  - 同父异母或同母异父的兄弟姐妹
  - 养兄弟姐妹
  - 有扶养关系的继兄弟姐妹

第二顺序继承人
- 祖父母
- 外祖父母

公司治理的问题

公司治理不规范

01 业务经营管理不规范

02 内控有效性存在缺陷

03 会计基础工作不规范

04 信息披露存在瑕疵

05 持续经营能力存疑

科创板案例——会计基础薄弱、内控缺失

▷ ■ HAJX（北京）科技股份公司

发行人于2018年12月28日、12月29日签订、当年签署验收报告的4个重大合同，金额15859.76万元，2018年年底均未回款，且未开具发票，公司将上述4个合同收入确认在2018年。2019年，发行人以谨慎性为由，经董事会及股东大会审议通过，将上述4个合同收入确认时点进行调整，相应调减2018年主营收入13682.84万元，调减净利润7827.17万元，扣非后归母净利润由调整前的8732.99万元变为调整后的905.82万元，调减金额占扣非归母净利润的89.63%。发行人将该会计差错更正认定为特殊会计处理事项的理由不充分，不符合企业会计准则的要求，发行人存在会计基础工作薄弱和内控缺失的情形。

2016年，发行人实际控制人金某将567.20万股股权分别以象征性1元的价格转让给刘某某等16名员工。在提交上海证券交易所科创板上市审核中心的申报材料、首轮问询回复、二轮问询回复中发行人都认定上述股权转让系解除股权代持，因此不涉及股份支付；三轮回复中，发行人、保荐机构、申报会计师认为时间久远，能够支持股份代持的证据不够充分，基于谨慎性考虑，会计处理上调整为在授予日一次性确认股份支付5970.52万元。发行人未按招股说明书的要求对上述前期会计差错更正事项进行披露。

科创板案例——持续经营能力存疑、内控不规范

▷ ■ BJGKHY科技股份有限公司

发行人直接面向市场独立持续经营的能力
发行人主要业务模式之一是重大专项承研，该类业务系基于国家有关部门的计划安排，由发行人的关联方单位D分解、下发任务，研制经费通过有关部门、单位A逐级拨付，未签署相关合同。发行人的重大专项承研业务收入来源于拨付经费，该项业务收入占发行人最近三个会计年度收入的比例分别为35.38%、25.08%、31.84%。

关联交易的公允性
发行人的业务开展对关联方单位A、单位D存在较大依赖，其中近三个会计年度与单位A的关联销售金额分别为4216.68万元、3248.98万元、6051.04万元，占销售收入的比例分别为66.82%、25.73%、32.35%。发行人未能充分说明上述关联交易定价的公允性。

发行人会计基础工作的规范性和内部控制制度的有效性
发行人2019年3月在北京产权交易所挂牌融资时披露的经审计2018年母公司财务报告中净利润为2786.44万元，2019年4月申报科创板的母公司财务报告中净利润为1790.53万元，两者相差995.91万元。前述净利润差异的主要原因是，发行人将2018年12月收到的以前年度退回企业所得税、待弥补亏损确认递延所得税资产，从一次性计入2018年损益调整为匹配计入申报期内相应的会计期间，其中调增2018年所得税费用357.51万元、递延所得税费用681.36万元，合计影响2018年净利润-1038.87万元。发行人应收账款账龄划分和成本费用划分不够准确，导致两次申报的财务报表成本费用多个科目存在差异。两次申报时间上仅相差一个月，且由同一家审计机构出具审计报告。

科创板案例——独立性、持续经营能力

▷ ■ SHTT科技股份有限公司

发行人定位为"基于自主核心产品的专业技术集成服务商"。各期主营业务收入中近50%为采购第三方品牌产品后直接对外销售；对于自主品牌产品，发行人全部采用OEM方式。针对OEM生产环节，发行人目前仅有两人负责OEM厂商现场工艺指导与品质管控，部分产品由发行人提供原材料后委托OEM厂商进行分装加工，部分产品通过直接采购OEM厂商成品贴牌后对外销售：（1）专业技术集成服务商的具体内涵；（2）技术集成解决方案在业务模式和经营成果中的体现。

发行人直接销售给终端生产商的特种化学品，无论是自主品牌还是第三方品牌，均与自身核心技术——材料配方技术直接相关，而出于自身及下游生产客户的商业秘密考虑，公司未将该技术本身或具体配方申请专利。请发行人代表进一步说明采用技术秘密方式保护的材料配方核心技术与主要产品全部采用OEM模式进行生产之间的合理逻辑性，相关产品是专用产品还是通用产品，毛利率偏低的原因，第三方品牌如何使用发行人配方，配方是否存在使用公开、被反向技术破解或外泄的可能，相关技术秘密是否已进入公知领域，是否会对公司的核心竞争力和持续经营能力产生重大不利影响。

申请文件多处采用打破国外巨头垄断、实现部分产品国产替代、进口替代类似表述：（1）市场地位相关佐证依据的客观性；（2）除发行人外，是否存在同类产品的国内厂家，如有，说明相关产品与发行人产品在质量、档次、品类、价格方面的差异；（3）发行人相关产品与国外厂商在数量上的重合能否作为其认定发行人产品实现进口替代的依据；（4）在实现自主产品进口替代情况下，技术集成第三方品牌收入占主营业务收入比重近50%的原因。

科创板案例——独立性、持续经营能力

▷ ■ SHTT科技股份有限公司

关联交易的公允性根据申请文件，发行人核心技术包括生产类核心技术和技术集成服务类核心技术。对于生产类核心技术，由于产品种类繁多，核心技术并不对应单一具体产品，更多地体现在为客户提供针对性强的技术集成产品和服务方面。对于技术集成类核心技术，主要包括用户信息采集及分析、智能仓储物流技术，该等技术主要体现在发行人电子商务平台"探索平台"的运营上。

请发行人代表补充说明：（1）上述两类技术如何在发行人主要产品和服务中使用，发行人核心生产技术如何体现在自有品牌产品销售中；（2）外购第三方产品销售如何体现发行人的核心技术；（3）上述两类技术先进性的具体表征和创新性，在境内外发展水平中所处的位置；（4）申请文件所披露的"核心技术相关产品和服务收入及其占比"的依据；（5）在互联网、大数据及物流技术方面不具备技术优势和技术领先性的情况下，将用户信息采集及分析等技术认定为公司核心技术的依据。

科创板案例——未如实披露重大合同变动、应收票据情况

▷ ■ ZJHK科技股份有限公司

- 一、未披露暂停执行合同情况及可能由此导致的存货跌价准备的风险、相关预付款披露有误。2018年12月，BKDL暂停四期项目合同，招股说明书未予披露，且BKDL四期合同预付款合计1600万元，占合同金额比例为15%，与招股说明书披露该项合同预付款30%不一致。

- 二、未披露BKDL应收票据到期无法承兑的情况。2018年10月至2019年6月，共12笔商业承兑汇票，合计11692.7万元到期未能承兑，其中4460万元已通过电汇等方式支付，其余7232.7万元尚未支付，上述情形与招股说明书披露不符。

科创板案例——未披露客户信用风险、回款，自身开具商业票据

▷ ■ NBRB新能源科技股份有限公司

- 一、未充分披露BKDL信用风险大幅增加情况。你公司于2019年7月1日起将BKDL信用额度调整为0，但招股说明书（签署日为7月16日）中未披露该事项并充分提示风险。

- 二、未披露BKDL"回款"的实质为以自身开具商业承兑汇票偿还逾期应收账款。在招股说明书中披露"截至2019年6月25日，BKDL通过银行承兑汇票、商业承兑汇票及电汇合计回款金额为10561.62万元，回款比例约为49%"。上述还款中，BKDL开具的商业承兑汇票总计7002.84万元，占总回款的66.30%，但你公司未披露回款是以自身开具的商业承兑汇票为主的情况。

科创板案例——未披露关联方

▶ ■ SZCXJG股份有限公司

- CXJG的控股股东、实际控制人蒋某通过第三人实际控制AKW激光技术有限公司。2016年、2017年发行人向AKW采购金额为16.82万元、1.45万元，同期销售金额为18.53万元、5.20万元。
- 报告期内，发行人应当将AKW作为关联方进行披露，发行人与AKW之间的交易应按照关联交易进行披露。但CXJG在2019年4月2日于本所网站披露的招股说明书（申报稿）中，未披露AKW的相关信息及交易情况。
- 2019年7月9日，上交所收到关于CXJG涉嫌隐瞒董事长蒋某通过第三人控制AKW等事项的举报信。7月16日，中介机构首次核查回复认为，其并非蒋某通过第三人控制的公司。9月19日，中介机构第二次核查回复才最终确认蒋某通过第三人控制AKW的事实，发行人相应对关联方及关联交易事项进行补充披露，并对关联交易履行追溯确认程序。
- 发行人的信息披露不规范行为主要系其控股股东、实际控制人蒋某故意隐瞒关联方所致。

科创板案例——未披露重大诉讼

▶ ■ GZBYS科技股份有限公司

- 2019年6月17日，BS科技收到南京中院两封立案相关EMS快递，包括（2019）苏01民初1600—1601号两起诉讼案件的《应诉通知书》《举证通知书》《传票》等涉诉文件。WS科技起诉BS科技对外提供的云分发服务侵害其专利号为ZL201310147926.9和ZL201310349444.1的发明专利权，请求判令BS科技赔偿其经济损失1亿元、5000万元。诉讼所涉金额达1.5亿元，占发行人2018年经审计资产总额9.49亿元的15.81%，可能对其造成较大影响。
- BS科技在知悉重大涉诉事项后未按规定及时向上交所报告。6月23日，BS科技向本所提交第一轮审核问询回复、更新的招股说明书（申报稿）及相关补充文件，但上述文件未就重大诉讼事项进行专项说明和披露。6月25日，BS科技在向上交所提交预约沟通申请时，仍未提及上述诉讼事项，直至7月1日当面沟通时才进行说明。此后，上交所收到关于BS科技隐瞒重大诉讼的举报信，并于7月5日向BS科技发出第二轮审核问询函，要求对重大诉讼情况进行核查。7月29日，BS科技向上交所提交第二轮审核问询回复时，对上述诉讼事项进行了专项说明和披露。

科创板案例——信批不充分、不准确、不完整

▶ ■ SHXS网络科技股份有限公司

一、未充分披露报告期控股股东、实际控制人认定变化情况

发行人认定赵某某为其控股股东、实际控制人，但未在招股说明书中披露报告期内曾将赵某某、潘某某认定为发行人的控股股东和共同实际控制人的相关情况及变动过程，且未有合理解释。

二、未按要求披露主要股东潘某某、周某某的持股变动过程

周某某于2019年4月两次减持SX网络的股票，持股比例从15.4%降至10.0%，未披露报告期内发行人主要股东潘某某、周某某的持股变动过程。

三、未充分披露股东之间的关联关系

股东XJ咨询为赵某某控制的企业，除赵某某和XJ咨询的关系外，其他股东间是否存在关联关系目前未知。

四、相关信息披露未客观反映主要业务及服务内容

发行人的主要服务内容为"大数据管理分析"和"程序化广告投放"，并突出强调了"大数据管理分析"业务内容。但从发行人报告期内的收入构成看，程序化广告投放的营业收入占比约95%。招股说明书（申报稿）未能客观反映发行人主要业务及服务内容。

科创板案例——实控人及职员大额取现、销售、收入确认及成本

▶ ■ QDZJT电气股份有限公司

一、关于资金流水

报告期内，邓某某、郑某某、杨某某等大额取现合计约1198.37万元，保荐机构说明，上述取现为个人消费或招待费；邓某某及发行人员工与第三方（部分为发行人代理商、供应商股东）之间存在资金往来较多；2019年6月，关联方TX投资收到2016年股权转让款后随即对外支出780万美元，银行流水摘要显示为"GIC purchase"，但未显示交易对手方。

（1）实际控制人及其关联方、公司任职人员存在大额取现、资金往来的原因；（2）2016年的股权转让款于2019年支付的原因；（3）相关款项的最终流向，是否用于体外循环或商业贿赂。

二、关于代理模式及直销模式销售费用

ZJT无法将代理费拆分至代理商提供的各项具体服务，且代理模式内控资料较少，对代理商的考核主要通过日常沟通，未形成系统化资料；代理合同与销售合同均为双方合同而非三方合同，其客户也无法协助证明是否存在代理。代理费计提分为底价模式和比例模式，但代理费率波动大，且主要通过商务谈判确定，定价过程无制度化的内部控制机制。会计师底稿显示，发行人质保费明细中含两笔外协质保费，支付对象分别为PYMK机械厂和SDRB机电科技有限公司，金额分别为67.33万元和174.97万元，申报会计师仅依据对方确认，将其调整至代理费。

科创板案例——实控人及职员大额取现、收入确认及票据背书转让

▶ ■ QDZJT电气股份有限公司

三、关于收入

2017—2019年发行人以设备送货单确认收入的比例分别为38.36%、50.06%、60.5%，设备送货单仅有验收人签名，无客户盖章；客户验收内容主要为产品数量、型号、外观、合格证等。根据保荐机构对报告期各期前十大客户（共计22个客户）合同条款的梳理，仅3个客户未在合同中约定发行人负有安装调试或指导安装调试义务。

部分应收账款函证和收入函证回函盖章不是公章或财务专用章（财务章和财务科章计入财务专用章），且应收账款回函差异较大。

四、关于成本

2019年5月前，维修业务材料成本通过"其他出库单"统一归集至制造费用，未区分项目核算。2019年5月开始，发行人逐步规范领料，通过"生产领料单"归集项目领料成本。至2019年12月末，仍有少量领料出库时未归集到具体维修项目。

创业板上市终止案例

▶ ■ ZJQJ暖通科技股份有限公司（被否）

根据创业板上市审委会2020年12月30日的会议结果公告，ZJQJ暖通科技股份有限公司（首发），不符合发行条件、上市条件和信息披露要求。创业板上市委员会主要关注点为：

➢ 报告期各期发行人产品主要销往欧洲，其中对Ideal公司的销售收入占比超80%。请发行人代表：（1）说明业务高度依赖第一大客户是否符合行业惯例；（2）结合Ideal公司的市场竞争力，说明发行人业务高度依赖是否会对持续经营能力产生重大不利影响。

➢ 发行人竞争对手MZ科技于2019年成为Ideal公司供应商，后与发行人对Ideal公司的销售收入差距缩小。请发行人代表结合产品研发、生产、技术创新能力，说明与MZ科技相比的竞争优劣势，是否存在因竞争导致市场份额减少的风险。

➢ 发行人主要客户Ideal公司受疫情影响于2020年第二季度停产，对发行人订单大幅减少。请发行人代表结合最新的在手订单以及收入实现情况，进一步说明海外疫情是否对发行人未来经营业绩造成重大不利影响。

➢ 请发行人代表结合报告期内新客户拓展情况，说明发行人新客户开拓进展缓慢的原因及未来业务发展的成长性。

创业板上市终止案例

▶ ■ SHCX文化传媒股份有限公司（被否）

根据创业板上市审委会2021年2月2日的会议结果公告，SHCX文化传媒股份有限公司（首发），不符合发行条件、上市条件和信息披露要求。创业板上市委员会主要关注点为：

> 一是发行人实际控制人的认定。发行人历史上存在红筹架构的搭建、拆除情形，现有股权架构系映射红筹架构拆除前的结构形成，设计较为复杂。发行人实际控制人包括HRWHTJ、田某、金某及徐某某，前述四方对发行人实施共同控制。黎某某系HRWHTJ董事长、总经理、法定代表人，曾任发行人董事长。

> 二是MXQY商誉减值的会计处理。发行人于2016年3月收购MXQY，交易对价金额为20.80亿元，形成商誉金额为19.68亿元。MXQY收购前实际控制人为田某，发行人将本次交易作为非同一控制下企业合并处理。报告期内，MXQY未发生商誉减值。2020年4月，发行人聘请评估机构出具商誉追溯评估报告，并根据报告对MXQY截至2016年年末的商誉计提减值3.47亿元，该项减值损失发生于2016年度，不在报告期内。发行人认为，追溯调整系从保护中小投资者利益角度出发并基于审慎原则做出。

上市委员会审议认为：

> 发行人在拆除红筹架构后，股权架构设计复杂，认定实际控制人的理由不充分、披露不完整，不符合《创业板首次公开发行股票注册管理办法（试行）》第六条以及《深圳证券交易所创业板股票发行上市审核规则》第十八条、第二十八条的规定。

> 发行人在2020年4月基于截至2019年年末的历史情况及对未来的预测，根据商誉追溯评估报告对收购MXQY产生的商誉进行追溯调整，并在2016年计提减值损失3.47亿元，上述会计处理未能准确反映发行人当时的实际情况，不符合《注册管理办法》第十一条以及《审核规则》第十八条的规定。

▶ ■ ZZSD工业机械服务股份有限公司（被否）

根据创业板上市审委会2021年1月20日的会议结果公告，ZZSD工业机械服务股份有限公司（首发），不符合发行条件、上市条件和信息披露要求。创业板上市委员会主要关注点为：

> 一是发行人是否具有直接面向市场独立持续经营的能力。发行人与ZMJ之间存在关联销售和关联采购，部分业务存在依赖ZMJ的情形，发行人未充分说明排除ZMJ影响后，发行人是否仍具有面向市场独立获取订单的能力；发行人为ZMJ客户提供免费质保期服务，未充分说明该项业务的商业合理性及对独立性的影响；ZMJ向发行人派驻财务人员，发行人未合理解释该事项对财务独立性的影响。

> 二是ZMJ控制的综机公司对发行人业务的影响。发行人第二大股东ZMJ持有发行人29.82%股份，发行人未将其认定为实际控制人。发行人与ZMJ存在较多业务往来，实际控制人中的贾某某、李某某曾在ZMJ任职，ZMJ控制的综机公司2019年及最近一期维修业务收入与毛利均超过发行人主营业务收入与毛利的30%，发行人未充分披露及解释综机公司对其业务是否构成重大不利影响。

上市委员会审议认为：

> 发行人对是否具有直接面向市场独立持续经营能力、业务及财务等是否独立的相关解释理由不够充分、合理。

> 对综机公司与发行人的业务竞争关系对发行人未来业务开展可持续性造成的影响披露及解释不够充分、合理。

> 发行人不符合《创业板首次公开发行股票注册管理办法（试行）》第十二条以及《深圳证券交易所创业板股票发行上市审核规则》第十八条、第二十八条的规定。

▶ ■ JSHJ节能新技术股份有限公司（被否）

根据创业板上市审委会2021年3月25日的会议结果公告，JSHJ节能新技术股份有限公司（首发），不符合发行条件、上市条件和信息披露要求。创业板上市委员会主要关注点为：

> 一是发行人是否具有持续经营能力。发行人应收账款周转率低于同行业可比公司平均值、逾期应收账款占比较高、经营活动产生的现金流量净额持续低于净利润，且招股说明书披露的新技术、新业态相关业务收入占比、毛利占比分别从2017年度的51.94%、60.24%下降到2020年1—6月的24.94%、29.30%。

> 二是是发行人是否符合创业板定位。发行人所处行业为"土木工程建筑业"，属于《深圳证券交易所创业板企业发行上市申报及推荐暂行规定》第四条规定的原则上不支持在创业板发行上市的行业。发行人未能充分证明掌握并熟练运用行业通用技术属于传统产业与新技术深度融合，也未能充分证明既有建筑维护改造业务属于新业态。

上市委员会审议认为：

> 发行人对是否具有持续经营能力的相关解释理由不够充分、合理。

> 发行人对所属"土木工程建筑业"是否属于《深圳证券交易所创业板企业发行上市申报及推荐暂行规定》第四条规定的原则上不支持在创业板发行上市的行业之"（七）建筑业"的解释不够充分、合理。

> 发行人不符合《创业板首次公开发行股票注册管理办法（试行）》（以下简称《注册管理办法》）第三条、《深圳证券交易所创业板股票发行上市审核规则》（以下简称《审核规则》）第三条、《深圳证券交易所创业板企业发行上市申报及推荐暂行规定》第二条及第四条的规定。

▶ ■ SCHXWJ文化传媒股份有限公司（被否）

根据创业板上市审委会2021年3月19日的会议结果公告，SCHXWJ文化传媒股份有限公司（首发），不符合发行条件、上市条件和信息披露要求。创业板上市委员会主要关注点为：

> 一是在部分产品封面印有"教育部门推荐练字用书"字样，其经营是否合法合规。发行人自2006年至2020年，在部分产品封面印有"教育部门推荐练字用书"字样。发行人经营是否合法合规，前述事项是否违反有关部门规定，对字帖图书销量、退库等的影响，是否构成重大违法违规行为；发行人及其相关经销商存在被消费者投诉举报情形，是否会导致后续纠纷或投诉风险。

> 二是与田某某著作权许可使用合同纠纷诉讼再审结果对发行人持续经营的影响。发行人与田某某存在著作权许可使用合同纠纷，2021年1月，田某某向最高人民法院申请案件再审，请发行人说明该合同纠纷事项产生的原因、与书家的具体合作模式及相关风险、对发行人财务数据的影响。

上市委员会审议认为：

> 发行人产品销售涉嫌违法违规，且持续时间较长、涉及金额较大，内部控制未能合理保证发行人经营合法合规。

> 发行人不符合《创业板首次公开发行股票注册管理办法（试行）》（以下简称《注册管理办法》）第十一条，以及《深圳证券交易所创业板股票发行上市审核规则》（以下简称《审核规则》）第十八条的规定。

安然、雷曼兄弟破产案

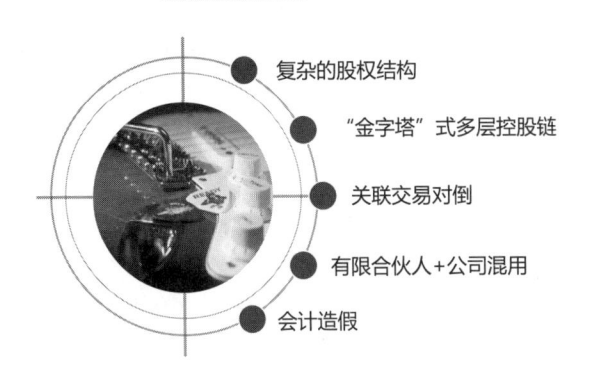

安然破产案
- 复杂的股权结构
- "金字塔"式多层控股链
- 关联交易对倒
- 有限合伙人+公司混用
- 会计造假

雷曼兄弟破产案
- 过度的员工持股激励
- 住房抵押贷款证券化，次贷危机
- "有19条命的猫"

《萨班斯—奥克斯利法案》

1、高额惩罚机制

高管提供不实财务报告和故意进行证券欺诈的犯罪要判处10至25年的监禁，个人和公司的罚金最高达500万美元和2500万美元。

2、高额奖励机制

2011年SEC（美国证券交易委员会）通过了一条新规，承诺向举报违反联邦证券法规的行为并提供实质性信息的个人发放奖励。如举报信息最后导致100万美元以上罚款，举报者将可以得到相当于罚款金额10%至30%的奖金。

美国公司治理问题

1. 股票期权制激励了造假动机
2. 公司独立董事形同虚设
3. 审计委员会未发挥应有的作用
4. 企业内部控制存在缺陷

【欺诈发行证券罪】

在招股说明书、认股书、公司、企业债券募集办法等发行文件中隐瞒重要事实或者编造重大虚假内容，发行股票或公司、企业债券、存托凭证或者国务院依法认定的其他证券，数额巨大、后果严重或者有其他严重情节的，处五年以下有期徒刑或者拘役，并处或者单处罚金；数额特别巨大、后果特别严重或有其他特别严重情节的，处五年以上有期徒刑，并处罚金。（最高十五年）

控股股东、实际控制人组织、指使实施前款行为的，处五年以下有期徒刑或者拘役，并处或者单处非法募集资金金额20%以上一倍以下罚金；数额特别巨大、后果特别严重或者有其他特别严重情节的，处五年以上有期徒刑，并处非法募集资金金额20%以上一倍以下罚金。

单位犯前两款罪的，对单位判处非法募集资金金额20%以上一倍以下罚金，并对其直接负责的主管人员和其他直接责任人员，依照第一款的规定处罚。

【违规披露、不披露重要信息罪】

依法负有信息披露义务的公司、企业向股东和社会公众提供虚假的或者隐瞒重要事实的财务会计报告，或者对依法应当披露的其他重要信息不按照规定披露，严重损害股东或者其他人利益，或者有其他严重情节的，对其直接负责的主管人员和其他直接责任人员，处五年以下有期徒刑或者拘役，并处或者单处罚金；情节特别严重的，处五年以上十年以下有期徒刑，并处罚金。

前款规定的公司、企业的控股股东、实际控制人实施或者组织、指使实施前款行为的，或者隐瞒相关事项导致前款规定的情形发生的，依照前款的规定处罚。

犯前款罪的控股股东、实际控制人是单位的，对单位判处罚金，并对其直接负责的主管人员和其他直接责任人员，依照第一款的规定处罚。

典型案例：康美药业、欣泰电气、金亚科技、新大地、万福生科、绿大地

责令回购与先行赔付

▶ ■ **责令回购制度**

隐瞒重要事实或者编造重大虚假内容，已经发行并上市，监管机构可以要求：

(1) 发行人或

(2) 负有责任的控股股东、实际控制人

回购

▶ ■ **先行赔付制度**

欺诈发行、虚假陈述或者其他重大违法行为给投资者造成损失

发行人的控股股东、实际控制人、证券公司可委托中证中小投资者服务中心先行赔付

赔偿机制

▶ ■ **赔偿制度**

(1) 信息披露义务人未按照规定披露信息，或者公告的证券发行文件、定期报告、临时报告及其他信息披露资料存在虚假记载、误导性陈述或者重大遗漏，致使投资者在证券交易中遭受损失的，承担赔偿责任（直接赔偿责任，推定过错）。

(2) 发行人的控股股东、实际控制人、董事、监事、高级管理人员和其他直接责任人员以及保荐人、承销的证券公司及其直接责任人员承担连带赔偿责任（过错连带赔偿责任）。

(3) 证券服务机构：制作、出具的文件有虚假记载、误导性陈述或者重大遗漏（过错连带赔偿责任）。

惩罚机制

▶ ■ **惩罚制度**

信息披露义务人：

- 未报送有关报告或者履行信息披露义务的，给予警告，并处以五十万元以上五百万元以下的罚款；对直接负责的主管人员和其他直接责任人员给予警告，并处以二十万元以上二百万元以下的罚款。发行人的控股股东、实际控制人组织、指使从事上述违法行为，或者隐瞒相关事项导致发生上述情形的，处以五十万元以上五百万元以下的罚款；对直接负责的主管人员和其他直接责任人员，处以二十万元以上二百万元以下的罚款。

- 报送的报告或者披露的信息有虚假记载、误导性陈述或者重大遗漏的，给予警告，并处以一百万元以上一千万元以下的罚款；对直接负责的主管人员和其他直接责任人员给予警告，并处以五十万元以上五百万元以下的罚款。发行人的控股股东、实际控制人组织、指使从事上述违法行为，或者隐瞒相关事项导致发生上述情形的，处以一百万元以上一千万元以下的罚款；对直接负责的主管人员和其他直接责任人员，处以五十万元以上五百万元以下的罚款。

- 发行人在其公告的证券发行文件中隐瞒重要事实或者编造重大虚假内容，尚未发行证券的，处以二百万元以上二千万元以下的罚款；已经发行证券的，处以非法所募资金金额百分之十以上一倍以下的罚款。对直接负责的主管人员和其他直接责任人员，处以一百万元以上一千万元以下的罚款。

- 发行人的控股股东、实际控制人组织、指使从事前款违法行为的，没收违法所得，并处以违法所得百分之十以上一倍以下的罚款；没有违法所得或者违法所得不足二千万元的，处以二百万元以上二千万元以下的罚款。对直接负责的主管人员和其他直接责任人员，处以一百万元以上一千万元以下的罚款。

惩罚制度

- **保荐人：**
  - 出具有虚假记载、误导性陈述或者重大遗漏的保荐书，或者不履行其他法定职责的，给予警告，没收业务收入，并处以业务收入一倍以上十倍以下的罚款；没有业务收入或者业务收入不足一百万元的，处以一百万元以上一千万元以下的罚款；情节严重的，并处暂停或者撤销保荐业务许可。对直接负责的主管人员和其他直接责任人员给予警告，并处以五十万元以上五百万元以下的罚款。

- **证券服务机构：**
  - 未勤勉尽责，所制作、出具的文件有虚假记载、误导性陈述或者重大遗漏的，没收业务收入，并处以业务收入一倍以上十倍以下的罚款，没有业务收入或者业务收入不足五十万元的，处以五十万元以上五百万元以下的罚款；情节严重的，并处暂停或者禁止从事证券服务业务。对直接负责的主管人员和其他直接责任人员给予警告，并处以二十万元以上二百万元以下的罚款。

违法使用募集资金惩罚机制

擅自改变公开发行证券所募集资金的用途的，责令改正，处以五十万元以上五百万元以下的罚款；对直接负责的主管人员和其他直接责任人员给予警告，并处以十万元以上一百万元以下的罚款

公司对公开发行股票所募集资金，必须按照招股说明书或者其他公开发行募集文件所列资金用途使用；改变资金用途，必须经股东大会做出决议。擅自改变用途，未做纠正的，或者未经股东大会认可的，不得公开发行新股

发行人的控股股东、实际控制人从事或者组织、指使从事违法改变募集资金用途的，给予警告，并处以五十万元以上五百万元以下的罚款；对直接负责的主管人员和其他直接责任人员，处以十万元以上一百万元以下的罚款

WFSK欺诈上市事件

01 虚增利润

02 虚增资产，平衡报表

03 隐瞒重大停产事项

虚构客户虚增销售收入，虚增利润所产生的增量现金流，通过虚增在建工程转出

1. 虚增前五大客户和供应商收入和支出：主要客户名称与工商登记印章不一致
WFSK前五大客户：QDJ美食品公司销售收入虚报1415万元，实为223万元；ZYTG公司虚报1342万元，实为119万元；HNSN食品厂和HHXYY食品公司直接从前五大客户名单中消失。

2. 虚构农村信用合作社银行账户
虚增应收账款和预付账款，虚增在建工程。
WFSK在建工程虚增8036万元，预付款项虚增4469万元。预付款项主要是支付给个人的，方便转出。

隐瞒了2012年上半年公司循环经济型稻米精深加工生产线项目因技改出现长时间停产，对其业务造成重大影响的事实。

法院裁判

- WFSK因欺诈发行股票罪被法院判处850万元罚金。
- 董事长龚某某犯欺诈发行股票罪、违规披露重要信息罪，被判有期徒刑三年六个月，同时处以罚金10万元。
- 高管覃某某犯欺诈发行股票罪、违规披露重要信息罪，被判有期徒刑二年二个月，并处罚金2万元。

XTDQ欺诈上市事件

01 应收账款较大

为实现发行上市目的，解决XTDQ应收账款余额过大问题，总会计师刘某某向公司董事长、实际控制人温某某建议在会计期末以外部借款减少应收账款，并于下期初再还款冲回。

02 虚构应收账款回收

温某某同意并与刘某某确定主要以银行汇票背书转让形式进行冲减。2011年12月至2013年6月，XTDQ通过外部借款、使用自有资金或伪造银行单据的方式虚构应收账款的收回，在年末、半年末等会计期末冲减应收款项，大部分在下一会计期期初冲回。

03 虚增现金流

截至2011年12月31日，虚减应收账款10156万元，少计提坏账准备659万元；虚增经营活动产生的现金流净额10156万元。截至2012年12月31日，虚减应收账款12062万元，虚减其他应收款3384万元，少计提坏账726万元；虚增经营活动产生的现金流净额5290万元。截至2013年6月30日，虚减应收账款15840万元，虚减其他应收款5324万元，少计提坏账准备313万元；虚增应付账款2421万元；虚减预付账款500万元；虚增货币资金21232万元，虚增经营活动产生的现金流净额8638万元。

处罚

- 证监会对XTDQ处以非法所募资金的3%即772万元罚款；深交所于2017年6月23日作出股票终止上市的决定。
- XTDQ、温某某、刘某某的行为均构成欺诈发行股票罪；温某某、刘某某的行为还构成违规披露重要信息罪，依法应当数罪并罚。温某某到案后如实供述自己的罪行，刘某某具有自首情节，依法可以从轻处罚。依法以欺诈发行股票罪处XTDQ罚金832万元；以欺诈发行股票罪、违规披露重要信息罪判处温某某有期徒刑三年，并处罚金人民币10万元；以欺诈发行股票罪、违规披露重要信息罪判处刘某某有期徒刑二年，并处罚金8万元。

KDX财务舞弊事件

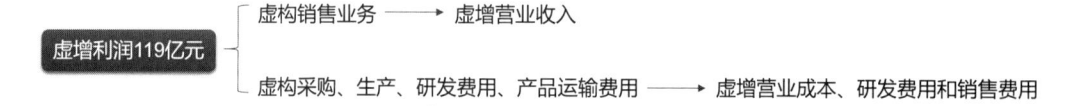

虚增利润119亿元
- 虚构销售业务 → 虚增营业收入
- 虚构采购、生产、研发费用、产品运输费用 → 虚增营业成本、研发费用和销售费用

KD集团（控股股东）非经营性占用KDX新资金

KD集团 《现金管理服务协议》 北京银行西单支行

- KDX及其子公司共5个银行账户资金被实时归集到KD集团的账户，如需付款从母公司账户下拨，各子账户实际余额为0
- 银行对账单不显示母子账户间自动上存下划等归集交易，显示余额为累计上存金额扣减下拨金额后的余额
- 2014-2018，合计531.13亿元的关联交易未披露

未及时披露为KD集团（控股股东）提供担保情况

KDX子公司：光电材料 —3份《存单质押合同》→ 厦门银行北京分行

KDX子公司：光电材料 —《存单质押合同》→ ZHXT公司

→ 以光电材料大额专户资金存单为KD集团提供担保

未在年报中如实披露募集资金使用情况

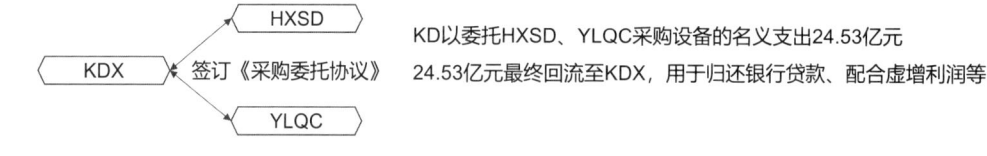

KDX 签订《采购委托协议》 HXSD / YLQC

KD以委托HXSD、YLQC采购设备的名义支出24.53亿元
24.53亿元最终回流至KDX，用于归还银行贷款、配合虚增利润等

虚增营业收入、利息收入及营业利润

仿造、变造增值税发票等 → 虚增营业收入 / 虚增利息收入 / 虚增营业利润

虚增货币资金

- 财务不记账
- 虚假记账
- 伪造、变造定期存单
- 伪造、变造银行对账单
- 伪造销售回款

→ 虚增货币资金

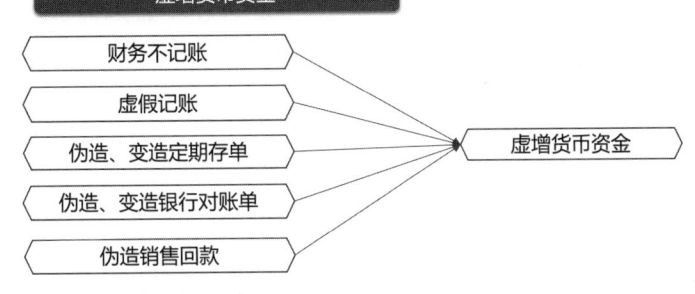

虚增固定资产、在建工程、投资性房地产

将前期未纳入报表的BZHT国际中药城、PN中药城、PN中药城中医馆、BZXSJ、GSLX中药城、YL中药产业园等6个工程项目纳入表内。

- ➢ 调增固定资产 11.89 亿元
- ➢ 调增在建工程 4.01 亿元
- ➢ 调增投资性房地产 20.15 亿元

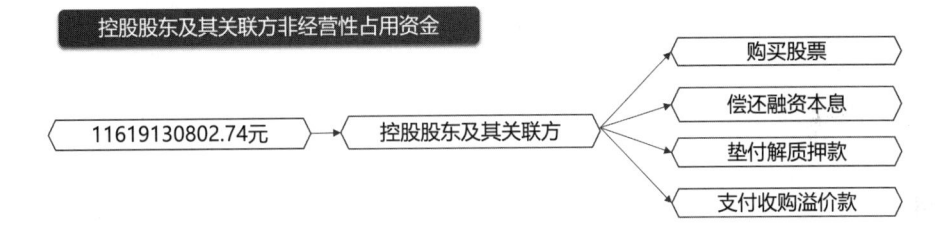

控股股东及其关联方非经营性占用资金

11619130802.74元 → 控股股东及其关联方 → 购买股票 / 偿还融资本息 / 垫付解质押款 / 支付收购溢价款

02 全面注册制下企业上市重大法律问题合规指引

自然人股东人数较多的核查要求

1. 历史上自然人股东入股、退股（含工会、职工持股会清理等事项）是否按照当时有效的法律法规履行了相应程序。

2. 入股或股权转让协议、款项收付凭证、市场主体登记资料等法律文件是否齐备，自然人股东股权变动是否真实，并抽取一定比例的股东进行访谈，就相关自然人股东股权变动的真实性、所履行程序的合法性。

3. 是否存在委托持股或信托持股情形、是否存在争议或潜在纠纷、相关纠纷是否对发行人控股权权属清晰稳定存在影响。

4. 发行人以定向募集方式设立股份公司的，重点关注有权部门就发行人历史沿革的合规性、是否存在争议或潜在纠纷等事项的意见。

申报前引入新股东的相关要求

处理方式

核查要求

1. 主要关注申报前12个月通过增资或者股权转让产生的新股东，按照《监管规则适用指引——关于申请首发上市企业股东信息披露》《监管规则适用指引——发行类第2号》的相关要求进行核查。应当在招股说明书中充分披露新增股东的基本情况、入股原因、入股价格及定价依据，新股东与发行人其他股东、董事、监事、高级管理人员是否存在关联，新股东与本次发行的中介机构及其负责人、高级管理人员、经办人员是否存在关联，新增股东是否存在股份代持情形。
上述新增股东应当承诺所持新增股份自取得之日起36个月内不得转让。

2. 如新股东为法人，应披露其股权结构及实际控制人；如为自然人，应披露其基本信息；如为合伙企业，应披露合伙企业的基本情况及普通合伙人及其控制人、有限合伙人的基本信息。

3. 最近一年末资产负债表日后增资扩股引入新股东的，申报前须增加一期审计。

处理方式

不视为新股东的特殊情形

1. 红筹企业（是指注册地在境外、主要经营活动在境内的企业）拆除红筹架构以境内企业为主体申请上市，如该境内企业直接股东原持有红筹企业股权、持有境内企业股权比例为根据红筹企业持股比例转换而来，且该股东自持有红筹企业股权之日至IPO申报时点满12个月，原则上不视为新股东。
2. 发行人直接股东如以持有发行人重要子公司（置换时资产、营业收入或利润占比超过50%）股权置换为发行人股权的，如该股东自持有子公司股权之日至IPO申报时点满12个月，原则上不视为新股东。

锁定期

1. 新增股东应当承诺所持新增股份自取得之日起36个月内不得转让。
2. 在全国中小企业股份转让系统挂牌、境外证券交易所上市交易期间通过集合竞价、连续竞价交易方式增加的股东；因继承、执行法院判决或仲裁裁决、执行国家法规政策要求取得发行人股份的股东；由省级及以上人民政府主导取得发行人股份的股东。

对赌协议

（1）重点核查事项

投资机构在投资发行人时约定对赌协议等类似安排的，保荐机构及发行人律师、申报会计师应当重点就以下事项核查并发表明确核查意见：
一是发行人是否为对赌协议当事人；
二是对赌协议是否存在可能导致公司控制权变化的约定；
三是对赌协议是否与市值挂钩；
四是对赌协议是否存在严重影响发行人持续经营能力或者其他严重影响投资者权益的情形。
保荐机构、发行人律师、申报会计师应当审慎论证是否符合股权清晰稳定、会计处理规范等方面的要求，不符合相关要求的对赌协议原则上应在申报前清理。
同时满足以下要求的对赌协议可以不清理：
① 对赌协议不存在严重影响发行人持续经营能力或者其他严重影响投资者权益的情形；
② 发行人不作为对赌协议当事人；
③ 对赌协议不存在可能导致公司控制权变化的约定；
④ 对赌协议不与市值挂钩。

发行人应当在招股说明书中披露对赌协议的具体内容、对发行人可能存在的影响等，并进行风险提示。

（2）解除对赌协议

解除对赌协议应关注以下方面：

1. 约定"自始无效"，对回售责任"自始无效"相关协议签订日在财务报告出具日之前的，可视为发行人在报告期内对该笔对赌不存在股份回购义务，发行人收到的相关投资款在报告期内可确认为权益工具；对回售责任"自始无效"相关协议签订日在财务报告出具日之后的，需补充提供协议签订后最新一期经审计的财务报告。

2. 未约定"自始无效"的，发行人收到的相关投资款在对赌安排终止前应作为金融工具核算。

资产管理产品、契约型私募投资基金投资发行人的核查及披露要求

核查披露要点

1. 中介机构应核查确认公司控股股东、实际控制人、第一大股东不属于资产管理产品、契约型私募投资基金。

2. 资产管理产品、契约型私募投资基金为发行人股东的，中介机构应核查确认该股东依法设立并有效存续，已纳入国家金融监管部门有效监管，并已按照规定履行审批、备案或报告程序，其管理人也已依法注册登记。

3. 发行人应当按照首发信息披露准则的要求对资产管理产品、契约型私募投资基金股东进行信息披露。通过协议转让、特定事项协议转让和大宗交易方式形成的资产管理产品、契约型私募投资基金股东，中介机构应对控股股东、实际控制人、董事、监事、高级管理人员及其近亲属，本次发行的中介机构及其负责人、高级管理人员、经办人员是否直接或间接在该等资产管理产品、契约型私募投资基金中持有权益进行核查并发表明确意见。

4. 中介机构应核查确认资产管理产品、契约型私募投资基金已做出合理安排，可确保符合现行锁定期和减持规则要求。

出资瑕疵

历史上存在出资瑕疵

> 历史上存在出资瑕疵的，应当在申报前依法采取补救措施。发行人应当充分披露存在的出资瑕疵事项、采取的补救措施，以及中介机构的核查意见。

> 重点关注出资瑕疵事项的影响及发行人或相关股东是否因出资瑕疵受到过行政处罚、是否构成重大违法行为及本次发行的法律障碍，是否存在纠纷或潜在纠纷。

历史上存在改制瑕疵

> 对于发行人是国有企业、集体企业改制而来，或发行人主要资产来自国有或集体企业，或历史上存在挂靠集体组织经营的企业，若改制或取得资产过程中法律依据不明确、相关程序存在瑕疵或与有关法律法规存在明显冲突，原则上发行人应在招股说明书中披露有权部门关于改制程序的合法性、是否造成国有或集体资产流失的意见。

> 国有企业、集体企业改制过程不存在上述情况的，保荐机构、发行人律师应结合当时有效的法律法规等，分析说明有关改制行为是否经有权机关批准、法律依据是否充分、履行的程序是否合法以及对发行人的影响等。

发行人资产来自上市公司

境内上市公司在境内分拆子公司上市，保荐机构和发行人律师应核查是否符合境内分拆上市的相关规定并发表意见；境外上市公司在境内分拆子公司上市，保荐机构和发行人律师应核查是否符合境外监管的相关规定并发表意见。

除上述情形外的发行人部分资产来自上市公司，保荐机构和发行人律师应当针对以下事项核查并发表意见。

1. 发行人取得上市公司资产的背景、所履行的决策程序、审批程序与信息披露情况，是否符合法律法规、交易双方公司章程以及证监会和证券交易所有关上市公司监管和信息披露要求，资产转让是否存在诉讼、争议或潜在纠纷。

2. 发行人及其关联方的董事、监事和高级管理人员在上市公司及其关联方的历史任职情况及合法合规性，是否存在违反竞业禁止义务的情形。

3. 发行人与上市公司及其董事、监事和高级管理人员是否存在亲属及其他密切关系，如存在，在相关决策程序履行过程中，相关人员是否回避表决或采取保护非关联股东利益的有效措施；资产转让过程中是否存在损害上市公司及其中小投资合法利益的情形。

4. 发行人来自上市公司的资产置入发行人的时间，在发行人资产中的占比情况，对发行人生产经营的作用。

股权质押、冻结或发生诉讼仲裁

- 对于控股股东、实际控制人支配的发行人股权出现质押、冻结或诉讼仲裁的,发行人应当按照招股说明书准则要求予以充分披露;保荐机构、发行人律师应当充分核查发生上述情形的原因,相关股权比例,质权人、申请人或其他利益相关方的基本情况,约定的质权实现情形,控股股东、实际控制人的财务状况和清偿能力,以及是否存在股份被强制处分的可能性、是否存在影响发行人控制权稳定的情形等。对于被冻结或诉讼纠纷的股权达到一定比例或被质押的股权达到一定比例且控股股东、实际控制人明显不具备清偿能力,导致发行人控制权存在不确定性的,保荐机构及发行人律师应充分论证,并就是否符合发行条件审慎发表意见。
- 对于发行人的董事、监事及高级管理人员所持股份发生被质押、冻结或发生诉讼纠纷等情形的,发行人应当按照招股说明书准则的要求予以充分披露,并向投资者揭示风险。

境外控制架构

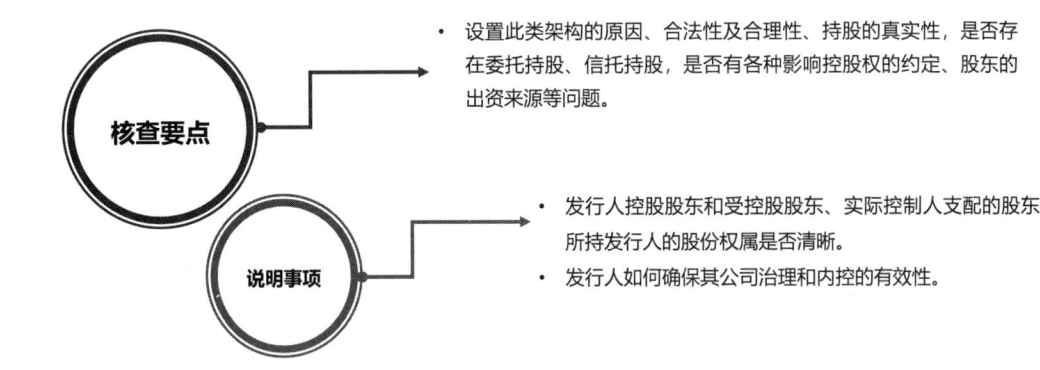

核查要点
- 设置此类架构的原因、合法性及合理性、持股的真实性,是否存在委托持股、信托持股,是否有各种影响控股权的约定、股东的出资来源等问题。

说明事项
- 发行人控股股东和受控股股东、实际控制人支配的股东所持发行人的股份权属是否清晰。
- 发行人如何确保其公司治理和内控的有效性。

诉讼或仲裁

- 发行人应当在招股说明书中披露对股权结构、生产经营、财务状况、未来发展等可能产生较大影响的诉讼或仲裁事项,包括案件受理情况和基本案情,诉讼或仲裁请求,判决、裁决结果及执行情况,诉讼或仲裁事项对发行人的影响等。如诉讼或仲裁事项可能对发行人产生重大影响,应当充分披露发行人涉及诉讼或仲裁的有关风险。
- 保荐机构、发行人律师应当全面核查报告期内发生或虽在报告期外发生但仍对发行人产生较大影响的诉讼或仲裁的相关情况,包括案件受理情况和基本案情,诉讼或仲裁请求,判决、裁决结果及执行情况,诉讼或仲裁事项对发行人的影响等。
- 发行人提交首发申请至上市期间,保荐机构、发行人律师应当持续关注发行人诉讼或仲裁的进展情况、发行人是否新发生诉讼或仲裁事项。发行人诉讼或仲裁的重大进展情况以及新发生的对股权结构、生产经营、财务状况、未来发展等可能产生较大影响的诉讼或仲裁事项,应当及时补充披露。
- 发行人控股股东、实际控制人、控股子公司、董事、监事、高级管理人员和核心技术人员涉及的重大诉讼或仲裁事项比照上述标准执行。
- 涉及主要产品、核心商标、专利、技术等方面的诉讼或仲裁可能对发行人生产经营造成重大影响,或者诉讼、仲裁有可能导致发行人实际控制人变更,或者其他可能导致发行人不符合发行条件的情形,保荐机构和发行人律师应在提出明确依据的基础上,充分论证该等诉讼、仲裁事项是否构成本次发行的法律障碍并审慎发表意见。

资产完整性

核查方面
- 相关资产的具体用途
- 对发行人的重要程度
- 未投入发行人的原因
- 租赁或授权使用费用的公允性
- 是否能确保发行人长期使用
- 今后的处置方案
- 并就该等情况是否对发行人资产完整和独立性构成重大不利影响发表明确意见

重点关注
- 生产型企业的发行人,其生产经营所必需的主要厂房、机器设备等固定资产系向控股股东、实际控制人租赁使用
- 发行人的核心商标、专利、主要技术等无形资产是由控股股东、实际控制人授权使用

关联交易

■ 中介机构在尽职调查过程中,应当尊重企业合法合理、正常公允且确实有必要的经营行为,如存在关联交易的,应就交易的合法性、必要性、合理性及公允性,以及关联方认定、关联交易履行的程序等事项,基于谨慎原则进行核查,同时请发行人予以充分信息披露,具体如下。

1. 关于关联方认定。发行人应当按照《公司法》《企业会计准则》和中国证监会、证券交易所的相关规定认定并披露关联方。
2. 关于关联交易的必要性、合理性和公允性。发行人应披露关联交易的交易内容、交易金额、交易背景以及相关交易与发行人主营业务之间的关系;还应结合可比市场公允价格、第三方市场价格、关联方与其他交易方的价格等,说明并摘要披露关联交易的公允性,是否存在对发行人或关联方的利益输送。
3. 对于控股股东、实际控制人与发行人之间关联交易对应的营业收入、成本费用或利润总额占发行人相应指标的比例较高(如达到30%)的,发行人应结合相关关联方的财务状况和经营情况、关联交易产生的营业收入、利润总额合理性等,充分说明并摘要披露关联交易是否影响发行人的经营独立性、是否构成对控股股东或实际控制人的依赖,是否存在通过关联交易调节发行人收入利润或成本费用、对发行人利益输送的情形;此外,发行人还应披露未来减少与控股股东、实际控制人发生关联交易的具体措施。
4. 关于关联交易的决策程序。发行人应当披露章程对关联交易决策程序的规定,已发生关联交易的决策过程是否与章程相符,关联股东或董事在审议相关交易时是否回避,以及独立董事和监事会成员是否发表不同意见等。
5. 关于关联方和关联交易的核查。保荐机构及发行人律师应对发行人的关联方认定、发行人关联交易信息披露的完整性、关联交易的必要性、合理性和公允性、关联交易是否影响发行人的独立性、是否可能对发行人产生重大不利影响,以及是否已履行关联交易决策程序等进行充分核查并发表意见。

董事、高级管理人员、核心技术人员变化

(一)核心技术人员

核心技术人员通常包括公司技术负责人、研发负责人、研发部门主要成员、主要知识产权和非专利技术的发明人或设计人、主要技术标准的起草者等。

(二)最近36个月(后或24个月)年内董事、高级管理人员及核心技术人员均没有发生重大不利变化

认定原则:实质重于形式

1. 最近2年内的变动人数及比例,在计算人数比例时,以上述人员合计总数作为基数。
2. 上述人员离职或无法正常参与发行人的生产经营是否对发行人生产经营产生重大不利影响。
    ①变动后新增的上述人员来自原股东委派或发行人内部培养产生的,原则上不构成重大不利变化。发行人管理层因退休、调任等发生岗位变化的,不轻易认定为重大变化,但发行人应当披露相关人员变动对公司生产经营的影响。
    ②发行人申请在科创板上市的,还应当按照上述要求披露核心技术人员的变动情况。

土地使用权

- 发行人存在使用或租赁使用集体建设用地、划拨地、农用地、耕地、基本农田及其上建造的房产等情形的,保荐机构和发行人律师应对其取得和使用是否符合《土地管理法》等法律法规的规定、是否依法办理了必要的审批或租赁备案手续、有关房产是否为合法建筑、是否可能被行政处罚、是否构成重大违法行为出具明确意见,说明具体理由和依据。
- 上述土地为发行人自有或虽为租赁但房产为自建的,如存在不规范情形且短期内无法整改,保荐机构和发行人律师应结合该土地或房产的面积占发行人全部土地或房产面积的比例、使用上述土地或房产产生的营业收入、毛利、利润情况,评估其对于发行人的重要性。如面积占比较低、对生产经营影响不大,应披露将来如因土地问题被处罚的责任承担主体、搬迁的费用及承担主体、有无下一步解决措施等,并对该等事项做重大风险提示。
- 发行人生产经营用的主要房产系租赁上述土地上所建房产的,如存在不规范情形,原则上不构成发行上市障碍。保荐机构和发行人律师应就其是否对发行人持续经营构成重大影响发表明确意见。发行人应披露如因土地问题被处罚的责任承担主体、搬迁的费用及承担主体、有无下一步解决措施等,并对该等事项做重大风险提示。
- 发行人募投用地尚未取得的,需披露募投用地的计划,取得土地的具体安排、进度等。保荐机构、发行人律师需对募投用地是否符合土地政策、城市规划、募投用地落实的风险等进行核查并发表明确意见。

环保问题的披露及核查要求

(1) 披露要求

发行人应当在招股说明书中充分做好相关信息披露,包括:

1. 生产经营中涉及环境污染的具体环节、主要污染物名称及排放量、主要处理设施及处理能力;

2. 报告期内,发行人环保投资和相关费用成本支出情况,环保设施实际运行情况,报告期内环保投入、环保相关成本费用是否与处理公司生产经营所产生的污染相匹配;

3. 募投项目所采取的环保措施及相应的资金来源和金额等;

4. 公司生产经营与募集资金投资项目是否符合国家和地方环保要求,发行人若发生环保事故或受到行政处罚的,应披露原因、经过等具体情况,发行人是否构成重大违法行为,整改措施及整改后是否符合环保法律法规的有关规定。

(2) 核查要求

保荐机构和发行人律师应对发行人的环保情况进行核查,包括:

1. 是否符合国家和地方环保要求;

2. 已建项目和已经开工的在建项目是否履行环评手续,公司排污达标检测情况和环保部门现场检查情况;

3. 公司是否发生环保事故或重大群体性的环保事件,有关公司环保的媒体报道。

在对发行人全面系统核查基础上,保荐机构和发行人律师应对发行人生产经营总体是否符合国家和地方环保法规和要求发表明确意见,发行人曾发生环保事故或因环保问题受到处罚的,保荐机构和发行人律师应对是否构成重大违法行为发表明确意见。

发行人与关联方共同投资

发行人如存在与其控股股东、实际控制人、董事、监事、高级管理人员及其亲属直接或者间接共同设立公司情形，发行人及中介机构应主要披露及核查以下事项：

✓ 发行人应当披露相关公司的基本情况，包括但不限于公司名称、成立时间、注册资本、住所、经营范围、股权结构、最近一年又一期主要财务数据及简要历史沿革。

✓ 中介机构应当核查发行人与上述主体共同设立公司的背景、原因和必要性，说明发行人出资是否合法合规、出资价格是否公允。

✓ 如发行人与共同设立的公司存在业务或资金往来的，还应当披露相关交易的交易内容、交易金额、交易背景以及相关交易与发行人主营业务之间的关系。中介机构应当核查相关交易的真实性、合法性、必要性、合理性及公允性，是否存在损害发行人利益的行为。

✓ 如公司共同投资方为董事、高级管理人员及其近亲属，中介机构应核查说明公司是否符合《公司法》相关规定，即董事、高级管理人员未经股东会或者股东大会同意，不得利用职务便利为自己或者他人谋取属于公司的商业机会，自营或者为他人经营与所任职公司同类的业务。

社保、公积金缴纳

发行人报告期内存在应缴未缴社会保险和住房公积金情形的，应当在招股说明书中披露应缴未缴的具体情况及形成原因，如补缴对发行人的持续经营可能造成的影响，揭示相关风险，并披露应对方案。保荐机构、发行人律师应对前述事项进行核查，并对是否属于重大违法行为出具明确意见。

公众公司、H股公司或境外分拆、退市公司申请IPO的核查要求

核查要求

➢ 发行人曾为或现为新三板挂牌公司、境外上市公司的，应说明并简要披露其在挂牌或上市过程中，以及挂牌或上市期间在信息披露、股权交易、董事会或股东大会决策等方面的合法合规性，披露摘牌或退市程序的合法合规性（如有），是否存在受到处罚的情形。涉及境外退市或境外上市公司资产出售的，发行人还应披露相关外汇流转及使用的合法合规性。保荐机构及发行人律师应对上述事项进行核查并发表意见。

➢ 如新三板挂牌公司的股东中包含被认定为不适格股东的，发行人应合并披露相关持股比例，合计持股比例较高的，应披露原因及其对发行人生产经营的影响。

募集资金用途

01 首次公开发行股票的募集资金除可用于固定资产投资项目外,还可用于公司的一般用途,如补充流动资金、偿还银行贷款等。募集资金的数额和投资方向应当与发行人现有生产经营规模、财务状况、技术水平和管理能力、未来资本支出规划等相适应。发行人应谨慎运用募集资金、注重投资者回报,并根据相关监管要求,加强募集资金运用的持续性信息披露。

02 募集资金用于固定资产投资项目的,发行人应按照招股说明书信息披露准则的要求披露项目的建设情况、市场前景及相关风险等。
- 募集资金投向科技创新领域的,发行人应当披露其具体安排及与发行人现有主要业务、核心技术之间的关系、发行人为实施募投项目所储备的研发基础。保荐机构应当对募集资金用途是否符合科创领域、是否与发行人现有业务与技术水平相匹配、发行人是否具备实施本次募投项目的科研能力发表核查意见。
- 募集资金用于补充流动资金等一般用途的,发行人应在招股说明书中分析披露募集资金用于上述一般用途的合理性和必要性。其中,用于补充流动资金的,应结合公司行业特点、现有规模及成长性、资金周转速度等合理确定相应规模;用于偿还银行贷款的,应结合银行信贷及债权融资环境、公司偿债风险控制目标等说明偿还银行贷款后公司负债结构合理性等。

03 已通过上市委员会审议的,发行人原则上不得调整募集资金投资项目,但可根据募投项目实际投资情况、成本变化等因素合理调整募集资金的需求量,并可以将部分募集资金用于公司一般用途,但需在招股说明书中说明调整的原因。已通过上市委员会审议的发行人如提出增加新股发行数量的,属于发行上市审核规则规定的影响发行上市及投资者判断的重大事项,需重新提交上市委员会审议。

首发相关承诺

(一) 关于减持价格和股票锁定期延长承诺

- 《中国证监会关于进一步推进新股发行体制改革的意见》规定了解禁后24个月内减持价格不低于发行价和特定情形下锁定期限自动延长6个月的最低承诺要求,发行人控股股东、持有股份的董事、高级管理人员也可根据具体情形提出更高、更细的锁定要求。对于已作出承诺的董事、高级管理人员,应明确不因其职务变更、离职等原因,而放弃履行承诺。

(二) 关于上市36个月内公司股价低于每股净资产时承诺稳定公司股价的预案

- 启动预案的触发条件必须明确,比如公司股票连续20个交易日收盘价均低于每股净资产;发行人、控股股东、董事(独立董事除外)及高级管理人员都必须提出相应的股价稳定措施,具体措施可以是发行人回购公司股票,控股股东增持公司股票,董事、高级管理人员增持公司股票、减薪等,上述措施的启动情形和具体内容应当明确,确定出现相关情形时股价稳定措施何时启动、将履行的法律程序等,以明确市场预期。稳定股价措施可根据公司的具体情况自主决定,但应明确可预期,比如明确增持公司股票的数量或资金金额。对于未来新聘的董事、高级管理人员,也应要求其履行公司发行上市时董事、高级管理人员已作出的相应承诺要求。

(三) 关于股份回购承诺

- 招股说明书及有关申报文件应明确如招股说明书存在对判断发行人是否符合法律规定的发行条件构成重大、实质影响的虚假记载、误导性陈述或者重大遗漏需回购股份情形的,发行人、控股股东将如何启动股份回购措施、以什么价格回购等;公司及控股股东、实际控制人、董事、监事、高级管理人员及相关中介机构作出的关于赔偿投资者损失的承诺应当具体、明确,确保投资者合法权益得到有效保护。

(四) 关于持股5%以上股东持股意向

- 发行前持股5%及其以上的股东必须至少披露限售期结束后24个月内的减持意向,减持意向应说明减持的价格预期、减持股数,不可以"根据市场情况减持"等语句敷衍。招股说明书及相关申报材料应披露该等股东持有股份的锁定期安排,将在满足何种条件时,以何种方式、价格在什么期限内进行减持;并承诺在减持前3个交易日予以公告,通过证券交易所集中竞价交易首次减持的在减持前15个交易日予以公告。如未履行上述承诺,要明确将承担何种责任和后果。

(五) 关于发行人及其控股股东、中介机构各自的职责

- 发行人及其控股股东等责任主体所作出的承诺及相关约束措施,是招股说明书等申报文件的必备内容,应按要求进行充分披露。除上述承诺外,包括发行人、控股股东等主体作出的其他承诺,如控股股东、实际控制人关于规范关联交易等的承诺等,也应同时提出未能履行承诺时的约束措施。
- 保荐机构应对相关承诺的内容合法、合理,失信补救措施的及时有效等发表核查意见。发行人律师应对相关承诺及约束措施的合法性发表意见。

中小商业银行披露及核查要求

✓ 中小商业银行申报发行上市，发行人应重点说明并披露下列问题：

说明披露

（1）中小商业银行是否符合产权清晰、公司治理健全、风险管控能力强、资产质量好、有一定规模且业务较为全面、竞争力和盈利能力较强的要求。
（2）最近两年银行业监管部门监管评级的综合评级结果。
（3）最近三年年末及最近一期末风险监管核心指标是否符合银行业监管部门的相关规定。
（4）持续经营能力。
（5）最近一年及最近一期末存款或贷款规模在主要经营地中小商业银行的市场份额排名中是否居于前列。
（6）最近三年内是否进行过重大不良资产处置、剥离，或发生过重大银行案件。
（7）报告期内监管评级、风险监管核心指标的变动情况及变动原因。
（8）内部职工持股是否符合《关于规范金融企业内部职工持股的通知》（财金〔2010〕97号）的规定。
（9）银行设立、历次增资和股权转让是否按规定向银行业监管部门履行了必要的审批或者备案等手续。
（10）是否已结合资本状况、股权结构、业务现状及其发展状况等因素，合理确定资本金补充机制，并在招股说明书中予以披露。
（11）是否参照《公开发行证券的公司信息披露编报规则第26号——商业银行信息披露特别规定》（证监会公告〔2008〕33号）的规定编制招股说明书。

核查意见

● 保荐机构、发行人律师应对前述事项进行核查，并对下列事项发表明确核查意见：

（1）贷款风险分类制度的健全性和执行的有效性，所推荐的中小商业银行是否已根据银行业监管部门要求制定贷款分类制度并在报告期内得到有效执行。

（2）公司治理结构、风险管理体系和内部控制制度的健全性和有效性，所推荐的中小商业银行是否已建立健全的公司治理结构、完善的风险管理体系和内部控制制度，其报告期内各项风险管理与内部控制措施是否得到全面有效执行。

（3）重点风险领域相关业务的风险与合法、合规性，所推荐的中小商业银行相关业务是否合法、合规，是否存在重大风险。

（4）贷款集中度和关联贷款，所推荐中小商业银行是否存在重大信用风险。

保荐机构管理层的保荐项目签字责任要求

一、风险控制要求

保荐机构管理层应当确保首发和再融资保荐项目符合以下风险控制要求：

（一）保荐机构从事首发和再融资保荐业务，应当以保荐项目风险控制为核心，建立健全保荐业务的内部控制制度，增强自我约束和风险控制能力，切实提高保荐项目执业质量。

（二）保荐机构在执行立项、尽职调查、质量控制、内核、持续督导等保荐业务各个环节相关制度的基础上，进一步强化保荐项目的风险控制，保荐项目的风险控制应当纳入保荐机构公司整体层面的合规和风险控制体系。

（三）风险控制应当贯彻保荐业务各个环节，问询意见回复报告、举报信核查报告和上市委意见回复报告均应履行公司整体层面相应决策和风险控制程序。

保荐机构管理层的保荐项目签字责任要求

二、签字要求

保荐机构相关人员应按照《首次公开发行股票注册管理办法》《证券发行上市保荐业务管理办法》相关规定履行签字要求，在证券发行募集文件，包括招股说明书、发行保荐书等文件中签字确认，并声明承担相应的法律责任。

同时，保荐机构法定代表人应当在保荐工作报告（保荐机构尽职调查报告）、各轮问询意见回复报告、举报信核查等各类核查报告和上市委意见回复报告等文件中签字确认，并声明承担相应的法律责任。

发行人发行审核过程中变更中介机构或签字人员的处理

一、处理原则

（一）发行审核过程中，发行人更换保荐机构的，按照交易所发行审核相关要求处理。

（二）发行审核过程中，发行人更换签字保荐代表人、律师事务所及签字律师、会计师事务所及签字会计师等中介机构或签字人员的，相关中介机构应当做好更换的衔接工作，更换后的中介机构或签字人员完成尽职调查并出具专业意见后，应当将齐备的文件及时提交中国证监会或交易所，并办理中介机构或签字人员变更手续。

（三）更换后的中介机构承担核查申请文件或出具专业报告真实、准确、完整的责任。被更换的中介机构，不得免除其所辅导或更换前所保证的申请文件或专业报告真实、准确、完整的责任。

二、变更专项说明

（一）更换中介机构或签字人员过程中，发行人、保荐机构应当出具专项说明（更换保荐机构的，由更换后保荐机构出具专项说明），变更前后的中介机构或签字人员均应当出具承诺函。如仅涉及签字人员变更的，除变更前后的签字人员外，所属中介机构应当出具承诺函。

（二）专项说明或承诺函应当说明变更原因、变更后中介机构或签字人员的基本情况（从业资格、执业情况）等内容，还应当对变更前后中介机构或签字人员签署的相关文件的真实性、准确性、完整性等事项进行承诺。

（三）专项说明或承诺函应当由相关负责人及签字人员签字，发行人或中介机构盖章。

发行规模达到一定数量实施联合保荐的标准

实施联合保荐

拟融资金额超过100亿元的IPO项目、拟融资金额超过200亿元的再融资项目可以按照《证券发行上市保荐业务管理办法》相关规定实行联合保荐，参与联合保荐的保荐机构不得超过2家。

影响发行的重大事项的核查及承诺要求

- 交易所上市委员会审议后（向特定对象发行的在发行上市审核机构审核后），中介机构应当关注发行人是否持续符合发行条件、上市条件和信息披露要求，并核查是否存在可能影响本次发行上市的重大事项。
- 交易所将审核意见、发行人注册申请文件及相关审核资料报送中国证监会履行发行注册程序前，发行人、保荐机构及相关中介机构应当向交易所就未发生可能影响本次发行上市的重大事项出具承诺。
- 发行人、保荐机构及相关中介机构应当在披露招股意向书前，或启动发行前向交易所就未发生可能影响本次发行上市的重大事项出具承诺。
- 发行人、保荐机构应当在上市公告书中公开承诺，公司不存在影响发行上市的重大事项。

关于再融资申请文件的更新及补正要求

更新及补正 → 在审核注册阶段，发行人公告新的年报、半年报后，应在10个工作日内报送更新后的全套申报材料。发行人新发布季度报告或临时公告的，如涉及影响本次发行的重大事项或季度财务数据发生重大不利变化（亏损或扣非前后合并口径归属于母公司的净利润同比下降超过30%），应于5个工作日内报送专项核查报告，对相关事项对本次发行的影响进行说明。

增资或转让股份形成的股份支付

(一) 具体情形

发行人向职工（含持股平台）、顾问、客户、供应商及其他利益相关方等新增股份，以及主要股东及其关联方向职工（含持股平台）、客户、供应商及其他利益相关方等转让股份，发行人应根据重要性水平，依据实质重于形式原则，对相关协议、交易安排及实际执行情况进行综合判断，并进行相应会计处理。有充分证据支持属于同一次股权激励方案、决策程序、相关协议而实施的股份支付，原则上一并考虑适用。

1. 实际控制人/老股东增资

解决股份代持等规范措施导致股份变动，家族内部财产分割、继承、赠与等非交易行为导致股份变动，资产重组、业务并购、转换持股方式、向老股东同比例配售新股等导致股份变动，有充分证据支持相关股份获取与发行人获得其服务无关的，不适用《企业会计准则第11号——股份支付》。为发行人提供服务的实际控制人/老股东以低于股份公允价值的价格增资入股，且超过其原持股比例而获得的新增股份，应属于股份支付。如果增资协议约定，所有股东均有权按各自原持股比例获得新增股份，但股东之间转让新增股份受让权且构成集团内股份支付，导致实际控制人/老股东超过其原持股比例获得的新增股份，也属于股份支付。实际控制人/老股东原持股比例，应按照相关股东直接持有与穿透控股平台后间接持有的股份比例合并计算。

2. 顾问或实际控制人/老股东亲友获取股份

发行人的顾问或实际控制人/老股东亲友（以下简称"当事人"）以低于股份公允价值的价格取得股份，应综合考虑发行人是否获取当事人及其关联方的服务。发行人获取当事人及其关联方服务的，应构成股份支付。实际控制人/老股东亲友未向发行人提供服务，但通过增资取得发行人股份的，应考虑是否实际构成发行人或其他股东向实际控制人/老股东亲友让与利益，从而构成对实际控制人/老股东的股权激励。

3. 客户、供应商获取股份

发行人客户、供应商入股的，应综合考虑购销交易公允性、入股价格公允性等因素判断。购销交易价格与第三方交易价格、同类商品市场价等相比不存在重大差异，且发行人未从此类客户、供应商获取其他利益的，一般不构成股份支付。

(二) 确定公允价值应考虑因素

确定公允价值，应综合考虑以下因素：

(1) 入股时期，业绩基础与变动预期，市场环境变化；

(2) 行业特点，同行业并购重组市盈率、市净率水平；

(3) 股份支付实施或发生当年市盈率、市净率等指标；

(4) 熟悉情况并按公平原则自愿交易的各方最近达成的入股价格或股权转让价格，如近期合理的外部投资者入股价，但要避免采用难以证明公允性的外部投资者入股价；

(5) 采用恰当的估值技术确定公允价值，但要避免采取有争议的、结果显失公平的估值技术或公允价值确定方法，如明显增长预期下按照成本法评估的净资产或账面净资产。判断价格是否公允应考虑与某次交易价格是否一致，是否处于股权公允价值的合理区间范围内。

（三）确定等待期应考虑的因素

■ **发行人的回购权没有特定期限，且回购价格不公允**

发行人的回购权没有特定期限或约定职工任意时间离职时发行人均有权回购其权益，且回购价格与公允价值存在较大差异的，例如，职工仅享有持有期间的分红权，回购价格是原始出资额或原始出资额加定期利息等，发行人应结合回购价格等分析职工实际取得的经济利益，判断该事项应适用职工薪酬准则还是股份支付准则。

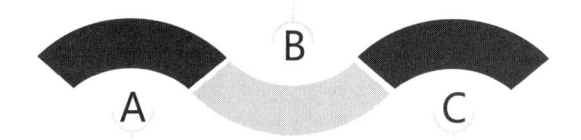

A

B

C

■ **发行人的回购权存在特定期限**

发行人对于职工离职时相关股份的回购权存在特定期限，例如固定期限届满前、公司上市前或上市后一定期间等，无证据支持相关回购价格公允的，一般应将回购权存续期间认定为等待期。

■ **发行人的回购权没有特定期限，且回购价格及定价基础均未明确约定**

发行人的回购权没有特定期限，且回购价格及定价基础均未明确约定的，应考虑相关安排的商业合理性。发行人应在申报前根据股权激励的目的和商业实质对相关条款予以规范，明确回购权期限及回购价格。

（四）核查要求

保荐机构及申报会计师应对发行人的股份变动是否适用《企业会计准则第11号——股份支付》进行核查，并对以下问题发表明确意见：股份支付相关安排是否具有商业合理性；股份支付相关权益工具公允价值的计量方法及结果是否合理，与同期可比公司估值是否存在重大差异；与股权所有权或收益权等相关的限制性条件是否真实、可行，相关约定是否实质上构成隐含的可行权条件，等待期的判断是否准确，等待期各年/期确认的职工服务成本或费用是否准确；发行人股份支付相关会计处理是否符合规定。

（五）信息披露

发行人应根据重要性原则，在招股说明书中披露股份支付的形成原因、具体对象、权益工具的数量及确定依据、权益工具的公允价值及确认方法、职工持有份额/股份转让的具体安排等。

应收款项减值

保荐机构及申报会计师应对发行人应收款项包括但不限于以下事项进行核查并发表明确意见：

一、根据预期信用损失模型，发行人可依据包括客户类型、商业模式、付款方式、回款周期、历史逾期、违约风险、时间损失、账龄结构等因素形成的显著差异，对应收款项划分不同组合分别进行减值测试。

二、发行人评估预期信用损失，应考虑所有合理且有依据的信息，包括前瞻性信息，并说明预期信用损失的确定方法和相关参数的确定依据。

三、如果对某些单项或某些组合应收款项不计提坏账准备，发行人应充分说明并详细论证未计提的依据和原因，是否存在确凿证据，是否存在信用风险，账龄结构是否与收款周期一致，是否考虑前瞻性信息，不应仅以欠款方为关联方客户、优质客户、政府工程客户或历史上未发生实际损失等理由而不计提坏账准备。

四、发行人重要客户以现金、银行转账以外方式回款的，应清晰披露回款方式。

五、发行人应清晰说明应收账款账龄的起算时点，分析披露的账龄情况与实际是否相符；应收账款初始确认后又转为商业承兑汇票结算的或应收票据初始确认后又转为应收账款结算的，发行人应连续计算账龄并评估预期信用损失；应收账款保理业务，如为有追索权债权转让，发行人应根据原有账龄评估预期信用损失。

六、发行人应参考同行业上市公司确定合理的应收账款坏账准备计提政策；计提比例与同行业上市公司存在显著差异的，应在招股说明书中披露具体原因。

客户资源或客户关系及企业合并涉及无形资产的判断

（一）客户资源或客户关系，只有源自合同性权利或其他法定权利且确保能在较长时期内获得稳定收益，才能确认为无形资产。发行人无法控制客户资源或客户关系带来的未来经济利益的，不应确认无形资产。发行人开拓市场过程中支付的营销费用，或仅购买相关客户资料，而客户并未与出售方签订独家或长期买卖合同，有关"客户资源"或"客户关系"支出通常应为发行人获取客户渠道的费用。

发行人已将客户资源或客户关系确认为无形资产的，应详细说明确认的依据，是否符合无形资产的确认条件。发行人应在资产负债表日判断是否存在可能发生减值的迹象，如考虑上述无形资产对应合同的实际履行情况与确认时设定的相关参数是否存在明显差异等。保荐机构及申报会计师应针对上述事项发表明确意见。

（二）非同一控制下企业合并中，购买方在初始确认购入的资产时，应充分识别被购买方拥有但财务报表未确认的无形资产，满足会计准则规定确认条件的，应确认为无形资产。

在企业合并确认无形资产的过程中，发行人应保持专业谨慎，充分论证是否存在确凿证据以及可计量、可确认的条件，评估师应按照公认可靠的评估方法确认其公允价值。保荐机构及申报会计师应保持应有的职业谨慎，详细核查发行人确认的无形资产是否符合会计准则规定的确认条件和计量要求，是否存在虚构无形资产情形，是否存在估值风险和减值风险。

研发支出资本化

（一）会计处理要求

研究阶段的支出，应于发生时计入当期损益；开发阶段的支出，在同时满足会计准则列明的条件时，才能按规定确认为无形资产。

初始确认和计量时，发行人应结合研发支出资本化相关内控制度的健全性和有效性，逐条具体分析进行资本化的开发支出是否同时满足会计准则规定的条件。后续计量时，相关无形资产的预计使用寿命和摊销方法应符合会计准则规定，按规定进行减值测试并足额计提减值准备。

（二）核查要求

1. 研发支出成本费用归集范围是否恰当，研发支出是否真实、准确，是否与相关研发活动相关。
2. 研究阶段和开发阶段划分是否合理，是否与研发流程相联系，是否遵循正常研发活动的周期及行业惯例并一贯运用，是否完整、准确披露研究阶段与开发阶段划分依据。
3. 研发支出资本化条件是否均已满足，是否具有内外部证据支持。应重点从技术可行性，预期产生经济利益方式，技术、财务资源和其他资源支持等方面进行关注。
4. 是否为申请高新技术企业认定及企业所得税费用加计扣除等目的虚增研发支出。
5. 研发支出资本化的会计处理与同行业可比公司是否存在重大差异及差异的合理性。

（三）信息披露

披露要点 01

研发支出资本化相关会计政策，与资本化相关研发项目的研究内容、进度、成果、完成时间（或预计完成时间）、经济利益产生方式（或预计产生方式）、当期和累计资本化金额、主要支出构成，以及资本化的起始时点和确定依据等。

披露要点 02

与研发支出资本化相关的无形资产的预计使用寿命、摊销方法、减值等情况，并说明是否符合相关规定，研发支出资本化时点是否与同行业可比公司存在重大差异及合理性。发行人应结合研发项目推进和研究成果运用可能发生的内外部不利变化、与研发支出资本化相关的无形资产规模等因素，充分披露相关无形资产的减值风险及对公司未来业绩可能产生的不利影响。

科研项目相关政府补助

（一）会计处理要求

发行人应结合科研项目获取政府经济资源的主要目的和科研成果所有权归属，判断上述从政府取得的经济资源适用的具体准则。若发行人充分证明相关科研项目与日常活动相关，从政府取得的经济资源属于提供研发服务或者使用相关科研项目技术所生产商品的对价或者对价组成部分，原则上适用收入准则；若发行人充分证明从该科研项目获得的政府经济资源是无偿的，补助资金主要用途是形成发行人自有知识产权，原则上适用政府补助准则。

发行人应结合补助条件、形式、与公司日常活动的相关性等，说明相关会计处理是否符合会计准则规定。

（二）非经常性损益列报要求

企业从政府无偿取得的货币性资产或非货币性资产应确认为政府补助。企业应根据《公开发行证券的公司信息披露解释性公告第1号——非经常性损益（2008）》判断政府补助是否应列入非经常性损益。通常情况下，政府补助文件中明确补助发放标准，企业可根据其经营活动的产量或者销量等确定可能持续收到的补助金额，属于定额或定量的政府补助，应列入经常性损益。企业因研究或专项课题等获得的政府补助，即使政府通过预算等方式明确各期补助发放金额，但与企业经营活动的产量或者销量等无关，则不属于定额或定量的政府补助，应列入非经常性损益。

（三）核查要求

保荐机构及申报会计师应核查发行人上述事项，并对发行人政府补助相关会计处理和非经常性损益列报的合规性发表意见。

（四）信息披露

发行人应根据重要性原则，披露所承担科研项目的名称、类别、实施周期、总预算及其中的财政预算金额、计入当期收益和经常性损益的政府补助金额等内容。

科研项目相关政府补助是否应该计入非经常性损益案例

▷ ■ ZW半导体设备（上海）股份有限公司

发行人未能将与科研任务相关的政府补助计入经常性损益提供充分的依据：

（1）公司获得科研任务相关的政府补助，是否与企业经营活动的产量或销量相关，是否按照一定标准定额或定量持续享受，计入经常性损益是否符合《公开发行证券的公司信息披露解释性公告第1号——非经常性损益（2008）》的规定；

（2）政府补助的会计处理，包括将其作为与资产相关还是与收益相关处理的判断；

（3）相关补助未被计入非经常性损益的具体原因；

（4）结合政府补助项目的补助主体、具体内容及对公司生产经营的影响，说明相关政府补助是否与公司正常经营业务密切相关，是否符合国家政策规定、按照一定标准定额或定量持续享受的政府补助，公司将其计入经常性损益是否符合《公开发行证券的公司信息披露解释性公告第1号——非经常性损益（2008）》的规定；

（5）结合同行业公司关于政府补助的会计处理，说明公司将政府补助计入经常性损益是否符合行业惯例；

（6）与科研项目相关的政府补助的具体内容；回复材料显示"公司按科研项目进展过程中相关支出的产生进度确认收益相关政府补助，随相应资产折旧摊销，确认计入当期损益的资产相关政府补助"，说明"确认计入当期损益的资产相关政府补助"的含义，公司将科研项目相关的补助确认为与收益相关的依据，是否对应具体的资产；

（7）南昌高新开发区补贴的政府补助2018年度为6915万元，说明上述政府补助的具体内容，期后是否仍旧获得该项补助，相关补助计入经常性损益是否合理，报告期内是否存在类似政府补助未计入经常性损益的情形。

公司在前三轮问询中已对科研项目相关的政府补助与公司正常经营业务密切相关，符合国家政策规定、按照一定标准定额或定量持续享受等逐项严格进行了比对分析，结合本轮问询中关于与企业经营活动的产量或销量的相关性，对前三轮回复"按照一定标准定额或定量持续享受"进行了进一步复核分析，鉴于国家或地方重大科研项目立项与预算等环节具有特殊性，对前述条件的估计仍存在一定的不确定性，且该等政府补助与公司经营活动中的实际产量、销量不存在直接相关性，公司经过审慎判断，将报告期内科研任务相关的政府补助修订计入非经常性损益，并对前三轮问询回复和招股说明书及其他申请文件的相关内容进行相应修订。

有关涉税事项

（一）发行人依法取得的税收优惠，如高新技术企业、软件企业、文化企业及西部大开发等特定性质或区域性的税收优惠，符合《公开发行证券的公司信息披露解释性公告第1号——非经常性损益（2008）》规定的，可以计入经常性损益。

（二）中介机构应对照税收优惠的相关条件和履行程序的相关规定，对发行人税收优惠政策到期后是否能够继续享受优惠发表明确意见：

① 如果很可能获得相关税收优惠批复，按优惠税率预提预缴经税务部门同意，可暂按优惠税率预提，并说明如果未来被追缴税款，是否有大股东承诺补偿；同时，发行人应在招股说明书中披露税收优惠不确定性风险。

② 如果获得相关税收优惠批复的可能性较小，需按照谨慎性原则按正常税率预提，未来根据实际的税收优惠批复情况相应调整。

（三）发行人补缴税款，符合会计差错更正要求的，可追溯调整至相应期间；缴纳罚款、滞纳金等，原则上应计入缴纳当期。

持续经营能力

发行人存在以下情形的，保荐机构及申报会计师应重点关注是否影响发行人持续经营能力：

重点关注 → （一）发行人因宏观环境因素影响存在重大不利变化风险，如法律法规、汇率税收、国际贸易条件、不可抗力事件等。

重点关注 → （二）行人因行业因素影响存在重大不利变化风险。

1. 发行人所处行业被列为行业监管政策中的限制类、淘汰类范围，或行业监管政策发生重大变化，导致发行人不满足监管要求；
2. 发行人所处行业出现周期性衰退、产能过剩、市场容量骤减、增长停滞等情况；
3. 发行人所处行业准入门槛低、竞争激烈，导致市场占有率下滑；
4. 发行人所处行业上下游供求关系发生重大变化，导致原材料采购价格或产品售价出现重大不利变化。

重点关注 ➡ (三) 发行人因自身因素影响存在重大不利变化风险。

1.发行人重要客户或供应商发生重大不利变化，进而对发行人业务稳定性和持续性产生重大不利影响；
2.发行人由于工艺过时、产品落后、技术更迭、研发失败等原因导致市场占有率持续下降，主要资产价值大幅下跌、主要业务大幅萎缩；
3.发行人多项业务数据和财务指标呈现恶化趋势，由盈利转为重大亏损，且短期内没有好转迹象；
4.发行人营运资金不能覆盖持续经营期间，或营运资金不能够满足日常经营、偿还借款等需要；
5.对发行人业务经营或收入实现有重大影响的商标、专利、专有技术以及特许经营权等重要资产或技术存在重大纠纷或诉讼，已经或者将对发行人财务状况或经营成果产生重大不利影响。

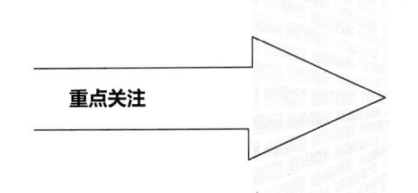

重点关注 ➡ (四) 其他影响发行人持续经营能力的情形。保荐机构及申报会计师应详细分析和评估上述因素的具体情形、影响程度和预期结果，综合判断上述因素是否对发行人持续经营能力构成重大不利影响，审慎发表明确意见，并督促发行人充分披露可能影响持续经营的风险因素。

财务内控不规范情形

（一）适用情形

发行人申请上市成为公众公司，需要建立、完善并严格实施相关财务内部控制制度，保护中小投资者合法权益，在财务内控方面存在不规范情形的，应通过中介机构上市辅导完成整改（如收回资金、结束不当行为等措施）和建立健全相关内控制度，从内控制度上禁止相关不规范情形的持续发生。

部分发行人在提交申报材料的审计截止日前存在财务内控不规范情形，如：
①无真实业务支持情况下，通过供应商等取得银行贷款或为客户提供银行贷款资金走账通道（简称"转贷"行为）；
②向关联方或供应商开具无真实交易背景的商业票据，通过票据贴现获取银行融资；
③与关联方或第三方直接进行资金拆借；
④频繁通过关联方或第三方收付款项，金额较大且缺乏商业合理性；
⑤利用个人账户对外收付款项；
⑥出借公司账户为他人收付款项；
⑦违反内部资金管理规定对外支付大额款项、大额现金收支、挪用资金；
⑧被关联方以借款、代偿债务、代垫款项或者其他方式占用资金；
⑨存在账外账；
⑩在销售、采购、研发、存货管理等重要业务循环中存在内控重大缺陷。发行人存在上述情形的，中介机构应考虑是否影响财务内控健全有效。

发行人确有特殊客观原因，认为不属于财务内控不规范情形的，需提供充分合理性证据，如外销业务因外汇管制等原因确有必要通过关联方或第三方代收货款，且不存在审计范围受到限制的情形；连续12个月内银行贷款受托支付累计金额与相关采购或销售（同一交易对手或同一业务）累计金额基本一致或匹配等；与参股公司（非受实际控制人控制）的其他股东同比例提供资金。

首次申报审计截止日期后，发行人原则上不能存在上述内控不规范和不能有效执行的情形。

(二) 核查要求

01 中介机构应根据有关情形发生的原因及性质、时间及频率、金额及比例等因素，综合判断是否对内控制度有效性构成重大不利影响。

02 中介机构应对发行人有关行为违反法律法规、规章制度情况进行认定，判断是否属于舞弊行为，是否构成重大违法违规，是否存在被处罚情形或风险，是否满足相关发行条件。

03 中介机构应对发行人有关行为进行完整核查，验证相关资金来源或去向，充分关注相关会计核算是否真实、准确，与相关方资金往来的实际流向和使用情况，判断是否通过体外资金循环粉饰业绩或虚构业绩。

04 中介机构应关注发行人是否已通过收回资金、纠正不当行为、改进制度、加强内控等方式积极整改，是否已针对性建立内控制度并有效执行，且未发生新的不合规行为；有关行为是否存在后续影响，是否存在重大风险隐患。发行人已完成整改的，中介机构应结合对此前不规范情形的轻重或影响程度的判断，全面核查、测试，说明测试样本量是否足够支撑其意见，并确认发行人整改后的内控制度是否已合理、正常运行并持续有效，不存在影响发行条件的情形。

05 中介机构应关注发行人的财务内控是否持续符合规范要求，能够合理保证公司运行效率、合法合规和财务报告的可靠性，不影响发行条件及信息披露质量。

(三) 信息披露

发行人应根据重要性原则，充分披露报告期内的财务内控不规范行为，如相关交易形成原因、资金流向和用途、违反有关法律法规具体情况及后果、后续可能影响的承担机制，并结合财务内控重大缺陷的认定标准披露有关行为是否构成重大缺陷、整改措施、相关内控建立及运行情况等。

审计截止日期为经审计的最近一期资产负债表日。

会计政策、会计估计变更和差错更正

(一) 申报前会计政策、会计估计变更和差错更正

发行人在申报前进行审计调整的,申报会计师应按要求对发行人编制的申报财务报表与原始财务报表的差异比较表出具鉴证报告并说明审计调整原因,保荐机构应核查审计调整的合理性与合规性。

报告期内发行人会计政策和会计估计应保持一致,不得随意变更,如变更应符合会计准则的规定,并履行必要的审批程序。保荐机构及申报会计师应关注发行人变更会计政策或会计估计是否有充分、合理的理由及依据。无充分、合理的证据证明会计政策或会计估计变更的合理性,或者未经批准擅自变更会计政策或会计估计的,或者连续、反复自行变更会计政策或会计估计的,视为滥用会计政策或会计估计。

(二) 申报后会计政策、会计估计变更

发行人申报后存在会计政策、会计估计变更事项的,相关变更事项应符合专业审慎原则,与同行业上市公司不存在重大差异,不存在影响发行人会计基础工作规范性及内控有效性情形。在此基础上,发行人应提交更新后的财务报告。保荐机构及申报会计师应重点核查以下方面并发表明确意见:

1. 变更事项的时间、内容和范围,对发行人的影响。
2. 变更事项的性质、内容、原因及依据,是否合规,是否符合审慎原则,变更后发行人会计政策、会计估计与同行业上市公司是否存在重大差异。
3. 发行人是否滥用会计政策或者会计估计。
4. 变更事项是否反映发行人会计基础工作薄弱或内控缺失。
5. 变更事项是否已准确、充分披露。

(三) 申报后差错更正

1. 差错更正事项的时间、内容和范围,对发行人的影响。

2. 差错更正事项的性质、原因及依据,是否合规,是否符合审慎原则。已按照规定履行审批、备案或报告程序,其管理人也已依法注册登记。

3. 差错更正事项是否因会计基础薄弱、内控重大缺陷、盈余操纵、未及时进行审计调整的重大会计核算疏漏、滥用会计政策或者会计估计以及恶意隐瞒或舞弊行为,是否反映发行人会计基础工作薄弱或内控缺失。

4. 差错更正事项是否已准确、充分披露。

核查披露要点

现金交易核查

发行人报告期存在现金交易或以大额现金支付薪酬、报销费用、垫付各类款项的,保荐机构及申报会计师通常应关注并核查以下方面:

1. 现金交易或大额现金支付的必要性与合理性,是否符合发行人业务情况或行业惯例,现金交易比例及其变动情况是否处于合理范围。
2. 现金交易的客户或供应商情况,是否涉及发行人关联方。
3. 相关收入确认及成本核算的原则与依据,是否涉及体外循环或虚构业务。
4. 现金管理制度是否与业务模式、内部管理制度匹配,与现金交易、现金支付相关的内部控制制度是否完备、合理并执行有效。
5. 现金交易流水的发生与相关业务发生是否真实一致,是否存在异常分布。
6. 实际控制人及发行人董事、监事、高管等关联方以及大额现金支付对象是否与客户或供应商及其关联方存在资金往来。
7. 发行人为减少现金交易采取的改进措施及进展情况。
8. 现金交易占比达到重要性水平的,相关风险是否充分披露。

保荐机构及申报会计师应详细说明对发行人现金交易、大额现金支付的核查方法、过程与证据,对发行人报告期现金交易、大额现金支付的真实性、合理性和必要性及相关内控有效性发表明确意见。

第三方回款核查

（一）适用范围

第三方回款通常指发行人销售回款的支付方（如银行汇款的汇款方、银行承兑汇票或商业承兑汇票的出票方或背书转让方）与签订经济合同的往来客户（或实际交易对手）不一致。

（二）核查要求

发行人报告期存在第三方回款的，保荐机构及申报会计师通常应重点核查以下方面：

1. 第三方回款的真实性，是否虚构交易或调节账龄。中介机构须核查的内容包括但不限于：抽样选取不一致业务的明细样本和银行对账单回款记录，追查至相关业务合同、业务执行记录及资金流水凭证，获取相关客户代付款确认依据，以核实委托付款的真实性、代付金额的准确性及付款方和委托方之间的关系，说明合同签约方和付款方不一致的合理原因及第三方回款统计明细记录的完整性，并对第三方回款所对应营业收入的真实性发表明确意见。

2. 第三方回款有关收入占营业收入的比例，相关金额及比例是否处于合理范围。

3. 第三方回款的原因、必要性及商业合理性，是否与经营模式相关，是否符合行业经营特点，是否能够区分不同类别的第三方回款。与经营模式相关、符合行业经营特点的第三方回款情况包括但不限于：

①客户为个体工商户或自然人，通过家庭约定由直系亲属代为支付货款；

②客户为自然人控制的企业，该企业的法定代表人、实际控制人代为支付货款；

③客户所属集团通过集团财务公司或指定相关公司代客户统一对外付款；

④政府采购项目指定财政部门或专门部门统一付款；

⑤通过应收账款保理、供应链物流等合规方式或渠道完成付款；

⑥境外客户指定付款。

4. 发行人及其实际控制人、董事、监事、高管或其他关联方与第三方回款的支付方是否存在关联关系或其他利益安排。

5. 境外销售涉及境外第三方回款的，第三方代付的商业合理性或合规性。

6. 是否因第三方回款导致货款归属纠纷。

7. 合同明确约定第三方付款的，该交易安排是否合理。

8. 资金流、实物流与合同约定及商业实质是否一致，第三方回款是否具有可验证性，是否影响销售循环内部控制有效性的认定。

经销模式

（一）适用情形

中介机构应按风险导向和重要性原则，对于报告期任意一期经销收入或毛利占比超过30%的发行人，原则上应按照本规定做好相关工作并出具专项说明，未达到上述标准的，可参照执行。

（二）核查内容

1. 关于经销商模式商业合理性

结合发行人行业特点、产品特性、发展历程、下游客户分布、同行业可比公司情况，分析发行人经销商模式的分类和定义，不同类别、不同层级经销商划分标准，以及采用经销商模式的必要性和商业合理性。

2. 关于经销商模式内控制度合理性及运行有效性

经销商模式内控制度包括但不限于：经销商选取标准和批准程序，对不同类别经销商、多层级经销商管理制度，终端销售管理、新增及退出管理方法，定价考核机制（包括营销、运输费用承担和补贴、折扣和返利等），退换货机制，物流管理模式（是否直接发货给终端客户），信用及收款管理，结算机制，库存管理机制，对账制度，信息管理系统设计与执行情况，说明相关内控制度设计的合理性及运行的有效性。

3. 关于经销收入确认、计量原则

经销收入确认、计量原则，对销售补贴或返利、费用承担、经销商保证金的会计处理，对附有退货条件、给予购销信用、前期铺货借货、经销商作为居间人参与销售等特别方式下经销收入确认、计量原则，是否符合《企业会计准则》规定，是否与同行业可比公司存在显著差异。

4. 关于经销商构成及稳定性

- 不同类别、不同层级经销商数量、销售收入及毛利占比变动原因及合理性。
- 新增、退出经销商数量，销售收入及毛利占比，新增、退出经销商销售收入及毛利占比合理性，新设即成为发行人主要经销商的原因及合理性。
- 主要经销商销售收入及毛利占比，变动原因及合理性，经销商向发行人采购规模是否与其自身业务规模不匹配。
- 经销商是否存在个人等非法人实体，该类经销商数量、销售收入及毛利占比，与同行业可比公司是否存在显著差异。

5. 关于经销商与发行人关联关系及其他业务合作

- 主要经销商基本情况，包括但不限于：注册资本、注册地址、成立时间、经营范围、股东、核心管理人员、员工人数、与发行人合作历史等。
- 发行人及其控股股东、实际控制人、董事、监事、高管、关键岗位人员及其他关联方与经销商、经销商的终端客户是否存在关联关系或其他利益安排，是否存在其他特殊关系或业务合作（如是否存在前员工、近亲属设立的经销商，是否存在经销商使用发行人名称或商标），是否存在非经营性资金往来，包括对经销商或客户提供的借款、担保等资金支持等。
- 经销商持股的原因，入股价格是否公允，资金来源，发行人及其关联方是否提供资助。
- 经销商是否专门销售发行人产品。
- 关联经销商销售收入、毛利及占比，销售价格和毛利率与非关联经销商是否存在显著差异。

6. 关于经销商模式经营情况分析

- 经销商模式销售收入及占比、毛利率，与同行业可比公司是否存在显著差异。
- 不同销售模式（直销、经销等）、不同区域（境内、境外等）和不同类别经销商销售的产品数量、销售价格、销售收入及占比、毛利及占比、毛利率情况；不同模式、不同区域、不同类别经销商销售价格、毛利率存在显著差异的原因及合理性。
- 经销商返利政策及其变化情况，返利占经销收入比例，返利计提是否充分，是否通过调整返利政策调节经营业绩。
- 经销商采购频率及单次采购量分布是否合理，与期后销售周期是否匹配。
- 经销商一般备货周期，经销商进销存、退换货情况，备货周期是否与经销商进销存情况匹配，是否存在经销商压货，退换货率是否合理。
- 经销商信用政策及变化，给予经销商的信用政策是否显著宽松于其他销售模式，或对部分经销商信用政策显著宽松于其他经销商，是否通过放宽信用政策调节收入。
- 经销商回款方式、应收账款规模合理性，是否存在大量现金回款或第三方回款情况。
- 终端客户构成情况，各层级经销商定价政策，期末库存及期后销售情况，各层级经销商是否压货以及大额异常退换货，各层级经销商回款情况；直销客户与经销商终端客户重合的，同时对终端客户采用两种销售模式的原因及合理性。

（三）核查要求

1. 制订核查计划

中介机构应制订核查计划，详细记录核查计划制订的过程（过程如有调整，详细记录调整过程、原因及审批流程）。制订核查计划应考虑因素包括但不限于：行业属性、行业特点，可比公司情况，发行人商业模式，经销商分层级管理方式，财务核算基础，信息管理系统，发行人产品结构、经销商结构、终端销售结构及其特点；样本选取标准、选取方法及选取过程，不同类别的核查数量、金额及占比等。

2. 选取核查样本

中介机构可参考《中国注册会计师审计准则第1314号——审计抽样和其他选取测试项目的方法》，采用统计抽样、非统计抽样等方法选取样本，详细记录样本选取标准和选取过程，严禁人为随意调整样本选取。样本选取应考虑因素包括但不限于：经销商类别、层级、数量、规模、区域分布、典型特征、异常变动（如新增或变化较大）等具体特点。核查的样本量应能为得出核查结论提供合理基础。

3. 实施有效核查

中介机构应按核查计划，综合采用多种核查方法，对选取样本实施有效核查，如实记录核查情况形成工作底稿。具体核查方法包括但不限于：

- **内部控制测试**：了解、测试并评价与经销商相关内控制度的合理性和执行有效性。
- **实地走访**：实地走访所选取经销商及其终端客户，查看其主要经营场所，发行人产品在经营场所的库存状态，了解进销存情况；了解经销商实际控制人和关键办人相关信息、向发行人采购的商业理由；了解经销商经营情况、财务核算基础、信息管理系统等；核查经销商财务报表，了解经销商资金实力。
- **分析性复核**：核查发行人、经销商相关合同、台账、销售发票、发货单、验收单/报关单/代销清单、回款记录等；核查发行人经销收入与经销商采购成本的匹配性，销货量与物流成本的匹配性，相互印证销售实现过程及结果真实性；核查发行人与经销商相关的信息管理系统可靠性，经销商信息管理系统进销存情况，与发行人其他业务管理系统、财务系统、资金流水等数据是否匹配。
- **函证**：函证发行人、主要经销商，函证内容包括各期销售给经销商的产品数量、金额、期末库存和对应应收款等。
- **抽查监盘**：对经销商的期末库存进行抽查监盘，核实经销商期末库存真实性。
- **资金流水核查**：核查发行人及其控股股东、实际控制人、董事、监事、高管、关键岗位人员、其他关联方与经销商之间的资金往来。发现异常情况应扩大资金流水核查范围。由于行业特征、经销商结构和数量等原因导致部分核查程序无法有效实施的，中介机构应充分说明原因，并使用恰当的替代程序，确保能合理地对经销商最终销售的真实性发表明确意见。

4. 发表核查意见

中介机构应按照以上要求进行逐一核查，说明核查程序、核查方法、核查比例、核查证据并得出核查结论，对经销商模式下收入真实性发表明确意见。

通过互联网开展业务相关信息系统核查

部分发行人，如电商、互联网信息服务、互联网营销企业等，其业务主要通过互联网开展。此类企业，报告期任意一期通过互联网取得的营业收入占比或毛利占比超过30%，原则上，保荐机构及申报会计师应对该类企业通过互联网开展业务的信息系统可靠性分别进行专项核查并发表明确核查意见。

发行人应向保荐机构及申报会计师完整提供报告期应用的信息系统情况，包括系统名称、开发人、基本架构、主要功能、应用方式、各层级数据浏览或修改权限等；应向保荐机构及申报会计师核查信息系统数据开放足够权限，为其核查信息系统提供充分条件。

1.对于直接向用户收取费用的此类企业，如互联网线上销售、互联网信息服务、互联网游戏等，保荐机构及申报会计师的核查应包括但不限于以下方面：
①经营数据的完整性和准确性，是否存在被篡改的风险，与财务数据是否一致；②用户真实性与变动合理性，包括新增用户的地域分布与数量、留存用户的数量、活跃用户数量、月活用户数量、单次访问时长与访问时间段等，系统数据与第三方统计平台数据是否一致；③用户行为核查，包括但不限于登录IP或MAC地址信息、充值与消费的情况、重点产品消费或销售情况、僵尸用户情况等，用户充值、消耗或消费的时间分布是否合理，重点用户充值或消费是否合理；④系统收款或交易金额与第三方支付渠道交易金额是否一致，是否存在自充值或刷单情况；⑤平均用户收入、平均付费用户收入等数值的变动趋势是否合理；⑥业务系统记录与计算虚拟钱包（如有）的充值、消费数据是否准确；⑦互联网数据中心（IDC）或带宽费用的核查情况，与访问量是否匹配；⑧获客成本、获客渠道是否合理，变动是否存在异常。

2.对用户消费占整体收入比较低，主要通过展示或用户点击转化收入的此类企业，如用户点击广告后向广告主或广告代理商收取费用的企业，保荐机构及申报会计师的核查应包括但不限于以下方面：
①经营数据的完整性和准确性，是否存在被篡改的风险，与财务数据是否一致；②不同平台用户占比是否符合商业逻辑与产品定位；③推广投入效果情况，获客成本是否合理；④用户行为真实性核查，应用软件的下载或激活的用户数量、新增和活跃的用户是否真实，是否存在购买虚假用户流量或虚构流量情况；⑤广告投放的真实性，是否存在与广告商串通进行虚假交易；⑥用户的广告浏览行为是否存在明显异常。

信息系统专项核查

(一) 适用情形

发行人日常经营活动高度依赖信息系统的，如业务运营、终端销售环节通过信息系统线上管理，相关业务运营数据由信息系统记录并存储，且发行人相关业务营业收入或成本占比、毛利占比或相关费用占期间费用的比例超过30%的，原则上，保荐机构及申报会计师应对开展相关业务的信息系统可靠性进行专项核查并发表明确核查意见。保荐机构及申报会计师应结合发行人的业务运营特点、信息系统支撑业务开展程度、用户数量及交易量级等进行判断。如保荐机构及申报会计师结合对发行人业务运营、信息系统以及数据体量的了解，认为存在覆盖范围等方面局限的，应考虑引入信息系统专项核查工作。

(二) 核查总体要求

1.总体原则。 发行人应向中介机构完整提供报告期应用的信息系统情况，包括系统名称、开发人、基本架构、主要功能、应用方式、各层级数据浏览或修改权限等；应为中介机构核查信息系统开放足够权限，提供充分条件。中介机构应对发行人存储于信息系统中的业务运营和财务数据的完整性、准确性、一致性、真实性和合理性等进行专项核查并发表明确意见。

2.胜任能力。 中介机构应选派或聘请具备相应专业能力的团队和机构执行信息系统核查工作。

3.责任划分。 聘请其他机构开展信息系统专项核查工作或参考其核查结论的，中介机构应考虑其他机构的独立性、可靠性及其核查工作的充分性，并就借助他人开展信息系统专项核查工作的必要性与有效性谨慎发表意见。

4.核查方案。 执行信息系统专项核查，核查团队应以风险防控为导向，结合发行人业务模式、盈利模式、系统架构、数据流转等情况，充分考虑舞弊行为出现的可能性，识别业务流程中可能存在的数据造假风险点，合理设计核查方案，运用大数据分析和内部控制测试等手段逐一排查风险点，全面验证发行人信息系统中业务和财务数据的完整性、准确性、一致性、真实性和合理性。

(三) 核查工作要求

1.IT系统控制： 包括但不限于系统开发、访问逻辑、权限管理、系统运维、数据安全、数据备份等流程控制情况；重点关注是否存在过度授权，是否存在录入信息系统应用层数据或篡改信息系统后台数据库等数据造假舞弊的风险，是否发生过导致数据异常的重大事件；结合发现的缺陷，判断是否对信息系统存储数据的真实性、准确性及完整性产生影响，是否存在补偿性控制，并明确其性质是否属于重大缺陷以及对内部控制有效性的影响程度。

2.基础数据质量探查： 包括但不限于基础运营数据及财务数据在系统中记录和保存的准确性、完整性；基础数据直接生成或加工生成的主要披露数据的真实性、准确性及完整性；重点关注是否存在数据缺失、指标口径错误导致披露数据失实等事项。

3.业务财务数据一致性核查： 包括但不限于经营数据与核算数据、资金流水等财务数据的一致性或匹配性，测试范围应覆盖整个核查期间；重点关注财务核算数据与经营数据不一致、资金流水与订单金额不匹配等事项。

4.多指标分析性复核： 深入分析关键业务指标和财务指标的变化趋势及匹配性，通过多指标分析性复核找出"异常"趋势和交易；分析贯穿整个业务链条的关键业务及财务指标数据趋势，指标数据应至少以"月"为时间维度进行统计和分析，对个别关键指标数据应按"天"分析；重点关注关键业务指标和财务指标的变化趋势及匹配性，排查是否存在背离发行人业务发展、行业惯例或违反商业逻辑的异常情形，相关核查包括但不限于用户变动合理性、用户行为分布合理性、获客渠道等。

5.反舞弊场景分析： 应针对行业情况设计舞弊场景进行验证测试；基于业务流程可能出现舞弊造假环节的场景进行验证测试，分析核查期间用户行为及订单表现，形成异常数据临界值，识别脱离临界值的异常用户或异常订单并进行深入排查，包括但不限于用户真实性、收入分布合理性、获客成本、变动合理性等。

6.疑似异常数据跟进： 包括但不限于排查有聚集性表现的疑似异常数据，除业务逻辑相互印证外，还应执行明细数据分析或实质性走访验证；对确实无法合理解释的异常情况，应分析对收入真实性的影响并发表明确意见。

(四) 核查报告要求

1.核查报告内容。信息系统专项核查报告应清晰描述核查工作的整个过程，准确描述和定义核查范围、比例，清晰描述发行人业务模式、经营活动，充分揭示所有风险点，准确叙述每一个风险点涉及的核查方法、核查经过、核查结果、异常情况和跟进测试情况。信息系统专项核查报告应做到内容翔实、结论清晰、不留疑问。

2.核查报告结论。中介机构应结合信息系统专项核查结果，分别就发行人的信息系统是否真实、准确、完整地记录发行人的经营活动，业务数据与财务数据是否一致发表明确意见。存在明显异常事项的，应明确披露该等事项及问题性质，并就该事项的实质性影响发表明确意见。因核查范围受限、历史数据丢失、信息系统缺陷、涉及商业秘密等，无法获取全部运营数据，无法进行充分核查的，中介机构应就信息系统可靠性审慎发表核查意见，并对该等事项是否构成本次发行上市的实质性障碍发表核查意见。

资金流水核查

(一) 适用情形

保荐机构及申报会计师应当充分评估发行人所处经营环境、行业类型业务流程、规范运作水平、主要财务数据水平及变动趋势等因素，确定发行人相关资金流水核查的具体程序和异常标准，以合理保证发行人财务报表不存在重大错报风险。发行人及其控股股东、实际控制人、董事、监事、高管等相关人员应按照诚实信用原则，向中介机构提供完整的银行账户信息，配合中介机构核查资金流水。中介机构应勤勉尽责，采用可靠手段获取核查资料，在确定核查范围、实施核查程序方面保持应有的职业谨慎。在符合银行账户查询相关法律法规的前提下，资金流水核查范围除发行人银行账户资金流水以外，结合发行人实际情况，还可能包括控股股东、实际控制人、发行人主要关联方、董事、监事、高管、关键岗位人员等开立或控制的银行账户资金流水，以及与上述银行账户发生异常往来的发行人关联方及员工开立或控制的银行账户资金流水。

(二) 核查要求

1.保荐机构及申报会计师在资金流水核查中，应结合重要性原则和支持核查结论需要，重点核查报告期内发生的事项，如右所列：

(1) 发行人资金管理相关内部控制制度是否存在较大缺陷；(2) 是否存在银行账户不受发行人控制或未在发行人财务核算中全面反映的情况，是否存在发行人银行开户数量等与业务需要不符的情况；(3) 发行人大额资金往来是否存在重大异常，是否与公司经营活动、资产购置、对外投资等不相匹配；(4) 发行人与控股股东、实际控制人、董事、监事、高管、关键岗位人员等是否存在异常大额资金往来；(5) 发行人是否存在大额或频繁取现的情形，是否无合理解释；发行人同一账户或不同账户之间，是否存在金额、日期相近的异常大额资金进出的情形，是否无合理解释；(6) 发行人是否存在大额购买无实物形态资产或服务（如商标、专利技术、咨询服务等）的情形，如存在，相关交易的商业合理性是否存在疑问；(7) 发行人实际控制人个人账户大额资金往来较多且无合理解释，或者频繁出现大额存现、取现情形；(8) 控股股东、实际控制人、董事、监事、高管、关键岗位人员是否从发行人处获得大额现金分红款、薪酬或资产转让款，转让发行人股权获得大额股权转让款，主要资金流向或用途存在重大异常；(9) 控股股东、实际控制人、董事、监事、高管、关键岗位人员与发行人关联方、客户、供应商是否存在异常大额资金往来；(10) 是否存在关联方代发行人收取客户款项或支付供应商款项的情形。

2.发行人在报告期内存在如右情形的，保荐机构及申报会计师应考虑是否需要扩大资金流水核查范围：

（1）发行人备用金、对外付款等资金管理存在重大不规范情形；（2）发行人毛利率、期间费用率、销售净利率等指标各期存在较大异常变化，或者与同行业公司存在重大不一致；（3）发行人经销模式占比较高或大幅高于同行业公司，且经销毛利率存在较大异常；（4）发行人将部分生产环节委托其他方进行加工，且委托加工费用大幅变动，或者单位成本、毛利率大幅异于同行业；（5）发行人采购总额中进口占比较高或者销售总额中出口占比较高，且对应的采购单价、销售单价、境外供应商或客户资质存在较大异常；（6）发行人重大购销交易、对外投资或大额收付款，在商业合理性方面存在疑问；（7）董事、监事、高管、关键岗位人员薪酬水平发生重大变化；（8）其他异常情况。

保荐机构及申报会计师应将上述资金流水的核查范围、资金流水核查重要性水平确定方法和依据，异常标准及确定依据、核查程序、核查证据编制形成工作底稿，在核查中受到的限制及所采取的替代措施应一并书面记录。保荐机构及申报会计师还应结合上述资金流水核查情况，就发行人内部控制是否健全有效、是否存在体外资金循环形成销售回款、承担成本费用的情形，发表明确核查意见。

尚未盈利或最近一期存在累计未弥补亏损

（一）核查要求

发行人尚未盈利或最近一期存在累计未弥补亏损的，中介机构应充分核查尚未盈利或最近一期存在累计未弥补亏损的原因，并就其是否影响发行人持续经营能力发表意见。

（二）信息披露

01 1.原因分析

发行人应结合行业特点和公司情况，针对性量化分析披露尚未盈利或最近一期存在累计未弥补亏损的成因，是否符合投入产出规律，是否具有商业合理性，是否属于行业普遍现象。对行业共性因素，应结合所属行业情况、竞争状况、发展态势以及同行业可比公司经营情况等，具体分析披露行业因素对公司盈利的影响。对公司特有因素，应结合公司的投资、研发、生产、销售等情况，具体分析披露有关因素对公司盈利的影响，相关因素在报告期内的变化情况、发展趋势，相关因素与报告期内盈利变动的匹配关系。

02 2.影响分析

发行人应充分披露尚未盈利或最近一期存在累计未弥补亏损对公司现金流、业务拓展、人才吸引、团队稳定、研发投入、战略投入、生产经营可持续性等方面的影响。尚未盈利的发行人应充分披露尚未盈利对公司经营的影响，是否对未来持续经营能力产生重大不利影响。

3.趋势分析

尚未盈利的发行人应谨慎估计并客观披露与未来业绩相关的前瞻性信息，包括原因分析中有关因素的发展趋势、达到盈亏平衡状态主要经营要素须达到的水平、未来是否可实现盈利以及其他有利于投资者对公司盈利趋势形成合理预期的信息。披露前瞻性信息时，应披露预测相关假设基础，并声明假设的数据基础及相关预测具有重大不确定性，提醒投资者谨慎使用。

4.风险因素

尚未盈利的发行人，应结合自身情况针对性地充分披露相关风险因素，如：未来一定期间无法盈利风险，收入无法按计划增长风险，研发失败风险，产品或服务无法得到客户认同风险，资金状况、业务拓展、人才引进、团队稳定、研发投入等方面受到限制或影响的风险等。预期未盈利状态仍将持续存在的，发行人还应结合《上市规则》的具体条款分析触发退市条件的可能性，并充分披露相关风险。最近一期存在累计未弥补亏损的，发行人应披露累计未弥补亏损及其成因对公司未来盈利能力、分红政策的影响等。

5.投资者保护措施及承诺

尚未盈利或最近一期存在累计未弥补亏损的发行人，应披露依法落实保护投资者合法权益规定的各项措施；应披露本次发行前累计未弥补亏损是否由新老股东共同承担以及已履行的决策程序。尚未盈利企业应披露其控股股东、实际控制人和董事、监事、高管、核心技术人员按照相关规定作出的关于减持股份的特殊安排或承诺。

客户集中

（一）总体要求

- 发行人存在单一客户主营业务收入或毛利贡献占比较高情形的，保荐机构应重点关注该情形的合理性、客户稳定性和业务持续性，是否存在重大不确定性风险，进而影响发行人持续经营能力。
- 发行人来自单一客户主营业务收入或毛利贡献占比超过50%的，一般认为发行人对该客户存在重大依赖。
- 保荐机构应合理判断发行人是否符合发行条件，督促发行人做好信息披露和风险揭示。

（二）核查要求

1.客户集中情形核查要求

保荐机构通常应关注并核查以下方面：

➢ 发行人客户集中的原因及合理性。

➢ 发行人客户在行业中的地位、透明度与经营状况，是否存在重大不确定性风险。

➢ 发行人与客户合作的历史、业务稳定性及可持续性，相关交易的定价原则及公允性。

➢ 发行人与重大客户是否存在关联关系，发行人的业务获取方式是否影响独立性，发行人是否具备独立面向市场获取业务的能力。

2.单一客户重大依赖情形核查要求

保荐机构除应按照"（一）客户集中情形核查要求"进行核查外，通常还应关注并核查以下方面：

➢ 发行人主要产品或服务应用领域和下游需求情况，市场空间是否较大；发行人技术路线与行业、技术迭代的匹配情况，是否具备开拓其他客户的技术能力以及市场拓展的进展情况，包括与客户的接触洽谈、产品试用与认证、订单情况等。

➢ 发行人及其下游客户所在行业是否属于国家产业政策明确支持的领域，相关政策及其影响下的市场需求是否具有阶段性特征，产业政策变化是否会对发行人的客户稳定性、业务持续性产生重大不利影响。

➢ 对于存在重大依赖的单一客户属于非终端客户的情况，应当穿透核查终端客户的有关情况、交易背景，分析说明相关交易是否具有合理性，交易模式是否符合行业惯例，销售是否真实。

(三) 信息披露

发行人应在招股说明书中披露上述情况,充分揭示客户集中度较高可能带来的风险。

投资收益占比

(一) 总体要求

> 针对发行人来自合并报表范围以外的投资收益占当期合并净利润比例较高的情形,保荐机构及申报会计师应重点关注发行人来自合并财务报表范围以外的投资收益对盈利贡献程度,发行人纳入合并报表范围以内主体状况,发行人合并财务报表范围以外投资对象业务内容,以及招股说明书相关信息披露等情况。

(二) 核查要求

重点关注

发行人来自合并报表范围以外的投资收益占当期合并净利润的比例较高,保荐机构及申报会计师通常应关注以下方面:

1. 发行人如减除合并财务报表范围以外的对外投资及投资收益,剩余业务是否具有持续经营能力。
2. 被投资企业主营业务与发行人主营业务是否具有高度相关性,如同一行业、类似技术产品、上下游关联产业等,是否存在大规模非主业投资情况。
3. 是否充分披露相关投资的基本情况及对发行人的影响。

(三) 信息披露

主要披露

发行人应在招股说明书"风险因素"中充分披露相关风险特征，同时在管理层分析中披露以下内容：

1.被投资企业的业务内容、经营状况，发行人与被投资企业所处行业的关系，发行人对被投资企业生产经营状况的可控性和判断力等相关信息。

2.发行人对被投资企业的投资过程，与被投资企业控股股东合作历史、未来合作预期、合作模式是否符合行业惯例，被投资企业分红政策等。

3.被投资企业非经常性损益情况及对发行人投资收益构成的影响，该影响数是否已作为发行人的非经常性损益计算。

4.其他重要信息。

在审期间分红及转增股本

发行人在审期间现金分红、分派股票股利或资本公积转增股本的，应依据公司章程和相关监管要求，充分论证必要性和恰当性，并履行相应决策程序，相关分红方案应在发行上市前实施完毕。发行人应重点披露内容如右所列：

(一) 发行人大额分红的，应充分披露分红的必要性和恰当性，以及对财务状况和新老股东利益可能产生的影响。

(二) 发行人分派股票股利或资本公积转增股本的，应披露股本变化后最近一期经审计的财务报告。

一、关于《首次公开发行股票注册管理办法》第十二条"构成重大不利影响的同业竞争"的理解与适用

同业竞争问题

(一) "同业"：是指竞争方从事与发行人主营业务相同或者相似的业务。

(二) 相同或相似的业务是否构成"竞争"：按照实质重于形式的原则，结合相关企业历史沿革、资产、人员主营业务等方面与发行人的关系，判断是否构成竞争：

1.业务是否具有替代性、竞争性；
2.是否有利益冲突；
3.是否在同一市场范围内销售；
4.对未来发展的潜在影响等。

竞争方的同类收入或毛利占发行人该业务收入或毛利的比例达30%以上的，如无充分相反证据，原则上应认定为构成重大不利影响。对于控股股东、实际控制人控制的与发行人从事相同或者相似业务的企业，发行人还应当结合目前自身业务和关联方业务的经营情况、未来发展战略等，在招股说明书中披露未来对于相关资产、业务的安排，以及避免上市后出现构成重大不利影响的同业竞争的措施。

(三) 特殊情形：

1.如果发行人控股股东、实际控制人是自然人，其配偶及夫妻双方的父母、子女控制的企业与发行人存在竞争关系的，应当认定为构成同业竞争。

2.发行人控股股东、实际控制人的其他亲属及其控制的企业与发行人存在竞争关系的，应当充分披露前述相关企业在历史沿革、资产、人员、业务、技术、财务等方面对发行人独立性的影响，报告期内交易或者资金往来，销售渠道、主要客户及供应商重叠等情况，以及发行人未来有无收购安排。

二、关于《首次公开发行股票注册管理办法》第十二条"实际控制人没有发生变更"和第四十五条"控股股东、实际控制人锁定期安排"的理解与适用

实际控制人认定及锁定期安排

（一）认定规则一

1.实际控制人的认定：实际控制人的认定应当根据股权结构、董事和高级管理人员的提名任免以及其他内部治理情况，客观、审慎地认定控制权归属。

2.构成控制：具有下列情形之一的，构成控制：

（1）持有上市公司股份数量最多，但是有相反证据的除外；

（2）直接或者间接行使的表决权数量最多；

（3）能够决定董事会半数以上成员的任免；

（4）实际控制人的配偶、直系亲属，直接或间接持有上市公司5%以上股份或者担任公司董事、高级管理人员的，应当被认定为共同实际控制人，但是有相反证据的除外。

（二）认定规则二

实际控制人以发行人自身的认定为主，由发行人股东予以确认。

核查要点：公司章程、协议或其他安排以及发行人股东大会（股东出席会议情况、表决过程、审议结果、董事提名和任命等）、董事会（重大决策的提议和表决过程等）、监事会及发行人经营管理的实际运作情况。

发行人股权较为分散但存在单一股东控制比例达到30%的情形的，若无相反的证据，原则上应将该股东认定为控股股东或实际控制人。

存在下列情形之一的，保荐机构和发行人律师关注是否通过实际控制人认定而规避发行条件或监管：

（1）公司认定存在实际控制人，但其他持股比例较高的股东与实际控制人持股比例接近；

（2）公司认定无实际控制人，但第一大股东持股接近30%，其他股东比例不高且较为分散。

（三）代持关系

1.实际控制人认定中涉及股权代持情况的，发行人、相关股东应说明存在代持的原因，并提供支持性证据。

2.对于存在代持关系但不影响发行条件的，发行人应在招股说明书中如实披露。如经查实，股东之间知晓代持关系的存在，且对代持关系没有异议、代持的股东之间没有纠纷和争议，则应将代持股份还原至实际持有人。

3.通常不应以股东间存在代持关系、表决权让与协议、一致行动协议等为由，认定公司控制权未发生变动。

（四）无实际控制人

发行人不存在拥有公司控制权的主体或者公司控制权的归属难以判断，如果符合以下情形，可视为公司控制权没有发生变更：

1.发行人的股权及控制结构、经营管理层和主营业务在首发前三十六个月（主板）或者二十四个月（科创板、创业板）内没有发生重大变化；

2.发行人的股权及控制结构不影响公司治理有效性；

3.发行人及其保荐机构和律师能够提供证据充分证明公司控制权没有发生变更。

相关股东采取股份锁定等有利于公司股权及控制结构稳定措施的，可将该等情形作为判断公司控制权没有发生变更的重要因素。

（五）锁定期安排

1.发行人控股股东和实际控制人所持股份自发行人股票上市之日起三十六个月内不得转让，控股股东和实际控制人的亲属（依据《民法典》相关规定认定）、一致行动人所持股份应当比照控股股东和实际控制人所持股份进行锁定。

2.为确保发行人股权结构稳定、正常生产经营不因发行人控制权发生变化而受到影响，发行人没有或者难以认定实际控制人的，发行人股东应当按持股比例从高到低依次承诺其所持股份自上市之日起锁定三十六个月，直至锁定股份的总数不低于发行前股份总数的百分之五十一。对于具有一致行动关系的股东，应当合并后计算持股比例再进行排序锁定。位列上述应当予以锁定的百分之五十一股份范围的股东，符合下列情形之一的，可不适用上述锁定三十六个月的规定：

（1）员工持股计划；

（2）持股百分之五以下的股东；

（3）非发行人第一大股东且符合一定条件的创业投资基金股东，具体条件参照创投基金的监管规定。

"符合一定条件的创业投资基金股东"的认定程序为，由创业投资基金股东向保荐机构提交书面材料，经保荐机构和发行人律师核查后认为符合相关认定标准的，在申报时由保荐机构向交易所提交书面材料，交易所在认定时应当征求相关职能部门的意见。

3.发行人申报前六个月内进行增资扩股的，新增股份的持有人应当承诺新增股份自发行人完成增资扩股工商变更登记手续之日起锁定三十六个月。在申报前六个月内从控股股东或者实际控制人处受让的股份，应当比照控股股东或者实际控制人所持股份进行锁定。相关股东刻意规避股份锁定期要求的，应当按照相关规定进行股份锁定。

共同实际控制人

应该符合的条件：
1. 每个人都必须直接持有公司股份或者间接支配公司股份的表决权；
2. 发行人公司治理结构健全、运行良好，多人共同拥有公司控制权的情况不影响发行人的规范运作；
3. 多人共同拥有公司控制权的情况，一般应当通过公司章程、协议或者其他安排予以明确。公司章程、协议或者其他安排必须合法有效、权利义务清晰、责任明确，并对发生意见分歧或者纠纷时的解决机制作出安排。该情况在最近三十六个月（主板）或者二十四个月（科创板、创业板）内且在首发后的可预期期限内是稳定、有效存在的，共同拥有公司控制权的多人没有出现重大变更；
4. 法定或约定形成的一致行动关系并不必然导致多人共同拥有公司控制权。若主张通过一致行动协议共同拥有公司控制权，但无第一大股东为纯财务投资人等合理理由的，一般不能排除第一大股东为共同控制人。共同控制人签署一致行动协议的，应当在协议中明确发生意见分歧或者纠纷时的解决机制。
5. 实际控制人的配偶、直系亲属，如其持有公司股份达到5%以上或者虽未超过5%但是担任公司董事、高级管理人员并在公司经营决策中发挥重要作用，应当说明上述主体是否为共同实际控制人。
6. 共同实际控制人签署一致行动协议的，应当在协议中明确发生意见分歧或纠纷时的解决机制。

对于作为实际控制人亲属的股东所持的股份，应当比照实际控制人自发行人上市之日起锁定三十六个月。

实际控制人发生变动的情形

（一）视为变更的情形：
1. 如果发行人最近三十六个月（主板）或者二十四个月（科创板、创业板）内持有、实际支配公司股份表决权比例最高的主体发生变化，且变化前后的主体不属于同一实际控制人，视为公司控制权发生变更。
2. 发行人最近三十六个月（主板）或者二十四个月（科创板、创业板）内持有、实际支配公司股份表决权比例最高的主体存在重大不确定性的。

（二）不视为公司控制权发生变更的情形：
1. 实际控制人为单名自然人或有亲属关系多名自然人，实际控制人去世导致股权变动，股权受让人为继承人的，通常不视为公司控制权发生变更。
2. 其他多名自然人为实际控制人，实际控制人之一去世的，应结合股权结构、去世自然人在股东大会或董事会决策中的作用、对发行人持续经营的影响等因素综合判断。

三、关于《首次公开发行股票注册管理办法》第十三条"国家安全、公共安全、生态安全、生产安全、公众健康安全等领域的重大违法行为"的理解与适用

对重大违法行为的认定

（一）涉及国家安全、公共安全、生态安全、生产安全、公众健康安全等领域的重大违法行为是指发行人及其控股股东、实际控制人违反相关领域法律、行政法规或者规章，受到刑事处罚或者情节严重行政处罚的行为。

有以下情形之一且中介机构出具明确核查结论的，可以不认定为重大违法行为：
1. 违法行为轻微、罚款数额较小；
2. 相关处罚依据未认定该行为属于情节严重的情形；
3. 有权机关证明该行为不属于重大违法。

违法行为导致严重环境污染、重大人员伤亡或者社会影响恶劣等并被处罚的，不适用上述规定。

（二）发行人合并报表范围内的各级子公司，如对发行人主营业务收入或者净利润不具有重要影响（占比不超过百分之五），其违法行为可不视为发行人本身存在重大违法行为，但相关违法行为导致严重环境污染、重大人员伤亡或者社会影响恶劣等的除外。如被处罚主体为发行人收购而来，且相关处罚于发行人收购完成之前已执行完毕，原则上不视为发行人存在重大违法行为。但发行人主营业务收入和净利润主要来源于被处罚主体或者相关违法行为导致严重环境污染、重大人员伤亡或者社会影响恶劣等的除外。

（三）最近三年从刑罚执行完毕或者行政处罚执行完毕之日起计算三十六个月。

（四）保荐机构和发行人律师应当对发行人及其控股股东、实际控制人是否存在上述事项进行核查，并对是否构成重大违法行为及发行上市的法律障碍发表明确意见。

四、关于《首次公开发行股票注册管理办法》第三十一条"中国证监会规定的其他情形"的理解与适用

申报后新增股东

发行人申报后，通过增资或者股权转让产生新股东的：

1. 原则上应当终止发行上市审核程序或者发行注册程序；
2. 股权变动未造成实际控制人变更，未对发行人控股权的稳定性和持续经营能力造成不利影响，且同时符合下列情形的除外：
   （1）新股东产生系因继承、离婚、执行法院判决或仲裁裁决、执行国家法规政策要求或由省级及以上人民政府主导；
   （2）新股东承诺其所持股份上市后三十六个月之内不转让、不上市交易（继承、离婚原因除外）。

在核查和信息披露方面，发行人申报后产生新股东且符合上述要求无须重新申报的，应当比照申报前十二个月新增股东的核查和信息披露要求执行。除此之外，保荐机构和发行人律师还应当对股权转让事项是否造成发行人实际控制人变更，是否对发行人股权结构的稳定性和持续经营能力造成不利影响进行核查并发表意见。

五、关于《首次公开发行股票注册管理办法》第四十四条规定的"期权激励计划"的理解与适用

期权激励计划（一）首发申报前制订、上市后实施的期权激励计划

1. 发行人首发申报前制订、上市后实施的期权激励计划应当符合的要求 发行人存在首发申报前制订、上市后实施的期权激励计划的，应当体现增强公司凝聚力、维护公司长期稳定发展的导向。

期权激励计划原则上应当符合下列要求：
（1）激励对象应当符合相关上市板块的规定；
（2）激励计划的必备内容与基本要求、激励工具的定义与权利限制、行权安排、回购或者终止行权、实施程序等内容，应当参考《上市公司股权激励管理办法》的相关规定执行；
（3）期权的行权价格由股东自行商定确定，但原则上不应低于最近一年经审计的净资产或者评估值；
（4）发行人全部在有效期内的期权激励计划所对应股票数量占上市前总股本的比例原则上不得超过百分之十五，且不得设置预留权益；
（5）在审期间，发行人不应新增期权激励计划，相关激励对象不得行权；最近一期末资产负债表日后行权的，申报前须增加一期审计；
（6）在制订期权激励计划时应当充分考虑实际控制人稳定，避免上市后期权行权导致实际控制人发生变化；
（7）激励对象在发行人上市后行权认购的股票，应当承诺自行权日起三十六个月内不减持，同时承诺上述期限届满后比照董事、监事及高级管理人员的相关减持规定执行。

2. 发行人信息披露要求

发行人应当在招股说明书中充分披露期权激励计划的有关信息：
（1）期权激励计划的基本内容、制订计划履行的决策程序、目前的执行情况；
（2）期权行权价格的确定原则，以及和最近一年经审计的净资产或者评估值的差异与原因；
（3）期权激励计划对公司经营状况、财务状况、控制权变化等方面的影响；
（4）涉及股份支付费用的会计处理等。

3. 中介机构核查要求

保荐机构及申报会计师应当对下述事项进行核查并发表核查意见：
（1）期权激励计划的制订和执行情况是否符合以上要求；
（2）发行人是否在招股说明书中充分披露期权激励计划的有关信息；
（3）股份支付相关权益工具公允价值的计量方法及结果是否合理；
（4）发行人报告期内股份支付相关会计处理是否符合《企业会计准则》相关规定。

期权激励计划（二）首发申报前实施员工持股计划

1.发行人首发申报前实施员工持股计划应当符合的要求，原则上应当全部由公司员工构成，体现增强公司凝聚力、维护公司长期稳定发展的导向，建立健全激励约束长效机制，有利于兼顾员工与公司长远利益，为公司持续发展夯实基础。

员工持股计划应当符合下列要求：

（1）发行人应当严格按照法律、行政法规、规章及规范性文件要求履行决策程序，并遵循公司自主决定、员工自愿参加的原则，不得以摊派、强行分配等方式强制实施员工持股计划。

（2）参与持股计划的员工，与其他投资者权益平等，盈亏自负，风险自担，不得利用知悉公司相关信息的优势，侵害其他投资者合法权益。

员工入股应当主要以货币出资，并按约定及时足额缴纳。按照国家有关法律法规，员工以科技成果出资入股的，应当提供所有权属证明并依法评估作价，及时办理财产权转移手续。

（3）发行人实施员工持股计划，可以通过公司制企业、合伙制企业、资产管理计划等持股平台间接持股，并建立健全持股在平台内部的流转、退出机制，以及所持发行人股权的管理机制。

参与持股计划的员工因离职、退休、死亡等离开公司的，其所持股份权益应当按照员工持股计划章程或者协议约定的方式处置。

2.员工持股计划计算股东人数的原则

（1）依法以公司制企业、合伙制企业、资产管理计划等持股平台实施的员工持股计划，在计算公司股东人数时，员工人数不计算在内；

（2）参与员工持股计划时为公司员工，离职后按照员工持股计划章程或者协议约定等仍持有员工持股计划权益的人员，可不视为外部人员；

（3）新《证券法》施行之前（即2020年3月1日之前）设立的员工持股计划，参与人员包括少量外部人员的，可不做清理。在计算公司股东人数时，公司员工人数不计算在内，外部人员按实际人数穿透计算。

3.发行人信息披露要求

发行人应当在招股说明书中充分披露员工持股计划的人员构成、人员离职后的股份处理、股份锁定期等内容。

4.中介机构核查要求

保荐机构及发行人律师应当对员工持股计划的设立背景、具体人员构成、价格公允性、员工持股计划章程或者协议约定情况、员工减持承诺情况、规范运行情况及备案情况进行充分核查，并就员工持股计划是否合法合规实施，是否存在损害发行人利益的情形发表明确意见。

5.考虑到发行条件对发行人股权清晰、控制权稳定的要求，发行人控股股东或者实际控制人存在职工持股会或者工会持股情形的，应当予以清理。

对于间接股东存在职工持股会或者工会持股情形的，如不涉及发行人实际控制人控制的各级主体，发行人不需要清理，但应当予以充分披露。对于职工持股会或者工会持有发行人子公司股份，经保荐机构、发行人律师核查后认为不构成发行人重大违法行为的，发行人不需要清理，但应当予以充分披露。

六、关于《公开发行证券的公司信息披露内容与格式准则第57号——招股说明书》第七条"信息豁免披露"的理解与适用

信息豁免披露的理解与适用（一）国家秘密

涉及国家秘密或者其他因披露可能导致发行人违反国家有关保密法律法规规定的信息，原则上可以豁免披露；如要求豁免披露的信息内容较多或者较为重要，可能对投资者的投资决策有重大影响，中介机构应当审慎论证是否符合发行上市的信息披露要求。

涉及国家秘密或者其他因披露可能导致发行人违反国家有关保密法律法规规定的，发行人关于信息豁免披露的申请文件应当逐项说明：

1.申请豁免披露的信息、认定涉密的依据及理由；

2.相关信息披露文件是否符合有关保密规定和《公开发行证券的公司信息披露内容与格式准则第57号——招股说明书》要求，涉及军工的是否符合《军工企业对外融资特殊财务信息披露管理暂行办法》等相关规定，豁免披露是否对投资者决策判断构成重大障碍；

3.内部保密制度的制定和执行情况,是否符合《保密法》等相关法律法规的规定,是否存在因违反保密规定受到处罚的情形。对于发行上市审核注册过程中提出的信息豁免披露或者调整意见,发行人应当相应回复、补充相关文件的内容,有实质性增减的,应当说明调整后的内容是否符合相关规定、是否存在泄密风险。

发行人需提供国家主管部门关于该信息为涉密信息的认定文件。发行人全体董事、监事、高级管理人员出具关于首次公开发行股票并上市的申请文件不存在泄密事项且能够持续履行保密义务的声明,发行人控股股东、实际控制人对其已履行和能够持续履行相关保密义务出具承诺文件。

信息豁免披露的理解与适用(二)商业秘密

涉及商业秘密或者其他因披露可能严重损害公司利益的信息,如属于《公开发行证券的公司信息披露内容与格式准则第57号——招股说明书》规定应当予以披露的信息,中介机构应当审慎论证是否符合豁免披露的要求。

1.商业秘密符合下列情形之一,且尚未公开、未泄密的,原则上可以豁免披露:
(1)商业秘密涉及产品核心技术信息;
(2)商业秘密涉及客户、供应商等他人经营信息,且披露该信息可能导致发行人或者他人受到较大国际政治经济形势影响。

2.商业秘密涉及发行人自身经营信息(如成本、营业收入、利润、毛利率等)、披露后可能损害发行人利益的,如该信息属于《公开发行证券的公司信息披露内容与格式准则第57号——招股说明书》、证券期货法律适用意见、监管规则适用指引等中国证监会和交易所相关规则要求披露的信息,原则上不可以豁免披露。

3.涉及商业秘密或者其他因披露可能严重损害公司利益的,发行人关于信息豁免披露的申请文件应当逐项说明:
(1)申请豁免披露的信息、该信息是否依据内部程序认定为商业秘密,发行人关于商业秘密的管理制度、认定依据、决策程序等;
(2)申请豁免披露的信息是否属于已公开信息或者泄密信息;相关信息披露文件是否符合《公开发行证券的公司信息披露内容与格式准则第57号——招股说明书》及相关规定要求,豁免披露是否对投资者决策判断构成重大障碍。

信息豁免披露的理解与适用(三)中介机构核查要求

保荐机构、发行人律师应当对发行人将相关信息认定为国家秘密、商业秘密或者因披露可能导致其违反国家有关保密法律法规规定或者严重损害公司利益的依据是否充分进行核查,并对该信息豁免披露符合相关规定、不影响投资者决策判断、不存在泄密风险出具意见明确、依据充分的专项核查报告。申报会计师应当出具对发行人审计范围是否受到限制、审计证据的充分性以及发行人豁免披露的财务信息是否影响投资者决策判断的核查报告。涉及军工的,中介机构应当说明开展军工涉密业务咨询服务是否符合国防科技工业管理部门等军工涉密业务主管部门的规定。

信息豁免披露的理解与适用(四)替代性披露要求

对于豁免披露的信息,发行人应当采取汇总概括、代码或者指数化等替代性方式进行披露,替代方式对投资者作出价值判断及投资决策不应构成重大障碍,并符合《公开发行证券的公司信息披露内容与格式准则第57号——招股说明书》的基本要求。中介机构应当就其替代披露方式是否合理,是否对投资者作出价值判断及投资决策存在重大障碍,并符合《公开发行证券的公司信息披露内容与格式准则第57号——招股说明书》的基本要求发表明确意见。

信息豁免披露的理解与适用（五）

在提交发行上市申请文件或者问询回复时，发行人及中介机构应当一并提交关于信息豁免披露的专项说明、核查意见。如豁免申请未获得同意，发行人应当补充披露相关信息。

信息豁免披露的理解与适用（六）

发行上市申请文件、审核问询回复等需要对外披露的文件涉及上述情形的，均可依法提出豁免申请。

信息豁免披露的理解与适用（七）

再融资信息豁免披露相关要求参照上述规定执行，中国证监会对再融资信息豁免披露有特别规定的，从其规定。

同一控制下企业合并

发行人应严格遵守相关会计准则规定，详细披露合并范围及相关依据，对特殊合并事项予以重点说明：

1. 发行人企业合并行为应按照《企业会计准则第20号——企业合并》相关规定进行处理。其中，同一控制下的企业合并，参与合并的企业在合并前后均受同一方或相同的多方最终控制且该控制并非暂时性的。
  （1）"同一方"是指对参与合并企业在合并前后均实施最终控制的投资者。
  （2）"相同的多方"通常指根据投资者之间的协议约定，在对被投资单位的生产经营决策行使表决权时发表一致意见的两个或两个以上的投资者。
  （3）"控制并非暂时性"是指参与合并的各方在合并前后较长的时间内受同一方或相同的多方最终控制。较长的时间通常指一年以上（含一年）。
2. 通常情况下，同一控制下的企业合并是指发生在同一企业集团内部企业之间的合并。
3. 在对参与合并企业在合并前控制权归属认定中，如存在委托持股、代持股份、协议控制（VIE模式）等特殊情形，发行人应提供与控制权实际归属认定相关的充分事实证据和合理性依据。

红筹企业协议控制下合并报表编制

根据《企业会计准则第33号——合并财务报表》
第七条规定"合并财务报表的合并范围应当以控制为基础予以确定"。
第八条规定"投资方应当在综合考虑所有相关事实和情况的基础上对是否控制被投资方进行判断"。

部分按相关规定申请科创板发行上市的红筹企业，如存在协议控制架构或类似特殊安排，将不具有持股关系的主体（以下简称"被合并主体"）纳入合并财务报表合并范围，在此情况下，发行人应：
1. 充分披露协议控制架构的具体安排，包括协议控制架构涉及的各方法律主体的基本情况、主要合同的核心条款等。
2. 分析披露被合并主体设立目的、被合并主体的相关活动以及如何对相关活动作出决策、发行人享有的权利是否使其目前有能力主导被合并主体的相关活动、发行人是否通过参与被合并主体相关活动而享有可变回报、发行人是否有能力运用对被合并主体的权利影响其回报金额、投资方与其他各方的关系。
3. 结合上述情况和会计准则规定，分析披露发行人合并依据是否充分，详细披露合并报表编制方法。

企业家必修课：全面注册制与企业香港上市合规进阶

01 境内企业香港上市

香港上市优势

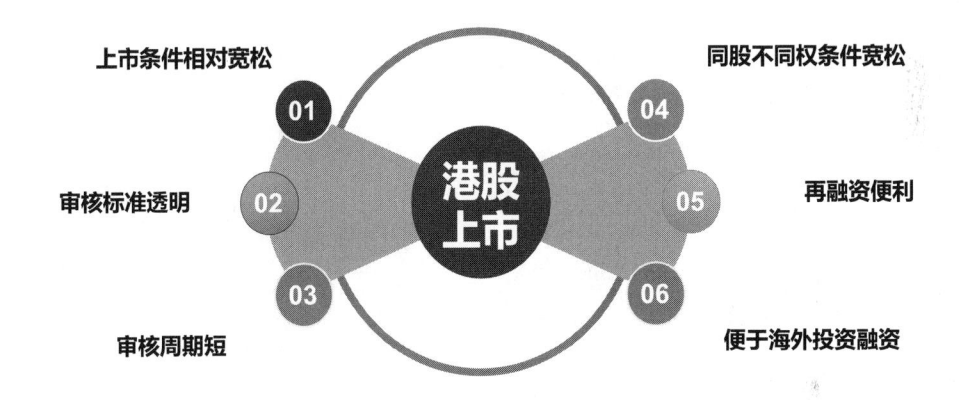

- 01 上市条件相对宽松
- 02 审核标准透明
- 03 审核周期短
- 04 同股不同权条件宽松
- 05 再融资便利
- 06 便于海外投资融资

（港股上市）

基本流程

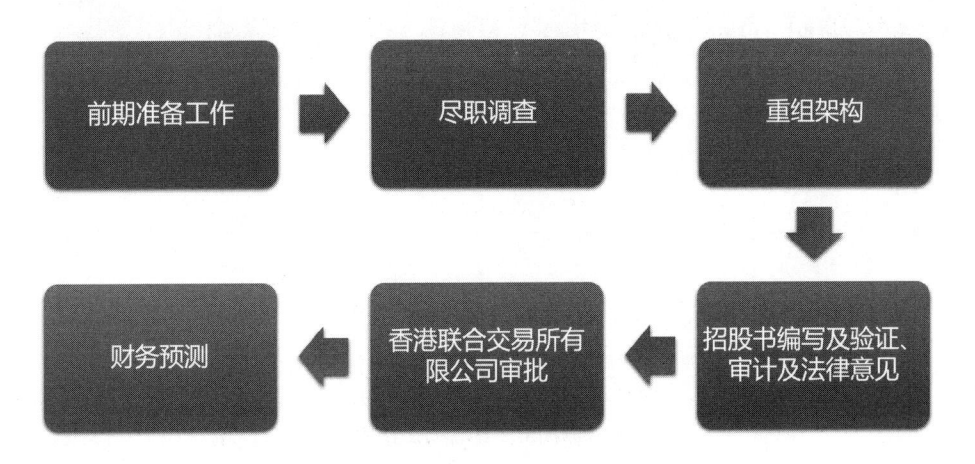

前期准备工作 → 尽职调查 → 重组架构 → 招股书编写及验证、审计及法律意见 → 香港联合交易所有限公司审批 → 财务预测

注：香港联合交易所有限公司简称"香港联交所"或"联交所"。

审查流程

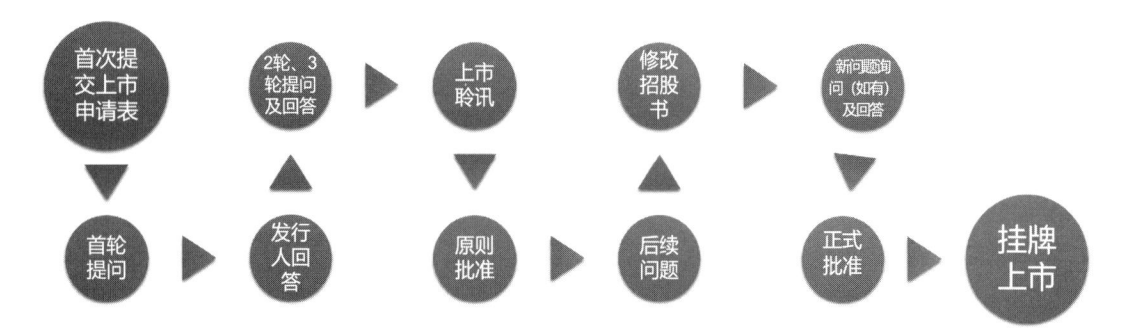

首次提交上市申请表 → 首轮提问 → 发行人回答 → 2轮、3轮提问及回答 → 上市聆讯 → 原则批准 → 后续问题 → 修改招股书 → 正式批准 → 新问题询问（如有）及回答 → 挂牌上市

中介机构及成本

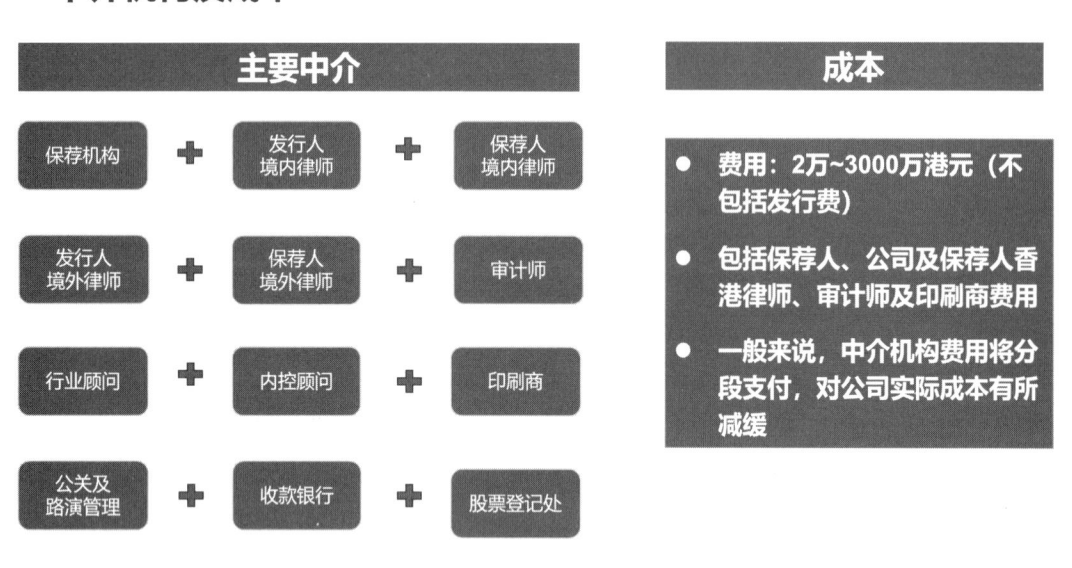

主要中介

- 保荐机构 + 发行人境内律师 + 保荐人境内律师
- 发行人境外律师 + 保荐人境外律师 + 审计师
- 行业顾问 + 内控顾问 + 印刷商
- 公关及路演管理 + 收款银行 + 股票登记处

成本

- 费用：2万~3000万港元（不包括发行费）
- 包括保荐人、公司及保荐人香港律师、审计师及印刷商费用
- 一般来说，中介机构费用将分段支付，对公司实际成本有所减缓

费用参考

收费类型	总收费（万港元）	主要工作	聘请时点
保荐人（承销商）	800~1000（不包括承销费）	项目管理协调各方中介尽调，设计交易结构，协助公司与港交所/监管机构沟通，协调聘用中介机构，协助法律顾问起草招股书，准备推介材料和估值	启动时
公司香港律师	600~1000	费用包括起草招股书大部分章节，出具境外法律意见	启动时
公司中国律师	150~180	起草及出具中国法律意见书，为公司解决中国法律问题	启动时
承销商香港律师	500~800	费用包括起草招股书部分章节，审阅招股书并提供意见/准备上市申请文件及出具境外法律意见	启动时
承销商中国律师	120~150	审阅中国法律意见书及提供意见	启动时
审计师	400~600	负责编制报告期三年的财务报表/现金流及盈利预测	启动时
行业顾问（如需）	80~100	负责编制行业报告，并引用在招股书内	启动时
内控顾问	60~80	费用根据实际需审查的主题数量而决定	启动时
印刷商	300~400	主要为印刷、翻译及递送费用	启动时
公关及路演管理人	70~100	主要为公关及路演费用，主要取决于全球发行的计划及行程	递交上市申请前
收款银行	10~20	实际费用主要取决于首次公开招股处理申请的数量	递交上市申请前
股票登记处	15~20	实际费用主要取决于处理申请表的数量	递交上市申请前

02 境内企业香港上市模式选择

IPO模式选择

境外直接IPO(H股)
- 发行人：中国境内注册的股份有限公司
- 仅H股部分拥有上市地位，内资股无法流通，大股东难以在二级市场套现
- 需中国证监会国际部、香港联交所、香港证监会审批；审批流程较复杂
- 无须进行复杂的架构重组
- 上市后境外资本市场再融资仍受境内监管机构监管

境外间接IPO(红筹)
- 发行人：境内自然人实际控制的开曼群岛等境外主体
- 公司整体拥有上市地位，全部为流通股，大股东可在禁售期后自由买卖股票
- 需香港联交所、香港证监会审批；审批流程简单
- 需将公司权益重组注入海外拟上市主体，涉及的监管较多
- 上市后境外资本市场再融资不受境内监管机构审批

03 境内企业公开发行H股并上市

H股境内监管规则

境内主要监管规则

H股发行审批
- 《中华人民共和国证券法》（2019年修订）
- 《境内企业境外发行证券和上市管理试行办法》（证监会公告〔2023〕43号）
- 《关于股份有限公司境外发行股票和上市申报文件及审核程序的监管指引》（证监会公告〔2012〕45号）
- 《境内企业申请到香港创业板上市审批与监管指引》（证监发行字〔1999〕126号）

交易所监管
- 全国股转公司就与香港交易所签署合作谅解备忘录相关事宜答记者问
- 《全国中小企业股份转让系统挂牌公司信息披露规则》（股转系统公告〔2021〕1007号）（2021修订）

其他法规
- 《国务院关于印发划转部分国有资本充实社保基金实施方案的通知》（国发〔2017〕49号）
- 《国家外汇管理局关于境外上市外汇管理有关问题的通知》（汇发〔2014〕54号）

"境外上市指引"解读

➤ 简化境外上市审批程序

A. 不再要求发行人所在地省级人民政府或国务院有关部门的批准。

B. 申请文件中不再包括发展改革部门关于境外上市的意见，但中国证监会在收到公司申请文件后，可就涉及的产业政策、利用外资政策和固定资产投资管理规定等事宜征求有关部门意见。

C. 申请文件中不再包括国资管理部门关于境外上市的意见，如果发行人的上市申请已获国资管理部门的同意，中国证监会也不再就发行人的境外上市事宜会商国资管理部门。

D. 就国有股减持事宜，不再要求社保基金理事会的同意函，仅要求国资管理部门关于国有股设置和减持的批复。

E. 申请文件中不再包括公司审批机关对设立股份公司的批复以及对公司章程的批复文件。

F. 不再强制要求发行人说明募集资金的投向，并不再要求提交募集资金投向涉及的环境保护批复（但保留了对从事可能对环境构成重大影响的行业的申请人须提供环保证明文件的要求）。

G. 衔接境外上市地监管机构的审批，即公司收到中国证监会的受理通知后，可向境外证券监管机构或交易所提交发行上市初步申请，收到中国证监会行政许可核准文件后，可向境外证券监管机构或交易所提交发行上市正式申请。

H. 取消转板审批，仅要求在完成转板上市后15个工作日内就转板上市的有关情况向中国证监会提交书面报告。

香港上市规则

香港主板上市规则

➤ 适宜上市条件

- 上市申请人及其业务必须是香港联交所认为适宜上市的。
- 资产全部或大部分为现金或短期融资券的公司或集团（投资或证券经纪公司除外）一般不会被视为适宜上市。

➤ 公司注册地

- 上市申请人在中国境内、中国香港或海外国家或地区（如开曼群岛或百慕达，或香港联交所认可的其他司法管辖地区）成立的公司。
- 如果注册地区或国家的法律不能为其股东提供至少相当于香港水平的保障，公司须通过修改其公司组织文件，使股东获得相当于香港水平的保障，香港联交所才会考虑接受其上市申请。
- 就H股而言，上市申请人必须是在中国境内成立的公司。

➤ 营业记录、管理层级拥有权

- 一般情况下，香港主板上市申请人必须具备不少于3个会计年度的营业记录，至少经审计的最近1个会计年度的拥有权和控制权维持不变，至少前3个会计年度的管理层（一般而言，包括董事会和高级管理层人员）维持不变。
- 但在市值/收益测试模式下，如上市申请人能证明其董事及管理层在公司所属业务及行业中拥有足够（至少3年）令人满意的经验及在经审计的最近1个会计年度管理层维持不变，则香港联交所可接纳上市申请人在管理层大致相若的条件下具备为期较短的营业记录。

➤ 财务指标

A. 盈利测试
  - 具备至少3个会计年度的营业记录，而且在该期间，新申请人最近1年的股东应占盈利不得低于3500万港元，及其前2年累计的股东应占盈利亦不得低于4500万港元。上述盈利应扣除日常业务以外的业务所产生的收入或亏损。（2023年3月31日修订）

B. 市值/收益/现金流量测试
  - 上市申请人于香港上市时，市值不少于港币20亿元，经审计的最近1个会计年度的收益至少为港币5亿元，3个会计年度的营运业务现金流入合计至少为港币1亿元。

C. 市值/收益测试
  - 上市申请人于香港上市时，市值不少于港币40亿元，经审计的最近1个会计年度的收益至少为港币5亿元。

*注：如果发行人是符合条件的矿业公司或工程项目公司，香港联交所可接纳为期较短的营业记录，并/或修订或豁免上述财务指标。

香港主板上市规则

> **股东人数和公众持股量**

A. 股东人数
- 持有香港主板上市申请人股份的公众股东至少为300人。
- 除若干特殊情况外，持股量最高的3名公众股东实际持有的股份数不得超过股份上市时公众持股量的50%。

B. 公众持股量
- 上市申请人股本总额必须至少有25%由公众人士持有，公众所持股份在主板上市时预期市值不得少于港币1.25亿元。
- 若上市申请人预期在上市时市值逾港币100亿元，且香港联交所确信该等股份的数量以及持有权的分布情况仍能使有关市场正常运作，则香港联交所可酌情接纳介乎15%至25%之间的一个较低的百分比。

> **业务竞争与独立性**

- 香港联交所通常要求上市申请人就其业务是否能独立于控股股东之外经营做多方面的考虑（包括财政独立、业务独立及管理独立等方面）。若上市申请人在以上一方面或者多方面均过分依赖于控股股东，香港联交所或会担心上市申请人不适合上市。
- 如果香港联交所认为上市申请人没有就管理其与控股股东之间的利益冲突及业务分野做出妥善安排，香港联交所会考虑上市申请人是否因此不适合上市。

> **保荐人**

- 上市申请人必须委派合适的保荐人，香港主板上市保荐人必须为香港联交所会员、发行商、商业银行或香港联交所接纳的其他人士。
- 保荐人负责为申请人筹备上市，将正式上市申请表格及其他相关文件呈交香港联交所，并协助处理香港联交所对上市申请提出的问题。
- 上市申请人至少须有一名保荐人独立于上市申请人。

> **股份禁售期**

- 香港主板上市申请人的控股股东于上市文件中披露控股股东持有股权当日起至上市后6个月期间不得出售其股份。
- 香港主板上市申请人的控股股东于上市股份禁售期届满当日起的6个月内，若出售股份导致其不再是控股股东的，则其亦不可出售有关股份。

> **在香港的管理层人员**

- 香港主板上市申请人（如在香港联交所主要上市）必须有足够的管理层人员在香港，一般指公司至少有两名执行董事通常居于香港。
- H股公司一般可以基于主要业务位于中国内地为由向香港联交所申请豁免严格遵守有关规定。

> **公司秘书**

- 包括H股公司在内的所有香港上市公司的公司秘书应当是香港特许秘书公会会员、合资格律师或大律师或执业会计师，或者其他具备有关经验而有能力履行公司秘书职责的人士。
- 符合以上资格但居于内地的人士亦可担任香港上市公司的公司秘书。

香港创业板（GEM）上市规则

➤ 财务指标

- 无盈利或其他财务标准要求。
- 申请上市的新申请人或其集团在刊发上市文件前两个财政年度从经营业务所得的净现金流入总额必须最少达到3000万港元。

➤ 最低市值及公众持股量

- 新申请人预期在上市时的市值不得低于1.5亿港元。
- 由公众人士持有的股本证券的市值（于上市时厘定）必须最少为4500万港元；及于上市时，公众持有的股本证券须最少由100个人持有；上市时由公众人士持有的证券中，由持股量最高的3名公众股东拥有的百分比不得超过50%。
- 若上市申请人预期在上市时市值逾港币100亿元，且香港联交所确信该等股份的数量以及持有权的分布情况仍能使有关市场正常运作，则香港联交所可酌情接纳介乎15%至25%之间的一个较低的百分比。

➤ 营运记录和管理层

- 必须有24个月的活跃业务记录。
- 管理层需要在近两年内维持不变，而拥有权和控制权需要在最近一个财政年度维持不变。
- 管理层股东及高持股量股东于上市时必须最少合共持有申请人已发行股本的35%。
- 如申请人符合某些要求（开采天然资源公司或新成立的工程项目公司），港交所考虑接受12个月的活跃业务记录。

➤ 主营业务

- 必须从事单一业务，但允许有围绕该单一业务的周边业务活动。

➤ 保荐人

- 必须委派一名保荐人协助上市申请，且该保荐人必须被港交所列入创业板和资格保荐人名单之内。

➤ 控股股东禁售期

- 创业板公司控股股东的上市后禁售期从12个月延长至24个月。

➤ 创业板转主板

- 取消创业板发行人转往主板的简化转板申请程序。创业板转往主板的申请人必须委任保荐人，且必须在上市申请提交的最少前两个月委任。

港股上市规则新政

生物科技企业
- 上市时市值最少15亿港元，可无盈利或收入。
- 上市前已由大致相同的管理层经营现有的业务至少2个会计年度。
- 申请人的营运资金须涵盖集团未来至少12个月开支的至少125%。

二次上市
- 已在合格交易所（纽交所、纳斯达克、伦敦交易所）上市并且于至少2个会计年度保持良好合规记录。
- 市值最低400亿港元，如不足400亿港元还需最近1年年收益达到10亿港元。
- 若超过55%股份成交额于本港进行，将被视为在本港作双边第一上市公司。

同股不同权
- ◆ 上市门槛
  - 须证明其具有所需的创新及增长元素。
  - 仅限于新申请公司。
  - 上市时市值最少达400亿港元；对于市值少于400亿港元的，要求最近1年年收益达到10亿港元。
- ◆ 投资者保障
  - 上市发行人不得将不同投票权股份比例增至超过上市时该等股份所占比例。
  - 特权股份最多1股10票。
  - 同股同权股东必须持有发行人股东大会议案不少于10%的合格投票权。
  - 不同投票权受益人必须为申请人上市时的董事会成员。
  - 受益人若身故、不再为董事，被港交所视为失去行为能力或不再符合董事规定等，不同投票权必须终止。
  - 加强披露，包括在上市文件、公司通信中加入警示字句以及增加特殊股份标记"W"。
  - 重大议程必须按一股一票原则决定。

H股上市审核流程

境内审核	受理 → 审核及反馈 → 核准及批复
境外同步审核（以香港IPO为例）	证监会受理后，申请人向港交所提交A1申请 → 香港方面审核及反馈 → 证监会批复后，申请人在香港聆讯

注：境外增发与境外首次公开发行并上市的境内审核流程一致，境外流程按照境外相关规则办理。

H股上市流程简述

备案制下，境内企业在完成相关安全审查程序（若需）和行业监管程序（若需）后，即可向香港联交所递交申请上市的A1文件。在向香港联交所提交A1文件后三个工作日内，境内企业需向证监会备案。香港联交所审核完成后，发行人即可进入聆讯环节并在通过聆讯后正式发行上市。在成功完成H股上市流程后，发行人需就发行情况向中国证监会报告。

1. 备案主体

境内企业直接境外发行上市的，由发行人向中国证监会备案；境内企业间接境外发行ss上市的，由发行人指定一家主要境内运营实体为境内责任人，向中国证监会备案。2号指引进一步明确，在确定主要子公司或者境内运营实体时，应当考虑其营业收入、利润总额、总资产、净资产等财务数据占发行人合并财务报表相关财务数据的比例，以及经营业务、未来发展战略、持有资质或者证照对发行人的影响等因素。备案材料应当提供确定主要子公司或者境内运营实体的依据，且不得随意变更。

2. 备案材料

首次公开发行或上市的备案材料包括：①备案报告及有关承诺；②行业主管部门等出具的监管意见、备案或核准等文件（如适用）；③国务院有关主管部门出具的安全评估审查意见（如适用）；④境内法律意见书；⑤招股说明书或上市文件。

H股上市律师职责

公司香港律师	• 确保一切有关上市的事宜，如重组、关联交易、董事承诺、公司及母公司的承诺均符合香港上市规则及有关的法律要求； • 编写招股章程内的法律部分，如重组过程中债权、债务、合同、合约，对外投资企业的处理； • 负责起草及审阅重要法律文件； • 向公司董事解释其需要对招股的责任及作为上市公司董事对招股内容负全部责任及作为上市公司董事的责任
承销商香港律师	• 编写招股书及相关文件； • 就保荐人的法律责任提供意见； • 编制包销协议、验证招股书报告； • 向包销商提供有关销售事宜的意见，包括起草编写研究报告的指引、国际配售的范围及限制、审阅研究报告等
公司中国律师	• 负责企业境内业务的法律尽职调查，出具合规整改意见； • 协助企业进行业务、资产、股权重组，并起草相关法律文件等； • 协助企业搭建红筹架构，起草相关法律文件； • 按香港联交所的要求，出具法律意见书； • 按照香港联交所要求，协助企业完成各项法律文件的起草和取得必要的审核文件

新三板+H股

新三板公司H股上市政策要点

- 股转系统不设前置程序及特别条件
- 原则上无须停牌，除非预计难以保密/已泄露/市场传闻对股价有重大影响；涉及向有关部门政策咨询/重大无先例/其他合理理由
- 无须在新三板摘牌
- 会计处理比照A+H——《企业会计准则解释第2号》
- 按H股章程必备条款修改公司章程
- 两地信息披露同步

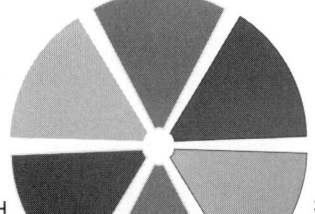

新三板公司H股上市流程概览

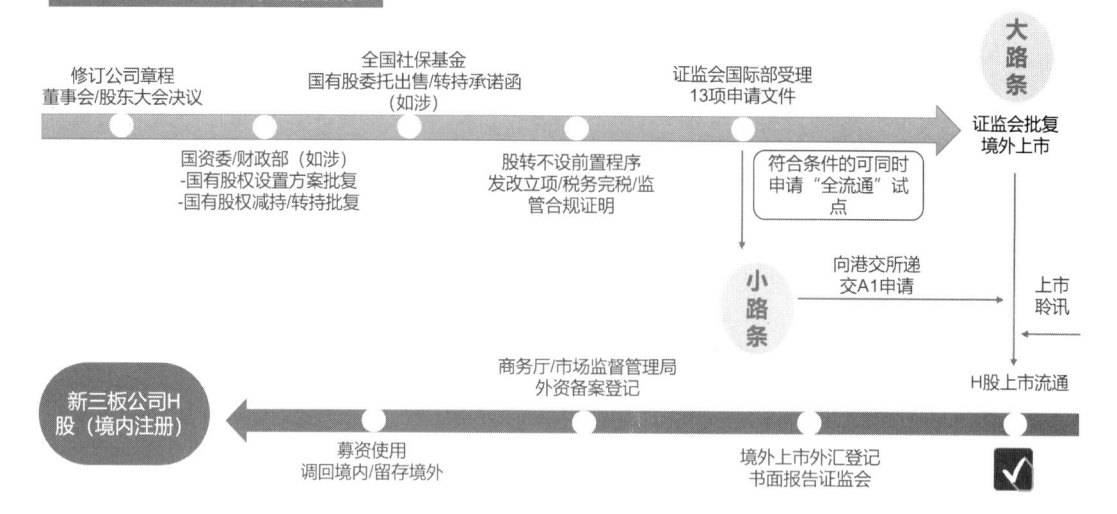

```
修订公司章程                全国社保基金                证监会国际部受理
董事会/股东大会决议          国有股委托出售/转持承诺函    13项申请文件                   大路条
                           （如涉）                                                  证监会批复
                                                                                    境外上市
        国资委/财政部（如涉）        股转不设前置程序         符合条件的可同时
        -国有股权设置方案批复        发改立项/税务完税/监     申请"全流通"试
        -国有股权减持/转持批复       管合规证明              点
                                                                      向港交所递     上市
                                                            小路条    交A1申请  →   聆讯

                                                                                    H股上市流通
新三板公司H              商务厅/市场监督管理局
股（境内注册）  ←        外资备案登记
                  募资使用                      境外上市外汇登记
                  调回境内/留存境外               书面报告证监会        ✓
```

H股"全流通"

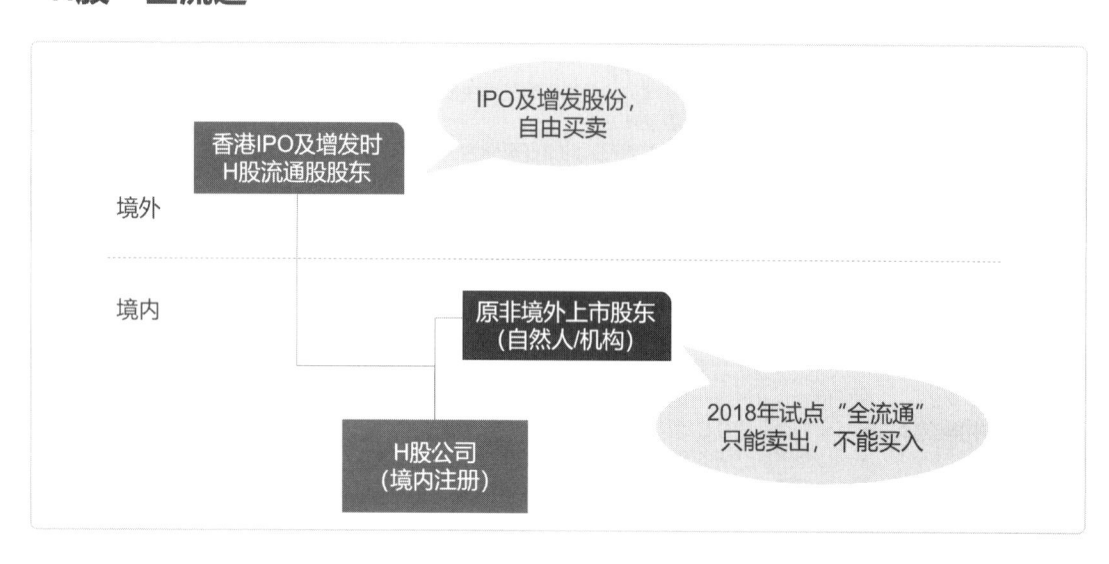

```
                                          IPO及增发股份，
                                          自由买卖
            香港IPO及增发时
            H股流通股股东
境外
─────────────────────────────────────────────
境内
            原非境外上市股东
            （自然人/机构）
                                          2018年试点"全流通"
                                          只能卖出，不能买入
            H股公司
            （境内注册）
```

04 境内企业香港红筹IPO上市

红筹架构搭建基本思路

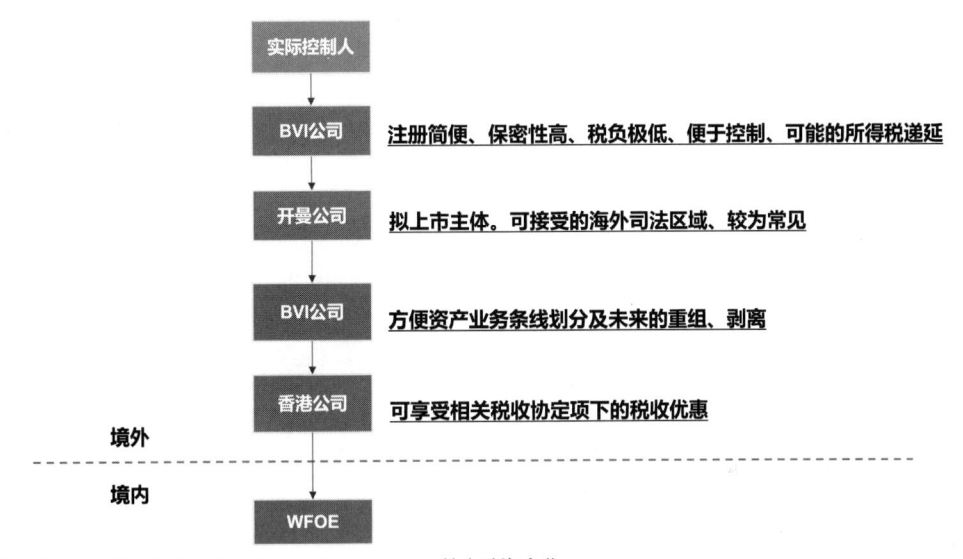

```
实际控制人
    ↓
BVI公司  —— 注册简便、保密性高、税负极低、便于控制、可能的所得税递延
    ↓
开曼公司 —— 拟上市主体。可接受的海外司法区域、较为常见
    ↓
BVI公司  —— 方便资产业务条线划分及未来的重组、剥离
    ↓
香港公司 —— 可享受相关税收协定项下的税收优惠
```
境外
- -
境内
```
    ↓
WFOE
```

注：WFOE，Wholly Foreign Owned Enterprises，外商独资企业。

红筹模式重组步骤

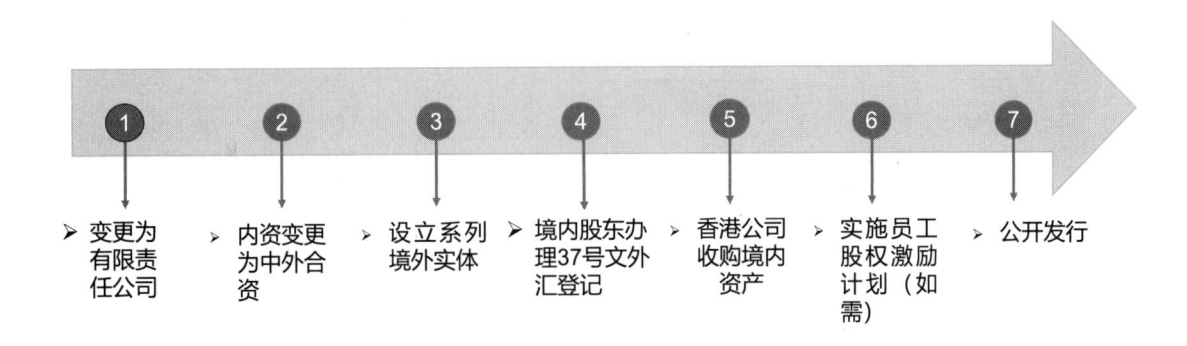

1. 变更为有限责任公司
2. 内资变更为中外合资
3. 设立系列境外实体
4. 境内股东办理37号文外汇登记
5. 香港公司收购境内资产
6. 实施员工股权激励计划（如需）
7. 公开发行

关联并购问题

《关于外国投资者并购境内企业的规定》（10号文）

条款	内容
第2条 适用范围	● 收购方：外国投资者 ● 被收购方：境内非外商投资企业 ● 收购方式： ✓ 方式一：直接股权收购或增资 ✓ 方式二：设立WFOE并通过WFOE购买境内企业资产且运营 ✓ 方式三：购买境内资产后以其投资设立WFOE ● 收购结果：使境内公司变更为外商投资企业
第11条 关联并购	● 收购方：境内公司、企业或自然人在境外合法设立或控制的公司 ● 被收购方：有关联关系的境内公司 ● 审批方式：应报商务部审批

常见红筹架构（一）

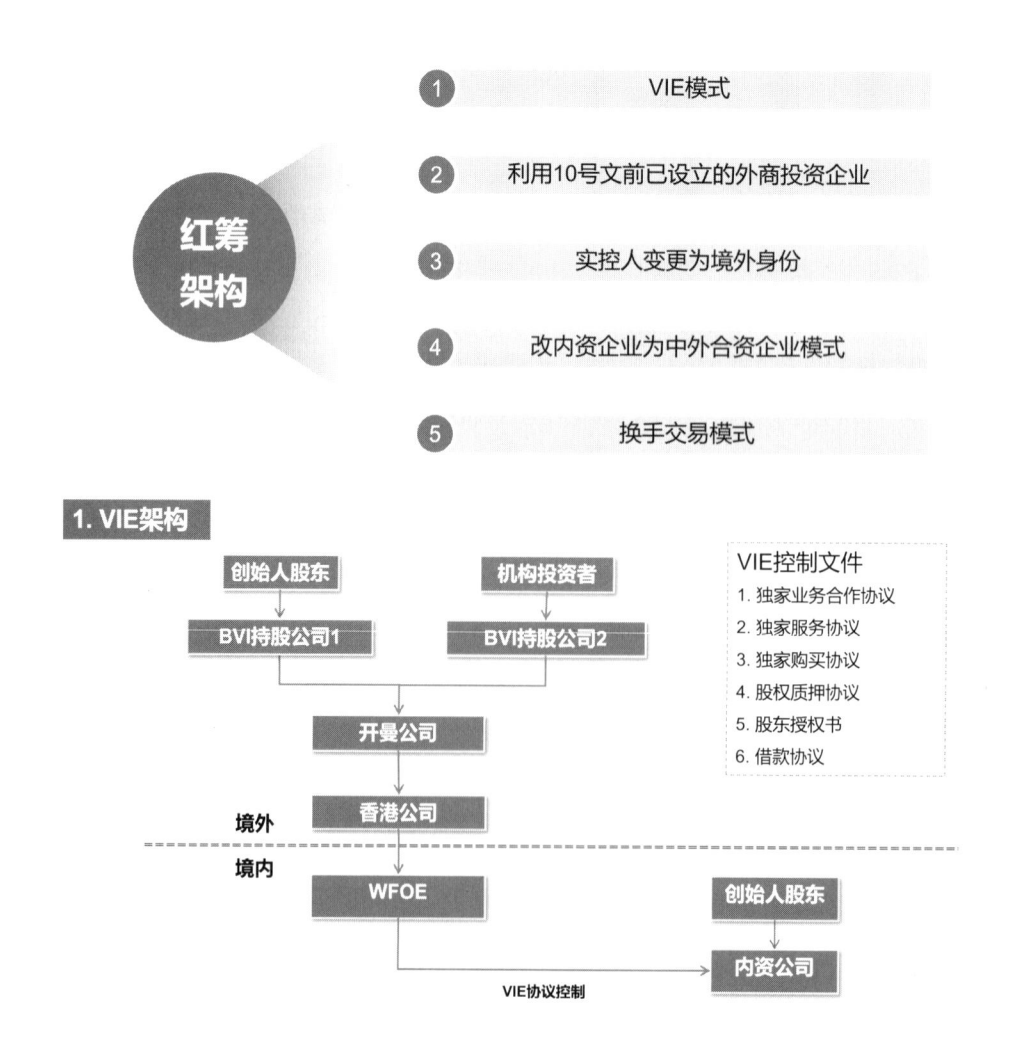

红筹架构

1. VIE模式
2. 利用10号文前已设立的外商投资企业
3. 实控人变更为境外身份
4. 改内资企业为中外合资企业模式
5. 换手交易模式

1. VIE架构

创始人股东 → BVI持股公司1
机构投资者 → BVI持股公司2
BVI持股公司1、BVI持股公司2 → 开曼公司 → 香港公司

境外 / 境内

香港公司 → WFOE
创始人股东 → 内资公司
WFOE ⟶ VIE协议控制 ⟶ 内资公司

VIE控制文件
1. 独家业务合作协议
2. 独家服务协议
3. 独家购买协议
4. 股权质押协议
5. 股东授权书
6. 借款协议

2. VIE架构适用行业

《外商投资准入特别管理措施（负面清单）（2021年版）》规定：

- **农、林、牧、渔业：** 种植业、畜牧业、水产业
- **采矿业：** 石油和天然气开采业、有色金属矿和非金属矿采选及开采辅助活动
- **制造业：** 印刷业、中药饮片加工及中成药生产
- **电力、热力、燃气及水生产和供应业：** 核电站的建设、运营
- **批发和零售业：** 烟草制品
- **交通运输、仓储和邮政业：** 水上运输公司、航空客货运输公司、通用航空公司、民用机场建设、运营和空中交通管理
- **信息传输、软件和信息技术服务业：** 电信、互联网和相关服务
- **租赁和商务服务业：** 法律服务、咨询与调查
- **科学研究和技术服务业：** 研究和试验发展、专业技术服务业
- **教育**
- **卫生和社会工作：** 医疗机构
- **文化、体育和娱乐业：** 新闻出版、广播电视播出、传输、制作、经营、电影制作、发行、放映、文物拍卖、文化娱乐

注：上述内容为特别管理措施的简略内容，详细内容见《外商投资准入特别管理措施（负面清单）（2021年版）》。

港交所对VIE架构的审核要求

	关注事项	监管态度要点	相关依据
1	注册地	中国	
2	业务类型	若涉及限制业务，VIE架构的采用只限于解决外资拥有权规限，才会获批准。若涉及非限制业务，上市科一般会将个案转介上市委员会处理。	
3	明确禁止使用协议控制的业务	若相关法律及规例具体订明不容许外商投资者使用任何协议或合约安排去控制或营运个别限制外商投资业务（譬如中国的网络游戏业务），法律顾问对结构性合约的意见中必须包括一项正面确认，确定有关结构性合约的使用并不违反该等法律及规例，或确定有关结构性合约不会在该等法律及规例下被视为失效或无效。此法律意见须有适当监管机构作出的保证支持（如可能），以证实有关结构性合约的合法性。	《香港交易所上市决策HKEx-LD43-3》
4	外国投资法	商务部于2015年1月就《中华人民共和国外国投资法》发布草案征求意见稿后，市场对于结构性合约持有受外资拥有权规限的内地业务权益是否合法及有效，疑虑或有所增加。申请人如使用结构性合约持有内地业务权益，宜尽早联络联交所寻求非正式及保密指引。	

常见红筹架构（二）

1. 利用10号文前已设立的外商投资企业

A. 10号文生效以前，拟上市集团境内主要运营实体已变更为外商独资企业，即10号文生效以前拟上市集团境内权益已经完全出境。

- 相关案例：中国绿宝（6183）、爱特立皮革（8093）、时间由你（1327）

B. 10号文生效以前，实际控制人已持有一家10号文生效以前成立的外商投资企业（WFOE/JV）的部分权益，但最终的控股权尚未转移到境外（即尚不能对境内外公司的权益实现合并报表）。

- 相关案例：

    中国忠旺（01333）上市重组前，中国忠旺的境内主要运营实体辽宁忠旺系1993年1月3日依法设立的中外合资企业，实际控制人刘先生于境外通过港隆持有辽宁忠旺40%的股权，于境内通过辽阳铝制品厂持有辽宁忠旺60%的股权。10号文生效时，辽宁忠旺尚有60%的股权保留于境内，为此，中国忠旺通过其全资香港子公司收购辽宁忠旺100%股权。

2. 实控人变更为境外身份

A. 实际控制人或亲属获得外籍身份后进行收购，案例如SOHO中国（HK0410），力量能源（HK1277）等。

B. 亲属获得外籍身份后进行收购并设立信托，案例如宝信汽车（HK1293）。

C. 实际控制人只取得永久居留权（无国籍），案例如旭辉控股（HK0884）等。

3. 改内资企业为中外合资企业模式

商务部《外商投资准入管理指引手册》（2008年12月18日实施）规定：

- 已设立的外商投资企业中方向外方转让股权，不参照并购规定。不论中外方之间是否存在关联关系，也不论外方是原有股东还是新进投资者，并购的标的公司只包括内资企业。

如果引入境外投资者并购内资企业部分股权，内资企业变更为中外合资企业，再由内资企业原股东于境外设立公司并完成返程投资，将中外合资企业其他内资权益并入至境外，此时中外合资企业股权变更不适用10号文中的"关联并购"。

案例：现代牧业（1117）、天瑞水泥（1252）、惠生国际（1340）、嘉士利（1285）等。

4. 换手交易模式

实际控制人先将其境内权益出售给无关联境外第三方所控制的境外公司，将其控制的内资公司变更为外商独资企业。同时交易方在交易条款中明确，在实际控制人完全付清交易款项以前，企业仍然由原管理层及实际控制人管理及控制，使业绩及管理层的延续性不会因为前述交易而中断。在该无关联第三方将收购款付清以前，实际控制人在境外向该无关联第三方收购境外公司股权，从而取回境内外公司的控股权。

包括三个步骤：

- 无关联第三方的外国投资者收购实际控制人的内资公司；
- 实际控制人在境外从该无关联第三方收购境外公司股权；
- 私募投资者在境外股权投资境外公司，境外公司用募集的资金支付外资并购的股权转让款。

案例：中国光纤（3777）、银泰百货（1833）、中国玉米油（1006）等

返程投资问题解决步骤

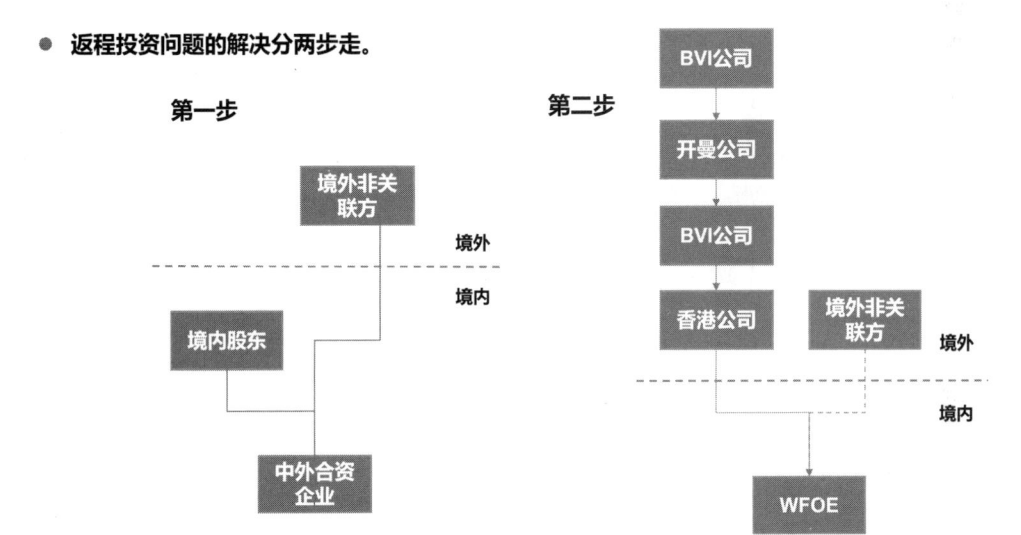

- **返程投资问题的解决分两步走。**

第一步

境外非关联方 → （境外/境内）← 境内股东 → 中外合资企业

第二步

BVI公司 → 开曼公司 → BVI公司 → 香港公司 ← 境外非关联方
（境外/境内）
香港公司 → WFOE

外汇登记问题

外汇登记：

- 《国家外汇管理局关于境内居民通过特殊目的公司境外投融资及返程投资外汇管理有关问题的通知》（汇发〔2014〕37号）
  - 境内居民以境内外合法资产或权益向特殊目的公司出资前，应向外汇局申请办理境外投资外汇登记手续。境内居民以境内合法资产或权益出资的，应向注册地外汇局或者境内企业资产或权益所在地外汇局申请办理登记

- 《关于进一步简化和改进直接投资外汇管理政策的通知》（汇发〔2015〕13号）
  - 境外投资外汇登记授权由境内企业资产或权益所在地银行办理

- 《国家外汇管理局关于境内个人参与境外上市公司股权激励计划外汇管理有关问题的通知》（汇发〔2012〕7号）
  - 境内个人参与境外上市公司股权激励计划的，应统一委托境内外代理机构统一办理外汇登记，登记范围限于与公司或其境内分支机构具有雇佣或劳务关系的个人

红筹架构搭建的资金安排

法律规定

《国家外汇管理局关于改革和规范资本项目结汇管理政策的通知》：

- 境内机构的资本项目外汇收入及其结汇所得人民币资金，可用于自身经营范围内的经常项下支出，以及法律法规允许的资本项下支出。

用于返程投资收购境内企业股权或资产的资金来源：

- 战略（财务）投资者直接投资；
- 过桥贷款（中介）；
- 担保后银行贷款；
- 利用可转换债或股份；
- 利用对价时间差（内部解决，不需要或需要很少的外部融资）。

红筹架构涉及的税务问题

境外架构的搭建并不产生税金，只产生少量的工商注册、代理等费用。
境外架构搭建完成后，重组及后续运营过程中企业需要关注税收问题。

1. **重组**
   - 实际控制人将境内企业的股权转让给其他实体时，如涉及账面未分配利润时，该股权转让价格需不低于股权份额对应净资产的公允价值，可能需要交纳个人所得税或企业所得税。
2. **红筹架构维持期间**
   - 境内企业向境外控股公司汇出红利，须缴纳非居民企业预提所得税。
     A. 如果汇出地区与中国大陆无税收协定，则适用10%的预提所得税；
     B. 如果与中国大陆有税收协定，则适用5%~7%的预提所得税；
     C. 如果采用VIE架构，则可能涉及特许权使用费，适用10%的预提所得税。

人民币基金参与路径

ODI完成前参与路径：
- 双平台模式
- 内保外贷/内存外贷模式
- Slow Walker 模式
- 关联方置换模式

ODI完成后投资模式：
- 直接投资模式
- 间接投资模式

注：ODI，Outbound Direct Investment，境外直接投资。

项目早期：双平台模式（境外+中外合资企业模式）

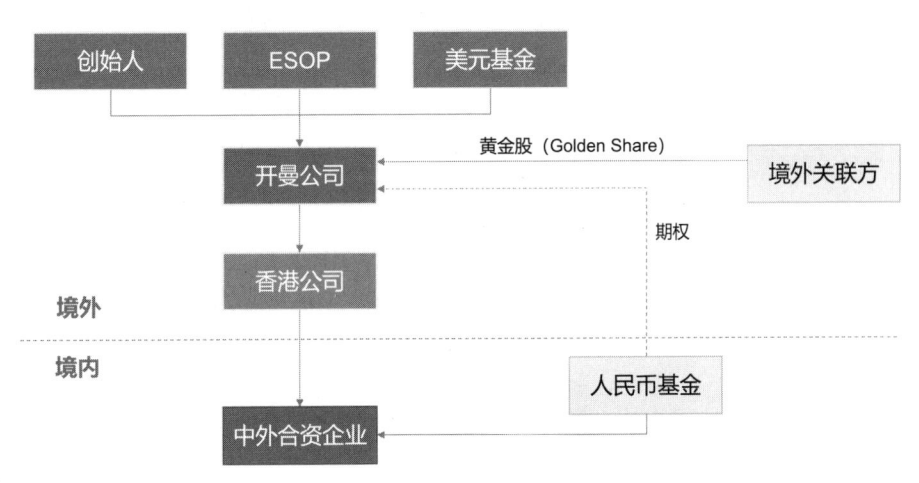

```
创始人    ESOP    美元基金
    ↓      ↓       ↓
         开曼公司  ←—— 黄金股（Golden Share） —— 境外关联方
           ↓              期权
         香港公司
─────────────────────────────────  境外
─────────────────────────────────  境内
       中外合资企业 ←—— 人民币基金
```

注：ESOP，Employee Stock Ownership Plan，员工持股计划。

项目早期：双平台模式（境外+VIE模式）

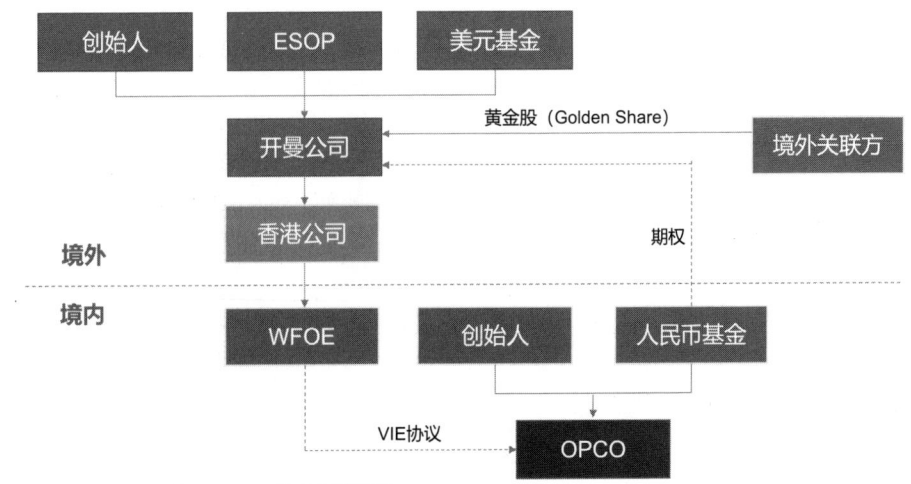

```
创始人    ESOP    美元基金
    ↓      ↓       ↓
         开曼公司  ←—— 黄金股（Golden Share） —— 境外关联方
           ↓              期权
         香港公司
─────────────────────────────────  境外
─────────────────────────────────  境内
         WFOE     创始人    人民币基金
            ⋯VIE协议⋯→ OPCO
```

注：OPCO，Operating Company，境内运营实体。

ODI办理过程中：内保外贷 / 内存外贷模式（已完成发展改革委 / 商务部门备案或核准）

```
创始人        ESOP        美元基金       境外子公司  ——贷款——>  银行
   |            |             |
   +------------+-------------+
                |
                v
            开曼公司
                |
                v
            香港公司
————————————————————————————————————— 境外
————————————————————————————————————— 境内
                |
                v
             WFOE                        人民币基金 ——担保——> 银行
```

ODI办理过程中：内保外贷 / 内存外贷模式（未完成发展改革委 / 商务部门备案或核准）

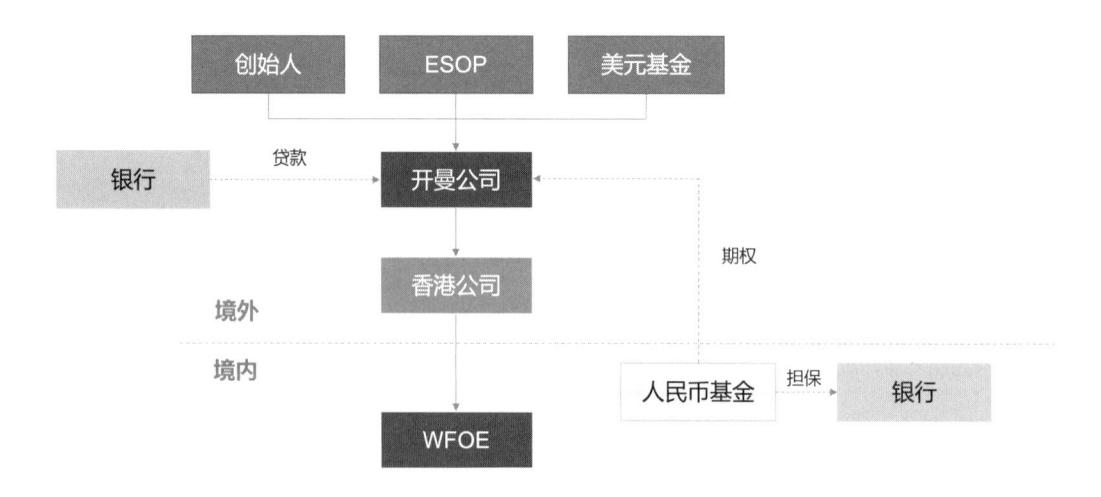

```
              创始人        ESOP        美元基金
                 |            |            |
                 +------------+------------+
                              |
                              v
   银行  ——贷款-->        开曼公司   <----------+
                              |                |
                              v              期权
                          香港公司              |
————————————————————————————————————— 境外    |
————————————————————————————————————— 境内    |
                              |                |
                              v                |
                           WFOE          人民币基金 ——担保——> 银行
```

ODI办理过程中：内保外贷 / 内存外贷模式

➢ 此种模式现在操作可行性低，须提前和银行进行沟通。

➢ 《国家外汇管理局综合司关于完善银行内保外贷外汇管理的通知》（汇综发〔2017〕108号）和《跨境担保外汇管理规定》（汇发〔2014〕29号）规定：

- 内保外贷项下资金用途不得用于向境内机构或个人进行直接或间接的股权、债权投资，包括：
  A. 债务人使用担保项下资金直接或间接向在境内注册的机构进行股权或债权投资；
  B. 担保项下资金直接或间接用于获得境外标的公司的股权，且标的公司50%以上资产在境内的。
- 内保外贷合同项下融资资金用于直接或间接获得对境外其他机构的股权（包括新建境外企业、收购境外企业股权和向境外企业增资）或债权时，该投资行为应当符合国内相关部门有关境外投资的规定。禁止绕道ODI。

ODI办理过程中：Slow Walker 模式

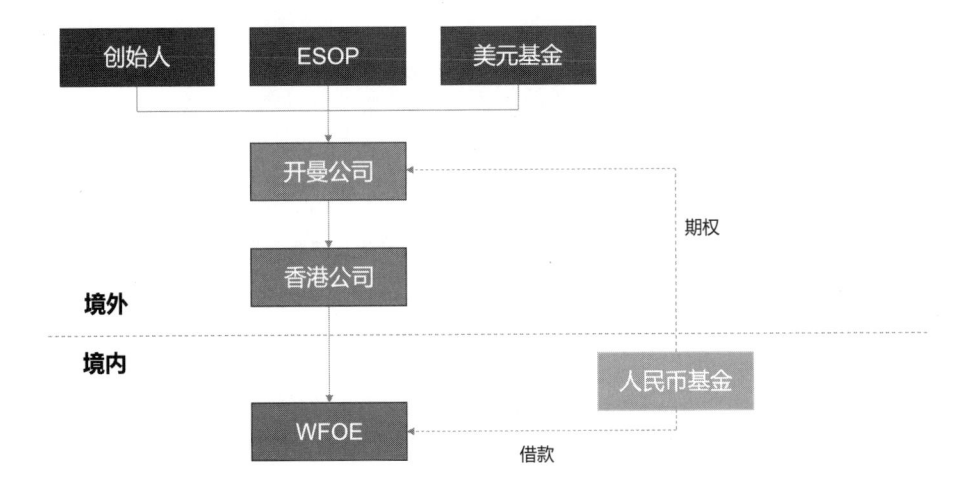

申报前：关联方置换模式（境外子公司）

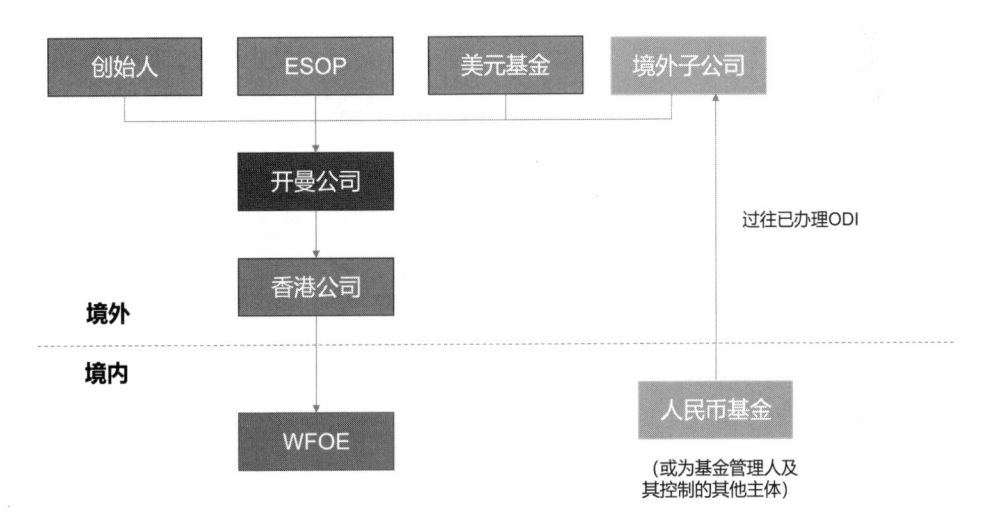

申报前：关联方置换模式（关联境外基金）

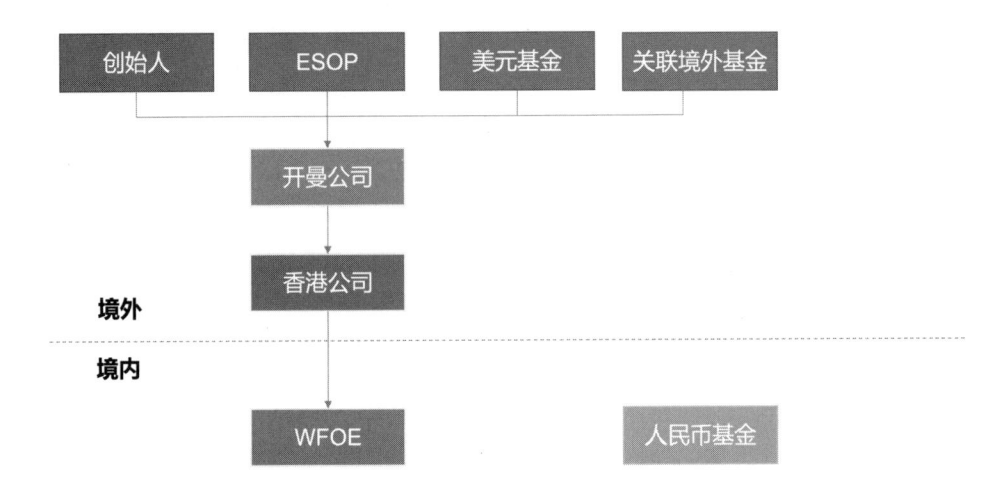

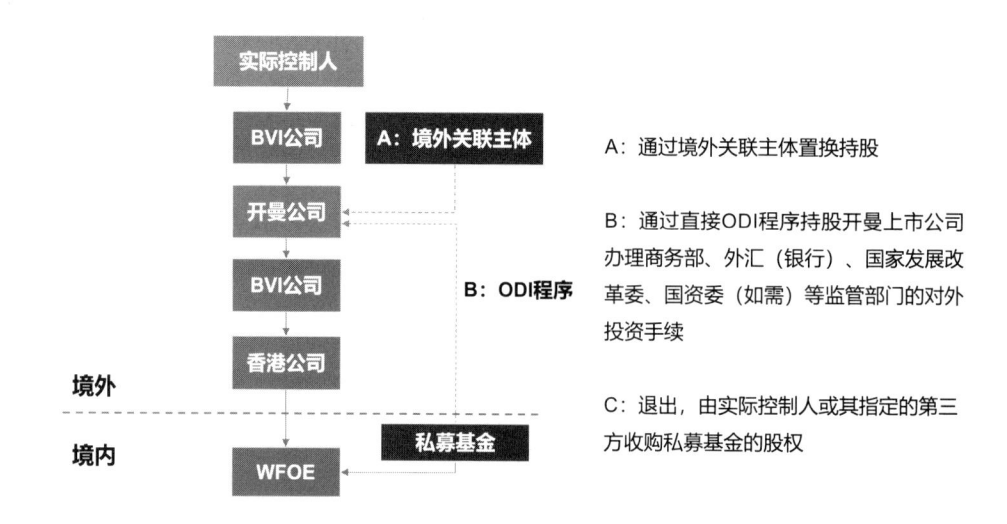

A：通过境外关联主体置换持股

B：通过直接ODI程序持股开曼上市公司办理商务部、外汇（银行）、国家发展改革委、国资委（如需）等监管部门的对外投资手续

C：退出，由实际控制人或其指定的第三方收购私募基金的股权

ODI办理完成：直接投资模式（单独ODI）

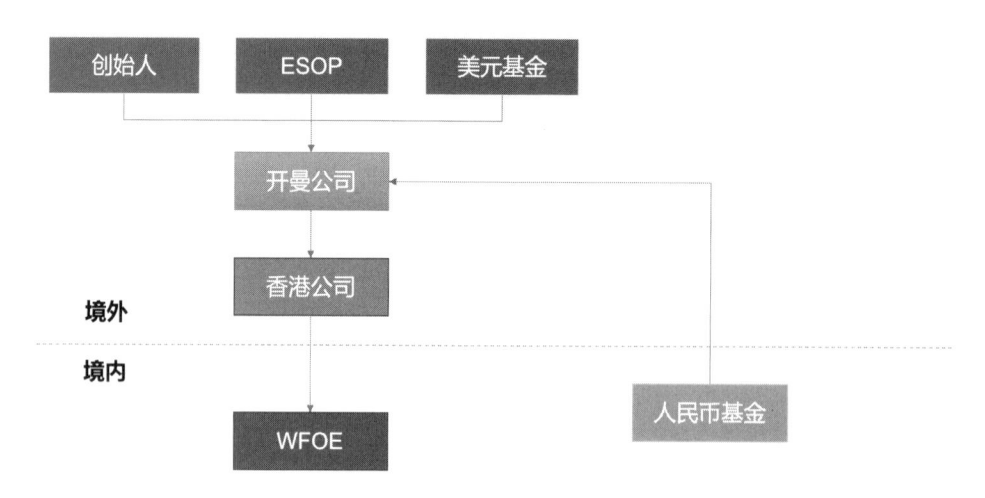

案例一：直接投资模式（鼎晖等投资新世纪医疗 1518.HK）

ODI办理完成：间接投资模式（单独ODI）

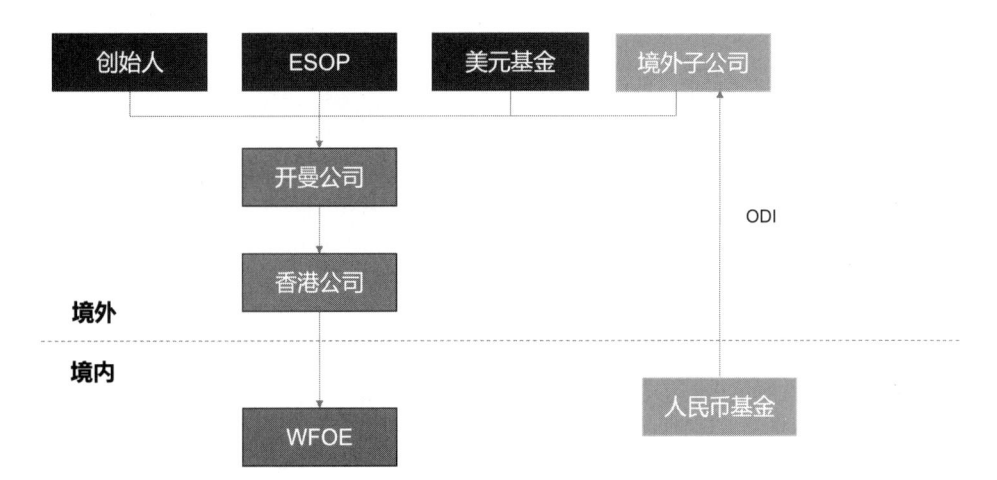

```
创始人    ESOP    美元基金    境外子公司
            │
            ▼
         开曼公司                    │
            │                      │ ODI
            ▼                      │
         香港公司                    │
─境外────────────────────────────────┼──
─境内                               │
            ▼                      
          WFOE          人民币基金
```

ODI办理完成：间接投资模式（联合ODI）

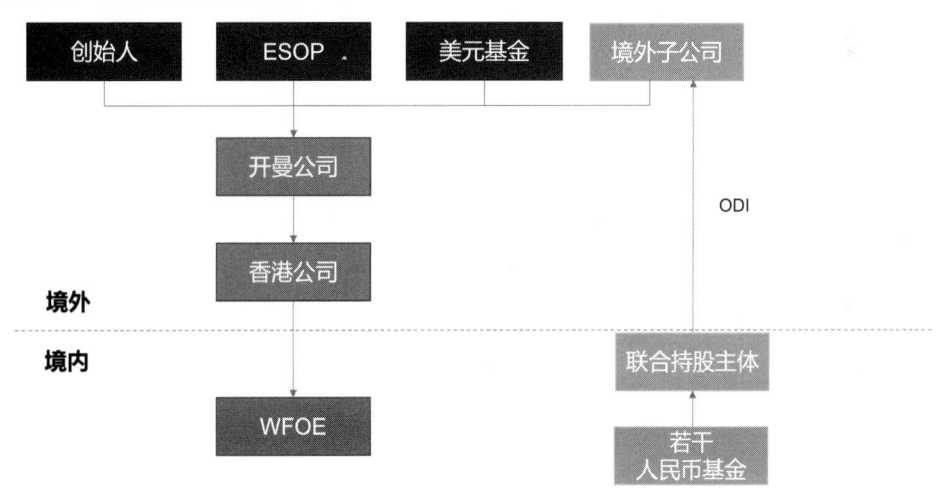

```
创始人    ESOP    美元基金    境外子公司
            │
            ▼
         开曼公司                    │
            │                      │ ODI
            ▼                      │
         香港公司                    │
─境外────────────────────────────────┼──
─境内                         联合持股主体
            ▼                      │
          WFOE              若干人民币基金
```

案例二：间接投资模式（华钛和中龙投资中国力鸿01586.HK）

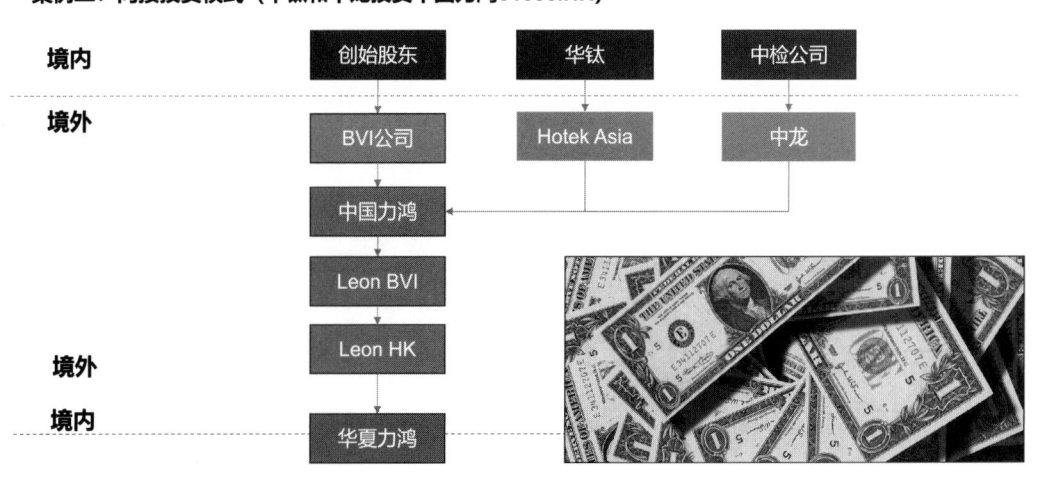

境内	创始股东	华钛	中检公司
境外	BVI公司	Hotek Asia	中龙
	中国力鸿 ←		
	Leon BVI		
	Leon HK		
境内	华夏力鸿		

境内员工参与红筹上市

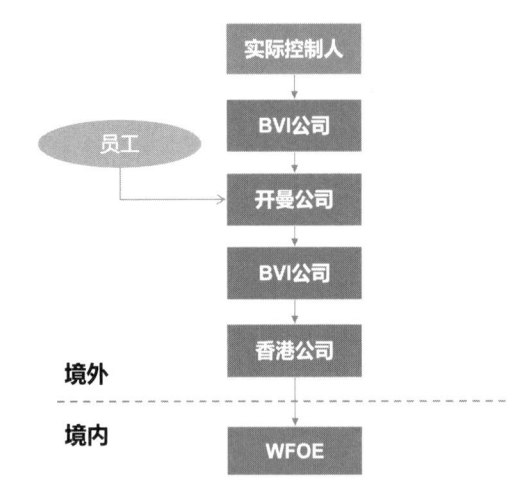

```
                    实际控制人
                        ↓
                     BVI公司
                        ↓
   员工 ──────────→  开曼公司
                        ↓
                     BVI公司
                        ↓
                     香港公司
境外
─ ─ ─ ─ ─ ─ ─ ─ ─ ─ ─ ─ ─ ─ ─
境内                   WFOE
```

☐ 境内员工参与红筹上市计划方案

A：员工通过新设BVI公司持股上市主体
　　汇发〔2014〕37号

B：员工通过境内持股平台经企业ODI程
　　序持股上市公司
　　　商务部令2014年第3号
　　　中华人民共和国国家发展和改革委员会第11号

C：员工参与开曼上市公司股权激励计划
　　汇发〔2012〕7号

企业家必修课：全面注册制与北交所上市合规进阶

01 多层次资本市场与北交所上市优势

注册制时代下多层次资本市场

多层次资本市场结构（金字塔，自上而下）：
- **主板**：主板突出"大盘蓝筹"特色，重点支持业务模式成熟、经营业绩稳定、规模较大、具有行业代表性的优质企业
- **科创板**：面向世界科技前沿、面向经济主战场、面向国家重大需求。优先支持符合国家战略，拥有关键核心技术，科技创新能力突出，主要依靠核心技术开展生产经营，具有稳定的商业模式，市场认可度高，社会形象良好，具有较强成长性的企业
- **创业板**：创业板深入贯彻创新驱动发展战略，适应发展更多依靠创新、创造、创意的大趋势，主要服务成长型创新创业企业，支持传统产业与新技术、新产业、新业态、新模式深度融合
- **北交所**：专精特新：主要服务创新型中小企业，重点支持先进制造业和现代服务业等领域的企业
- **创新层**：拟IPO市场培育、并购平台、询价定增、做市平台
- **基础层**：兼容并包，规范治理，培育企业资本市场规则意识，培育企业契约精神；股息红利税收优惠支持
- **区域性股权转让市场**：科技成果转化：其他中小微企业（孵化、辅导、规范）

左侧分类：
- 公开市场 / 非公开股权市场
- 证券市场 / 全国性证券交易场所

多层次资本市场的税收优势

征税对象	新三板	上市公司	高新技术企业	其他公司
股息红利所得	个人持有挂牌公司的股票：① 持股期限＞1年，暂免征个人所得税；② 1个月＜持股期限≤1年，暂减按50%计入应纳税所得额；③ 持股期限≤1个月，全额征税。	1. 个人从公开发行和转让市场获得的上市公司股票：① 持股期限＞1年，暂免征个人所得税；② 1个月＜持股期限≤1年，暂减按50%计入应纳税所得额；③ 持股期限≤1个月，全额征税。2. 原始股东持有原始股，不享受税收优惠	征收20%的个人所得税	征收20%的个人所得税
以未分配利润、盈余公积、资本公积（不含股票发行溢价）向个人股东转增股本	按照股息红利所得，缴纳个人所得税	按照股息红利所得，缴纳个人所得税	不超过五个年度分期缴纳	一次性缴纳个人所得税
股票发行溢价形成的资本公积转增股本	不征收个人所得税	不征收个人所得税		
转让股票/股权/股份	1. 个人转让非原始股，暂免征收个人所得税 2. 个人转让原始股，征收20%的个人所得税	1. 个人转让非原始股，暂免征收个人所得税 2. 个人转让原始股，征收20%的个人所得税	征收20%的个人所得税	征收20%的个人所得税

北交所——行业定位、主体、审核要求

行业定位	北交所主要服务创新型中小企业，而创新型中小企业构成中国实体经济的基石。以培育"专精特新"为驱动的创新型中小企业在尚未满足创业板和科创板上市条件及财务指标前可以择机在北交所上市
主体要求	在全国股转系统连续挂牌满十二个月的创新层挂牌公司（含基础层或创新层期间）
挂牌/上市审核	注册制 ① 北交所审核 ② 中国证监会注册
挂牌/上市审核时间	① 北交所收到申请文件后五个交易日内，发送受理或不予受理的通知 ② 自受理之日起两个月内，出具审核意见 ③ 中国证监会二十个工作日内决定是否予以注册

北交所定位

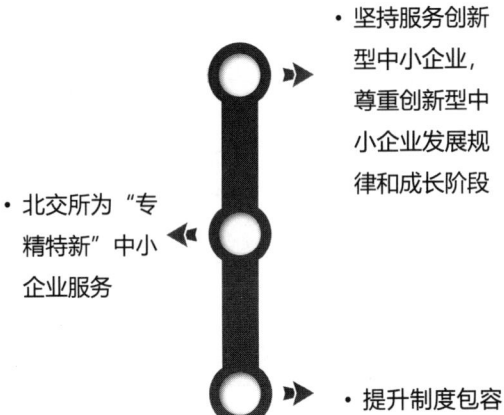

- 北交所为"专精特新"中小企业服务
  - 坚持服务创新型中小企业，尊重创新型中小企业发展规律和成长阶段
  - 提升制度包容性和精准性

"专精特新"中小企业

➢ "专"——专业化（主营业务专注专业）

采用专项技术或工艺通过专业化生产制造的专用性强、专业特点明显、市场专业性强的产品。其主要特征是产品用途的专门性、生产工艺的专业性、技术的专有性和产品在细分市场中具有专业化发展优势。

➢ "精"——精细化（经营管理精细高效）

采用先进适用技术或工艺，按照精益求精的理念，建立精细高效的管理制度和流程，通过精细化管理，精心设计生产的精良产品。其主要特征是产品的精致性、工艺技术的精深性和企业的精细化管理。

➢ "特"——特色化（产品服务独具特色）

采用独特的工艺、技术、配方或特殊原料研制生产的，具有地域特点或特殊功能的产品。其主要特征是产品或服务的特色化。

➢ "新"——新颖化（创新能力成果显著）

依靠自主创新、转化科技成果、联合创新或引进消化吸收再创新方式研制生产的，具有自主知识产权的高新技术产品。其主要特征是产品（技术）的创新性、先进性，具有较高的技术含量、较高的附加值、显著的经济效益和社会效益。

02 北交所、主板、科创板、创业板上市条件

全面注册制新规解读上市条件：主板VS科创板VS创业板VS北交所

公司类型	发行条件	主板	科创板（同时要求有科创属性）	创业板	北交所
一般企业（非红筹 无表决权差异安排）	预计市值、收入、净利润、现金流、研发投入等组合指标	■ 净利润＋现金流/营业收入 最近三年净利润均为正，最近三年净利润累计不低于1.5亿元，最近一年净利润不低于6000万元；最近三年经营活动产生的现金流量净额累计不低于1亿元或者营业收入累计不低于10亿元 ■ 市值＋净利润＋营业收入＋现金流 预计市值不低于50亿元，最近一年净利润为正；最近三年经营活动产生的现金流量净额累计不低于1.5亿元 ■ 市值＋净利润＋营业收入 预计市值不低于80亿元，最近一年净利润为正，最近一年营业收入不低于8亿元	预计市值不低于人民币10亿元，最近两年净利润均为正且累计净利润不低于人民币5000万元，或者预计市值不低于人民币10亿元，最近一年净利润为正且营业收入不低于人民币1亿元	最近两年净利润均不低于5000万元 预计市值不低于10亿元，最近一年净利润为正且营业收入不低于1亿元 预计市值不低于50亿元，且最近一年营业收入不低于3亿元	市值不低于2亿元，最近两年净利润均不低于1500万元，且加权平均ROE平均不低于8% 最近一年净利润不低于2亿元，最近两年净利润不低于2500万元且加权平均ROE不低于8%
	(预计) 市值＋营业收入＋研发占比		预计市值不低于人民币15亿元，最近一年营业收入不低于人民币2亿元，且最近三年研发投入合计占最近三年营业收入的比例不低于15%		市值不低于8亿元，最近一年营业收入不低于2亿元，最近两年研发投入合计占最近两年营业收入合计比例不低于8%
	(预计) 市值＋营业收入＋经营性现金流 经营性现金流量＝营业收入－营业成本－所得税＋息税前利润加折旧－所得税		预计市值不低于人民币20亿元，最近一年营业收入不低于人民币3亿元，且最近三年经营活动产生的现金流量净额累计不低于人民币1亿元		市值不低于4亿元，最近一年营业收入不低于1亿元，且最近一年营业收入增长率不低于30%，最近经营活动产生的现金流量净额为正
	预计市值＋营业收入		预计市值不低于人民币30亿元，且最近一年营业收入不低于人民币3亿元	预计市值不低于50亿元，且最近一年营业收入不低于3亿元	
	预计市值＋主要业务或产品获得国家批准、阶段性成果 (1) 医药行业的规定 (2) 其他行业需具备明显技术优势		预计市值不低于人民币40亿元，主要业务或产品需经国家有关部门批准，市场空间大，目前已取得阶段性成果。医药行业企业需取得至少一项核心产品获准开展二期临床试验，其他符合科创板定位的企业需具备明显的技术优势并满足相应条件		
	市值＋研发投入				市值不低于15亿元，最近两年研发投入合计不低于5000万元

企业家必修课：全面注册制与北交所上市合规进阶

公司类型	发行条件	主板	科创板（同时要求有科创属性）	创业板	北交所
红筹企业	预计市值 + 营业收入（尚未在境外上市）		营收入快速增长，拥有自主研发、国际领先技术，同行业竞争中处于相对优势地位的尚未在科创板上市的、申请在科创板上市的，市值及财务指标应当至少符合下列标准之一：预计市值不低于50亿元，且最近一年营业收入不低于5亿元	营业收入快速增长，拥有自主研发、国际领先技术，同行业竞争中处于相对优势地位的尚未在境外上市的红筹企业，申请在创业板上市的，市值及财务指标如下：预计市值不低于100亿元；预计市值不低于50亿元，且最近一年营业收入不低于5亿元	
	市值 + 营业收入（已在境外上市）		市值不低于2000亿元；市值200亿元以上，且拥有自主研发、国际领先技术，科技创新能力较强，同行业竞争中处于相对优势地位	市值不低于2000亿元；市值200亿元以上，且拥有自主研发、国际领先技术，同行业竞争中处于相对优势地位	
特殊股权结构企业（表决权差异安排）	预计市值 + 营业收入		预计市值不低于100亿元 预计市值不低于50亿元且最近一年营业收入不低于5亿元	预计市值不低于100亿元 预计市值不低于50亿元，最近一年营业收入不低于5亿元	

除上述内容外，北交所还要求发行人：

1. 应当为在全国股转系统连续挂牌满十二个月的创新层挂牌公司；
2. 最新三年财务会计报告无保留意见审计报告，被出具无保留意见审计报告，或者未在每个会计年度的上半年结束之日起两个月内编制并披露中期报告的情形。
3. 不得存在：未按照《证券法》规定在每个会计年度结束之日起四个月内编制并披露年度报告，或者未在每个会计年度的上半年结束之日起两个月内编制并披露中期报告的情形。

北交所发行上市——上市条件

主体条件：
发行人应当为在全国股转系统连续挂牌满十二个月的创新层挂牌公司

股权分散度：
- 最近一年末净资产≥5000万元；
- 公开发行：股份≥100万股，发行对象≥100人；
- 公开发行后，股本总额≥3000万元；股东人数≥200人；
  股东持股比例≥股本总额的25%；
  公司股本总额超过4亿元的，公众股东持股比例≥公司股本总额的10%

其他条件：
- 有表决权差异安排的，平稳运行超过一个完整会计年度

北交所发行上市——负面清单

主体	行为
发行人、控股股东、实际控制人	① 最近三十六个月内，存在刑事犯罪或重大违法行为 ② 被列入失信被执行人名单且情形未消除
发行人、控股股东、实际控制人、董监高	① 最近十二个月内，受到行政处罚或公开谴责 ② 因涉嫌犯罪正被立案侦查或涉嫌违法违规被立案调查，尚未有明确结论意见
其他情形	① 最近三十六个月内，未按照《证券法》规定披露年度报告和中期报告，或者未在每个会计年度的上半年结束之日起两个月内编制并披露中期报告 ② 中国证监会和北交所规定的，对发行人经营稳定性、直接面向市场独立持续经营的能力具有重大不利影响，或者存在发行人利益受到损害等其他情形 ③ 发行人具有表决权差异安排的，该安排应当平稳运行至少一个完整会计年度，且相关信息披露和公司治理应当符合中国证监会及全国股转公司相关规定

北交所发行上市——转板上市

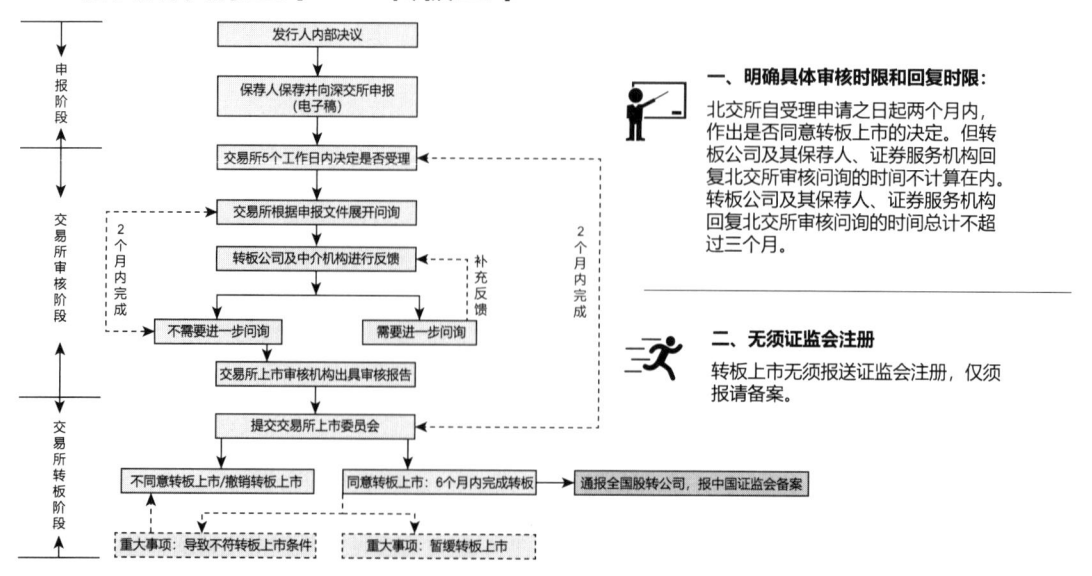

申报阶段：
- 发行人内部决议
- 保荐人保荐并向深交所申报（电子稿）
- 交易所5个工作日内决定是否受理

交易所审核阶段：
- 交易所根据申报文件展开问询
- 转板公司及中介机构进行反馈（2个月内完成）
- 不需要进一步问询 / 需要进一步问询（补充反馈，2个月内完成）
- 交易所上市审核机构出具审核报告
- 提交交易所上市委员会

交易所转板阶段：
- 不同意转板上市/撤销转板上市 ← 重大事项：导致不符转板上市条件
- 同意转板上市：6个月内完成转板 ← 重大事项：暂缓转板上市
- 通报全国股转公司，报中国证监会备案

一、明确具体审核时限和回复时限：
北交所自受理申请之日起两个月内，作出是否同意转板上市的决定。但转板公司及其保荐人、证券服务机构回复北交所审核问询的时间不计算在内。转板公司及其保荐人、证券服务机构回复北交所审核问询的时间总计不超过三个月。

二、无须证监会注册
转板上市无须报送证监会注册，仅须报请备案。

北交所发行上市——募集资金管理

募集资金管理总体思路： 既遵循规范、透明的监管理念，又保持适度的灵活和弹性，充分赋予公司对募集资金按需使用的自主权。

A 建立制度：
建立存储、适用、监管和责任追究的内部制度，明确分级审批权限、决策程序、风险防控措施和信披要求

B 设置客户：
募集资金应当存放于募集资金专项账户，不得存非募集资金或用作其他用途

C 三方监管：
发行人应当与保荐机构、存放募集资金的商业银行签订三方监管协议

资金用途：
应当用于主营业务及相关业务领域，暂时闲置的募集资金可以进行现金管理，投资于安全性好、流动性高、可以保障投资本金安全的理财产品。

募集资金相关的审议程序和披露要求

事项	董事会审议并披露	股东会审议并披露	独立董事、保荐机构发表意见
闲置募集资金投资理财产品	√		√
变更募集资金用途	√	√	√
闲置募集资金暂时补充流动资金	√		√
超募资金用于永久补充流动资金和归还银行借款	√	√	√
置换预先投入的自筹资金	√		√

与募集资金相关的其他监管要求：

- 闲置募集资金暂时用于补充流动资金的，单次时间最长不得超过12个月。补充流动资金到期日之前，发行人应当将该部分资金归还至募集资金专户，并在资金全部归还后及时公告。
- 超募资金用于永久补充流动资金和归还银行借款，发行人应当承诺12个月内不进行股票及其衍生品种、可转换公司债券等高风险投资，或者为他人提供财务资助。

定期核查：

- **董事会每半年度自查并披露自查报告**
- **保荐机构每年现场核查并披露核查报告**
- **会计师事务所每年出具鉴证报告并披露**

视为募集资金用途变更的情形:

(一) 取消或者终止原募集资金项目,实施新项目;
(二) 变更募集资金投资项目实施主体(实施主体在发行人及其全资子公司之间变更的除外);
(三) 变更募集资金投资项目实施方式;
(四) 本所认定为募集资金用途变更的其他情形。

发行人仅改变募集资金投资项目实施地点的,可免于提交股东会审议。

北交所发行上市——股份变动管理

公开发行并上市相关的股份限售

限售对象	限售要求
上市公司控股股东、实际控制人及其亲属、上市前直接持有10%以上股份的股东、虽未直接持有10%以上股份但可实际支配10%以上股份表决权的相关主体	持有或控制的向不特定合格投资者公开发行前的股份自公开发行并上市之日起12个月内不得转让或委托他人代为管理
发行人高级管理人员、核心员工	通过专项资产计划、员工持股计划等战略配售取得的股份,自公开发行并上市之日起12个月内不得转让或委托他人代为管理
其他投资者	参与战略配售取得的股份,自公开发行并上市之日起6个月内不得转让或委托他人代为管理

与董监高相关的股份限售

限售原因	限售要求
上市限制	自上市之日起12个月内不得转让
年度限制	任职期间每年转让的股份不超过其所持本公司股份总数的25%
离职限制	离职后6个月内不得转让

- 董监高应当报备个人信息和持股情况,其所持有的规定期间不得转让的股份,应及时办理限售;
- 所持股份发生变动的(因权益分派导致的变动除外),应当及时向公司报告并由公司在规定信息披露平台的专区披露。

其他股份限售

不得减持情形	具体要求
未盈利	公司上市时未盈利的，在实现盈利前，控股股东、董监高、实际控制人自上市之日起2个完整会计年度内，不得减持公开发行并上市前股份；公司实现盈利后，可以自当年年报披露后次日减持。 董监高在上述期间内离职的，应当继续遵守规定。
重大违规	控股股东、持股5%以上股东（以下简称大股东）、实际控制人、董监高，因涉嫌证券期货违法犯罪被立案调查或立案侦查期间，以及行政处罚决定、刑事判决作出后未满6个月的；因违反本所业务规则，被公开谴责未满3个月的（除外情形：大股东、实际控制人通过竞价或做市买入的股份不适用）
重大违法强制退市	上市公司可能触及重大违法强制退市情形的，自相关行政处罚事先告知书或司法裁决做出之日起至终止上市之日或重大违法强制退市情形消除，公司控股股东、实际控制人、董监高不得减持股份

北交所发行上市——股份变动管理

减持预披露

预披露主体	上市公司大股东、实际控制人、董监高计划通过集中竞价交易减持其所持有的本公司股份的 （实际控制人、大股东通过竞价或做市买入的股份不适用）
一般减持要求	在首次卖出股份的15个交易日前预先披露减持计划，每次披露的减持时间区间不得超过6个月
减持股数较多的情形	拟在3个月内卖出股份总数超过公司股份总数1%的，除按照本条第一款第一项规定履行披露义务外，还应当在首次卖出的30个交易日前预先披露减持计划
持续进展和结果	减持数量过半或减持时间过半时，披露进展；实施完毕或减持时间区间届满后，公告具体减持情况

上市公司董监高在下列期间不得买卖本公司

定期报告	公司年度报告、中期报告公告前30日内及季度报告公告前10日内；因特殊原因推迟年度报告、中期报告公告日期的，自原预约公告日前30日起算，直至公告日日终
业绩预告 业绩快报	公告前10日内
重大事件	发生之日或者进入决策程序之日，至依法披露之日内

上市公司控股股东、实际控制人在下列期间不得买卖本公司

定期报告	公司年度报告公告前 30 日内，因特殊原因推迟年度报告公告日期的，自原预约公告日前 30 日起算，直至公告日日终
业绩预告 业绩快报	公告前10日内
重大事件	发生之日或者进入决策程序之日，至依法披露之日内

北交所发行上市——上市保荐和持续督导

上市保荐

保荐机构要求：
- 保荐机构应当为具有保荐业务资格，且取得北交所会员资格的证券公司
- 公开发行并上市的发行人应当聘请在申报时为其提供持续督导服务的主办券商担任保荐机构，主办券商不具有保荐业务资格的，可以由其控股的具有保荐业务资格的子公司担任

设置目的：
鼓励主办券商"培早培新"，服务中小企业实现跨层次、递进式发展，形成市场良性生态

持续督导

A 设置合理督导期

公开发行并上市：股票上市当年剩余时间及其后3个完整会计年度；
上市后发行新股：股票上市当年剩余时间及其后2个完整会计年度

B 取消终身督导制

经过较长时间的市场检验及上市时严格的市场准入审核，公司质量已有充分保障；凸显上市公司作为信息披露和规范运行第一责任人的法律地位

C 明确更换要求

原则上不得变更保荐机构；
可以更换的情形：
- 因再次发行证券另行聘请保荐机构
- 保荐机构被撤销保荐资格

履行责任

保荐机构：

- 督导上市公司建立健全有效执行公司治理制度、财务内控制度和信息披露制度；
- 督导上市公司按照本规则的规定履行信息披露及其他相关义务；
- 审阅信息披露文件及其他相关文件；
- 保证制作、出具的文件真实、准确、完整，不存在虚假记载、误导性陈述和重大遗漏。

保荐机构及其保荐代表人：

- 督导上市公司的控股股东、实际控制人和董监高遵守本所业务规则，履行其所作出的承诺。

发表意见：

- 关联交易、提供担保、变更募集资金用途；
- 主要业务停滞或出现重大风险事件，经营业绩异常波动；
- 控股股东、实际控制人及其一致行动人所持股份被司法冻结且可能导致控制权变动；
- 控股股东、实际控制人及其一致行动人质押股份比例超过所持股份80%或被强制处置。

现场核查：

- 未在规定期内披露年报、半年报；
- 控股股东、实际控制人或其他关联方涉嫌挪用或转移资金、资产或其他资源；
- 关联交易显失公平或未履行审议程序和信息披露义务；
- 违规使用募集资金、违规为他人提供担保；
- 上市公司及其董监高、控股股东、实际控制人涉嫌重大违法违规；
- 存在重大财务造假嫌疑。

北交所发行上市——审核规则

审查程序

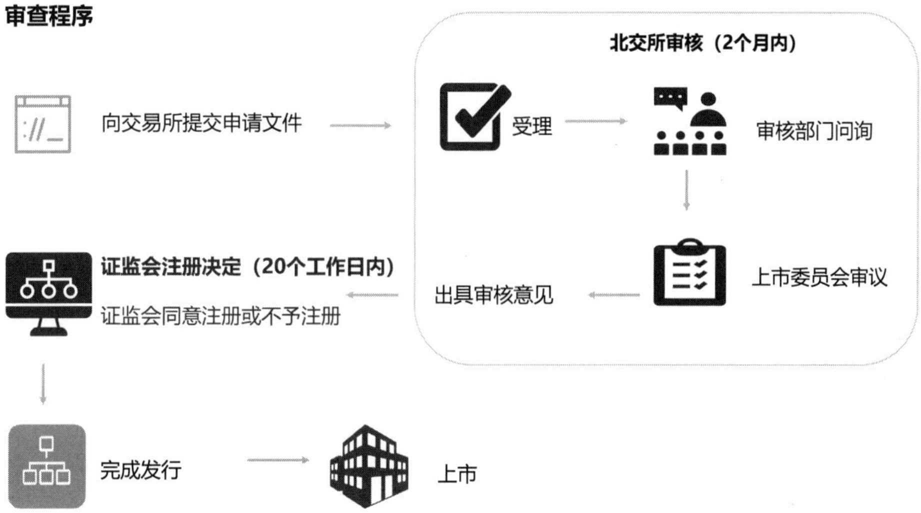

向交易所提交申请文件 → 受理 → 审核部门问询 → 上市委员会审议 → 出具审核意见 → 证监会注册决定（20个工作日内）：证监会同意注册或不予注册 → 完成发行 → 上市

（北交所审核：2个月内）

03 新三板分层制度

	挂牌公司进入创新层	由基础层进入创新层
财务指标（四选一）	1.最近两年净利润均不低于1000万元，最近两年加权平均净资产收益率平均不低于6%，截至进层启动日的股本总额不少于2000万元；	最近两年净利润均≥1000万元，最近两年加权平均净资产收益率平均≥8%，股本总额≥2000万元
	2.最近两年营业收入平均不低于8000万元，且持续增长，年均复合增长率不低于30%，截至进层启动日的股本总额不少于2000万元；	最近两年营业收入平均≥6000万元，且持续增长，年均复合增长率≥50%，股本总额≥2000万元
	3.最近两年研发投入累计不低于2500万元，截至进层启动日的24个月内，定向发行普通股融资金额累计不低于4000万元（不含以非现金资产认购的部分），且每次发行完成后以该次发行价格计算的股票市值均不低于3亿元；	最近有成交的60个做市或者集合竞价交易日的平均市值≥6亿元，股本总额≥5000万元；采取做市交易方式的，做市商家数≥6家
	4.截至进层启动日的120个交易日内，最近有成交的60个交易日的平均股票市值不低于3亿元；采取做市交易方式的，截至进层启动日做市商家数不少于4家；采取集合竞价交易方式的，前述60个交易日通过集合竞价交易方式实现的股票累计成交量不低于100万股；截至进层启动日的股本总额不少于5000万元。	
其他指标（同时满足）	完成挂牌同时定向发行股票，且融资金额≥1000万元	公司挂牌以来完成过定向发行股票（含优先股），且发行融资金额累计≥1000万元
	完成挂牌同时定向发行股票后，符合全国股转系统基础层投资者适当性条件的合格投资者人数≥50人	符合全国股转系统基础层投资者适当性条件的合格投资者人数≥50人
	最近一年期末净资产不为负值	最近一年期末净资产不为负值
	公司治理健全	公司治理健全
	中国证监会和全国股转公司规定的其他条件	中国证监会和全国股转公司规定的其他条件

新三板分层制度

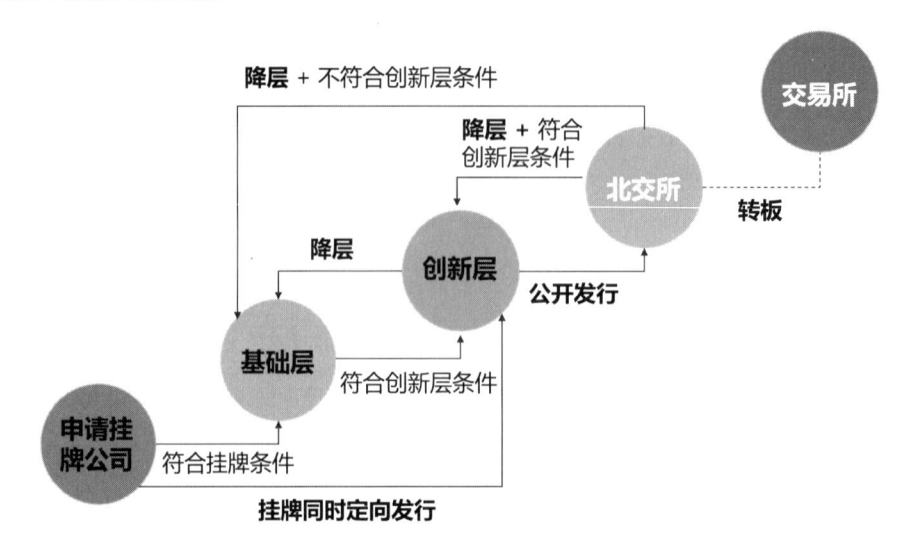

- ➤ **定期调整：** 每年4月30日启动定期分层调整工作。
- ➤ **临时调整：** 触发相应层级即时退出情形的，在5个交易日内启动即时层级调整工作。

- ➤ 挂牌公司完成公开发行，且符合北交所条件的，完成发行后即调整进入北交所。

- ➤ 北交所公司触发降层情形，若符合创新层进入条件即进入创新层，不符合即进入基础层。

各层级调整机制

定期调出创新层

- ➤ 最近两年净利润均为负值，且营业收入均低于3000万元。
- ➤ 最近一年净利润为负值，且营业收入低于1000万元。
- ➤ 最近一年期末净资产为负值。
- ➤ 最近一年财务会计报告被会计师事务所出具否定意见或无法表示意见的审计报告。
- ➤ 中国证监会和全国股转公司规定的其他情形。

随时调出创新层

1. ➤ 连续60个交易日，符合全国股转系统创新层投资者适当性条件的合格投资者人数均少于50人。
2. ➤ 连续60个交易日，股票每日收盘价均低于每股面值。
3. ➤ 未按照全国股转公司规定编制并披露年度报告或半年度报告。
4. ➤ 最近24个月内因不同事项受到中国证监会及其派出机构行政处罚或全国股转公司公开谴责的次数累计达到2次，或者受到刑事处罚。
5. ➤ 因更正年度报告导致进层时不符合所属市场层级进入条件，或者出现定期调出情形的。
6. ➤ 不符合所属市场层级进入条件，但依据虚假材料进入的。
7. ➤ 仅根据市值标准进入创新层的挂牌公司，连续60个交易日，股票交易市值均低于2亿元的。
8. ➤ 中国证监会和全国股转公司规定的其他情形。

北交所降层

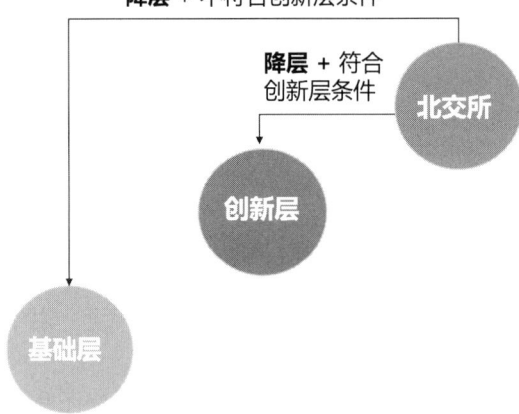

```
降层 + 不符合创新层条件  →  基础层
降层 + 符合创新层条件    →  创新层
                          北交所
```

04 新三板股票发行制度

股票发行制度

股票定向发行

➢ 发行人应当符合《公众公司办法》关于合法规范经营、公司治理、信息披露、发行对象等方面的规定。

➢ 发行对象可以用现金或者非现金资产认购定向发行的股。以非现金资产认购的，所涉及的资产应当权属清晰、定价公允，且本次交易应当有利于提升发行人资产质量和持续经营能力。

股票向不特定合格投资者公开发行并在北交所挂牌

➢ 发行人应当为在全国股转系统连续挂牌满12个月的创新层挂牌公司（是否满12个月时，计算基础层和创新层的累计挂牌时间）。

➢ 个人投资者参与北交所市场股票交易，应当符合下列条件：
（一）申请权限开通前20个交易日证券账户和资金账户内的资产日均不低于人民币50万元（不包括该投资者通过融资融券融入的资金和证券）；
（二）参与证券交易24个月以上。

➢ 机构投资者不设门槛。

股票发行制度——定向发行

业务流程——定向发行后股东累计不超过200人

- 董事会审议
- 股东会审议
- 中介机构出具专项意见
- 提交发行申请文件
- 股转公司审查
- 出具自律审查意见
- 认购与缴款
- 签订募集资金专户三方监管协议和验资
- 办理股票登记手续和披露相关公告

业务流程——定向发行后股东累计超过200人

- 董事会审议
- 股东会审议
- 中介机构出具专项意见
- 提交发行申请文件
- 股转公司审查
- 出具自律审查意见报证监会核准
- 确定发行对象
- 认购与缴款
- 签订募集资金专户三方监管协议和验资
- 办理股票登记手续和披露相关公告

定向发行时不存在以下未完成事项

- 普通股发行/优先股发行
- 重大资产重组
- 可转换公司债券发行
- 股份回购

自办发行

- 股票公开转让的公众公司向公司前10名股东、实际控制人、董监高及核心员工定向发行股票，连续12个月内发行的股份未超过公司总股本10%且融资总额不超过2000万元的，无须提供证券公司出具的推荐文件以及律师事务所出具的法律意见书。

挂牌同时定向发行

- 允许公司在申请挂牌同时实施定向发行。
- 挂牌同时发行后符合条件的可直接进入创新层。

股票发行制度——合格投资者

市场层次	个人投资者	法人机构	合伙企业
北交所	证券资产≥50万元 +参与证券交易24个月以上	/	/
创新层	证券资产≥150万元 +相应投资/工作/任职经验	实收资本/实收股本≥150万元	实缴出资总额≥150万元
基础层	证券资产≥200万元 +相应投资/工作/任职经验	实收资本/实收股本≥200万元	实缴出资总额≥200万元

注
- 个人投资者资产以申请权限开通前10个交易日的日均证券资产计算，北交所以申请权限开通前20个交易日的日均证券资产计算，登记在券商开立的账户内的基金份额、理财产品、贵金属资产等均可计入。
- 公司挂牌时的股东、通过定向发行持有公司股份的股东等，不符合其所持股票市场层级对应的投资者准入条件的，只能买卖其持有或曾持有的挂牌公司股票。
- 北交所仅针对个人投资者设置资金准入门槛，对机构投资者不设资金准入门槛。

股票发行制度

交易方式
- 做市交易
- 集合竞价交易
- 连续竞价交易
- 中国证监会批准的其他交易方式
- 符合全国股转公司规定的单笔申报数量或交易金额标准的，全国股转系统同时提供大宗交易安排
- 因收购、股份权益变动或引进战略投资者等原因需要进行股票转让的，可以申请特定事项协议转让

05 北交所公司治理规则

（一）北交所公司治理规则之"三会"运作合规要点
（二）北交所公司治理规则之公司股东会
（三）北交所公司治理规则之董事会运作合规要点
（四）北交所公司治理规则之监事会运作合规要点
（五）北交所公司治理规则之公司重大交易行为规范要点

北交所——公司治理规则

- 01 股东会、董事会、监事会
- 02 董监高
- 03 股东、控股股东、实控人
- 04 表决权差异安排
- 05 承诺事项管理
- 06 投资者关系
- 07 社会责任

制定系统、全面"三会"运作规范

A 程序规范：
规范"三会"在有通知、召集、主持、表决等环节的具体程序要求。

B 单独计票：
股东会审议影响中小股东利益的重大事项时，应当对中小股东对表决情况单独计票并披露。

C 不能在期限内召开股东会：
及时向所在地证监会派出机构及北交所报告，说明原因并公告。

D 累积投票制：
单一股东及其一致行动人持股30%以上的，股东会在董事、监事选举中应当推行累积投票制。

E 征集投票权：
董事会、独立董事、持股1%以上的股东、投资者保护机构可以征集投票权。

F 便于股东参与：
设置会场、便于股东参加，同时提供网络投票方式。

详细规定董监高任职要求

任职资格
明确董监高不得存在负面情形，财务负责人还应当具备会计师以上专业技术职务资格，或者既有会计专业知识背景又从事会计工作3年以上。

总体要求
董监高应当遵守法律法规、本所业务规则和公司章程，对公司负有忠实义务和勤勉义务，严格履行公开承诺，不得损害公司利益。

保障董秘工作开展
董事长应当保证董秘的知情权，不得以任何方式阻挠其依法行使职权，董事长接到重大事件的报告后，应立即督促董秘履行信披义务。上市公司解聘董秘应当有充分理由，不得无故解聘。

董事履职要求
连续两次未出席，或连续12个月未出席次数超过总数一半的，作出书面说明并披露。连续两次未能出席也未委托其他董事的，建议予以更换。

重点约束控股股东、实际控制人等关键主体

01 不得通过任何方式影响公司的独立性

02 不得利用控制地位损害上市公司及其他股东合法权益，谋取非法利益；不得干预公司正常决策程序

03 不得获取公司未公开的重大信息，不得利用未公开的重大信息谋取利益，不得进行内幕交易、操纵市场或其他违法违规活动

04 不得占用公司资金

05 不得在公司上市后新增公司独立持续经营的同业竞争

设置差异化表决权安排

不得新增
上市前不具有表决权差异安排的公司，不得在上市后设置此类安排。

不得交易
特别表决权部分不得进行交易。

不得提高比例
除同比例配送股、转增股本外，不得新发行特别表决权股份；因回购、减少注册资本原因导致比例可能提高的应当采取将相应数量特别表决权股份转为普通股等措施，保证特别表决权比例不提高。

视同普通股份的情形
对特定事项不得行使特别表决权。

转换为普通股份的情形
股东丧失履职能力、离任或死亡。

监督措施
监事会、独立董事在年度报告、中期报告中出具专项意见。

披露要求
年报、半年报披露表决权差异化安排的运行情况，在年度股东会向股东说明运行情况。

体现中小企业特色

- **B** 不强制设立专门委员会
  鼓励上市公司根据需要设立审计、战略、提名、薪酬与考核等专门委员会

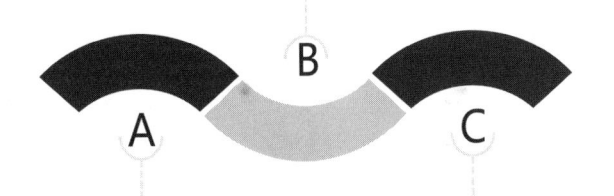

- **A** 不强制现金分红
  应制定利润分配政策，根据实际情况明确一定比例的现金分红相对于股利在利润分配方式中的优先顺序

- **C** 未强制限制独立董事人数
  未强制要求独立董事人数达到董事会成员人数的三分之一

公司治理规则——股权激励

股权激励：在股权激励价格和比例等方面保持灵活性，同时借鉴上市公司监管经验适度优化

产品类型：限制性股票、股票期权

激励对象：在上市公司担任董事、高级管理人员、核心技术人员或核心业务人员，以及公司认为应当激励的对公司经营业绩和未来发展有直接影响的其他员工

单独或合计持有上市公司5%以上股份的股东或实际控制人员及其配偶、父母、子女及上市公司外籍员工

股权激励

- **授予比例限高**
  - 激励总量：考虑中小企业多为轻资产、资本规模小、对核心人员依赖较高的特点，沿用股权30%激励上限
  - 激励个量：经股东会特别决议批准，单个激励对象通过全部在有效期内的股权激励计划获授的本公司股票，累计可以超过公司股本总额的1%

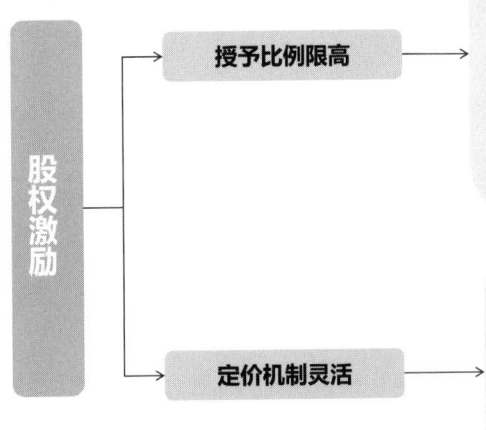

- **定价机制灵活**
  - ➢ 允许限制性股票授予价格低于市场参考价格的50%，允许股票期权行权价格低于市场参考价，但同时需要聘请独立财务顾问说明定价依据及合理性
  - ➢ 明确市场参考价格为股权激励草案公告前1/20/60/120个交易日股票交易均价的孰高者

上市公司信息披露

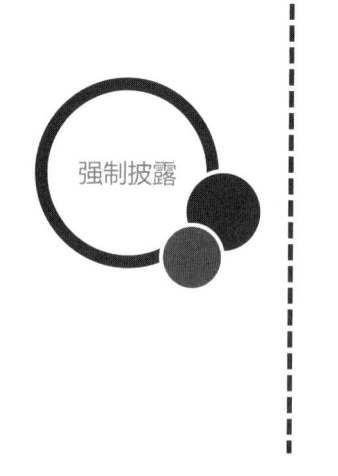

强制披露 | **自愿披露**

- **内容**：可能对股东和其他利益相关者决策产生影响的信息
- **原则**：公平原则、持续性、一致性
- **禁止**：选择性披露、利用自愿性信息披露从事市场操纵、内幕交易或者其他违法违规行为，违反公序良俗、损害社会公共利益行为
- 自愿披露具有一定预测性质信息的，应当明确预测的依据，并提示可能出现的不确定性和风险

（一）北交所公司治理规则之"三会"运作合规要点

公司治理的制度设计

董事会通过：
- 总经理工作细则
- 各专门委员会工作细则
- 董事会秘书工作制度
- 信息披露管理制度
- 内部审计制度
- 财务管理制度
- 重大信息内部报告制度
- 投资者关系管理制度

股东会通过：
- 股东会议事规则
- 董事会议事规则
- 公司章程
- 监事会议事规则
- 独立董事制度
- 关联交易管理制度
- 对外投资管理制度
- 对外担保管理制度
- 募集资金管理制度
- 累积投票制实施细则

"三会"架构

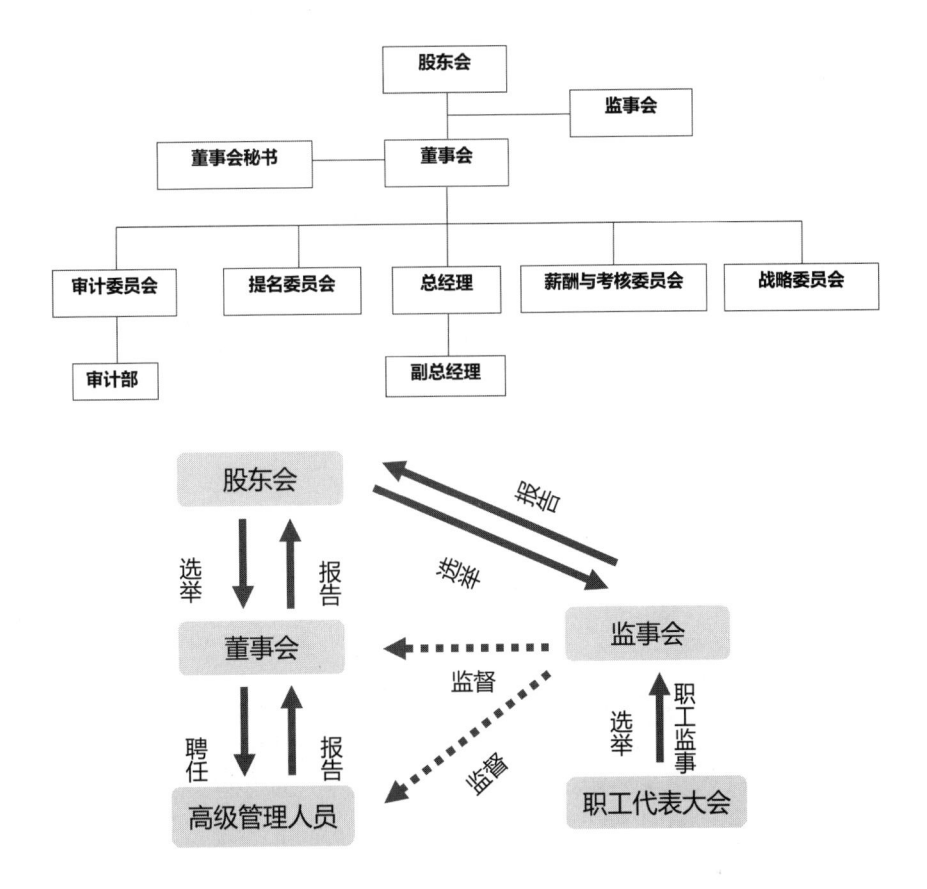

（二）北交所公司治理规则之公司股东会

股东会的职权

（一）决定公司的经营方针和投资计划；

（二）选举和更换非由职工代表担任的董事、监事，决定有关董事、监事的报酬事项；

（三）审议批准董事会的报告；

（四）审议批准监事会报告；

（五）审议批准公司的年度财务预算方案、决算方案；

（六）审议批准公司的利润分配方案和弥补亏损方案；

（七）对公司增加或者减少注册资本作出决议；

（八）对发行公司债券作出决议；

（九）对公司合并、分立、解散、清算或者变更公司形式作出决议；

（十）修改公司章程；

（十一）对公司聘用、解聘会计师事务所作出决议；

（十二）审议批准公司章程规定的应由股东会审议批准的对外担保、关联交易和其他重大交易事项；

（十三）审议公司在一年内购买、出售重大资产超过公司最近一期经审计总资产30%的事项；

（十四）审议批准变更募集资金用途事项；

（十五）审议股权激励计划；

（十六）审议法律、行政法规、部门规章和公司章程规定应当由股东会决定的其他事项。

股东会的分类

定期会议
股东会应当每年召开一次年会，必须在会计年度结束6个月内召开。

临时会议
有下列情形之一的，应当在2个月内召开临时股东会：
- 董事人数不足本法规定人数（5~19人）或者公司章程所定人数的三分之二时；
- 公司未弥补的亏损达实收股本总额三分之一时；
- 单独或者合计持有公司10%以上股份的股东请求时；
- 董事会认为必要时；
- 监事会提议召开时；
- 公司章程规定的其他情形。

股东会的召集和主持

董事会召集，董事长主持
股东会会议由董事会召集，董事长主持；董事长不能履行职务或者不履行职务的，由半数以上董事共同推举一名董事主持

监事会自行召集和主持
董事会不能履行或者不履行召集股东会会议职责的，监事会应当及时召集和主持

特定股东自行召集和主持
监事会不召集和主持的，连续90日以上单独或者合计持有公司10%以上股份的股东可以自行召集和主持

股东会的通知时间

- 年度股东会：召开20日前通知
- 临时股东会：召开15日前通知

股东会的通知内容

01 会议的时间、地点（公司住所地或通知列示的其他地点）、方式和会议期限

02 提交会议审议的所有事项和提案的全部具体内容

03 以明显文字说明：全体股东均有权出席股东会，并可书面委托代理人出席会议和参加表决，该股东代理人不必是公司股东

04 会务常设联系人姓名、电话号码

股东出席会议应出示的证明

自然人股东
出示本人身份证或其他能够确认其股东身份的证明。授权代理人出示本人身份证、股东授权委托书，并提供能够确认委托人股东身份的文件

法人股东
法定代表人出席会议的，出示本人身份证、能证明其具有法定代表人资格的有效证明；代理人出席会议的，出示本人身份证、法定代表人出具的授权委托书

合伙股东
负责人出席会议的，出示本人身份证、能证明其具有负责人资格的有效证明；代理人出席会议的，出示本人身份证、负责人出具的授权委托书

注：公司召开股东会，全体董事、监事和董事会秘书应当出席会议，经理和其他高级管理人员应当列席会议。

计票、监票

A 股东代表

B 监事

C 律师(如有)

注：审议事项与股东有利害关系的，相关股东及代理人不得参加计票、监票。

股东会决议

① 普通决议
出席股东会的股东（包括股东代理人）所持表决权的过半数通过

② 特别决议
出席股东会的股东（包括股东代理人）所持表决权的三分之二以上通过

- **特别决议事项**：修改公司章程；回购公司股份；审议股权激励计划；对发行公司债券作出决议；对公司增加或者减少注册资本作出决议；对公司合并、分立、解散、清算或者变更公司形式作出决议；决定公司在一年内购买、出售重大资产或者担保金额超过公司最近一期经审计总资产30%；法律、行政法规或章程规定的，以及股东会以普通决议认定会对公司产生重大影响的需要以特别决议通过的其他事项。

股东会会议记录

会议记录签署
股东会应有会议记录，由董事会秘书负责。出席会议的董事、监事、董事会秘书、召集人或其代表、会议主持人应当在会议记录上签名。

会议记录保存
会议记录应当与现场出席股东的签名册、代理出席的委托书及其他方式表决情况的有效资料一并保存，保存期限不少于10年。

股东会违规的后果

A 公司股东会决议内容违反法律、行政法规的，股东有权请求人民法院认定无效。

B 股东会的会议召集程序、表决方式违反法律、行政法规或者《公司章程》，或者决议内容违反《公司章程》的，股东可以自决议作出之日起60日内，请求人民法院撤销。

（三）北交所公司治理规则之董事会运作合规要点

董事会的职权

（一）召集股东会，并向股东会报告工作；
（二）执行股东会的决议；
（三）决定公司的经营计划和投资方案；
（四）制订公司的年度财务预算方案、决算方案；
（五）制订公司的利润分配方案和弥补亏损方案；
（六）制订公司增加或者减少注册资本、发行债券或其他证券及上市方案；
（七）拟订公司重大收购、收购本公司股票或者合并、分立、解散及变更公司形式的方案；
（八）在股东会授权范围内，决定公司对外投资、收购出售资产、资产抵押、对外担保事项、委托理财、关联交易等事项；
（九）决定公司内部管理机构的设置；
（十）聘任或者解聘公司总经理、董事会秘书；根据总经理的提名，聘任或者解聘公司副总经理、财务负责人等高级管理人员，并决定其报酬事项和奖惩事项；
（十一）制定公司的基本管理制度；
（十二）制定本章程的修改方案；
（十三）管理公司信息披露事项；
（十四）向股东会提请聘请或更换为公司审计的会计师事务所；
（十五）听取公司总经理的工作汇报并检查总经理的工作；
（十六）法律、行政法规、部门规章或本章程授予的其他职权。

董事会组成

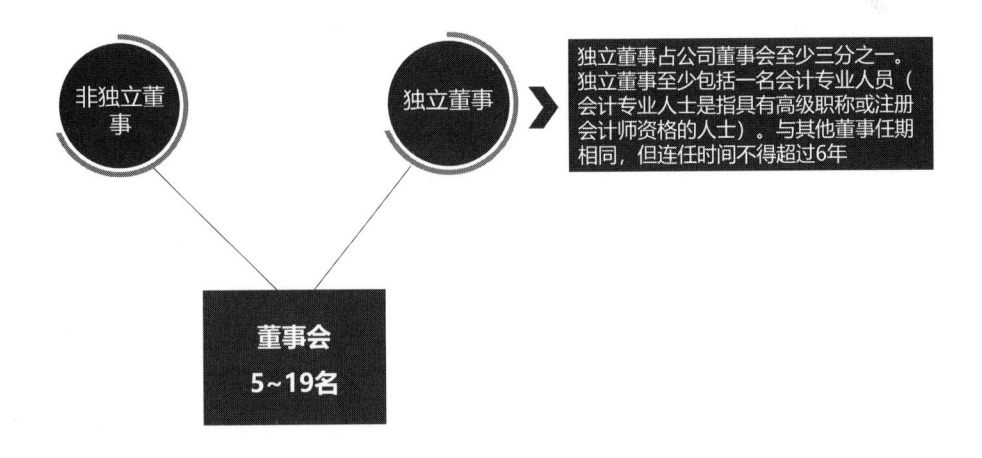

- 非独立董事
- 独立董事：独立董事占公司董事会至少三分之一。独立董事至少包括一名会计专业人员（会计专业人士是指具有高级职称或注册会计师资格的人士）。与其他董事任期相同，但连任时间不得超过6年
- 董事会 5~19名

董事会专门委员会

```
         董事会专门委员会
    ┌──────┬──────┬──────┐
  战略    审计    提名    薪酬与考核
  委员会  委员会  委员会  委员会
```

董事会专门委员会

	战略委员会	审计委员会	提名委员会	薪酬与考核委员会
构成	无要求	独立董事应占多数并担任召集人，至少应有一名独立董事是会计专业人士	独立董事应占多数并担任召集人	独立董事应占多数并担任召集人
主要职责	对公司长期发展战略和重大投资决策进行研究并提出建议	（1）提议聘请或更换外部审计机构； （2）监督公司的内部审计制度及其实施； （3）监督公司的内部审计制度及其实施； （4）负责内部审计与外部审计之间的沟通； （5）审核公司的财务信息及其披露； （6）审查公司的内控制度	（1）研究董事、经理人员的选择标准和程序并提出建议； （2）广泛搜寻合格的董事和经理人员的人选； （3）对董事候选人和经理人选进行审查并提出建议	（1）研究董事与经理人员考核的标准，进行考核并提出建议； （2）研究和审查董事、高级管理人员的薪酬政策与方案

董事会会议的分类

定期会议

董事会每年度应当至少召开两次会议，由董事长召集。

临时会议

有下列情形之一的，董事会应当召开临时会议：
（一）单独或合并持有公司有表决权股份总数10%以上的股东提议时；
（二）三分之一以上董事提议时；
（三）监事会提议时；
（四）董事长认为必要时；
（五）二分之一以上独立董事提议时；
（六）《公司章程》规定的其他情形。

董事会会议的通知时间

- 定期董事会会议：提前10日通知
- 临时董事会会议：提前5日通知

（经全体董事一致同意，就特别紧急事项所召开的临时董事会的通知时限可不受前述限制）

董事会会议形式

原则：现场会议

董事会会议以现场召开为原则。

特殊情况：通信方式会议

必要时，在保障董事充分表达意见的前提下，经召集人（主持人）、提议人同意，也可以通过视频、电话、传真或者电子邮件表决等方式召开。董事会会议也可以采取现场与其他方式同时进行的方式召开。非以现场方式召开的，以视频显示在场的董事、在电话会议中发表意见的董事、规定期限内实际收到传真或者电子邮件等有效表决票，或者董事事后提交的曾参加会议的书面确认函等计算出席会议的董事人数。

董事会会议的通知内容——书面通知

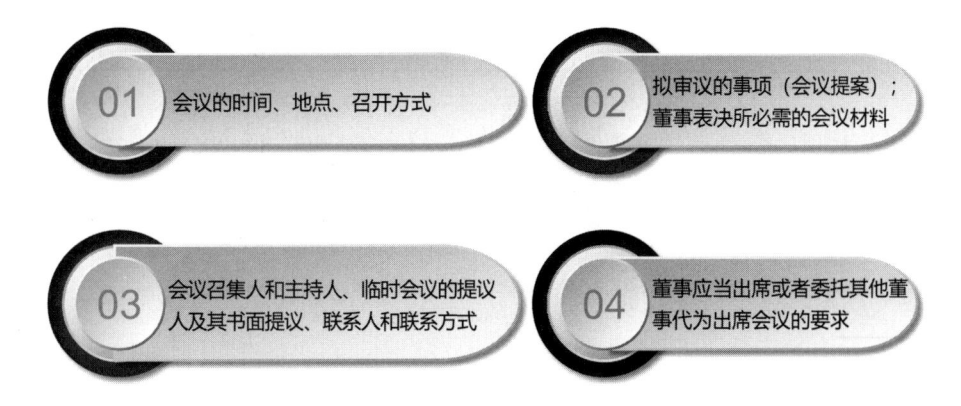

01 会议的时间、地点、召开方式

02 拟审议的事项（会议提案）；董事表决所必需的会议材料

03 会议召集人和主持人、临时会议的提议人及其书面提议、联系人和联系方式

04 董事应当出席或者委托其他董事代为出席会议的要求

董事会会议的通知内容——口头通知

01 会议的时间、地点、召开方式

02 紧急情况需要尽快召开董事会临时会议的说明

董事会议的出席

A 董事原则上应出席董事会会议并做出决策。董事因故不能出席董事会会议的，可以授权其他董事代为出席。授权事项和决策意向应具体明确，不得全权委托。董事对表决事项的责任，不因委托其他董事出席而免除。

B 一名董事不得在一次董事会会议上接受超过两名董事的委托代为出席会议。在审议关联交易事项时，非关联董事不得委托关联董事代为出席会议。独立董事不得委托非独立董事代为出席会议。

C 董事连续两次未能出席，也不委托其他董事出席董事会会议，视为不能履行职责，董事会应当建议股东会予以撤换。

D 监事可以列席董事会会议；经理和董事会秘书未兼任董事的，应当列席董事会会议。会议主持人认为有必要的，可以通知其他有关人员列席董事会会议。

董事会会议表决

会议表决一人一票,以记名和书面等方式进行。

董事会决议

普通决议

董事会会议应有过半数的董事出席方可举行。董事会作出的决议必须由全体董事的过半数通过 ①

特别决议

除应当经全体董事的过半数通过外,还应当经出席董事会会议的三分之二以上董事同意,出席董事会会议的三分之二以上董事审议同意 ②

- 特别决议事项:对于董事会权限范围内的担保事项,除应当经全体董事的过半数通过外,还应当经出席董事会会议的三分之二以上董事同意。

董事会会议违规的后果

A 董事会的决议内容违反法律、行政法规的,股东有权请求人民法院认定无效。

B 董事会会议召集程序、表决方式违反法律、行政法规或者公司章程,或者决议内容违反公司章程的,股东可以自决议作出之日起60日内,请求人民法院撤销。

董事会会议记录

会议记录签署
出席会议的董事、董事会秘书和记录人应当在会议记录上签名。

会议资料保存
- 董事会会议档案,包括会议通知和会议材料、会议签到簿、董事代为出席的授权委托书、会议录音资料、表决票、经与会董事签字确认的会议记录、会议纪要、决议记录、决议公告等,由董事会秘书负责保存。
- 董事会会议档案的保存期限为10年以上。

(四)北交所公司治理规则之监事会运作合规要点

监事会组成

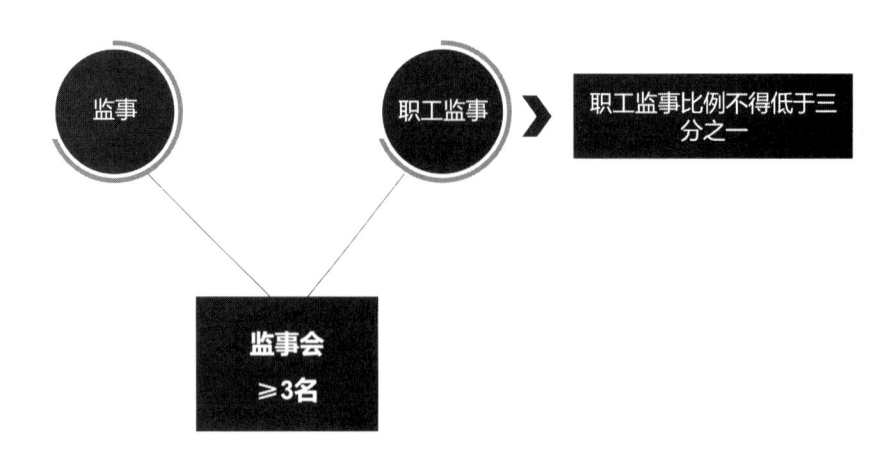

监事 → 监事会 ≥3名

职工监事 → 职工监事比例不得低于三分之一

监事会会议的分类

定期会议

监事会每6个月至少召开一次会议，具体召开次数依公司章程规定执行。
监事会定期会议召开的次数原则上应不少于公司定期报告审议的次数。

临时会议

根据工作需要，出现下列情况之一的，监事会应及时（建议10日内）召开临时会议：
(1)任何监事提议召开时；
(2)股东会、董事会会议通过了违反法律法规、规章、监管部门的各种规定和要求、公司章程、公司股东会决议和其他有关规定的决议时；
(3)董事和高级管理人员的不当行为可能给公司造成重大损害或者在市场中造成恶劣影响时；
(4)公司、董事、监事、高级管理人员被股东提起诉讼时；
(5)公司、董事、监事、高级管理人员受到证券监管部门处罚或者被证券交易所公开谴责时；
(6)证券监管部门要求召开时；
(7)公司章程规定的其他情形。

监事会会议的召集、主持、提议

召集与主持
➢ 监事会会议由监事会主席召集和主持；
➢ 监事会主席不能履行职务或者不履行职务的，由半数以上监事共同推举一名监事召集和主持监事会会议。

提议召开临时会议
➢ 任何监事均可提议召开临时会议。

监事会会议的通知时间

- 定期监事会会议：召开10日前通知
- 临时监事会会议：召开5日前通知

（情况紧急，需要尽快召开监事会临时会议的，可以随时通过口头或者电话等方式发出会议通知，但召集人应当在会议上作出说明。）

监事会会议形式

原则：现场会议

监事会会议应以现场召开为原则。

紧急情况：通信方式会议

紧急情况下，监事会会议可以以通信方式进行表决，但监事会召集人（会议主持人）应当向与会监事说明具体的紧急情况。通信表决时，监事应当将其对审议事项的书面意见和投票意向在签字确认后传真至监事会办公室，监事不应当只写明投票意见而不表达书面意见或者投票理由。

监事会会议的通知内容——书面通知

01 会议的时间、地点、会议期限、事由及议题

02 会议召集人和主持人、临时会议的提议人及书面提议

03 监事表决所必需的会议材料；监事应出席会议的要求；发出通知的日期

04 联系人和联系方式；公司章程规定的其他内容

监事会会议的通知内容——口头通知

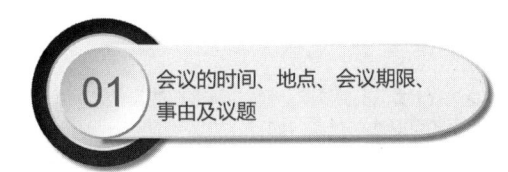

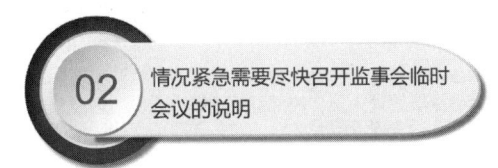

01 会议的时间、地点、会议期限、事由及议题

02 情况紧急需要尽快召开监事会临时会议的说明

监事会议的出席

A 监事应出席监事会会议。因故无法出席会议的,应事先审阅会议材料,形成明确意见,书面委托其他监事代为出席。监事未亲自参加监事会会议且未委托其他监事代为出席的,会后应及时审查会议决议及记录。

B 建议公司在监事会议事规则或其他相关制度中明确,监事应每年至少出席三分之二的监事会会议。如不能出席会议,应审慎选择受托人代为出席。

C 监事连续两次未能出席会议,也不委托其他监事出席监事会会议的,视为不能履职,监事会应对其进行谈话提醒,仍不改正的,可建议股东会或职工代表大会对其予以罢免。

D 原则上一名监事不得接受超过两名及以上的监事委托代为出席监事会。

监事会议的出席

E. 监事会会议由过半数的监事或其授权的其他监事出席方有效。董事会秘书和证券事务代表（如有）应当列席监事会会议。

F. 监事会会议在审议有关议案和报告时，可要求公司董事、总经理及其他高级管理人员、内部及外部审计人员，以及其他监事会认为必要的人员列席监事会会议，对有关事项作出必要的说明，并回答监事会所有关注的问题。

监事会会议表决

会议表决一人一票，以记名和书面等方式进行。

监事会决议

监事会决议应经全体监事半数以上通过。

监事会会议记录

会议记录签署
由与会监事签字。

会议资料保存
- 监事会会议档案，包括会议通知、会议材料、会议签到簿、会议录音资料、表决票、会议记录（需经与会监事签字确认）、决议公告等，由专人负责保管。
- 监事会会议记录作为公司档案至少保存10年。公司应当根据具体情况，在公司章程中规定会议记录的保管期限。

监事会的职权

- 对公司定期报告进行审核并提出书面审核意见、检查公司财务；
- 对董事和高管执行公司职务的行为进行监督并提出罢免的建议；
- 当董事和高管行为损害公司的利益时，要求董事和高管予以纠正；
- 提议召开临时股东会，在董事会不履行《公司法》规定的召集和主持股东会职责时召集和主持股东会；
- 向股东会提出提案；
- 代表公司对董事和高管提起诉讼；
- 发现公司经营情况异常，可以进行调查；必要时，可以聘请专业机构协助其工作，费用由公司承担。

（五）北交所公司治理规则之公司重大交易行为规范要点

重大交易行为规范

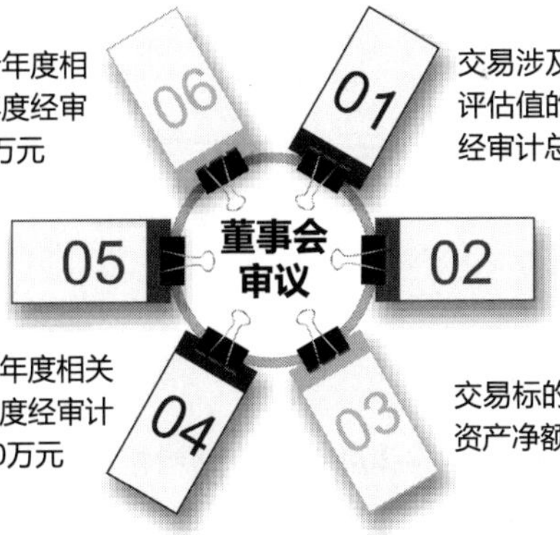

董事会审议

01. 交易涉及的资产总额（同时存在账面值和评估值的，以高者为准）占公司最近一期经审计总资产的10%以上

02. 交易的成交金额占公司市值的10%以上

03. 交易标的（如股权）的最近一个会计年度资产净额占公司市值的10%以上

04. 交易标的（如股权）最近一个会计年度相关的营业收入占公司最近一个会计年度经审计营业收入的10%以上，且超过1000万元

05. 交易产生的利润占公司最近一个会计年度经审计净利润的10%以上，且超过100万元

06. 交易标的（如股权）最近一个会计年度相关的净利润占公司最近一个会计年度经审计净利润的10%以上，且超过100万元

重大交易行为规范

股东会审议

01 交易涉及的资产总额（同时存在账面值和评估值的，以高者为准）占公司最近一期经审计总资产的50%以上

02 交易的成交金额占公司市值的50%以上

03 交易标的（如股权）的最近一个会计年度资产净额占公司市值的50%以上

04 交易标的（如股权）最近一个会计年度相关的营业收入占公司最近一个会计年度经审计营业收入的50%以上，且超过5000万元

05 交易产生的利润占公司最近一个会计年度经审计净利润的50%以上，且超过500万元

06 交易标的（如股权）最近一个会计年度相关的净利润占公司最近一个会计年度经审计净利润的50%以上，且超过500万元

除提供担保、委托理财等另有规定事项外，公司进行相关的交易时，应当按照连续12个月累计计算的原则，适用董事会审议或股东会审议的标准。
已经履行董事会或股东会审议程序的，不再纳入相关的累计计算范围。

□ 交易类型

（一）购买或者出售资产；
（二）对外投资（购买银行理财产品的除外）
（三）转让或受让研发项目；
（四）签订许可使用协议；
（五）提供担保；
（六）租入或者租出资产；
（七）委托或者受托管理资产和业务；
（八）赠与或者受赠资产；
（九）债权、债务重组；
（十）提供财务资助；
（十一）交易所认定的其他交易。

上述购买或者出售资产，不包括购买原材料、燃料和动力，以及出售产品或商品等与日常经营相关的交易行为。

重大交易程序违规案例：ZH股份

2018年9月4日，因存在重大交易事项未履行审议程序与及时披露义务等多项违规行为，ZH股份及相关当事人遭深交所公开谴责。

已查明，ZH股份存在多项违规行为。其中，ZH股份存在重大交易事项未履行审议程序与及时披露义务的情况。具体来看，ZH股份于2017年11月30日与LHT旅游区开发有限公司、XJLY开发有限公司签订股权收购框架协议。2017年12月28日，公司按协议约定预付收购款61.5亿元，占公司2016年经审计净资产的63%，上述款项支付由公司实际控制人王某某决定，未经公司董事会、股东会审议，ZH股份未及时履行信息披露义务。

公司董事兼财务总监刘某某知悉上述重大事件发生但未立即履行报告义务。

关联交易行为规范

关联方：

1. 直接或者间接控制上市公司的自然人、法人或其他组织
2. 直接或间接持有上市公司5%以上股份的自然人
3. 上市公司董事、监事或高级管理人员
4. 与第1、2、3目所述关联自然人关系密切的家庭成员，包括配偶、年满18周岁的子女及其配偶、父母及配偶的父母、兄弟姐妹及其配偶、配偶的兄弟姐妹、子女配偶的父母
5. 直接持有上市公司5%以上股份的法人或其他组织
6. 直接或间接控制上市公司的法人或其他组织的董事、监事、高级管理人员或其他主要负责人
7. 由本项第1目至第6目所列关联法人或关联自然人直接或者间接控制的，或者由前述关联自然人（独立董事除外）担任董事、高级管理人员的法人或其他组织，但上市公司及其控股子公司除外
8. 间接持有上市公司5%以上股份的法人或其他组织

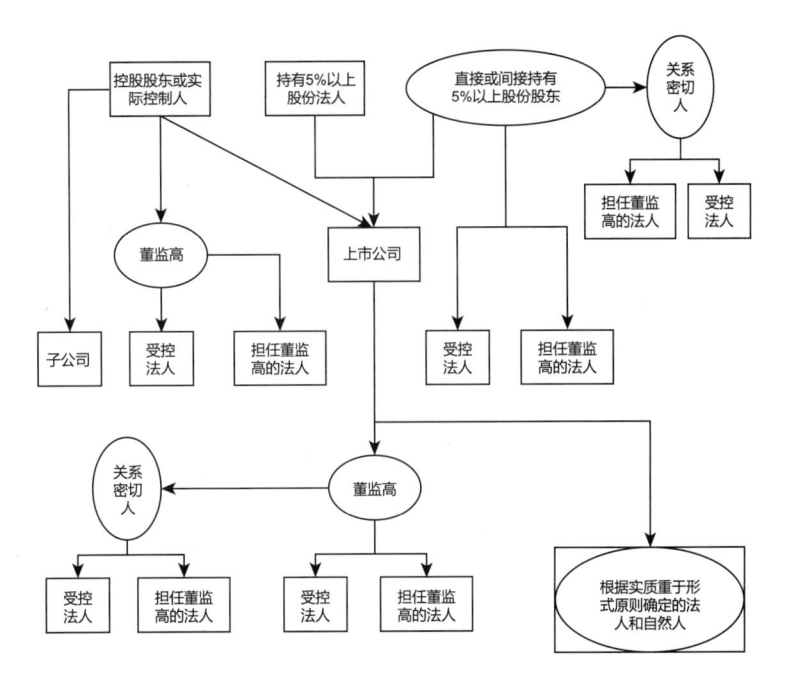

A 在交易发生之日前12个月内，或相关交易协议生效或安排实施后12个月内，具有前述所列情形之一的法人、其他组织或自然人，视同公司的关联方。

B 公司与关联法人或其他组织受同一国有资产监督管理机构控制的，不因此而形成关联关系，但该法人或其他组织的法定代表人、总经理、负责人或者半数以上董事兼任公司董事、监事或者高级管理人员的除外。

董事会审议

A 公司与关联自然人发生的成交金额在30万元以上的交易（关联担保除外）

B 公司与关联法人发生的成交金额占上市公司最近一期经审计总资产或市值0.1%以上的交易，且超过300万元（关联担保除外）

股东会审议

公司与关联人发生的交易金额（提供担保除外）占公司最近一期经审计总资产或市值1%以上的交易，且超过3000万元

公司拟进行须提交股东会审议的关联交易，应当在提交董事会审议前，取得独立董事事前认可意见。独立董事事前认可意见应当取得全体独立董事的半数以上同意，并在关联交易公告中披露。

关联交易豁免

公司单方面获得利益的交易，包括受赠现金资产、获得债务减免、接受担保和资助等，可以免予按照关联交易的方式审议和披露。

关联交易流程图

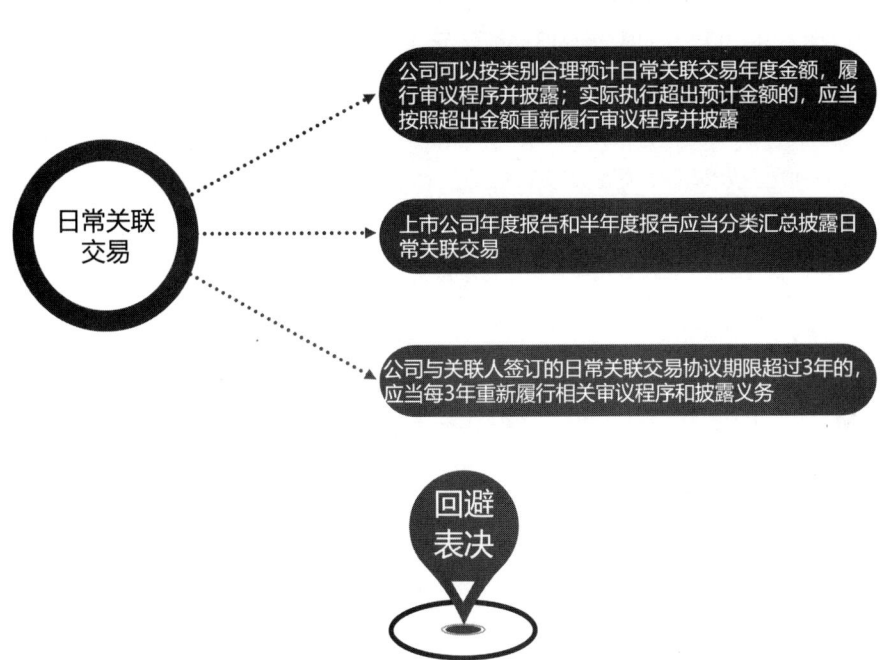

连续12个月累计计算
- 与同一关联人进行的交易
- 与不同关联人进行交易标的类别相关的交易

日常关联交易
- 公司可以按类别合理预计日常关联交易年度金额，履行审议程序并披露；实际执行超出预计金额的，应当按照超出金额重新履行审议程序并披露
- 上市公司年度报告和半年度报告应当分类汇总披露日常关联交易
- 公司与关联人签订的日常关联交易协议期限超过3年的，应当每3年重新履行相关审议程序和披露义务

回避表决
- 董事会审议关联交易事项的，关联董事应当回避表决，并不得代理其他董事行使表决权（出席董事会的非关联董事人数不足3人的，应当提交股东会审议）
- 股东会审议关联交易事项时，关联股东应当回避表决，并不得代理其他股东行使表决权

关联交易违规处罚案例：JTL

● 主要违法事实

(1) JTL上市时未按规定披露其与SHBC的关联关系

2004年，SHBC成立；2006年，JTL成立，并于2014年10月在深交所创业板上市。2006年至2011年，两个公司的主要管理人员均为钱某某、邝某。2007年年底，两个公司同时开展业务，两个公司是一班人马两块牌子，目的是分别应对不同电信运营商的管理要求。

2011年，JTL改制。为突出主营业务，规范关联关系及同业竞争问题，2011年5月26日，钱某某、邝某等三人将其持有的SHBC100%股权作价1200万元转让给HCJY。至此JTL从形式上实现了与SHBC的完全剥离，但HCJY受让SHBC股权的收购款来源于钱某某控制的TC投资。

SHBC股东变更为HCJY后，HCJY及其实际控制人郑某未实际管理SHBC；钱某某仍在财务、管理、经营政策等方面对SHBC有重大影响，使JTL与SHBC之间实质上存在关联关系。JTL在招股说明书及2014年年报中，未如实披露与SHBC之间的关联关系。

(2) JTL在收购SHYH（原SHBC）股权时未履行关联交易程序。

2014年12月1日，钱某某安排TC投资向HCJY收购SHBC股权，使SHBC股权形式上从HCJY转回到TC投资。

2014年12月19日，钱某某安排齐某某等5人管理团队向TC投资收购SHBC，并同意齐某某等5人用SHBC未分配利润向TC投资支付股权转让款3648.8万元。

2015年1月28日，JTL向齐某某等5人管理团队收购SHYH。钱某某在JTL董事会会议及议案中，未告知其他董事、监事其与SHYH之间存在关联关系，未告知董事会、监事会本次交易构成关联交易。JTL在《关于收购SHYH数据技术有限公司部分股权的公告》中未披露其与SHBC之间的关联关系，未履行关联交易程序。

根据当事人违法行为的事实、性质、情节与社会危害程度，证监会决定：

(1) 依据《证券法》第一百九十三条第一款的规定，对JTL给予警告，责令改正，并处以40万元罚款；

(2) 依据《证券法》第一百九十三条第一款的规定，对钱某某给予警告，并处以20万元罚款；依据《证券法》第一百九十三条第三款的规定，对钱某某给予警告，并处以40万元罚款；两项合并，对钱某某给予警告，并处以60万元罚款。

上述第(2)项处罚系基于钱某某同时作为董事长和控股股东、实际控制人，从而同时承担的"直接负责的主管人员"责任和"控股股东、实际控制人"责任。

对外担保行为规范——股东会审议、董事会审议

股东会审议：
- 单笔担保额超过公司最近一期经审计净资产10%的担保
- 公司及其控股子公司的对外担保总额，超过公司最近一期经审计净资产50%以后提供的任何担保
- 为资产负债率超过70%的担保对象提供的担保
- 按照担保金额连续12个月累计计算原则，超过公司最近一期经审计总资产30%的担保
- 证券交易所或者公司章程规定的其他担保

注：对于董事会权限范围内的担保事项，除应当经全体董事过半数通过外，还应当经出席董事会会议三分之二以上董事同意；前款第四项担保，应当经出席股东会的股东所持表决权的三分之二以上通过。

公司为全资子公司提供担保，或者为控股子公司提供担保且控股子公司其他股东按所享有的权益提供同等比例担保，不损害公司利益的，可以豁免适用相关审议程序的规定。

公司单方面获得利益的交易，包括受赠现金资产、获得债务减免、接受担保和资助等，可免予按照规定履行股东会审议程序。

对外担保违规案例：HYNY

2020年4月30日，HYNY披露2019年年报，报告期内公司存在以定期存单形式为控股股东ZJHY科技有限公司及其关联方HHWL集团有限公司、YPGX工程建设有限公司提供担保的情况，总计173080万元。上述担保均未履行审批程序，且未以临时公告的形式履行信息披露义务。

浙江证监局指出，上述行为违反《上市公司信息披露管理办法》第二条、第三十条的相关规定，公司董事长兼总经理邱某某、财务总监周某违反《上市公司信息披露管理办法》第三条的规定，对上述违规行为负有主要责任。

按照《上市公司信息披露管理办法》第五十八条、第五十九条的有关规定，浙江证监局决定对公司采取出具警示函的监督管理措施，并记入证券期货市场诚信档案。公司应充分吸取教训，加强相关法律法规学习，增强规范运作意识，认真履行信息披露义务；董事、监事、高级管理人员应当履行勤勉尽责义务，促使公司规范运作，并保证信息披露的真实、准确、完整、及时、公平。公司应当在2020年7月10日前向证监局提交书面整改报告，杜绝今后再次发生此类违规行为。

06 北交所信息披露规则合规要点

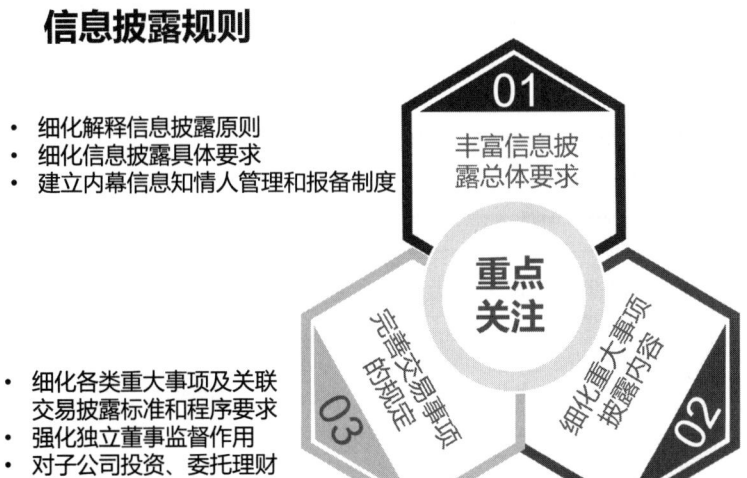

信息披露规则

- 细化解释信息披露原则
- 细化信息披露具体要求
- 建立内幕信息知情人管理和报备制度

重点关注

01 丰富信息披露总体要求

02 细化重大事项披露内容
- 重点加强对股票异常波动和传闻澄清、股份质押和司法冻结的披露要求
- 明确安排股权激励和员工持股计划

03 完善交易事项的规定
- 细化各类重大事项及关联交易披露标准和程序要求
- 强化独立董事监督作用
- 对子公司投资、委托理财等交易事项豁免适用

一般规定

基本原则	披露信息	临时公告触发条件	重大事件披露时点
真实、准确、完整、及时、公平	定期报告和临时报告	发生可能对公司股票交易价格、投资者投资决策产生较大影响的重大事件	最先触及下列任一时点: • 董事会或监事会作出决议时 • 有关各方签署意向书或协议时 • 董监高知悉或应当知悉该重大事件发生时

一般规定

披露类型	具体内容
自愿披露	① 自愿披露与投资者作出价值判断和投资决策有关的信息; ② 保持信息披露的完整性、持续性、一致性,避免选择性信息披露,不得误导投资者,不得从事市场操作、内幕交易; ③ 发生重大变化的,应及时披露进展公告
豁免披露/暂缓披露	① 拟披露的信息属于商业秘密、商业敏感信息、国家秘密,披露可能导致不当竞争、损害公司及投资者利益或违反法律法规、危害国家安全; ② 不得随意扩大暂缓、豁免事项的范围,相关内幕知情人应当书面承诺做好保密
行业和风险信息披露	① 结合行业特点,充分披露行业经营信息; ② 充分披露可能对公司核心竞争力、经营活动和未来发展产生重大不利影响的风险因素; ③ 公司未营利的,充分披露尚未营利的成因以及对公司影响

定期报告差异化

文件类型	年度报告	半年度报告	季度报告	业绩预告	业绩快报
北交所	√	√	√	√	√
创新层	√	√			√
基础层	√	√			√

业绩预告:
- 预计上一会计年度利润发生重大变化的,应当在本所规定的时间内进行业绩预告。
- 预计半年度和季度净利润发生重大变化的,可以进行业绩预告。
- 重大变化的情形包括净利润同比变动超过50%且大于500万元、发生亏损或者由亏损变为盈利。

业绩快报:
- 定期报告披露前出现业绩泄露,或者出现业绩传闻且公司股票交易出现异常波动的,应当及时披露业绩快报。
- 北交所:预计不能在会计年度结束之日起2个月内披露年度报告的,应当在该会计年度结束之日起2个月内披露业绩快报。
- 北交所:财务数据包括但不限于营业收入、净利润、总资产、净资产以及净资产收益率。

北交所（担保、财务除外）	创新层（担保除外）	基础层（担保除外）
① 交易涉及的资产总额（同时存在账面值和评估值的，以孰高为准）占公司最近一期经审计总资产的10%以上 ② 交易的成交金额占上市公司最近一期经审计净资产的10%以上，且超过1000万元 ③ 交易标的（如股权）最近一个会计年度相关的营业收入占上市公司最近一个会计年度经审计营业收入的10%以上，且超过1000万元 ④ 交易产生的利润占公司最近一个会计年度经审计净利润的10%以上，且超过150万元 ⑤ 交易标的（如股权）最近一个会计年度相关的净利润占公司最近一个会计年度经审计净利润的10%以上，且超过150万元 上述指标计算中涉及的数据如为负值，取其绝对值计算	① 交易涉及的资产总额（同时存在账面值和评估值的，以孰高为准）或成交金额占公司最近一个会计年度经审计总资产的10%以上 ② 交易涉及的资产净额或成交金额占公司最近一个会计年度经审计净资产绝对值的10%以上，且超过300万元	① 交易涉及的资产总额（同时存在账面值和评估值的，以孰高为准）或成交金额占公司最近一个会计年度经审计总资产的20%以上 ② 交易涉及的资产净额或成交金额占公司最近一个会计年度经审计净资产绝对值的20%以上，且超过300万元

披露事项	要求
重大交易	① 应当提交公司董事会审议并对外披露 ② 董事会审议时，必须经出席董事会会议的三分之二以上董事审议同意 ③ 符合《北京证券交易所股票上市规则（试行）》7.1.11或7.1.14情形之一的，还应当提交股东会审议
关联交易	① 与关联自然人的成交金额30万元以上 ② 与关联法人的成交金额占公司最近一期总资产0.2%以上，且超过300万元
重大诉讼和仲裁	① 涉案金额超过1000万元，且占公司最近一期经审计净资产绝对值10%以上 ② 股东会、董事会决议被申请撤销或者宣告无效 ③ 可能对公司控制权稳定、生产经营或股票交易价格产生较大影响的其他诉讼、仲裁 ④ 北交所认为有必要的其他情形
股票异常波动和传闻澄清	公司应当于次一交易日开盘前披露异常波动公告。如次一交易日开盘前无法披露，公司应当向北交所申请停牌直至披露后复牌
股份质押和司法冻结	公司任一股东所持公司5%以上的股份被质押、冻结、司法拍卖、托管、设定信托或者被依法限制表决权
重大风险	① 停产、主要业务陷入停顿； ② 发生重大债务违约； ③ 发生重大亏损或重大损失； ④ 主要资产被查封、扣押、冻结，主要银行账号被冻结； ⑤ 公司董事会、股东会无法正常召开会议并形成决议； ⑥ 董事长或者经理无法履行职责，控股股东、实际控制人无法取得联系； ⑦ 公司其他可能导致丧失持续经营能力的风险

信息披露规则——内幕信息管理完善措施

1. 要求公司建立内幕信息管理制度，对内幕信息知情人进行登记管理，将内幕信息知情人控制在最小范围。

2. 内幕信息知情人在内幕信息公开前，不得买卖公司股票、泄露内幕信息或者建议他人买卖公司股票。

3. 上市公司应当按照中国证监会和本所相关规定，对内幕信息知情人进行登记管理，在披露以下重大事项时，应当按照本所相关规定报备内幕信息知情人档案：
(1) 年度报告、中期报告；
(2) 证券发行；
(3) 股份回购；
(4) 重大资产重组；
(5) 公司被收购；
(6) 公司合并、分立；
(7) 拟申请股票在其他证券交易所上市；
(8) 中国证监会和本所规定其他重大事项。

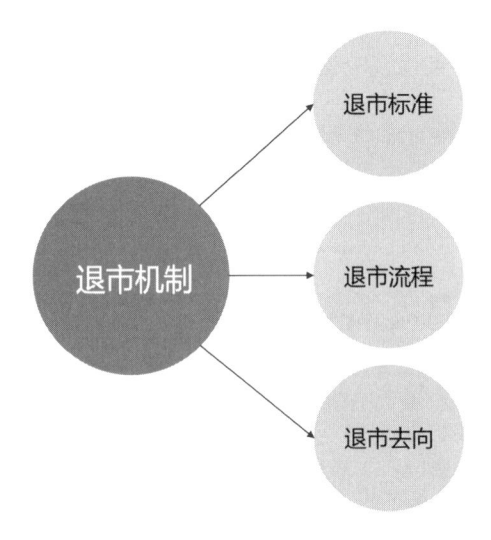

07 北交所退市制度

退市机制

- 退市标准
  - **谁应退：**
    - 主动退市
    - 强制退市：交易类、财务类、规范类、重大违法类

- 退市流程
  - **怎么退：**
    - 退市风险警示
    - 强制退市由北交所上市委员会审议
    - 拟终止股票上市的事先告知书
    - 退市整理期

- 退市去向
  - **退到哪：**
    - 基础层、创新层
    - 退市公司板块

退市标准——主动退市

可以主动退：

上市公司股东会审议通过的，可以申请主动退市

应当主动退： 上市公司有下列情形之一的，应当申请主动退市

- 上市公司股东会决议解散公司
- 上市公司因新设合并或者吸收合并，将不再具有独立主体资格并被注销
- 上市公司因要约回购或要约收购导致公众股东持股比例、股东人数等发生变化不再具备上市条件
- 转板申请已获同意
- 北交所认定的其他申请终止上市的情形

上市公司向北交所申请终止股票上市，应当同时符合下列条件：

- 终止上市决策程序、信息披露和股票停复牌安排符合北交所业务规则的规定；
- 上市公司已在法定期限内披露最近一期年度报告或中期报告，或未在法定期限内披露最近一期年度报告或中期报告，但已在期满后2个月内补充披露；
- 上市公司应制定合理的异议股东保护措施，对股东权益保护作出安排，转板申请已获同意的除外；
- 北交所要求的其他条件。

退市标准——强制退市

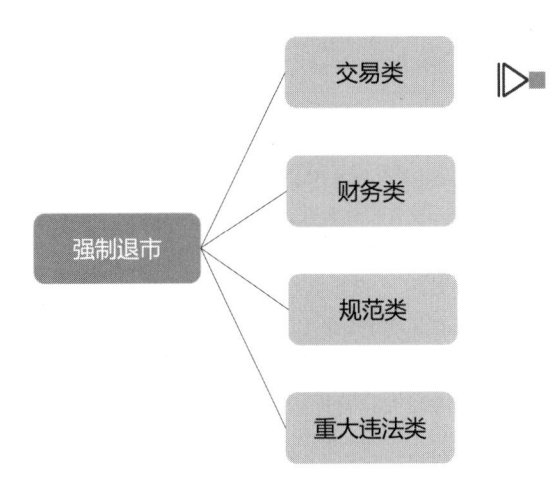

强制退市 → 交易类

上市公司连续60个交易日出现下列情形之一的，北交所决定终止其股票上市：
（一）股票每日收盘价均低于每股面值；
（二）股东人数均少于200人；
（三）按照《北京证券交易所股票上市规则（试行）》第2.1.3条第一款第四项规定上市的公司，股票交易市值均低于3亿元；
（四）北交所规定的其他情形。

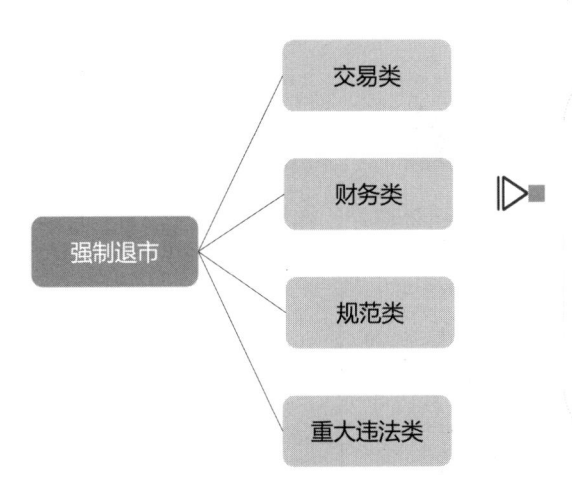

强制退市 → 财务类

（一）最近或追溯重述后最近一个会计年度经审计的净利润为负值且营业收入低于5000万元；
（二）最近或追溯重述后最近一个会计年度经审计的期末净资产为负值；
（三）最近一个会计年度的财务会计报告被出具无法表示意见或否定意见的审计报告；
（四）年度报告存在虚假记载、误导性陈述或者重大遗漏，导致该年度相关财务指标实际已触及第一、二项情形的；
（五）北交所认定的其他情形。

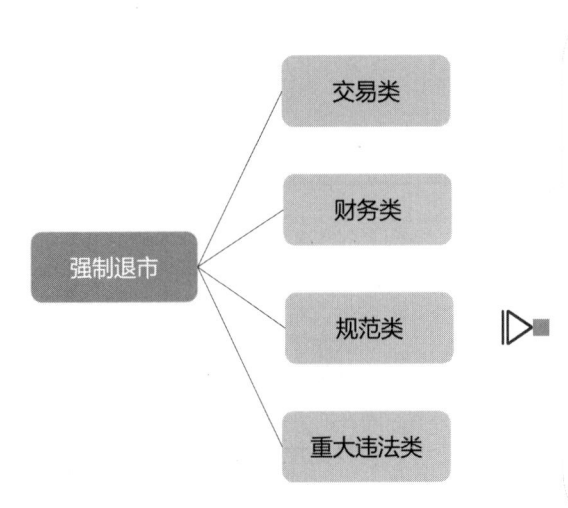

强制退市 → 规范类

（一）未在法定期限内披露年度报告或者中期报告，且在公司股票停牌2个月内仍未披露；
（二）半数以上董事无法保证公司所披露年度报告或中期报告的真实性、准确性和完整性，且未在法定期限内改正，此后股票停牌2个月内仍未改正；
（三）财务会计报告存在重大会计差错或者虚假记载，被中国证监会及其派出机构责令改正，但公司未在要求期限内改正，且在公司股票停牌2个月内仍未改正；
（四）信息披露或者规范运作等方面存在重大缺陷，被本所限期改正但公司未在规定期限内改正，且公司在股票停牌2个月内仍未改正；
（五）公司股本总额或公众股东持股比例发生变化，导致连续60个交易日不再具备上市条件，且公司在股票停牌1个月内仍未解决；
（六）公司可能被依法强制解散；
（七）法院依法受理公司重整、和解或破产清算申请；
（八）北交所认定的其他情形。

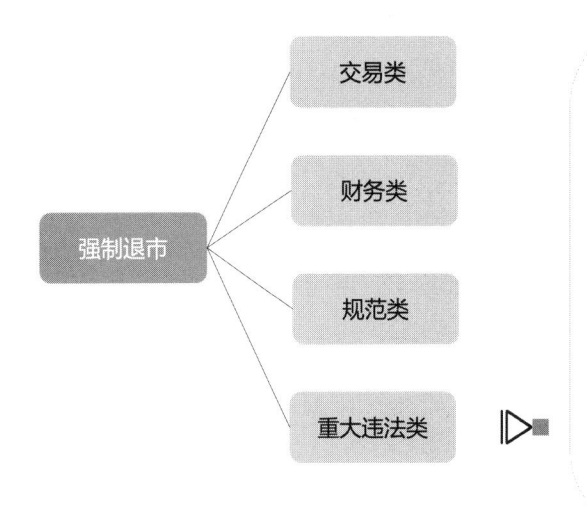

强制退市

- 交易类
- 财务类
- 规范类
- 重大违法类 ▷

（一）涉及国家安全、公共安全、生态安全、生产安全和公众健康安全等领域的重大违法行为被追究法律责任；
（二）上市公司公开发行并上市，申请或者披露文件存在虚假记载、误导性陈述或重大遗漏，被行政处罚或追究刑事责任；
（三）公司发行股份购买资产并构成重组上市，申请或者披露文件存在虚假记载、误导性陈述或者重大遗漏，被行政处罚或追究刑事责任；
（四）年度报告存在虚假记载、误导性陈述或者重大遗漏，导致连续会计年度财务类指标已实际触及财务类强制退市标准；
（五）北交所认定的其他情形。

退市流程

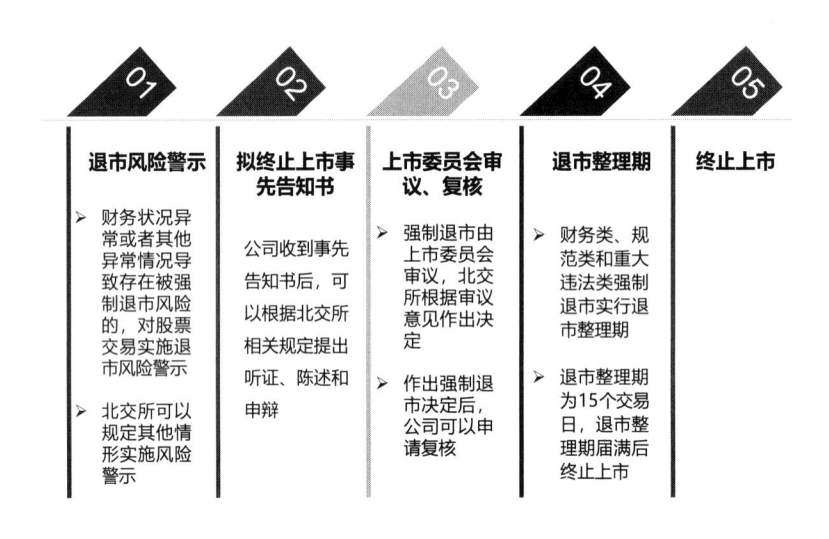

01 退市风险警示
- 财务状况异常或者其他异常情况导致存在被强制退市风险的，对股票交易实施退市风险警示
- 北交所可以规定其他情形实施风险警示

02 拟终止上市事先告知书
公司收到事先告知书后，可以根据北交所相关规定提出听证、陈述和申辩

03 上市委员会审议、复核
- 强制退市由上市委员会审议，北交所根据审议意见作出决定
- 作出强制退市决定后，公司可以申请复核

04 退市整理期
- 财务类、规范类和重大违法类强制退市实行退市整理期
- 退市整理期为15个交易日，退市整理期届满后终止上市

05 终止上市

退市去向

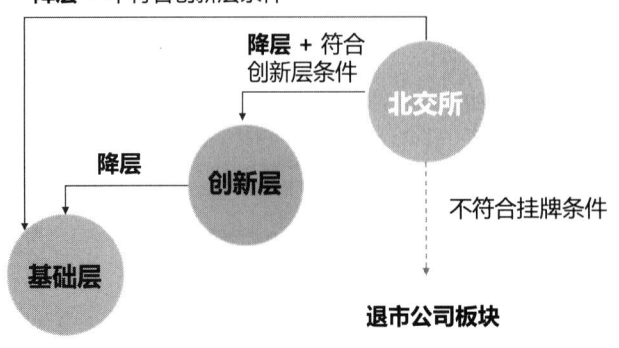

降层 + 不符合创新层条件 → 基础层
降层 + 符合创新层条件 → 创新层
降层：创新层 → 基础层
北交所
不符合挂牌条件 → 退市公司板块

"分类纾解、充分缓释"

- 北交所退市公司符合条件的，可以退至创新层或基础层继续交易
- 不符合新三板挂牌条件，且股东人数超过200人的，转入全国股转公司代为管理的退市公司板块
- 退市公司符合重新上市条件的，可以申请重新上市

08 新三板公司申请终止挂牌及撤回

新三板公司申请终止挂牌

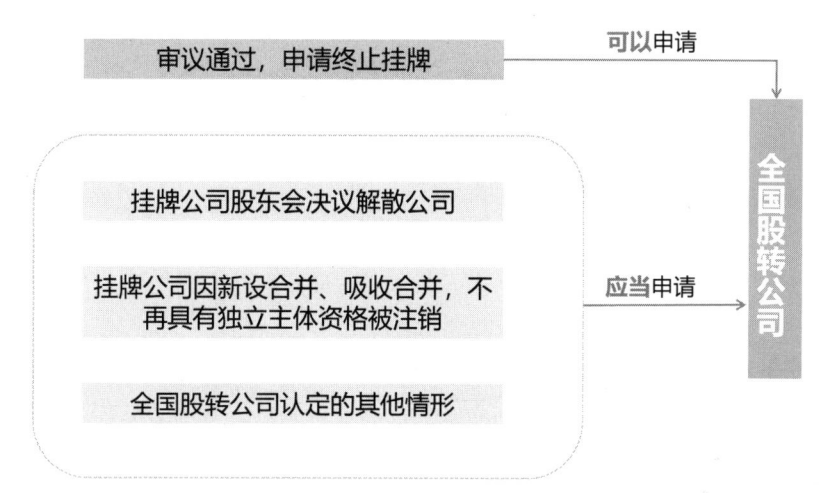

```
审议通过，申请终止挂牌 ──可以申请──→ 全
                                    国
 ┌─────────────────────────┐        股
 │ 挂牌公司股东会决议解散公司 │        转
 │                         │        公
 │ 挂牌公司因新设合并、吸收合并，│──应当申请──→ 司
 │ 不再具有独立主体资格被注销 │
 │                         │
 │ 全国股转公司认定的其他情形 │
 └─────────────────────────┘
```

序号	申请终止挂牌应同时符合下列条件
（一）	终止挂牌决策程序、信息披露和股票停复牌安排符合《业务规则》和本细则等相关规定
（二）	挂牌公司已在法定期限内披露最近一期年度报告或中期报告，或未在法定期限内披露最近一期年度报告或中期报告，但已在期满后两个月内补充披露
（三）	挂牌公司应制定合理的异议股东保护措施，通过提供现金选择权等方式对股东权益保护作出安排，已获同意到境内证券交易所上市的除外
（四）	主办券商对终止挂牌事项出具持续督导专项意见
（五）	全国股转公司要求的其他条件

申请终止挂牌流程

董事会审议通过 → 股东会股权登记日的次一交易日起停牌 → 股东会审议通过 → 向全国股转公司提交申请材料

申请材料：
（一）终止挂牌的书面申请；
（二）董事会决议；
（三）股东会决议；
（四）主办券商持续督导专项意见（附关于挂牌公司异议股东保护措施合理或无异议股东的确认文件）；
（五）年费缴款凭证；
（六）全国股转公司要求的其他文件

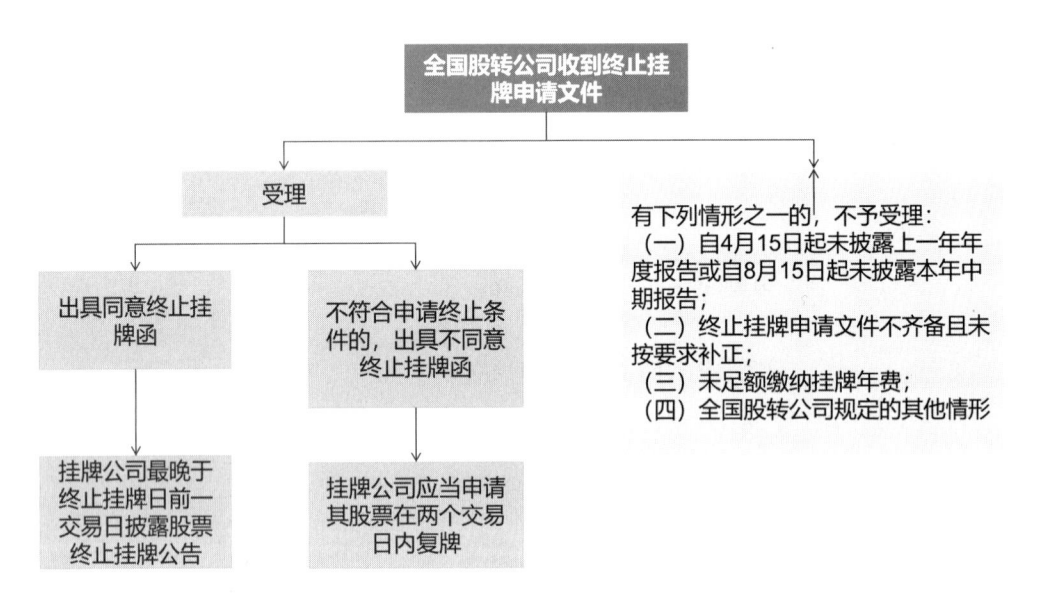

全国股转公司收到终止挂牌申请文件

- 受理
  - 出具同意终止挂牌函 → 挂牌公司最晚于终止挂牌日前一交易日披露股票终止挂牌公告
  - 不符合申请终止条件的，出具不同意终止挂牌函 → 挂牌公司应当申请其股票在两个交易日内复牌

有下列情形之一的，不予受理：
（一）自4月15日起未披露上一年年度报告或自8月15日起未披露本年中期报告；
（二）终止挂牌申请文件不齐备且未按要求补正；
（三）未足额缴纳挂牌年费；
（四）全国股转公司规定的其他情形

新三板公司申请终止挂牌——主办券商持续督导专项意见

核查并发表明确意见：
- 挂牌公司主动终止挂牌原因和后续发展战略
- 终止挂牌是否履行相应审议程序和信息披露义务
- 异议股东保护措施是否充分合理
- 公司申请挂牌以来是否存在涉嫌违反证券法律法规行为及其整改情况
- 公司是否存在未完成的股票发行、并购重组、股份回购、股权激励、优先股、可转债等业务及后续安排
- 全国股转公司要求发表的其他意见

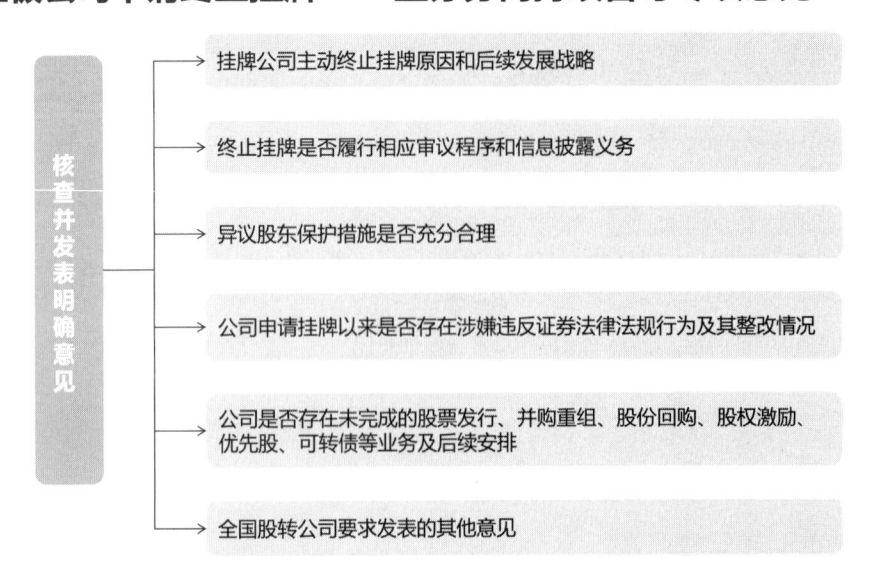

新三板公司申请终止挂牌——异议股东保护措施

事项	异议股东保护措施要求
董事会审议终止挂牌事项前	1. 挂牌公司应当制定合理的异议股东保护措施（如通过提供现金选择权等方式） 2. 与拟终止挂牌的临时公告一并审议披露（已获同意到境内证券交易所上市或者以获得上市同意为终止挂牌议案生效条件的除外）
挂牌公司与全体股东已就终止挂牌事项提前进行沟通并达成一致的	1. 挂牌公司应当在拟终止挂牌的临时公告中说明与全体股东的沟通情况，可以不另行审议披露异议股东保护措施 2. 如在股东会审议阶段出现异议股东，挂牌公司应当在股东会召开后及时制定并审议披露异议股东保护措施

新三板公司申请终止挂牌——提供现金收购权

提供现金选择权收购异议股东所持股份	
收购主体	可以由挂牌公司、控股股东、实际控制人或其他第三方进行收购
收购价格	挂牌公司及相关义务人应当结合异议股东取得股票的成本、公司股票的二级市场价格、发行价格、最近一期经审计的每股净资产、同行业可比挂牌或上市公司的市盈率或市净率等，合理确定收购价格
收购方式	对于异议股东通过不同方式取得的股票（如原始股票、二级市场交易取得的股票、通过股票发行认购的股票、终止挂牌董事会决议公告后买入的股票等），挂牌公司可制定差异化的保护措施，但需充分说明差异化安排的合理性

新三板公司申请撤回终止挂牌

挂牌公司提交终止挂牌申请后又申请撤回终止挂牌的，应当在撤回终止挂牌事项经股东会审议通过后的五个交易日内，向全国股转公司提交下列文件：

- 挂牌公司关于撤回终止挂牌的书面申请
- 董事会决议
- 股东会决议
- 年费缴款凭证（如需）
- 全国股转公司要求的其他文件
- 涉及需补缴挂牌年费的，应确保已按照有关规定足额缴纳并提交年费缴款凭证
- 对于已提交终止挂牌申请但未在规定期限内披露年度报告或中期报告的公司，全国股转公司不受理其撤回主动终止挂牌申请。

申请撤回终止挂牌的挂牌公司在收到全国股转公司出具的终止审查文件后，应于两个交易日内向全国股转公司申请其股票复牌。

企业家必修课：创业企业股权架构设计与股权激励进阶

01 从微念与李佳佳之争看创业企业的股权架构设计

从微念与李佳佳之争看创业企业的股权架构设计（一）

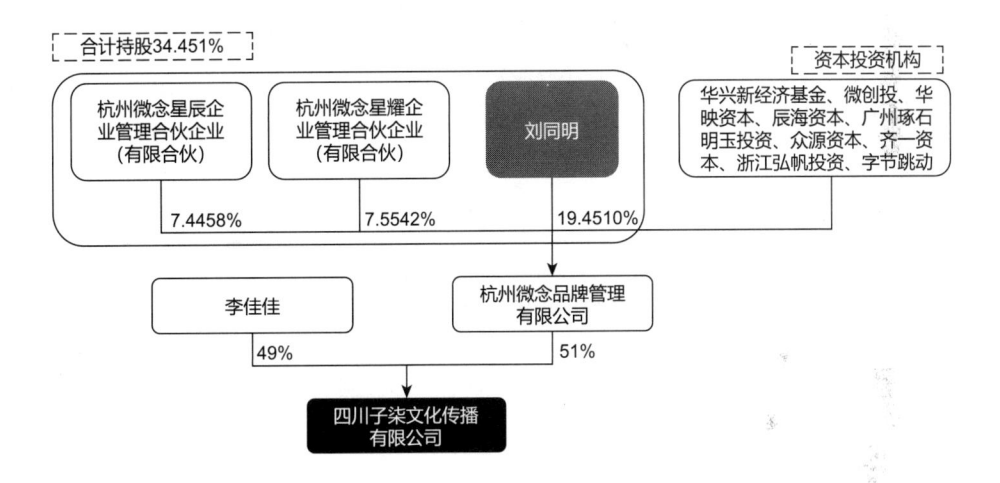

合计持股34.451%

- 杭州微念星辰企业管理合伙企业（有限合伙）—— 7.4458%
- 杭州微念星耀企业管理合伙企业（有限合伙）—— 7.5542%
- 刘同明 —— 19.4510%

资本投资机构：华兴新经济基金、微创投、华映资本、辰海资本、广州琢石明玉投资、众源资本、齐一资本、浙江弘帆投资、字节跳动

→ 杭州微念品牌管理有限公司

李佳佳 49% ／ 杭州微念品牌管理有限公司 51%

→ 四川子柒文化传播有限公司

从微念与李佳佳之争看创业企业的股权架构设计（二）

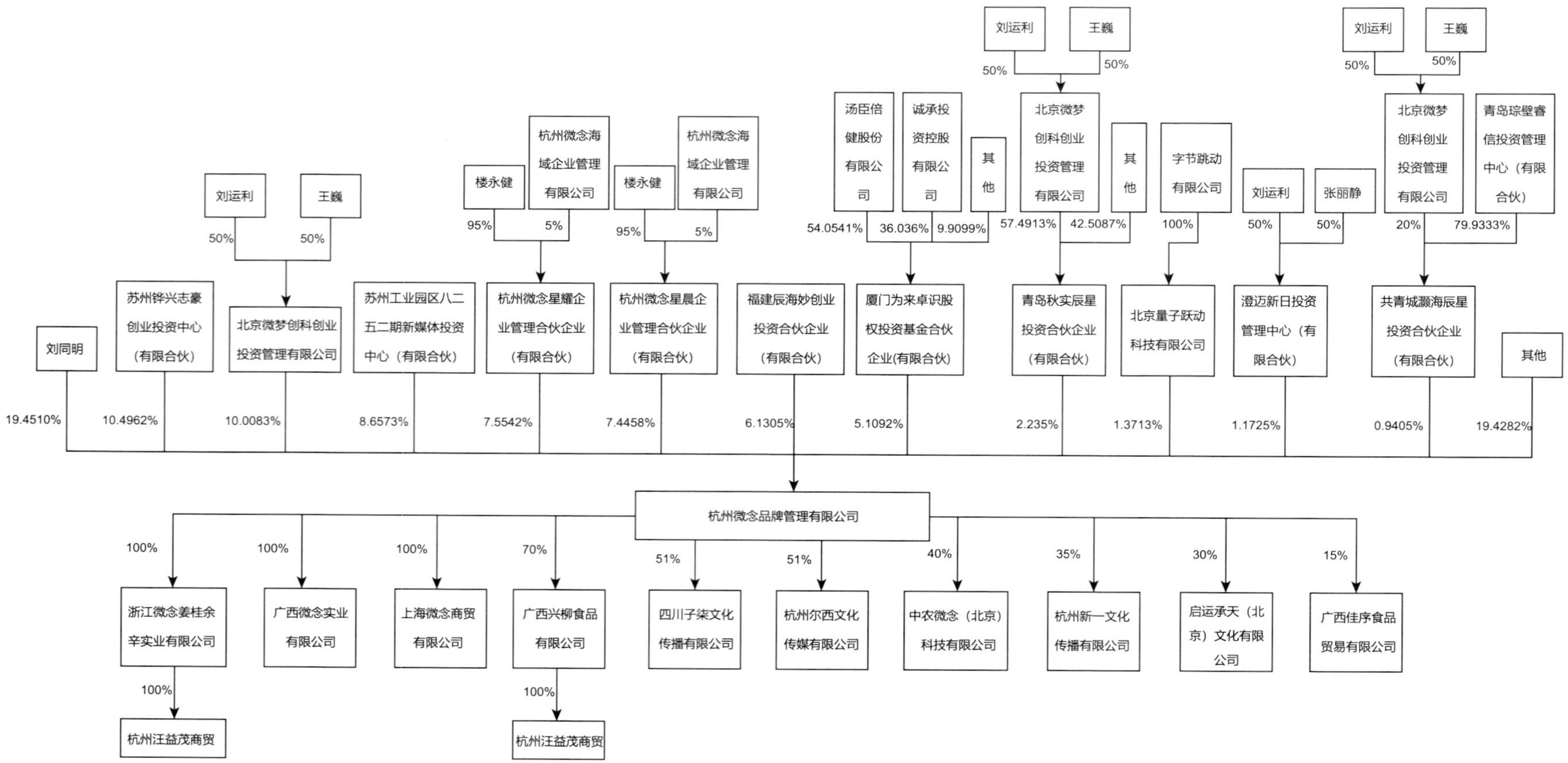

从微念与李佳佳之争看创业企业的股权架构设计（三）

微念与李佳佳的合作历程

01 → 2016年8月29日，杭州微念向国家知识产权局商标局申请注册全类别"李子柒"商标。

02 → 2017年7月20日，四川子柒文化传播有限公司（四川子柒）成立，杭州微念占股51%，李佳佳占股49%。

03 → 2021年6月17日，杭州微念将持有的全类别"李子柒"商标转让给持股51%的四川子柒。

04 → 2021年11月15日，四川子柒提起对刘同明、杭州微念的诉讼。

05 → 2022年3月10日，杭州微念对四川子柒提起股东知情权诉讼。

02 企业股权架构的基本模式

一、华为的股权架构

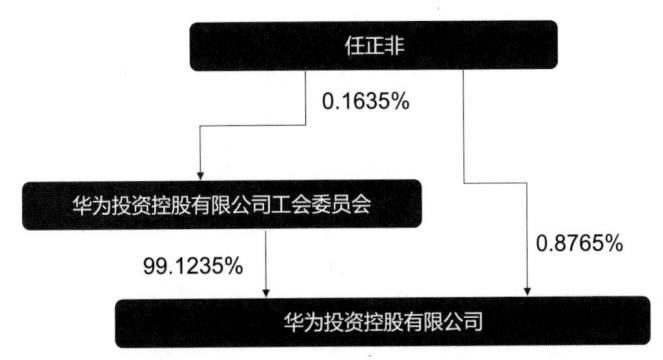

```
              任正非
           │         │
       0.1635%        │
           ↓          │
  华为投资控股有限公司工会委员会   │
           │        0.8765%
       99.1235%        │
           ↓          ↓
       华为投资控股有限公司
```

华为是一家100%由员工持有的民营企业。华为通过工会实行员工持股计划，参与人数约为10万人。目前华为约有19.4万员工。

华为拥有完善的内部治理架构。持股员工选举产生115名持股员工代表，持股员工代表会选举产生董事长和16名董事，董事会选举产生4名副董事长和3名常务董事，轮值董事长由3名副董事长担任。

二、阿里巴巴股权架构

股东层：
- 软银 25.2%
- 马云 6.0%
- 蔡崇信 1.9%
- 其他董事和高级管理人员合计 0.9%
- 其他公众股东 66.0%

↓ Alibaba Group 阿里巴巴集团

中国境外：
- Taobao Holding Limited（开曼群岛）100%
- Taobao China Holding Limited（香港）100%
- Alibaba Investment Limited（英属维尔京群岛）[1] 100%

中国境内：
- 淘宝（中国）软件有限公司 100% ⇠⇢ 浙江淘宝网络有限公司[3]
- 浙江天猫技术有限公司 100% ⇠⇢ 浙江天猫技术有限公司[3]
- 浙江阿里巴巴云计算有限公司 100%（通过中间持股实体间接持股）⇠⇢ 阿里云计算有限公司[3]
- 阿里巴巴（中国）网络技术有限公司 100%（通过中间持股实体间接持股）⇠⇢ 杭州阿里巴巴广告有限公司[3]
- 杭州菜鸟供应链管理有限公司[2] 50.3%（通过中间持股实体间接持股）
- 北京优酷科技有限公司 100%（通过中间持股实体间接持股）⇠⇢ 优酷信息技术（北京）有限公司[4]

三、万科的股权架构

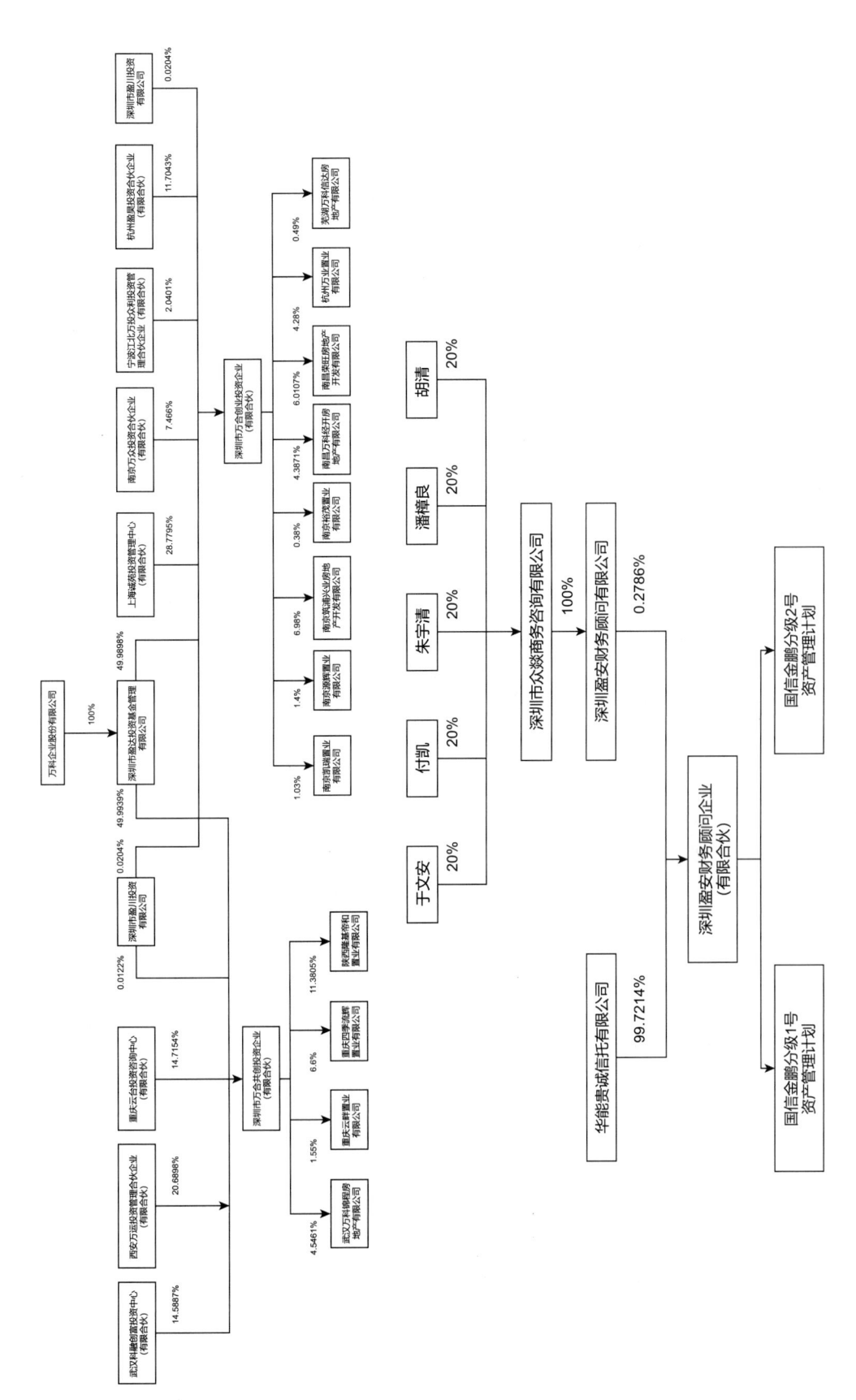

四、小米的股权架构

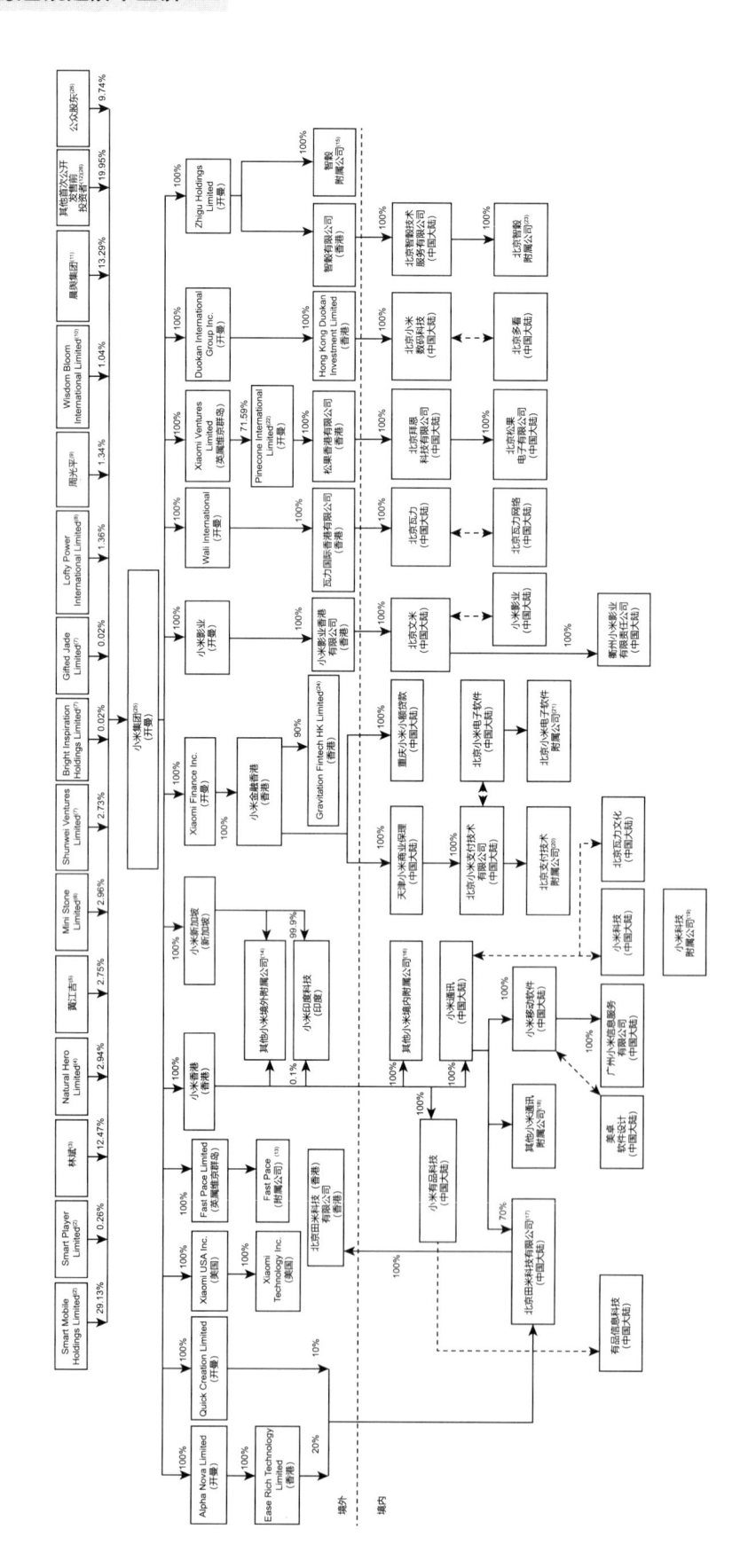

五、当当的股权架构及启示

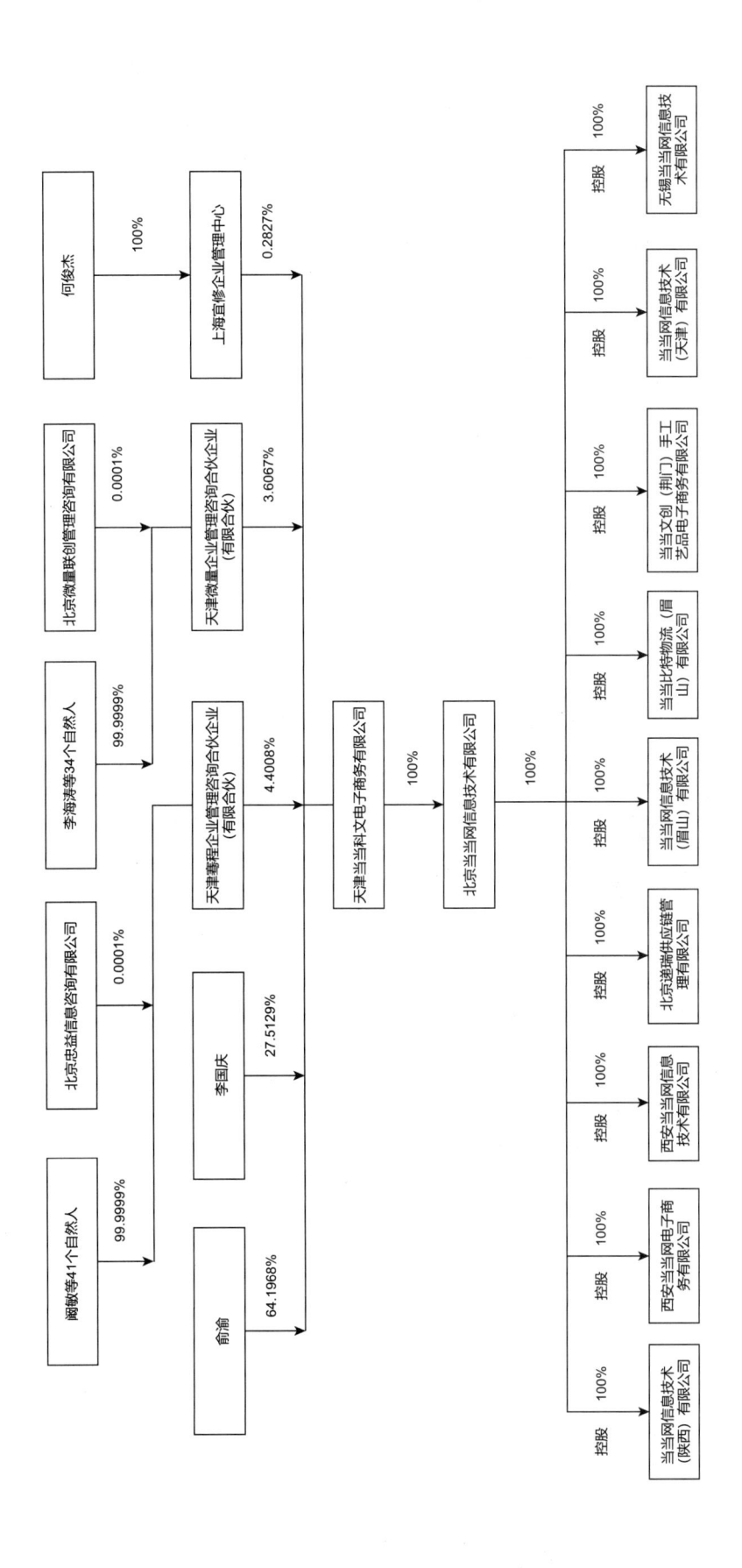

上市公司股权架构设计的治理危机——雷士照明股权之争

1. 联合创业

- 吴某某 45万 (45%)
- 胡某某 27.5万 (27.5%)
- 杜某 27.5万 (27.5%)
→ 雷士照明（惠州·注册资本100万元）

2. 合伙人出现分歧

- 吴某某 33.4%
- 胡某某 33.3%
- 杜某 33.3%
→ 雷士照明

3. "分家之战"，胡、杜各自拿走8000万元离开公司

4. 软银赛富入股

- 吴某某 41.79%
- 阎某 $2200万 35.71%
→ 雷士照明

5. 吴阎之争

- 吴某某 29.33%
- 阎某 跟投$1000万 30.73%
- 高某 $3655万 9.39%
→ 雷士照明

6. 王某某介入，德豪润达成为雷士照明第一大股东，吴某某继续担任CEO，阎某辞任

7. 吴王之争，吴长江入狱

挪用资金罪

吴某某将雷士照明在3家银行的流动资金存款转为保证金；同时，吴某某以4家公司为贷款主体，利用这笔保证金作为担保，向银行共申请流动资金借款9亿多元。后由于吴某某无力偿还上述贷款，致使雷士照明损失5.5亿元。

职务侵占罪

吴某某将一笔处理雷士照明重庆公司的370万元废料款不入账，供其本人使用，并将变卖废料的原始财务凭证销毁。

法院裁判

- 惠州中院一审，吴某某被判处有期徒刑14年，没收财产50万元，退赔370万元。
- 二审改判，发回重审。

创始人婚姻变动对家族企业治理的影响——土豆条款

"土豆条款"：为了防止创始人婚姻变动对公司治理结构的影响，创始人配偶需签订《夫妻财产约定协议》创始人婚姻变动，配偶不得对公司股权进行分割，直至投资人退出或者公司上市后，成为一家公众公司。

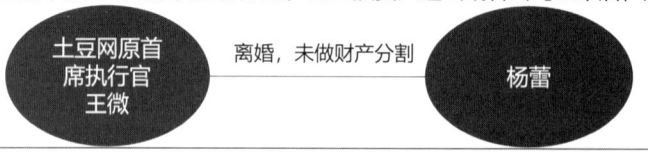

土豆网原首席执行官王微 ——离婚，未做财产分割—— 杨蕾

2010.11——土豆提交上市申请次日，杨蕾提起诉讼，要求分割婚姻存续期间婚姻财产，即土豆76%的股份，随后土豆38%的股份被冻结进行保全并禁止转让。

2011.6——双方达成庭外和解，王微需向前妻支付700万美元现金补偿，以获得完全股份控制权，但其中430万美元须在土豆上市成功后兑现。

典型案例：真功夫、当当网——李国庆和俞渝、赶集网、跨境通（SZ:002640）、东尼电子（603595.SH）、沃尔核材（002130.SZ）、唐德影视（300426.SZ）、亚马逊——杰夫·贝佐斯和麦肯齐、传媒大亨新闻集团——鲁伯特·默多克和邓文迪……

股权架构的基本方案

- 自然人股东、实际控制（减持）
- 控股公司（集团化运作、税盾）
- 其他股东（PE等）
- 有限合伙或者员工持股计划（股权激励平台）

→ 股份公司

股权架构方案一

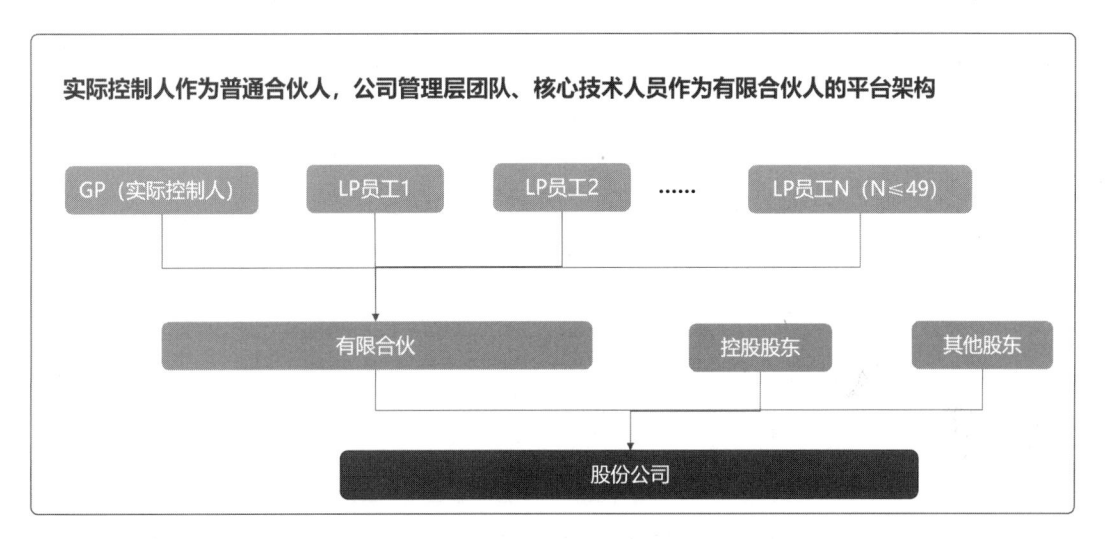

实际控制人作为普通合伙人，公司管理层团队、核心技术人员作为有限合伙人的平台架构

- GP（实际控制人）
- LP员工1
- LP员工2
- ……
- LP员工N（N≤49）

→ 有限合伙 ／ 控股股东 ／ 其他股东 → 股份公司

股权架构方案二

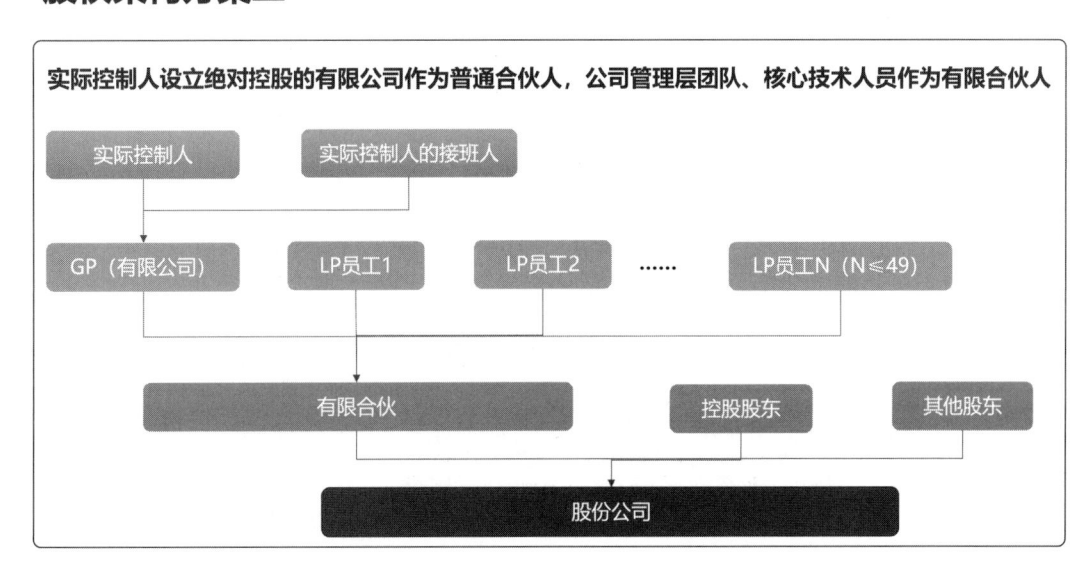

实际控制人设立绝对控股的有限公司作为普通合伙人，公司管理层团队、核心技术人员作为有限合伙人

- 实际控制人
- 实际控制人的接班人
- GP（有限公司）
- LP员工1
- LP员工2
- ……
- LP员工N（N≤49）

→ 有限合伙 ／ 控股股东 ／ 其他股东 → 股份公司

股权架构方案三

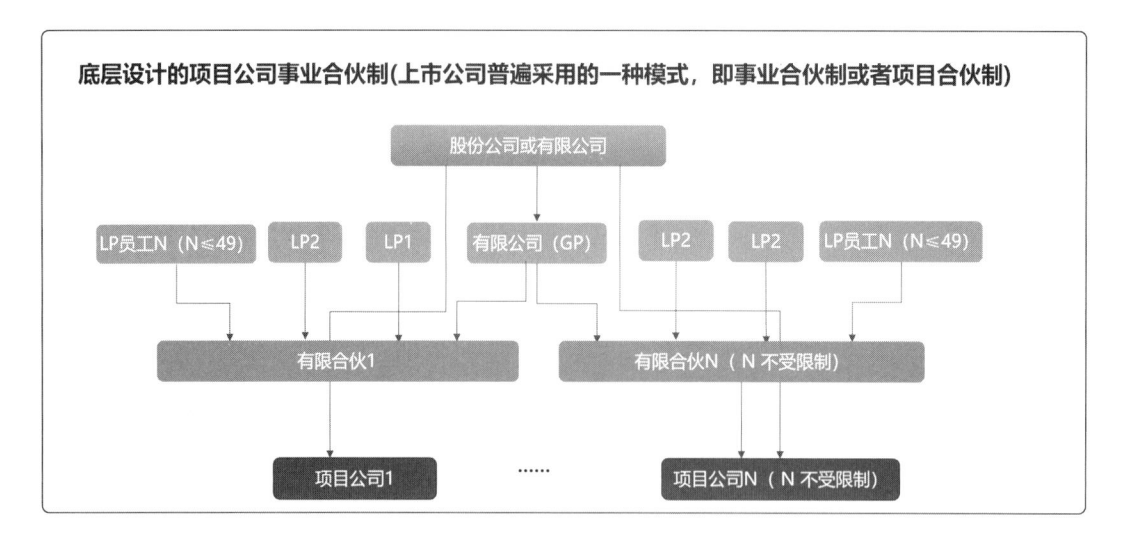

底层设计的项目公司事业合伙制(上市公司普遍采用的一种模式，即事业合伙制或者项目合伙制)

```
                        股份公司或有限公司
   ┌──────┬──────┬──────┬────────┬──────┬──────┬──────┐
LP员工N  LP2   LP1  有限公司(GP)  LP2   LP2  LP员工N
(N≤49)                                           (N≤49)
   └──────┴──────┴──┬───┘        └───┬──┴──────┴──────┘
              有限合伙1              有限合伙N（N 不受限制）
                   │                      │
               项目公司1      ……     项目公司N（N 不受限制）
```

科创板上市公司典型股权架构

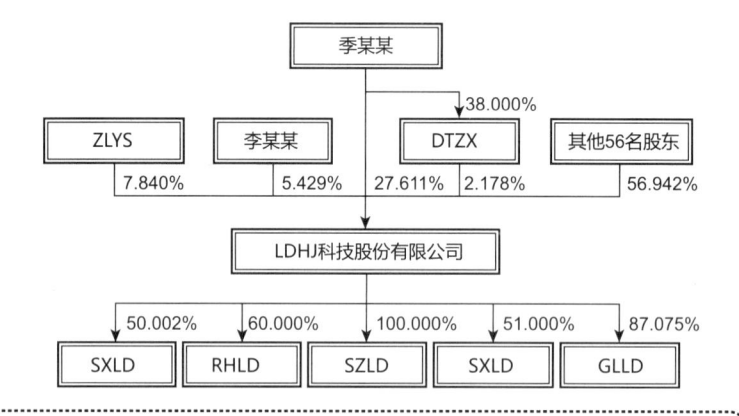

```
                          季某某
                            │ 38.000%
   ┌──────┬──────┬──────────┼──────────┐
  ZLYS   李某某   DTZX                其他56名股东
  7.840% 5.429% 27.611%    2.178%      56.942%
   └──────┴──────┬──────────┴──────────┘
            LDHJ科技股份有限公司
   ┌────────┬────────┬────────┬────────┐
 50.002%  60.000% 100.000% 51.000%  87.075%
  SXLD    RHLD    SZLD    SXLD    GLLD
```

LDHJ的股权架构中，季某某是实际控制人，直接持有公司27.611%的股份，并作为员工持股平台DTZX的普通合伙人，持有38%的合伙份额；ZLYS是公司的PE股东。

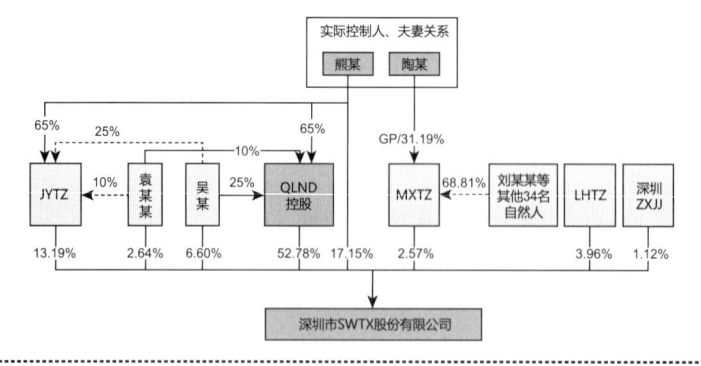

```
                实际控制人、夫妻关系
                    熊某 ── 陶某
       65%   25%       65%        GP/31.19
   ┌────┬─────10%──┬───────┐         │
  JYTZ─10%─袁某某 吴某 25% QLND     MXTZ──68.81%──刘某某等   LHTZ  深圳
                         控股                  其他34名          ZXJJ
                                               自然人
  13.19%  2.64%  6.60%  52.78%  17.15%  2.57%        3.96%   1.12%
                         │
                深圳市SWTX股份有限公司
```

SWTX的控股股东为QLND控股，持有公司52.78%的股份；公司实际控制人为熊某和陶某夫妇。熊某直接持有17.15%的公司股份，通过QLND控股、JYTZ分别控制公司52.78%和13.19%的股份；陶某持有MXTZ 31.19%的合伙份额，并担任MXTZ普通合伙人和执行事务合伙人，通过MXTZ控制公司2.57%的股份。熊某和陶某夫妇合计控制公司3247.22万股份，占公司总股本的85.69%，为公司的实际控制人。

03 ESOP（员工持股计划）的缘起

ESOP（员工持股计划）的缘起

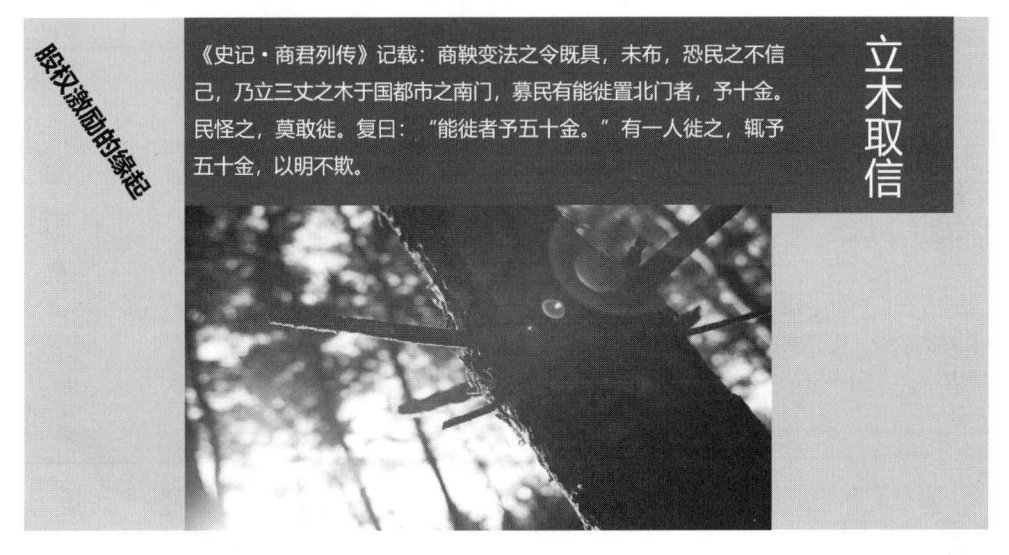

股权激励的缘起

立木取信

《史记·商君列传》记载：商鞅变法之令既具，未布，恐民之不信己，乃立三丈之木于国都市之南门，募民有能徙置北门者，予十金。民怪之，莫敢徙。复曰："能徙者予五十金。"有一人徙之，辄予五十金，以明不欺。

"顶身股"——封建时代最先进的激励制度

晋商是中国商业文明史上的一颗璀璨明珠。乔家大院里走出来的乔致庸，怀揣着"汇通天下，货通天下"的梦想，从一个山西的小县城走出来，一举成为清末商业界的翘楚。

- 山西晋商、安徽徽州徽商、陕西秦商、广东粤商、宁波商帮、福建商帮、山东鲁商、洞庭商帮、江西商帮、龙游商帮
- 乔致庸与"复字号"店铺跑街马荀的世纪之问：（1818—1907）
- 乔致庸：为什么要辞号？
- 马荀：别处给的酬劳更高。
- 乔致庸：掌柜的为什么没人辞号？
- 马荀：因为掌柜的在商号生意里顶着一份身股，不但平日里拿酬劳，4年账期到了还可以领一份红利。
- 顶身股：股权从1厘至10厘有10个等级，从1厘半至9厘半有9个等级，一共是19个等级。
- 【1厘、2厘、3厘、4厘、5厘、6厘、7厘、8厘、9厘、10厘】
- 【1.5厘、2.5厘、3.5厘、4.5厘、5.5厘、6.5厘、7.5厘、8.5厘、9.5厘】

- 票号收练习生，以为培养人才的根基。欲为练习生，先托人向票号说项，票号先向保荐人询问练习生的三代做何事业，再询问其本人的履历，认为可试，再分口试和笔试两种。
- 学徒时间一般为4年，第一阶段是为掌柜"提三壶"（茶壶、水壶、尿壶）、干杂活，练习算盘和写字；第二阶段训练背记"平砝银色折"，做一些抄写或帮账之事；第三阶段就可以上柜台跟着师傅学习做生意。学徒出师后，经考核认可转为伙计，按照店规，由大掌柜推荐、东家决定是否顶身股，"推荐学成，身股入柜；已有奔头，双亲得慰"。
- 大掌柜一般可顶一股（即10厘），二掌柜、三掌柜可顶七八厘，伙计大多可顶1至4厘。每逢账期（一般为4年）可增加一二厘，且份额的增加不一定完全循序渐进地"爬格子"，而是根据业绩或贡献大小来决定提升的幅度。如果业绩不佳，就会原地踏步甚至减少份额。掌柜的身股数量由东家确定，伙计的身股数量根据复字号店规每年按劳绩由东家和掌柜决定是否添加。——《山西票号史》

员工持股计划之父

Louis O. Kelso (1913—1991) was a political economist in the classical tradition of Smith, Marx and Keynes. He was also a corporate and financial lawyer, author, lecturer and merchant banker who is chiefly remembered today as the inventor and pioneer of the Employee Stock Ownership Plan (ESOP), the prototype of the leveraged buy-out invented to enable working people without savings to buy stock in their employer company and pay for it out of its future dividend yield.

Kelso created the ESOP in 1956 to enable the employees of a closely-held newspaper chain to buy out its retiring owners. Two years later Kelso and his co-author, the philosopher Mortimer J. Adler, explained the macro-economic theory on which the ESOP is based in The Capitalist Manifesto (Random House, 1958). In The New Capitalists (Random House, 1961), the two authors present Kelso's financial tools for democratizing capital ownership in a private property, market economy. These ideas were further elaborated and refined in Two-Factor Theory: The Economics of Reality (Random House, 1967) and Democracy and Economic Power: Extending the ESOP Revolution Through Binary Economics (1986, Ballinger Publishing Company, Cambridge, MA; reprinted 1991, University Press of America, Lanham, MD), both co-authored by Patricia Hetter Kelso, his collaborator since 1963.

04 股权激励的土壤——
创始人、合伙人、团队文化

员工为什么要离职

钱没够？

心委屈了？

创始人是怎么想的？效益！！！

股权激励的经济效益

01 持有较少公司股权的管理者不能最大化股东的财富，因为他们有动机追求职位特权消费带来的好处

02 企业内部人的股权比例影响公司价值。当企业内部人的持股比例在5%以内时，企业的盈利能力随着内部人持股比例的提高而上升；当内部人的持股比例在5%~25%时，企业的盈利能力随内部人持股比例的上升而下降；当内部人的持股比例超过25%时，企业的盈利能力又开始上升

03 经理人员拥有持股权可以缓和企业内部人与股东之间的利益冲突

04 持股权对企业绩效具有激励效应，在经理层收购（Management Buy-Outs, MBO）之后，公司绩效有显著上升

创始人该怎么干！！！

》创始人的文化就是企业的文化！

》创始人的格局就是企业的格局！

》创始人的战略就是企业的战略！

> 我过去常常认为一位出色的人才能顶两名平庸的员工，现在我认为能顶50名。我大约把四分之一的时间用于招募人才。
> ——苹果创始人Steve Jobs

> 小米团队是小米成功的核心原因。当初我决定组建超强的团队，前半年花了至少80%时间找人，幸运地找到了7个牛人合伙，全部是技术背景，平均年龄42岁，经验极其丰富。3个本地加5个海归，来自金山、谷歌、微软、摩托罗拉等，土洋结合，充满创业热情。
> ——小米创始人雷军

> Tesla、SpaceX、SolarCity——埃隆·马斯克Elon Musk；Amazon——杰夫·贝佐斯Jeff Bezos；Facebook——马克·艾略特·扎克伯格Mark Elliot Zuckerberg。
> 华为——任正非、吉利——李书福、福耀——曹德旺
> 美团——王兴、小米——雷军

公司的平台化，文化的聚合化

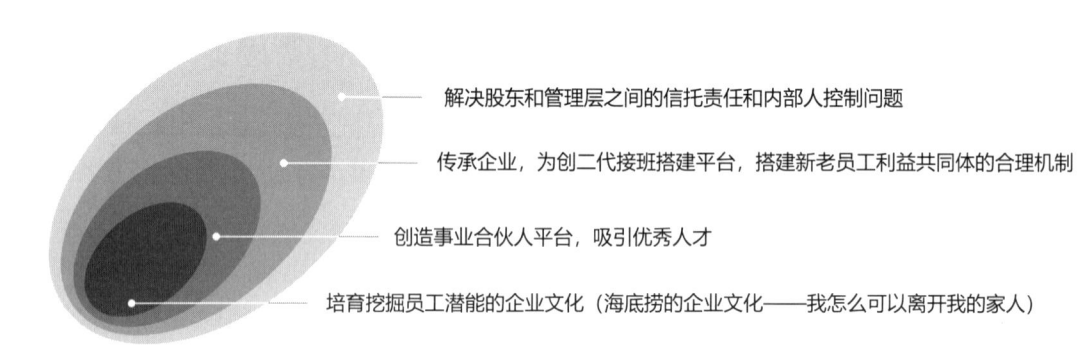

- 解决股东和管理层之间的信托责任和内部人控制问题
- 传承企业，为创二代接班搭建平台，搭建新老员工利益共同体的合理机制
- 创造事业合伙人平台，吸引优秀人才
- 培育挖掘员工潜能的企业文化（海底捞的企业文化——我怎么可以离开我的家人）

人力资源资本化、证券化——只要有稳定的现金流，就可以资产证券化

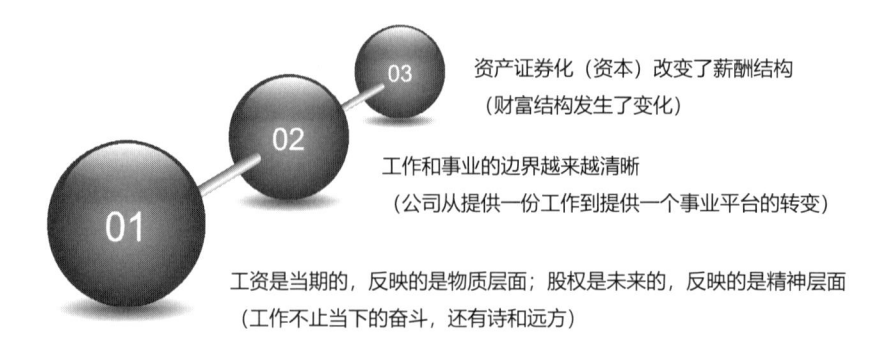

03 资产证券化（资本）改变了薪酬结构
（财富结构发生了变化）

02 工作和事业的边界越来越清晰
（公司从提供一份工作到提供一个事业平台的转变）

01 工资是当期的，反映的是物质层面；股权是未来的，反映的是精神层面
（工作不止当下的奋斗，还有诗和远方）

05 股权激励基本模式&科创板股权激励案例

股权激励的基本模式

股权激励模式

01 股票（权）期权是指公司给予激励对象在一定期限内以事先约定的价格购买本公司股票（权）的权利。

02 限制性股票是指公司按照预先确定的条件授予激励对象一定数量的本公司股权，激励对象只有工作年限或业绩目标符合股权激励计划规定条件的才可以处置该股权：
（一）激励对象按照股权激励计划规定的条件，获得的转让等部分权利受到限制的本公司股票，即第一类限制性股票；
（二）符合股权激励计划授予条件的激励对象，在满足相应获益条件后分次获得并登记的本公司股票，即第二类限制性股票。

03 股权奖励是指企业无偿授予激励对象一定份额的股权或一定数量的股份。

04 分红激励是指采取项目收益分红方式；或者以企业经营收益为标的，采取岗位分红方式，对企业重要技术人员和经营管理人员实施激励的行为。

第二类限制性股票

01 归属：限制性股票激励对象满足获益条件后，上市公司将股票登记至激励对象账户的行为。

02 归属条件：限制性股票激励计划所设立的，激励对象为获得激励股票所需满足的获益条件。

03 归属日：限制性股票激励对象满足获益条件后，获授股票完成登记的日期，必须为交易日。

04 授予价格：原则上不低于
（一）股权激励计划草案公布前1个交易日的公司股票交易均价的50%；
（二）股权激励计划草案公布前20个交易日、60个交易日或者120个交易日的公司股票交易均价之一的50%。

科创板案例——上海硅产业集团股份有限公司股票期权激励计划（上市前制定，上市后实施）

股票期权激励计划程序

01 公司董事会薪酬与考核委员会拟定《上海硅产业集团股份有限公司股票期权激励计划（草案）》《上海硅产业集团股份有限公司股票期权激励计划实施考核管理办法》等文件，并提交公司董事会审议。

02 发行人召开第一届董事会第四次会议，审议通过《关于上海硅产业集团股份有限公司股票期权激励计划（草案）的议案》《关于上海硅产业集团股份有限公司股票期权激励计划实施考核管理办法的议案》《关于提请股东大会授权董事会办理股票期权激励相关事宜的议案》等。

03 2019年4月10日，发行人召开第一届监事会第二次会议，审议通过《关于上海硅产业集团股份有限公司股票期权激励计划（草案）的议案》《关于上海硅产业集团股份有限公司股票期权激励计划实施考核管理办法的议案》等。

04 2019年4月10日，发行人通过公司现场张贴和公司网站公告等手段，在公司内部公示激励对象的姓名和职务，公示期不少于10天。

05 2019年4月21日，发行人召开第一届监事会第四次会议，审议通过《关于监事会对股票期权激励对象名单的审核意见及公示情况说明的议案》。

06 2019年4月21日，发行人召开2019年第二次临时股东大会，审议通过《关于公司股票期权激励计划（草案）的议案》《关于公司股票期权激励计划实施考核管理办法的议案》《关于授权董事会办理股票期权激励相关事宜的议案》等。

股票期权激励计划要点

01 行权安排：股票期权授予满24个月后分三批行权，每批可行权比例分别为授予股票期权总量的1/3、1/3、1/3。每批次生效期权行权有效期为12个月，后一行权期的起算日不得早于前一行权期的届满日。

02 行权价格：激励计划的行权价格依据最近一次投资者增资硅产业集团的交易价格确定，并且不低于按照国有资产评估管理规定经有关部门、机构核准或者备案的每股评估价格。

03 授予股票期权总量：本公司经批准的股票期权激励计划拟授予激励对象不超过1.296亿股的股票期权，股权激励计划的有效期为5年，自股东会批准该计划并确定授予日之日起计算。公司上市后，不得再依据本计划向激励对象授予股票期权。
本激励计划实际授予激励对象的股票期权数量为不超过公司股本总额的5.87%，即不超过9506.34万股。

04 等待期：自股票期权授予日起的24个月为等待期，在等待期内，激励对象根据本计划获授的股票期权不得行权。

05 锁定承诺：股票期权行权时点为公司上市后，激励对象在公司上市后因行权所获股票自行权日起3年内不得减持；上述禁售期限届满后，激励对象应比照公司董事、监事及高级管理人员的相关减持规定执行。

序号	姓名	授予的股票期权数量/股	占授予的股票期权比例	职位
1	李某某	3948000	4.15%	总裁
2	李某	3768000	3.96%	执行副总裁、董事会秘书、核心技术人员
3	梁某某	2051000	2.16%	执行副总裁、财务负责人
4	Wang Q**	3234000	3.40%	执行副总裁、核心技术人员
5	K** S**	3768000	3.96%	执行副总裁
6	A** H**	1081200	1.14%	核心技术人员
7	其他发行人及其子公司员工	77213200	81.22%	其他员工
	合计	95063400	100.00%	

公司应达到以下业绩条件：

生效期	业绩考核目标
第一个生效期	1）2020年，300mm正片的年销量不低于30万片； 2）2020年，净利润不低于1000万元（人民币）； 3）2020年，营业收入增长率不低于8%。
第二个生效期	1）2021年，300mm正片的年销量不低于60万片； 2）2021年，净利润增长率不低于10%，并不低于1100万元（人民币）； 3）2021年，营业收入增长率不低于8%。
第三个生效期	1）2022年，300mm正片的年销量不低于120万片； 2）2022年，净利润增长率不低于10%，并不低于1200万元（人民币）； 3）2022年，营业收入增长率不低于8%。

科创板案例——澜起科技股份有限公司限制性股票激励计划（第二类限制性股票）

第二类限制性股票激励计划程序

01 股东大会作为公司的最高权力机构，负责审议批准本激励计划的实施、变更和终止。股东大会可以在其权限范围内将与本激励计划相关的部分事宜授权董事会办理。

02 董事会是本激励计划的执行管理机构，负责本激励计划的实施。董事会下设薪酬与考核委员会，负责拟订和修订本激励计划并报董事会审议，董事会对激励计划审议通过后，报股东大会审议。董事会可以在股东大会授权范围内办理本激励计划的其他相关事宜。

03 监事会及独立董事是本激励计划的监督机构，应当就本激励计划是否有利于公司的持续发展，是否存在明显损害公司及全体股东利益的情形发表意见。监事会对本激励计划的实施是否符合相关法律法规、规范性文件和证券交易所业务规则进行监督，并且负责审核激励对象的名单。独立董事将就本激励计划向所有股东征集委托投票权。

04 公司在股东大会审议通过股权激励方案之前对其进行变更的，独立董事、监事会应当就变更后的方案是否有利于公司的持续发展，是否存在明显损害公司及全体股东利益的情形发表独立意见。

05 公司在向激励对象授出权益前，独立董事、监事会应当就股权激励计划设定的激励对象获授权益的条件发表明确意见。若公司向激励对象授出权益与本激励计划安排存在差异，独立董事、监事会（当激励对象发生变化时）应当同时发表明确意见。

06 激励对象获授的限制性股票在归属前，独立董事、监事会应当就股权激励计划设定的激励对象归属条件是否成就发表明确意见。

第二类限制性股票激励计划要点

01 授出限制性股票的对象和数量：激励计划首次授予部分涉及的激励对象共计306人，占公司员工总数316人的96.84%。拟向激励对象授予1650万股限制性股票，占本激励计划草案公告时公司股本总额112981.3889万股的1.46%。其中，首次授予1350万股，占本激励计划公布时公司股本总额的1.19%，首次授予占本次授予权益总额的81.82%；预留300万股，占本激励计划公布时公司股本总额的0.27%，预留部分占本次授予权益总额的18.18%。

02 有效期：自限制性股票首次授予之日起至激励对象获授的限制性股票全部归属或作废失效之日止，最长不超过72个月。

03 授予日：在本激励计划经公司股东大会审议通过后由董事会确定。

04 授予价格：本激励计划限制性股票授予价格的定价方法为不低于公司首次公开发行的发行价，并确定为25元/股。本激励计划草案公布前1个交易日交易均价为58.64元/股，本次授予价格占前1个交易日交易均价的42.63%；本激励计划草案公布前20个交易日交易均价为66.89元/股，本次授予价格占前20个交易日交易均价的37.37%；本激励计划草案公布前60个交易日交易均价为75.48元/股，本次授予价格占前60个交易日交易均价的33.12%。

05 满足公司层面业绩考核要求：考核年度为2019—2023五个会计年度，分年度对公司净利润(A)、研发项目产业化累计销售额(B)进行考核，根据上述两个指标分别对应的完成程度(X)、(Y)核算归属比例。

序号	姓名	国籍	职务	获授的限制性股票数量/万股	占授予限制性股票总数的比例	占本激励计划公告日公司股本总额的比例
一、董事、高级管理人员、核心技术人员							
1	杨某某	美国	董事长、核心技术人员	200.00	12.12%	12.12%
2	S* K*T*	美国	董事、总经理	200.00	12.12%	12.12%
3	梁某某	中国	副总经理兼董事会秘书	10.00	0.61%	0.01%
4	苏某	中国	副总经理兼财务负责人		0.61%	0.01%
5	山某	中国	核心技术人员	10.00	0.61%	0.01%
6	常某某（Zh**Chang）	比利时	核心技术人员	10.00	0.61%	0.01%
7	史某	中国	核心技术人员	20.00	1.21%	0.02%
小计				460.00	27.88%	0.41%
二、其他激励对象							
董事会认为需要激励的其他人员（299人）				890.00	53.94%	0.79%
首次授予限制性股票数量合计				1350.00	81.82%	1.19%
三、预留部分				300.00	18.18%	0.27%
合计				1650.00	100.00%	1.46%

本激励计划首次授予的限制性股票的各批次归属比例安排如下表所示：

归属安排	归属时间	归属权益数量占授予权益总量的比例
首次授予的限制性股票第一个归属期	自首次授予之日起12个月后的首个交易日至首次授予之日起24个月内的最后一个交易日止	10%
首次授予的限制性股票第二个归属期	自首次授予之日起24个月后的首个交易日至首次授予之日起36个月内的最后一个交易日止	20%
首次授予的限制性股票第三个归属期	自首次授予之日起36个月后的首个交易日至首次授予之日起48个月内的最后一个交易日止	30%
首次授予的限制性股票第四个归属期	自首次授予之日起48个月后的首个交易日至首次授予之日起60个月内的最后一个交易日止	40%

本激励计划预留授予的限制性股票的各批次归属比例安排如下表所示：

归属安排	归属时间	归属权益数量占授予权益总量的比例
预留授予的限制性股票第一个归属期	自预留部分授予之日起 12 个月后的首个交易日至预留部分授予之日起 24 个月内的最后一个交易日止	10%
预留授予的限制性股票第二个归属期	自预留部分授予之日起 24 个月后的首个交易日至预留部分授予之日起 36 个月内的最后一个交易日止	20%
预留授予的限制性股票第三个归属期	自预留部分授予之日起 36 个月后的首个交易日至预留部分授予之日起 48 个月内的最后一个交易日止	30%
预留授予的限制性股票第四个归属期	自预留部分授予之日起 48 个月后的首个交易日至预留部分授予之日起 60 个月内的最后一个交易日止	40%

归属期（首次授予）	对应考核年度	净利润（A）（亿元） 目标值（Am）	触发值（An）	研发项目产业化指标（B） 目标值（Bm）
第一个归属期	2019	7.59	5.42	—
第二个归属期	2020	8.40	5.42	—
第三个归属期	2021	9.22	5.42	Gen4 PCI-E Retimer 研发及产业化，实现其累计销售额不低于 1000 万元
第四个归属期	2022	10.03	5.42	第一代 DDR5 内存接口芯片研发及产业化，实现其累计销售额不低于 1000 万元

指标	完成度	指标对应系数
净利润（X）	$A \geq Am$	X=100%
	$An \leq A < Am$	X=A/Am×100%
	$A < An$	X=0
研发项目产业化累计销售额（Y）	$B \geq Bm$	Y=100%
	$B < Bm$	Y=0
公司层面归属比例	2019—2020 年：当批次计划归属比例 ×X	
	2021—2022 年：当批次计划归属比例 ×（X×70%+Y×30%）	

澜起科技股份有限公司限制性股票激励计划

若预留部分在2019年授予完成，考核目标则与上述首次授予部分一致；若预留部分在2020年授予，则各年度业绩考核目标如下表所示：

归属期（预留授予）	对应考核年度	净利润（A）（亿元）目标值(Am)	净利润（A）（亿元）触发值（An）	研发项目产业化指标（B）目标值（Bm）
第一个归属期	2020	8.40	5.42	—
第二个归属期	2021	9.22	5.42	Gen4 PCI-E Retimer 研发及产业化，实现其累计销售额不低于 1000 万元
第三个归属期	2022	10.03	5.42	第一代 DDR5 内存接口芯片研发及产业化，实现其累计销售额不低于 1000 万元
第四个归属期	2023	10.84	5.42	—

指标	完成度	指标对应系数
净利润（X）	A ≥ Am	X=100%
	An ≤ A<Am	X=A/Am × 100%
	A<An	X=0
研发项目产业化累计销售额（Y）	B ≥ Bm	Y=100%
	B<Bm	Y=0
公司层面归属比例	2020年、2023年：当批次计划归属比例 × X	
	2021—2022年：当批次计划归属比例 ×（X × 70%+Y × 30%）	

科创板案例——澜起科技股份有限公司限制性股票激励计划（第二类限制性股票）

激励对象个人情况发生变化处置措施

01 激励对象发生职务变更，但仍在公司或在公司下属子公司内任职的，其获授的限制性股票将按照职务变更前本激励计划规定的程序办理归属；但是，激励对象因不能胜任岗位工作、触犯法律、违反执业道德、泄露公司机密、失职或渎职、严重违反公司制度等行为损害公司利益或声誉而导致的职务变更，或因前述原因导致公司或其子公司解除与激励对象劳动关系或聘用关系的，激励对象已获授予但尚未归属的限制性股票不得归属，并作废失效。

02 激励对象离职的，包括主动辞职、因公司裁员而离职、劳动合同/聘用协议到期不再续约、因个人过错被公司解聘、协商解除劳动合同或聘用协议等，自离职之日起激励对象已获授予但尚未归属的限制性股票不得归属，并作废失效。激励对象离职前需要向公司支付完毕已归属限制性股票所涉及的个人所得税。个人过错包括但不限于以下行为：违反了与公司或其关联公司签订的雇用合同、保密协议、竞业禁止协议或任何其他类似协议；违反了居住国家的法律，导致刑事犯罪或其他影响履职的恶劣情况等。

03 激励对象按照国家法规及公司规定正常退休（含退休后返聘到公司任职或以其他形式继续为公司提供劳动服务），遵守保密义务且未出现任何损害公司利益行为的，其获授的限制性股票继续有效并仍按照本激励计划规定的程序办理归属。

激励对象个人情况发生变化处置措施

01

1. 当激励对象因执行职务丧失劳动能力而离职时，其获授的限制性股票可按照丧失劳动能力前本激励计划规定的程序办理归属，且公司董事会可以决定其个人绩效考核条件不再纳入归属条件，其他归属条件仍然有效。激励对象离职前需要向公司支付完毕已归属限制性股票所涉及的个人所得税，并应在其后每次办理归属时先行支付当期将归属的限制性股票所涉及的个人所得税。

2. 当激励对象非因执行职务丧失劳动能力而离职时，激励对象已获授予但尚未归属的限制性股票不得归属。激励对象离职前需要向公司支付完毕已归属限制性股票所涉及的个人所得税。

02

激励对象身故，应分以下两种情况处理：

1. 激励对象若因工伤身故的，其获授的限制性股票将由其指定的财产继承人或法定继承人继承，并按照激励对象身故前本计划规定的程序办理归属；公司董事会可以决定其个人绩效考核条件不再纳入归属条件，继承人在继承前需向公司支付已归属限制性股票所涉及的个人所得税，并应在其后每次办理归属时先行支付当期归属的限制性股票所涉及的个人所得税。

2. 激励对象非因工伤身故的，在情况发生之日，激励对象已获授予但尚未归属的限制性股票不得归属。公司有权要求激励对象的继承人以激励对象遗产支付完毕已归属限制性股票所涉及的个人所得税。

06 当下最前沿股权激励模式

当下最前沿的激励方式——事业合伙制

01 华为
奋斗者
虚拟股+TUP（Time Unit Plan）模式

02 阿里巴巴
湖畔合伙人
打破传统的资本多数决策制，建立能者多权的模式

03 万科
事业合伙人
打破严重官僚化的组织架构，去组织、去管理

04 小米
合伙人+创业计划
弹性激励+动态激励

华为的奋斗者协议

> 有人觉得，华为不上市就不透明，哪里不透明呢？我们是员工集资，是一种新模式，也可能未来大多数企业会使用这种模式。这种模式和北欧有什么区别？没有区别。换句话而言，我们就是员工资本主义，没有大富翁。
>
> ——2019年10月15日，任正非接受北欧媒体采访记录

案例1：华为虚拟股+TUP模式

虚拟股权激励基本模式

华为的股权激励=分享制。华为把原本属于股东的利润，按贡献大小与数万员工分享，通过让员工分享公司利润，激发员工工作动力。华为的股权激励是员工激励与公司融资结合的典型代表，这也是华为不需要融资、不需要上市的原因之一。

虚拟股权激励基本要素	
激励对象	只有"奋斗者"才能参与股权激励，华为出台许多具体措施去识别"奋斗者"
授予数量	华为采用"饱和配股制"，每个级别员工的持股数量达到上限后，不再参与新的配股。员工最高职级是23级，工作三年以上的14级以上员工每年大约可获授数万股，较为资深的18级员工，最多可以获得40万股左右的配股
授予次数	激励对象只要达到业绩条件，每年可获准购买一定数量的虚拟股票，达到持股上限后，公司就不再授予虚拟股票
授予价格	按净资产值确定股价
回购价格	员工离开公司，华为投资控股有限公司工会委员会按当年的每股净资产价格购回员工的虚拟股
资金来源	员工购买股票资金来源为银行贷款和分红款
分红次数	基本每年分红
参加形式	员工签署合同交回公司保管，没有副本，没有持股凭证，每个员工有一个内部账号，可以查询自己的持股数量。华为员工与华为公司签署《参股承诺书》
激励收益	激励收益共有两部分：分红和净资产增值收益

奖励期权计划（TUP）是现金奖励的递延分配，属于中长期的一种激励模式，相当于预先授予一个获取收益的权利，但收益需要在未来N年中逐步兑现（跟业绩挂钩）。不受《公司法》《证券法》等法规和政策的限制，操作灵活。华为5年TUP计划，采取的是"递延+递增"的分配方案。假定2020年给予TUP的授予资格，配10000个单位，虚拟面值为1元，则：

- **5 第五年** 全额获取100%分红权+升值结算回报，如面值升值到5元，则回报为全额分红+10000×（5-1）；注销TUP
- **4 第四年** 全额获取10000个单位的100%分红权
- **3 第三年** 获取10000×2/3 分红权
- **2 第二年** 获取10000×1/3 分红权
- **1 第一年** 没有分红权

TUP制度有效地解决了工作5年员工的去留问题。按一般规律，员工入职1—2年内属于投入期，之后才逐步有产出，对企业有贡献，这个时间段内如果优秀员工选择离开，对企业来说无疑是损失。华为采取的5年制TUP模式以及"递延+递增"的分配方案，恰好可以对冲这种问题，当员工工作满2~3年，因离开的机会成本过大，而会考虑留下来。工作5年之后，不符合公司价值观的员工会离开（主动或被动），而给予真正"奋斗者"可观的虚拟受限股的机会，则长期留人的问题就可以得到较好的解决。

案例2：阿里巴巴合伙人制度

1999年，阿里巴巴的创始人们在马云的公寓内成立公司起，他们就在以合伙人的精神运营和管理这家公司。阿里巴巴的企业文化是保证我们迈向成功、为客户传递长期价值的基石。

2010年7月，为了保持公司的这种合伙人精神，确保公司的使命、愿景和价值观的持续发展，这种合伙人形式被正式确立下来，取名为"湖畔合伙人"（马云和创始人创立阿里巴巴的地方是"湖畔花园"），也称为"阿里巴巴合伙人"。

我们相信，合伙人制度有助于更好地管理业务，合伙人平等共事能够促进管理层之间的相互协作，克服官僚主义和等级制度。阿里巴巴合伙人的人数并不固定，可能随着新合伙人的当选、现有合伙人退休或其他原因而不断变化。

阿里巴巴合伙是一个充满活力的机构，每年引入新的合伙人为自身注入活力，不断推动团队追求卓越、创新和可持续发展。市场上的双重股权结构，是指通过设置具有更高表决权的股份类别，将控制权集中在少数创始人手中。阿里巴巴合伙人制度不同于双重股权结构，它旨在实现一群管理层合伙人的共同愿景。尽管创始人不可避免地会在将来退休，创始人打造的企业文化也能通过这种合伙人制度得以传承。

案例2：阿里巴巴合伙人制度——合伙人的提名和选举

合伙委员会由不少于5名合伙人（含合伙委员会长期成员）组成。

候选人需要至少75%的全体合伙人批准方能当选合伙人。

拥有正直、诚信等高尚个人品格。

在阿里巴巴集团、阿里巴巴的关联方及/或与阿里巴巴存在重大关系的特定公司（如蚂蚁金服）连续工作不少于5年。

对阿里巴巴集团业务做出贡献的业绩记录；作为"文化传承者"，显示出持续致力于实现阿里巴巴的使命、愿景和价值观，以及与之一致的特征和行为。

案例2：阿里巴巴合伙人制度——董事提名和委任权

在确定参选的阿里巴巴合伙提名的董事人选时，合伙委员会将推荐人选交由全体合伙人表决，获得合伙人简单多数投票的人选成为阿里巴巴合伙提名的董事候选人。阿里巴巴合伙提名的董事候选人可以是阿里巴巴合伙的合伙人，也可以是与阿里巴巴合伙无关联但符合董事任职条件的其他人士。

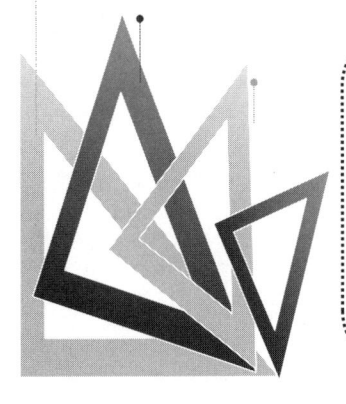

阿里巴巴合伙提名的每位董事人选，必须在年度股东大会上得到超过投票股东所持表决权的二分之一同意方能当选。如果阿里巴巴合伙提名的董事人选未获得股东选举，或在当选后因故离任董事，阿里巴巴合伙有权委任另一人士担任空缺职位所属组别的临时董事，直至下一届预定年度股东大会召开为止。在下一届预定年度股东大会上，上述临时董事或阿里巴巴合伙原提名董事人选的替代者（原提名人选除外）将参选董事，其任期为原提名人选所属董事组别的余下任期。

案例2：阿里巴巴合伙人制度——限制性条款、合伙协议的修订

根据《公司章程》，凡本公司发生控制权变更、合并或出售，就其持有的股份而言，合伙人及其他股东应当在上述交易中获得同等对价。阿里巴巴合伙不得将其董事提名权转让，或以其他方式转授或授权给任何第三方，但可选择不全面行使董事提名权。修改阿里巴巴合伙协议中关于合伙宗旨或阿里巴巴合伙对多数董事的提名或委任权的行使方式的规定，必须经过非阿里巴巴合伙委任并且符合《纽交所上市公司手册》第303A条定义的独立董事过半数批准。

> 根据合伙协议，除普通合伙人可进行某些行政性修订外，合伙协议的修订必须在不少于总数75%的合伙人出席的合伙人会议上、由不少于75%的参会合伙人批准。此外，与阿里巴巴合伙的宗旨或行使其董事提名或委任权方式有关的修订，须经非阿里巴巴合伙提名或委任的独立董事过半数批准。

案例2：阿里巴巴合伙人制度——持有公司股份的规定、退休和免职

每位合伙人应直接或通过其关联方持有本公司股份。与每位合伙人均签订股份保留协议。这些协议规定，成为合伙人之日起最初三年内，每位合伙人必须至少保留其在该三年期间起始日期（目前合伙人的起始日期从2014年1月到2019年1月不等）所持有股权的60%（含已归属和尚未归属股权奖励所对应的股份）。最初三年期间结束后，只要其仍为合伙人，则每位合伙人必须至少保留其于最初三年期间起始日期所持有股权的40%（含已归属和尚未归属股权奖励所对应的股份）。任何与股份保留协议规定的股份保留期规定不符的情形，必须经过公司独立董事过半数批准。

> 合伙人可选择随时从合伙退休。除长期合伙人外，所有其他合伙人必须在年满60周岁或使其有资格担任合伙人的聘用关系终止时退休。马云先生和蔡崇信先生担任长期合伙人，可持续担任合伙人，直至年满70周岁（这一年龄限制可由多数合伙人表决延长）或退休、身故、丧失行为能力或被免去合伙人职位为止。任何合伙人（包括长期合伙人在内），如果违反合伙协议中规定的标准，包括未能积极宣扬我们的使命、愿景和价值观，或存在欺诈、严重不当行为或重大过失，可经在正式召开的合伙人会议出席的简单多数合伙人表决予以免职。与其他合伙人一样，长期合伙人必须维持下文所述适用于所有合伙人的持股水平。达到一定年龄和服务年限后退休的合伙人可由合伙委员会指定为荣誉退休合伙人。荣誉退休合伙人不担任合伙人，但可获得年度现金奖金延付部分的分配作为退休后款项。长期合伙人如果不再作为阿里的员工，即使仍担任合伙人，也不再有资格获得年度现金奖金池分配，但如果其担任荣誉退休合伙人，仍可继续获得延付奖金池的分配。

案例3：蚂蚁科技——经济受益权激励计划

【经济受益权激励计划】

01 ——经济受益权激励计划的授予标的为经济受益权，是一种以股份价值为基础的经济激励安排。授予对象可以基于经济受益权获得一定金额的经济利益，该金额整体上与发行人价值挂钩，即对应发行人价值、授予时的基础价格及归属后累计已宣派股利金额等因素综合计算。授予对象不因被授予经济受益权而成为发行人的股东，或对发行人股份有任何投票权，或享有其他作为发行人股东可享有的权利。

02 ——员工持股计划通常是以员工直接或间接持有公司股份为激励方式的激励计划。经济受益权是授予对象基于合同约定享有的针对授予人的权利，授予对象并不因此拥有任何公司股份，因此经济受益权激励计划不属于员工持股计划。

03 ——经济受益权的授予条件主要考虑员工的任职安排和绩效。管理人通常会在员工入职、晋升及业绩考核达标等情况下向员工授予经济受益权。公司在确定授予数量时，除了考虑整体薪酬安排及行业可比薪酬情况外，亦会考虑特定授予场景及授予对象具体情况等因素，包括在入职授予中将考虑授予对象的行业背景、入职岗位安排等因素，在业绩授予和晋升授予时将考虑授予对象的上一财年绩效评估、岗位胜任能力等因素。

04 经济受益权通常应根据以下时间表归属：(i) 就业绩奖励授予而言，在授予通知书载明的归属开始日的第一个至第四个周年日各归属25%；(ii) 就入职常规授予而言，50%应在授予通知书载明的首个归属日归属，首个归属日后的第一个和第二个周年日各归属25%。

案例3：蚂蚁科技——A 股限制性股票（第二类限制性股票）

【第二类限制性股票】

01 ——(a) 发行人向授予对象定向发行（或回购并向授予对象授予等其他来源）的不超过 8.22 亿股 A 股股票；及(b) 额外由杭州君瀚转入的 3.96 亿股 A 股股票，不考虑超额配售选择权的影响，预计分别约占本次 A 股发行和 H 股发行完成后发行人股份总数的2.7%和1.3%，其中由杭州君瀚转入的 3.96 亿股 A 股股票不会摊薄发行人其他股东的权益。

02 ——A 股限制性股票激励计划的授予对象为发行人董事会认为需要激励的蚂蚁集团、蚂蚁集团的子公司以及届时适用法律法规允许的实体的相关人员，包括但不限于发行人授予限制性股票时在上述实体任职的董事、高级管理人员、中层管理人员及技术骨干、基层管理人员及技术人员、顾问，以及公司董事会确定的需要激励的其他人员。

03 ——发行人满足以下公司业绩考核条件之一。
（1）发行人业绩考核期的收入指标实现同比增长；
（2）发行人业绩考核期的活跃用户数指标或活跃商户数指标实现同比增长；
（3）发行人业绩考核期末的全球范围内获得授权的专利总数实现同比增长。

04 授予对象同意，在获授的限制性股票归属后，其将不可撤销地将该等限制性股票的投票权委托公司职工代表大会或其指定的机构行使，但除投票权以外的其他权利（例如出售股票或获取分红的权利）仍然由授予对象享有和行使，如授予对象违反前述投票权授予约定，则公司可以按照授予价格回购并注销其持有的限制性股票。

案例4：万科事业合伙人——【合伙奋斗：共识/共创/共担/共享】

【以奋斗者为本】

01 ——有奋斗，就有成长。敢于冲锋陷阵、甘于艰苦奋斗、乐于享受挑战，就能在奋斗中获得更充分的成长、更优先的发展。

02 ——有贡献，就有收获。通过诚实劳动创造真实价值、做出卓越业绩，必将得到相应的收获。

03 ——有担当，就有舞台。勤于深入一线、攻坚克难，敢于劣后担当、突破开创，便能伴随事业不断地延伸与发展，获得更广阔的事业舞台、更长期的事业成就。

04 ——有合伙奋斗，就有全面实现。在与伙伴们相互砥砺、合伙奋斗的过程中，我们还将磨炼坚强的意志、提升复合的能力、历练健康的身心、感受正能量的氛围、收获真挚的情谊，这些比物质回报更珍贵的收获与体验，使我们更充分地实现丰富精彩的人生意义。

【以奋斗者为本】

01 【劣后担当】
劣后担当，是事业合伙人赢得股东及内外部伙伴信任的关键，是事业合伙人最本质的特征，也是事业合伙机制设计的根本原则。"劣后担当"意味着：
——事业合伙人对事业投入劳动、知识及资本，投入越全面，投入度越高，投入量越大，则在决策与行动中拥有更多的参与性和主动权。
——事业合伙人先耕耘、再收获，奋斗在前、分享在后；优先满足投资者们的回报要求，持续创造价值增量，是我们事业合伙人从中获得合理分享的前提。
——事业合伙人承担劣后责任、担当劣后风险；角色越重，权力越大，对经营业绩和工作绩效就担负越劣后的兜底责任。

02 【奋斗为本】
奋斗，始终是我们事业合伙人的基本要求。持续创造真实价值的奋斗者，就是我们的事业合伙人，与职位高低、资历深浅、任职长短无关。我们鼓励人人都成为奋斗者，自愿担当、自发涌现，也帮助每一位奋斗者成为我们的事业合伙人。

03 【背靠背信任】
背靠背信任，是我们的相处之道。
卓越能力、自律品质、全力以赴、同心同路与合伙人奋斗，是我们建立背靠背信任的基础。
我们相互理解尊重，求同存异，己所不欲，勿施于人；我们优先看重和信赖伙伴的优点与长处，彼此取长补短，反对怀疑猜忌；我们不搞个人英雄主义，不让奋斗者落单，彼此主动补位、互助共进。
我们保持简单的人际关系，彼此真诚相待、坦诚沟通；没有事实依据的不道听途说，不能放在桌面上说的坚决不做；彼此善意监督、坦率提醒，共同守好底线、不触红线。

案例4：万科事业合伙人——深圳盈安财务顾问企业（有限合伙）

合伙人持股计划——资金来源与运作

经济利润奖金计划 → 盈安基金——合伙人持股计划

- 2010年，为落实股东导向，推动经营决策与股东利益的一致性，鼓励持续创造优于社会平均水平的业绩，本集团对整体薪酬体系进行调整，减少年度奖金计提比例，公司引入基于经济利润（EP）的经济利润奖金制度。每一年度经济利润奖金以公司当年实现的经济利润（EP）作为业绩考核指标和提取或扣减基数，采取正负双向调节机制，按照10%的固定比例提取或返还。即，如当年公司EP为正数，则按规定比例计提相应的经济利润奖金；如当年公司EP为负数，则需按相同比例从递延奖金池中返回相应的金额。每年提取的经济利润奖金，在提取后的3年内属于递延封闭期，此时其为受限奖金。奖励对象委托第三方对受限奖金进行投资管理并获取投资收益，也相应承担投资损失。递延期满后，对公司不再承担任何义务。

- 2014年4月23日，万科召开合伙人创始大会，共有1320位员工率先成为首批万科事业合伙人。
- 所有事业合伙人均签署承诺书，将其在经济利润奖金集体奖金账户中的全部权益，委托给盈安合伙的普通合伙人进行投资管理。

- 2014年，奖励对象自愿将当时"集体奖金"账户的资金作为劣后级资金，通过国信金鹏分级1号和2号资产管理计划（以下简称"金鹏计划"）购买万科A股股份。2014年5月28日至2015年1月28日，金鹏计划累计购买约4.96亿股万科A股股票。
- 截至2020年3月31日，盈安合伙直接持有本公司A股股票约6500万股，占本公司总股本的0.58%。

案例4：万科事业合伙人——跟投制度

万科跟投制度

01 一、跟投范围及跟投权益比例上限
万科新获取的住宅开发销售类项目均列入跟投范围。跟投人员合计投入资金不超过项目资金峰值的10%。跟投人员直接或间接持有的项目权益比例合计不超过10%，对于万科股权比例低于50%的住宅开发销售类项目，跟投人员直接或间接持有的项目权益比例还需不超过万科在该项目所持权益比例的20%。单一跟投人员直接或间接持有的项目权益比例不超过1%。

02 二、跟投人员
项目所在区域事业集团（BG）的集团核心合伙人（GP）和集团骨干合伙人（SP）为项目必须跟投人员。必须跟投人员名单由各单位分别确定。其他员工可自愿跟投。必须跟投人员在跟足必须跟投部分之外，可追加自愿跟投。

03 三、跟投方式
跟投人员在不违反法律法规要求的前提下，可以采取直接或间接方式参与跟投，主要通过区域事业集团（BG）员工跟投主体等方式进行，并按市场化原则退出。

04 四、特殊劣后机制
住宅开发销售类项目的必须跟投人员需以自己的必须跟投部分对应的跟投收益对万科劣后。

案例4：万科事业合伙人——万科物业

- 万科物业业务对应的境外或境内主体面向万科物业员工参与设立的一个或多个持股主体增发10%（以增发后的股本为100%）的股份，每股认购价格为专业估值机构做出的估值。

- 其中3.3%（以增发后的股本为100%）的股份在2015年内分配给物业员工，剩余6.7%的股份暂不明确到个人名下，未来在满足设定的考核指标后，再转让给物业员工。剩余6.7%股份的具体激励方案由董事会授权董事会主席或其授权人士批准。

案例5：小米多种激励（弹性激励+动态激励）结合模式

> 根据小米港股上市招股说明书，自2011年起，小米公司采用购股权、受限制股份奖励及受限制股份单位等多种激励模式

A　受限制股份单位（Restricted Stock Unit，RSU）
授予激励对象一定数额的股份单位，在业绩目标完成或其他归属条件成就的情况下，激励对象可以行权，公司将约定数量的股份给到激励对象，或通过现金的方式授予参与者受限制股份的价值，两种方式可并行。

B　受限制股份奖励（Restricted Stock，RS）
授予激励对象一定数量的股份，授予时无偿或者按照约定的价格出售给激励对象。但是，激励对象取得的股份的权利会受到一定的限制，包括但不限于投票权、转让权、收取股利等限制。在限制期内，除非委员会另有决定，受限制股份由本公司以托管代理身份持有，限制期满后，参与人可自由转让股份。

C　购股权（Option）
授予激励对象在一定期限内以事先约定的价格购买公司股份的权利，该权利在规定的期限内可随时全部或部分行使，除获委员会批准外，不得将股份或权益转让于与本公司竞争的人士或实体。

案例5：小米多种激励（弹性激励+动态激励）结合模式

> 小米在早期进行股权激励时，允许员工在股票和现金之间弹性调配比例作为自己的薪酬

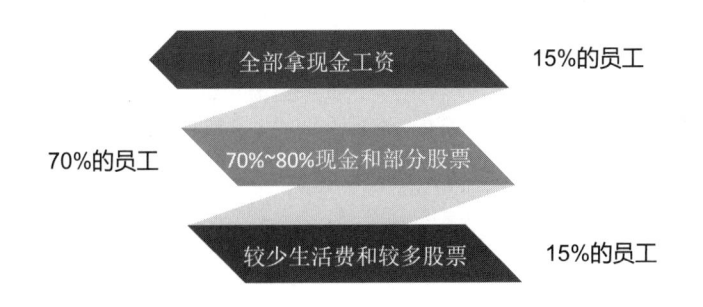

员工比例	薪酬构成
15%的员工	全部拿现金工资
70%的员工	70%~80%现金和部分股票
15%的员工	较少生活费和较多股票

小米的股权激励框架

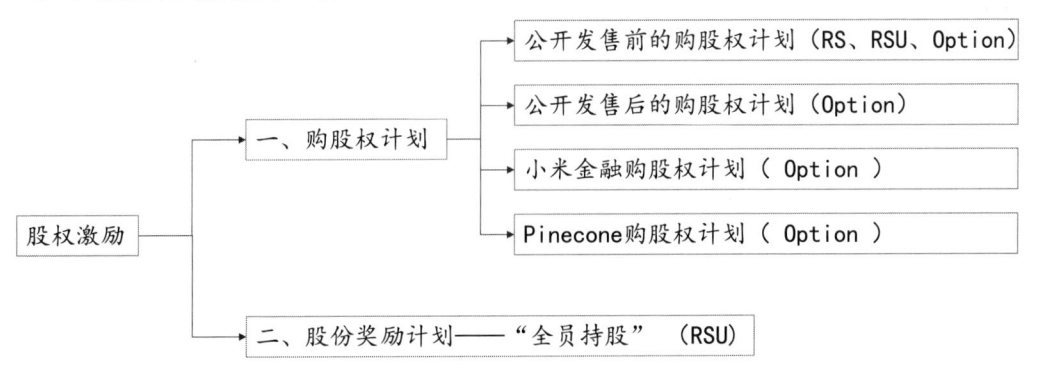

股权激励
- 一、购股权计划
  - 公开发售前的购股权计划（RS、RSU、Option）
  - 公开发售后的购股权计划（Option）
  - 小米金融购股权计划（Option）
  - Pinecone购股权计划（Option）
- 二、股份奖励计划——"全员持股"（RSU）

购股权计划——实施情况

A 首次公开发售前的购股权计划

根据小米集团披露的招股说明书、2019年年报,截至2019年12月31日,小米集团共拥有18170名全职员工。截至上市之日,小米集团共计10位高级管理人员通过首次公开发售前的购股权计划取得公司购股权。7125名普通员工(超过员工总数的39.21%)通过此计划取得购股权或受限制股份单位。

B 首次公开发售后的购股权计划

2020年7月2日,根据此计划授出合计3000000份购股权,股份授出日收市价:每股13.60港元,行权价每股13.60港元。购股权有效期:购股权授出日期后10年。
2020年9月4日,根据此计划授出合计218000000份购股权。股份授出日收市价:每股24.50港元,行权价每股24.50港元。购股权有效期:购股权授出日期后10年。
2020年10月9日,根据此计划授出合计6250000份购股权。股份授出日收市价:每股20.95港元,行权价每股21.04港元。购股权有效期:购股权授出日期后10年。

购股权计划——行权价格与退出机制

行权价格

对于首次公开发售前和首次公开发售后的购股权计划,员工获授的购股权都需要按照从0~3.44美元每股的价格进行行权。每个员工获授的购股权行使的价格不完全一样,同样每个员工获授的全部股份行权的价格也不一样。

退出机制

只有达到一定条件,员工才能取得购股权或解锁股票。针对部分被邀请参与小米发展基金的员工,如果员工在投资后5年锁定期内从公司离职,则仅能收回投资本金加利息。锁定期结束后,相关持有人将成为员工基金权益持有人,此后离职,可要求公司按市场公允价值回购股份。

购股权计划——购股权(Option)的归属期

股权激励的时间限制:由于高管是公司经营的核心人员,因此公司对高管购股权归属期的限制较一般员工更高。

A 高管的购股权归属期:5~10年

B 公司员工的购股权归属期:1~10年

股份奖励计划——"全员持股"

500强，少年心，关于感恩回馈的说明

祝贺你和公司一起共同达成跻身全球500强公司的成就！遵循相关港交所上市规则，本次为回馈您及家人对小米的付出而给予您的感谢与纪念将以限制性股票单位(RSU)的形式授出。公司将按照集团在联交所刊发的授出公告，于2019年7月19日授予您1000股限制性股票单位(RSU)。本次限制性股票单位的归属期为一年，即2020年7月19日1000股限制性股票单位(RSU)将全部归属。

根据《小米集团公开发售后股份奖励计划》，公司所授出的限制性股票单位(RSU)，须在您接受授予(签署协议)后方可生效，且归属日当日您仍须在职才能获得相应的股票。您若在归属期内离职，被授予的RSU将自动失效。鉴于本次授予的人数，我们将分批通知线下签署授予协议的时间和地点，还请您耐心等候。

交易平台：我们会准备股票交易平台及您的股票交易账户，并以邮件的方式告知您在股票交易平台的登录方式及个人账号信息。关于股票交易平台相关操作及应用，我们会在限制性股票归属前，通过线上、线下等方式为您介绍，确保您在RSU归属后能够顺利进行股票交易。

股份奖励计划——奖励方式

奖励方式（受限制股份单位RSU）

① 奖励给予选定参与者一项有条件的权利，于归属奖励股份时取得奖励股份或取得与奖励股份售价等值的现金。

② 奖励包括自授出奖励之日起至归属奖励之日止期间，有关该等股份股利的所有现金收入。

股份奖励计划——实施情况

累计奖励超2.25亿股

2020年9月4日，奖励合计**18,000,000**股奖励股份予**3**名选定参与者。

2020年7月2日，奖励合计共**23,609,094**股奖励股份予**609**名选定参与者

2020年4月1日，奖励合计**36,739,975**股奖励股份予**1,849**名选定参与者

2020年1月6日，奖励合计**48,925,550**股奖励股份予**1,646**名选定参与者

2019年11月28日，奖励合计**20,452,981**股奖励股份予**380**名选定参与者

2019年9月4日，奖励合计**34,991,749**股奖励股份予**457**名选定参与者

2019年7月19日，奖励合计**20,538,000**股奖励股份予**20,538**名选定参与者

2019年4月1日，奖励合计**22,466,301**股奖励股份予**299**名选定参与者

股份奖励计划——出让与归属

奖励的出让

根据股份奖励计划已授出但尚未归属的股份为选定参与者所有，不得出让或转让。

奖励的归属

若董事会或者其他代表认为选定参与人收取B类股份奖励或受托人向选定参与者转让之能力受法律或规管限制，转让股份并不可行，则董事会或者其代表应指示并促使受托人以当前市价于市场上出售相应奖励股份，并按照实际售价以现金形式将所得款项支付于参与者。

07 股权激励的基本架构和方案要点

股权激励的基本考量要素（上市架构和递延纳税）

股权激励基本要素	具体条件
审核批准	股权激励计划经公司董事会、股东（大）会审议通过。股权激励计划应列明激励目的、对象、标的、有效期、各类价格的确定方法、激励对象获取权益的条件、程序等
股票来源	激励标的股票（权）包括通过增发、大股东直接让渡以及法律法规允许的其他合理方式授予激励对象的股票（权）
对象范围	激励对象应为公司董事会或股东（大）会决定的技术骨干和高级管理人员，激励对象人数累计不得超过本公司最近6个月在职职工平均人数的30%； 董事、高级管理人员、核心技术人员或者核心业务人员，以及公司认为应当激励的对公司经营业绩和未来发展有直接影响的其他员工； 单独或合计持有上市公司5%以上股份的股东、实际控制人及其配偶、父母、子女以及外籍员工，在上市公司担任董事、高级管理人员、核心技术人员或者核心业务人员的，可以成为激励对象
持有时间	股票（权）期权自授予日起应持有满3年，且自行权日起持有满1年；限制性股票自授予日起应持有满3年，且解禁后持有满1年；股权奖励自获得奖励之日起应持有满3年。上述时间条件须在股权激励计划中列明
行权时间	股票（权）期权自授予日至行权日的时间不得超过10年

股权激励的一般原则

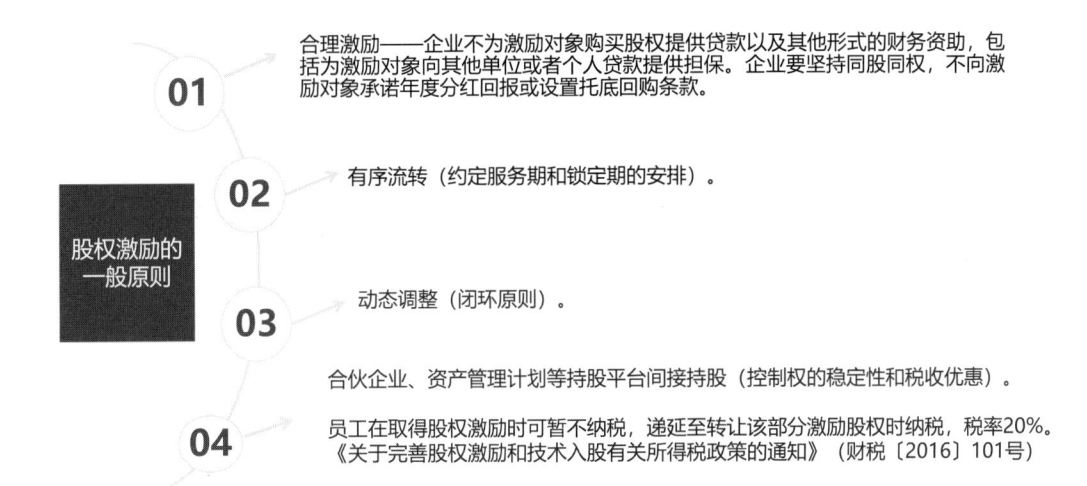

01 合理激励——企业不为激励对象购买股权提供贷款以及其他形式的财务资助，包括为激励对象向其他单位或者个人贷款提供担保。企业要坚持同股同权，不向激励对象承诺年度分红回报或设置托底回购条款。

02 有序流转（约定服务期和锁定期的安排）。

03 动态调整（闭环原则）。

04 合伙企业、资产管理计划等持股平台间接持股（控制权的稳定性和税收优惠）。
员工在取得股权激励时可暂不纳税，递延至转让该部分激励股权时纳税，税率20%。
《关于完善股权激励和技术入股有关所得税政策的通知》（财税〔2016〕101号）

股权激励遵循"闭环原则"

员工持股计划遵循"闭环原则"，按一名股东计算

- 不在公司首次公开发行股票时转让股份
- 承诺自上市之日起至少36个月的锁定期
- 上市前及上市后的锁定期内，员工所持相关权益拟转让退出的，只能向员工持股计划内员工或其他符合条件的员工转让
- 锁定期后，员工所持相关权益拟转让退出的，按照员工持股计划章程或有关协议的约定处理

闭环原则

股权激励的规模

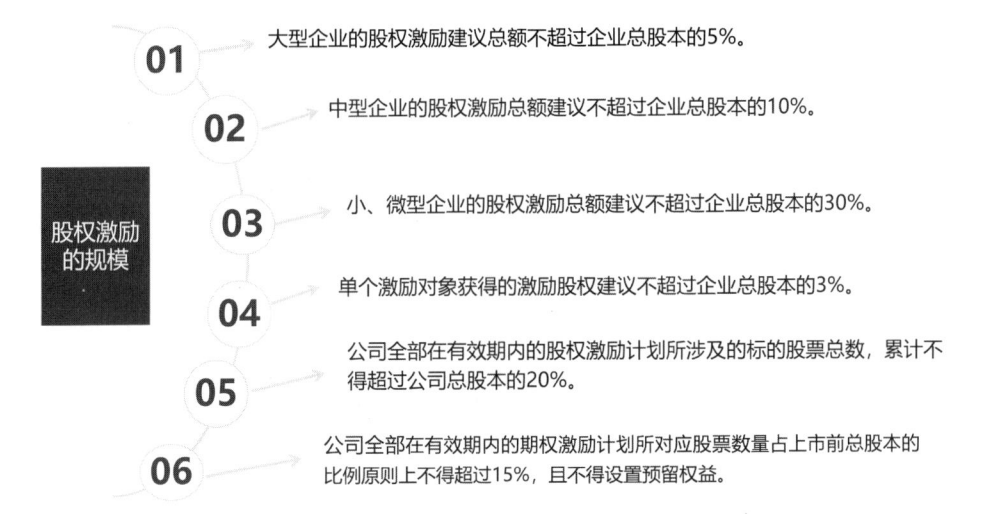

01 大型企业的股权激励建议总额不超过企业总股本的5%。

02 中型企业的股权激励总额建议不超过企业总股本的10%。

03 小、微型企业的股权激励总额建议不超过企业总股本的30%。

04 单个激励对象获得的激励股权建议不超过企业总股本的3%。

05 公司全部在有效期内的股权激励计划所涉及的标的股票总数，累计不得超过公司总股本的20%。

06 公司全部在有效期内的期权激励计划所对应股票数量占上市前总股本的比例原则上不得超过15%，且不得设置预留权益。

股权激励的行权价格

股权的行权价格

01 不低于最近一年经审计的净资产或评估值。

02 不低于市场参考价的50%（市场参考价：PE价格、可比上市公司的价格）。

03 一般地，PE要求所投企业员工持股行权价格不低于PE入股价格的50%，比例不超过总股本的5%。

股权激励之股份支付

《企业会计准则第11号——股份支付》（财会〔2006〕3号）

股份支付，是指企业为获取职工和其他方提供服务而授予权益工具或者承担以权益工具为基础确定负债的交易

以权益结算的股份支付，是指企业为获取服务以股份或其他权益工具作为对价进行结算的交易

授予后立即可行权的换取职工服务的以权益结算的股份支付，应当在授予日按照权益工具的公允价值计入相关成本或费用，相应增加资本公积

完成等待期内的服务或达到规定业绩条件才可行权的换取职工服务的以权益结算的股份支付，在等待期内的每个资产负债表日，应当以对可行权权益工具数量的最佳估计为基础，按照权益工具授予日的公允价值，将当期取得的服务计入相关成本或费用和资本公积

A 以权益结算的股份支付，在减少当期损益的同时增加资本公积，对公司的净资产没有影响，但是对每股收益、未分配利润等指标有影响。因为实质上股份支付什么东西都不流出企业，所以借方的管理费用税法上不认，也就不能在税前扣（借：管理费用；贷：资本公积）

B 拟上市公司股权激励主要采取存量转让和增量发行两种方式，都不属于股票期权范畴，按照会计准则规定，股份支付费用应进入当期损益

股份支付的适用条件

判断是否构成以权益结算的股份支付，应把握两个条件：
- 发行人取得职工和其他方提供的服务
- 服务有对价

向员工（包括高管）、特定供应商等低价发行股份以换取服务的，应作为股份支付进行核算

在执行股份支付准则时，把握股份支付认定从严、排除从宽原则，以下交易可不作为股份支付：

01 基于股东身份取得股份，如向实际控制人增发股份，或对原股东配售股份，有时配售比例不一致

02 对近亲属转让或发行股份，原则上不作股份支付，该交易多为赠与性质

03 高管原持有子公司股权，整改规范后改为持有发行人股份，该交易与获取服务无关，不属于股份支付

是否属于股份支付，应由发行人和会计师根据实际情况做出专业判断

股权激励的绩效考核

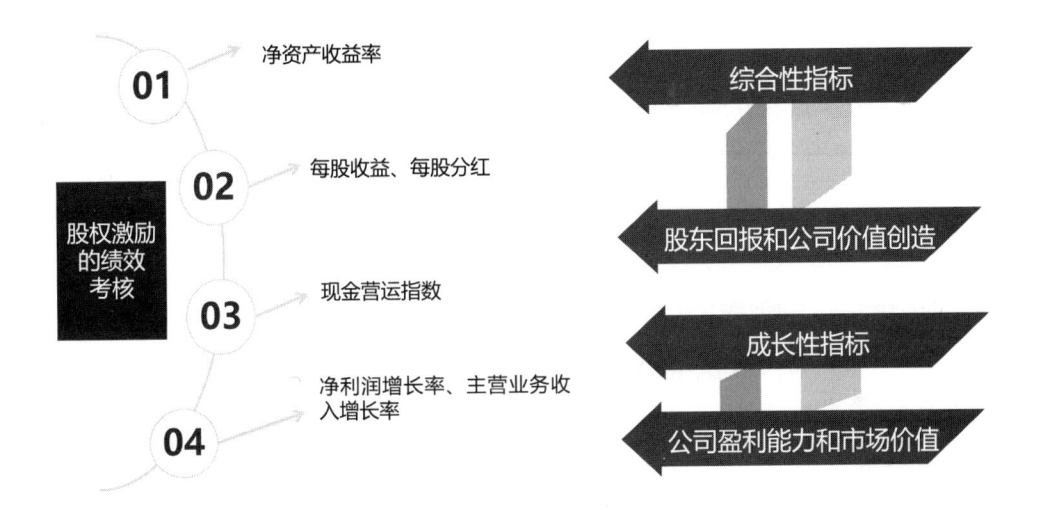

股权激励的绩效考核：
- 01 净资产收益率
- 02 每股收益、每股分红
- 03 现金营运指数
- 04 净利润增长率、主营业务收入增长率

- 综合性指标
- 股东回报和公司价值创造
- 成长性指标
- 公司盈利能力和市场价值

股权激励方案

授予股权数量的确定

项目	计算公式
授予数量	个人激励额度=激励总量×激励对象个人分配系数÷公司总分配系数
总分配系数	公司总分配系数=∑个人分配系数

个人分配系数实际上代表了对激励对象的评价得分,因此需要建立一个评价模型,以下内容仅供参考:

人才价值　薪酬岗位　考核成绩　入职时间

个人分配系数=人才价值系数×20%+薪酬岗位系数×40%+考核成绩系数×20%+入职时间系数×20%

人才价值的评价标准

◆ 企业可以根据本企业的情况具体确定标准,激励对象的学历、工作能力、工作的重要性等都可以作为评价依据。根据评分结果确定人才价值系数。

人才价值的评价标准表(仅供参考)

分数段	等级	人才价值系数
95分及以上	A	3
85~94分	B	2.5
75~84分	C	2
74分及以下	D	1

薪酬岗位的评价标准

◆ 薪酬岗位系数反映激励对象在授予年度的实际工资水平,可将最低工资的激励对象的薪酬系数标准设为1,其余激励对象的薪酬除以最低工资的激励对象的薪酬,即可得到各自的薪酬系数。

考核成绩的评价标准

◆ 考核成绩系数可以根据激励对象的年度考核等级确定。

激励对象的年度考核成绩系数表(仅供参考)

考核成绩等级	优秀A	良好B	中等C	合格D	不合格E
考核成绩系数	1.2	1.1	1.0	0.9	0.8

入职时间的评价标准

◆ 入职时间系数反映激励对象在公司工作的年限，以授予日为基准，参与计划的激励对象入职年数每增加1年，工作时间系数增加0.05，具体如下表所示。

激励对象的入职时间系数表（仅供参考）

入职年数	1≤Y<2	2≤Y<3	3≤Y<4	4≤Y<5	……
入职时间系数	1	1.05	1.1	1.15	……

公司的岗位序列

A 管理序列（M）

管理序列（Management，简称"M类"）适用于从事管理工作，具有人员管理权限（不包括师徒关系、业务辅导关系），带领团队运作指定业务的岗位

B 专业序列（P）

专业序列（Professional，简称"P类"）适用于从事产品设计、运营、市场、销售、人事、财务、信息技术服务工作等岗位

公司的岗位序列

职等职级					
分级	管理序列 M		专业序列 P	
岗位级别	职务等级	职称	职务等级	职称
决策层	M8	总经理		
	M7	副总经理		
高层管理	M6	高级一级中心总监（分公司总经理）		
	M5	一级中心总监		
中层管理	M4	高级部门经理	P8	首席专家
	M3	中级部门经理	P7	资深专家
	M2	初级部门经理	P6	高级专家
	M1	主管	P5	专家
基层			P4	高级专员
			P3	专员
			P2	助理
			P1	实习生

专业序列P

专业序列	特征
P4	• 有相关专业教育背景或从业经验 • 在专业领域中，对公司职位的标准要求、政策、流程等从业所必须了解的知识处于学习成长阶段，尚需要主管或高级别人员对负责的任务和完成的产出进行清晰的定义和沟通，并随时提供支持以达到要求；能配合完成复杂任务 • 在专业领域，具有学习能力和潜能
P5	• 在专业领域中，对公司职位的标准要求、政策、流程等从业所必须了解的知识基本了解，对于本岗位的任务和产出很了解，能独立完成复杂任务，能够发现并解决问题 • 在项目当中可以作为独立的项目组成员 • 能在跨部门协作中沟通清楚
P6	• 在专业领域中，对公司职位的标准要求、政策、流程等从业所必须了解的知识理解深刻，能够和经理一起探讨本岗位的产出和任务，并对经理有一定的影响力 • 对于复杂问题的解决有自己的见解，对于问题的识别、优先级分配有见解，善于寻求资源解决问题；也常常因为工作熟练而有创新办法，表现出解决复杂问题的能力 • 可独立领导跨部门的项目；在专业方面能够培训和教导新进员工
P7	• 在专业领域，对自己所从事的职业具备一定的前瞻性的了解，在某个方面有独到的技术，对公司在此方面的技术或管理产生影响 • 对于复杂问题的解决有自己的见解，对于问题的识别、优先级分配见解尤其有影响力，善于寻求资源解决问题；也常常因为工作熟练而有创新办法，表现出解决问题的能力 • 可独立领导跨部门的项目；能够培训和教导新进员工 • 是专业领域的资深人士 • 行业外或公司内培养周期较长
P8	• 在某一专业领域中，对于公司内外及业界的相关资源及水平比较了解 • 开始参与部门相关策略的制定；对部门管理层的在某个领域的判断力产生影响 • 对事物和复杂问题的分析更有影响力
P9	• 是某一领域中的资深专家 • 对某一专业领域的规划和未来走向产生影响 • 对业务决策产生影响 • 使命感驱动
P10	• 在公司内部被认为是某一方面的专家或者在国内的业界范围具备知名度和影响力 • 对公司某一方面的战略规划和未来走向产生影响 • 在本领域的思想和研究对公司具有较大的影响力 • 使命感驱动
P11	• 业内知名，对国内/国际相关领域都较为了解 • 对公司的发展做出重要贡献或业内有相当成功的记录 • 所进行的研究或工作对公司有相当程度的影响 • 使命感驱动、坚守信念 • 成为公司使命感/价值观的守护者、布道者 • 对组织和事业忠诚
P12及以上	• 业内顶尖人才，对于国际上相关领域的思想/实践都有独到的见解并颇受尊重，比较有名望 • 对公司的发展做出重要贡献或业内有相当成功的记录 • 能领导公司相关方面的研究，开创业界一些实践 • 所倡导或所开创的一些做法对公司的未来有深远的影响 • 使命感驱动、坚守信念 • 成为公司使命感/价值观的守护者、布道者 • 对组织和事业忠诚

股权激励退出方案

情形	描述	退出条件
离职	约定服务期内主动离职	按出资额回购
	约定服务期内无过错，被动离职（裁员、业务取消……）	按出资额加商业贷款基准利率回购
	约定服务期内有过错，被动离职	按出资额回购，如果给公司造成损失，追究责任
	约定服务期满离职	上市后按照公司市值，上市前按照公司净资产回购
调整岗位	锁定期内调离原岗位	按出资额加商业贷款基准利率回购，如有借贷行为，由公司承担贷款利息
	晋升、降级	重新按新的岗位进行评估后的完成股份认购或回购（按出资额加商业贷款基准利率回购）
退休		上市前按照公司净资产价值回购，上市后按照公司市值回购
死亡、伤残（丧失劳动能力）	因公	上市前按照公司净资产价值回购，上市后按照公司市值回购
	意外	上市前按出资额加商业贷款基准利率回购，上市后按照公司市值回购

企业家必修课：家族信托与家族企业传承与治理进阶

01 家族财富=家族责任

一、家族传承的使命

> 人生的使命：生活、爱情、学习、留下遗产。
> ——史蒂芬·柯维

> 美国第一个专业的家族信托受托人是律师。
> ——Boston Trustee

> 当一个家族的家长即将离世，一个典型的波士顿人最先叫医生，其次叫殡仪馆，再次叫受托人。
> ——Boston Trustee

二、家族传承的文化

- 道德传家，十代以上
- 耕读传家次之
- 诗书传家又次之
- 富贵传家，不过三代

耕读传家久
诗书继世长

——中国传统文化

三、家族传承图谱

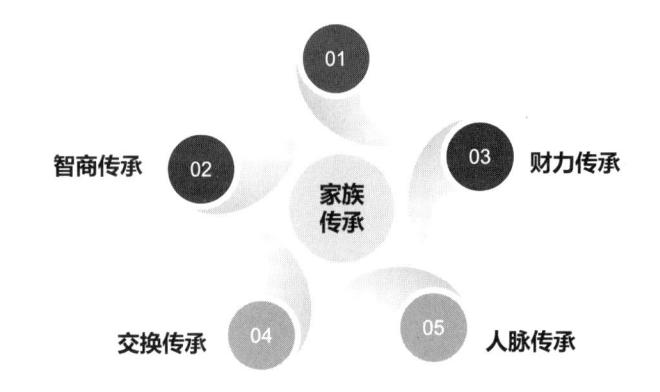

- 01 家族传承
- 02 智商传承
- 03 财力传承
- 04 交换传承
- 05 人脉传承

四、家族财富=家族责任

全球高豪榜 2022

排名	趋势	姓名	年龄	财富
1	—	埃隆·马斯克	51	¥ 12900 亿
2	—	杰夫·贝佐斯	58	¥ 11850 亿
3	—	伯纳德·阿诺特	73	¥ 9650 亿
4	—	比尔·盖茨	67	¥ 7800 亿
5	↗	沃伦·巴菲特	92	¥ 7500 亿
6	↗	拉里·佩奇	49	¥ 7300 亿
6	↗	谢尔盖·布林	49	¥ 7300 亿
8	↗	史蒂夫·鲍尔默	66	¥ 6750 亿
9	↘	穆克什·安巴尼	65	¥ 6500 亿
10	↘	贝特朗·皮埃奇	86	¥ 6450 亿

中国富豪榜 2022

排名	趋势	姓名	年龄	财富
1	—	钟睒睒	68	¥ 4550 亿
2	—	张一鸣	39	¥ 2450 亿
3	—	曾毓群	54	¥ 2300 亿
4	—	李嘉诚家族	94	¥ 2200 亿
5	↘	马化腾	51	¥ 2150 亿
6	↘	丁磊	51	¥ 1950 亿
7	↗	何享健家族	80	¥ 1900 亿
8	↗	秦英林、钱瑛夫妇	57、56	¥ 1850 亿
9	↘	马云家族	58	¥ 1800 亿
10	↘	黄峥	42	¥ 1700 亿

五、富裕、高净值、超高净值、国际超高净值

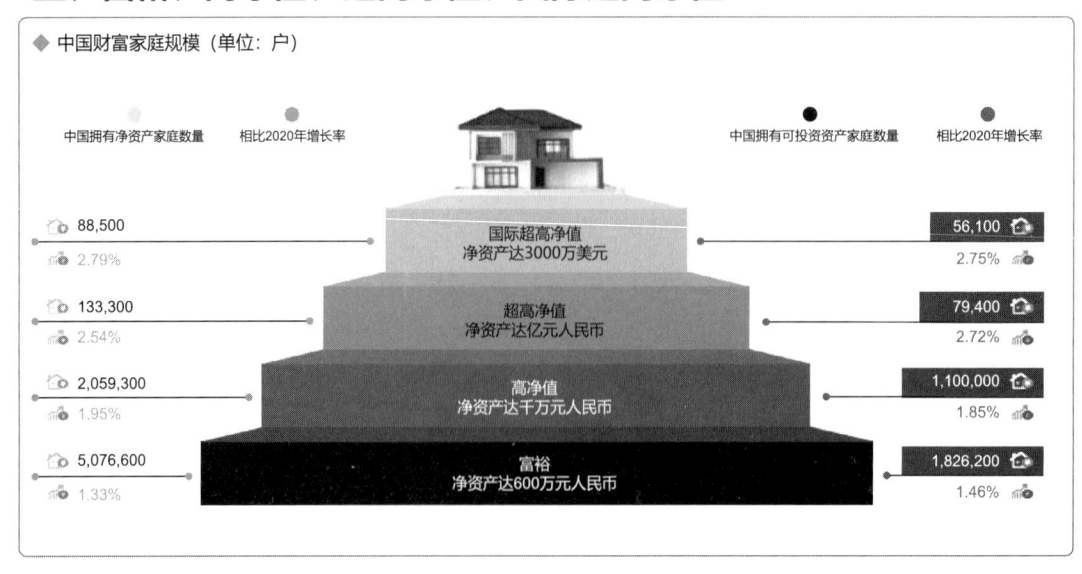

◆ 中国财富家庭规模（单位：户）

中国拥有净资产家庭数量	相比2020年增长率	层级	中国拥有可投资资产家庭数量	相比2020年增长率
88,500	2.79%	国际超高净值 净资产达3000万美元	56,100	2.75%
133,300	2.54%	超高净值 净资产达亿元人民币	79,400	2.72%
2,059,300	1.95%	高净值 净资产达千万元人民币	1,100,000	1.85%
5,076,600	1.33%	富裕 净资产达600万元人民币	1,826,200	1.46%

六、拥有多少财富算自由（一）

📖 **国际级财富自由门槛：**

3.5亿元人民币，相当于5000万美元，主要包括一套600平方米的市区常住房、一套400平方米的郊区第二住房，山里、海边各一套400平方米的度假房，4辆车、1000万元的家庭税后年收入和1亿元的金融投资。

📖 **一线城市入门级财富自由门槛**

1900万元，主要包括一套120平方米的市区常住房、2辆车、60万元的家庭税后年收入和800万元的金融投资。

📖 **中级财富自由门槛**

6500万元，主要包括一套250平方米的市区常住房、一套200平方米的郊区第二住房、2辆车、150万元的家庭税后年收入和1200万元的金融投资。

📖 **高级财富自由门槛**

1.9亿元，主要包括一套400平方米的市区常住房、一套300平方米的郊区第二住房、4辆车、650万元的家庭税后年收入和6500万元的金融投资。

——《2021胡润财富自由门槛》

七、拥有多少财富算自由（二）

📖 **中国二线城市入门级财富自由门槛**

1200万元，主要包括一套120平方米的市区常住房、2辆车、40万元的家庭税后年收入和550万元的金融投资。

📖 **中级财富自由门槛**

4100万元，主要包括一套250平方米的市区常住房、一套200平方米的郊区第二住房、2辆车、100万元的家庭税后年收入和800万元的金融投资。

📖 **高级财富自由门槛**

1.2亿元，主要包括一套400平方米的市区常住房、一套300平方米的郊区第二住房、4辆车、400万元的家庭税后年收入和4000万元的金融投资。

📖 **中国三线城市入门级财富自由门槛**

600万元，主要包括一套120平方米的市区常住房、2辆车、20万元的家庭税后年收入和250万元的金融投资。

📖 **中级财富自由门槛**

1500万元，主要包括一套250平方米的市区常住房、一套200平方米的郊区第二住房、2辆车、50万元的家庭税后年收入和400万元的金融投资。

📖 **高级财富自由门槛**

6900万元，主要包括一套400平方米的市区常住房、一套300平方米的郊区第二住房、4辆车、250万元的家庭税后年收入和2500万元的金融投资。

——《2021胡润财富自由门槛》

02 家族企业传承与治理危机

一、企业家如何驾驭自己！！！

> 法律是人类最大的发明，别的发明使人类学会了如何驾驭自然，而法律使人类学会如何驾驭自己。
>
> ——博登海默

> 其实并不是GE的业务使我担心，使我担心的是有什么人做了从法律上看非常愚蠢的事而给公司的声誉带来污点并使公司毁于一旦。
>
> ——美国通用电气公司前首席执行官杰克·韦尔奇

二、家族企业治理和传承的困惑

- 婚姻关系的不确定性

- 资产隔离的不确定性

- 连带责任的不确定性

三、家族企业传承与治理危机（一）

春江水暖鸭先知，家族传承问律师

律师是保护家族传承的最后一道篱笆

没有伤痕累累，哪来皮糙肉厚，英雄自古多磨难

我们的飞机已经被打得千疮百孔了，多一个洞也没关系。我们应沉着、镇静，保持好队形。

眼看他起朱楼，眼看他宴宾客，眼看他楼塌了。 ——孔尚任《桃花扇》

四、家族企业传承与治理危机（二）

鸡毛换糖书创业传奇　2017.3.3　梦想飞天扬改革新篇

五、家族企业治理问题

- 具有自豪感，容易感情用事，自我主义感十分强烈
- 人们为过去的利益纠葛依旧争斗不休
- 很多人认为自己被低估了、不受重视
- 以中央集权方式做出决策
- 组织结构也许无法反映其真实实力或影响力
- 数十年辉煌的个人奋斗史会导致资产被高估

- 股东影响力相对较弱
- 个人资产可能影响公司资产
- 不轻易解雇员工
- 无形资产十分重要
- 对外部专业技能的依赖性相对较小
- 企业文化是其关键
- 能力并非工作的必要条件

————沃顿商学院：斯图尔特·戴蒙德

六、李锦记家族企业传承案例

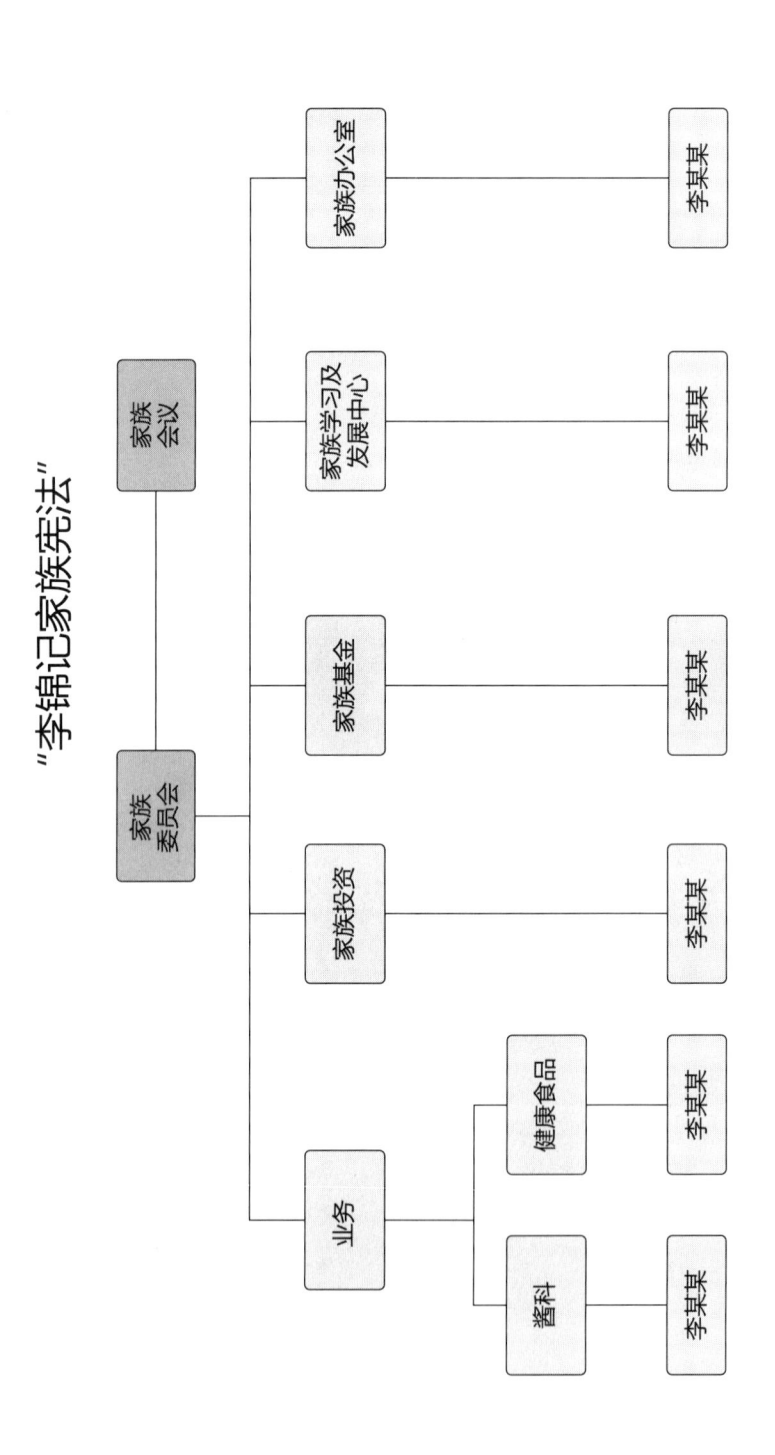

"李锦记家族宪法"

```
                        家族
                        会议
                          │
                       家族
                      委员会
    ┌──────┬──────┬──────┼──────┬──────────┬──────────┐
    业务              家族投资  家族基金  家族学习及   家族办公室
  ┌──┴──┐                              发展中心
 酱料  健康食品
  │      │         │        │          │            │
 李某某 李某某    李某某   李某某     李某某        李某某
```

1. 家族办公室：负责为整个家族管治架构提供行政支持及服务。
2. 家族学习及发展中心：负责李锦记各代家族成员的培训，以家族的价值观、使命、为人、治家经商之道为重点，讲先辈的创业史、品格、培养李道感恩和永远起家记的创业精神。
3. 家族基金：2008年成立李锦记家族基金，其使命是推动家族凝聚力，促进关爱，沟通及跨代共荣，并建立"代代有爱学习平台"。
4. 家族投资：对家族现有企业以外的家族成员投机机进行管理。
5. 业务：包括酱料和健康食品两大板块，李锦记将家族传承放在业务拓展之上，强调先有"家"才有"企业"，"我们"大于"我"，"家族"大于"家庭"。

七、"李锦记家族宪法"纲要

1. 李锦记集团确立以具有血缘关系的家族成员控股家族企业的传承机制,非血缘关系的姻亲不得持有家族企业股权。

2. 李锦记集团确立集团及集团核心业务子公司董事局主席由家族成员担任,主席人选每两年选举一次,董事局须有家族成员担任独立董事,集团首席执行官可以外聘。

3. 李锦记集团确立具有血缘关系的家族成员男女平等,均具有家族财富的继承权和参加家族委员会的资格,是否参与家族企业经营管理遵循自愿原则。

4. 李锦记集团确立参与家族企业经营管理的成员年满65岁时退休。

5. 李锦记集团确立家族会议每三个月召开一次,每次四天,前三天家族委员会核心成员参加,后一天家族成员全部参加。

6. 李锦记集团确立家族成员应当承担起家族代际传承的责任,家风正派,违背家风和伦理道德的,自动退出董事会,退出家族企业的可以将继承的家族企业股权转让给家族成员,可以继续保留家族企业委员会资格,参加家族会议。

7. "家族宪法"的制定和修改须经家族委员会成员75%以上通过,一般家族事务的决议须家族成员51%以上通过。

李锦记集团确立下一代进入家族企业参与管理的条件

8. 家族成员应当上过大学,在非家族企业有3~5年的历练。

9. 家族成员应当从基层做起,参加集团市场化的应聘和考核程序。

10. 家族成员不具备企业管理能力的,经过一段时间培养仍然无法胜任工作的,应当退出家族企业。

11. 家族成员独立创业或者在非家族企业工作的,如果家族企业需要的,家族成员应当承担起家族传承的责任,招之即回。

03 均瑶集团VS海鑫集团
家族企业传承的不同之路

一、均瑶集团VS海鑫集团

均瑶集团系一家以实业投资为主的现代服务业企业集团，自身实际从事的经营业务主要为实业投资及项目投资，并通过其下属企业从事各项具体业务，业务涉及航空运输、金融服务、现代消费、教育服务、科技创新五大板块，除本公司外，旗下拥有上海吉祥航空股份有限公司（股票代码：603885）、无锡商业大厦大东方股份有限公司（股票代码：600327）、上海爱建集团股份有限公司（股票代码：600643）三家上市公司，以及上海华瑞银行股份有限公司、上海市世界外国语中小学、上海均瑶如意文化发展有限公司等单位。

海鑫集团地处山西省运城市闻喜县，是以钢铁为主业的民营企业集团，正式在册职工8300余人，具备500万吨铁、500万吨钢的综合生产能力。海鑫集团陷入财务困境，资金链全部断裂，并于2014年3月全面停产。因不能清偿到期债务，经债权人申请，运城中院于2014年11月12日分别裁定受理债权人提出的对海鑫国际钢铁、海鑫国际焦化、海鑫钢铁集团、海鑫国际线材及海鑫实业进行重整的申请。重整后海鑫集团原股东权益将全部丧失。重整完成后，建龙集团控股子公司吉林建龙持有海鑫钢铁集团100%股权，并以海鑫钢铁集团为主体，吸收合并海鑫国际钢铁、海鑫国际焦化、海鑫国际线材及海鑫实业。

二、均瑶集团的传承之路（一）

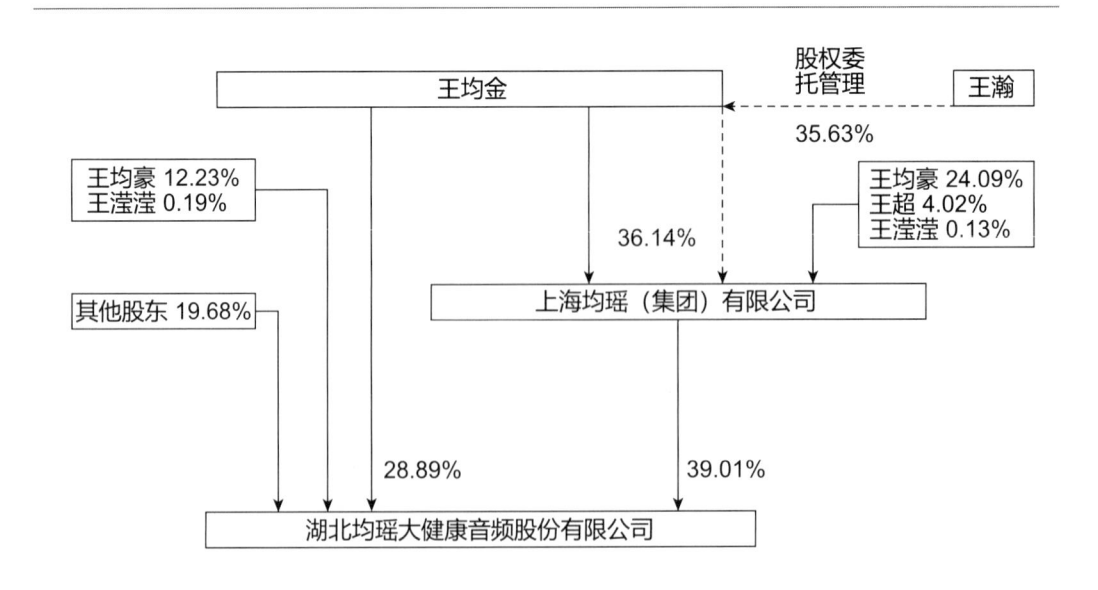

```
                    王均金 ──股权委托管理──▶ 王瀚
                                    35.63%
  王均豪 12.23%                  王均豪 24.09%
  王滢滢 0.19%                    王超 4.02%
                                 王滢滢 0.13%
                    │ 36.14%
                    ▼
  其他股东 19.68%   上海均瑶（集团）有限公司
         │                │
         │ 28.89%          │ 39.01%
         ▼                ▼
         湖北均瑶大健康音频股份有限公司
```

三、均瑶集团的传承之路（二）

无锡商业大厦股份有限公司
关于上海均瑶（集团）有限公司公告

本公司董事长王均瑶先生因病情突然恶化，于2004年11月7日在上海逝世。王均瑶董事长生病期间已委托公司副董事长王均金先生履行董事长职责，本公司业务一切正常。

根据王均瑶董事长生前安排，其持有的本公司50%的股权中，5%的股权转让给现股东王均金先生，5%的股权转让给现股东王均豪先生，40%的股权转让给其长子（未成年），并委托王均金先生、王均豪先生共同代为管理。本次转让已签署相关法律文件，有关工商变更正在进行。公司股权转让完成后，股权结构为王均豪持有25%股份，王均金持有35%股份，王均瑶长子持有40%股份。

2011年1月27日，发行人召开股东大会，出席会议股东一致同意根据《民事判决书》（上海市高级人民法院（2007）沪高民一（民）终字第78号），王瀚继承王均瑶所持公司14.4375%的股份，王超、王宝弟、王滢滢各继承王均瑶所持公司0.1875%的股份。

——《湖北均瑶大健康饮品股份有限公司首次公开发行股票招股说明书》

四、海鑫集团的传承之路

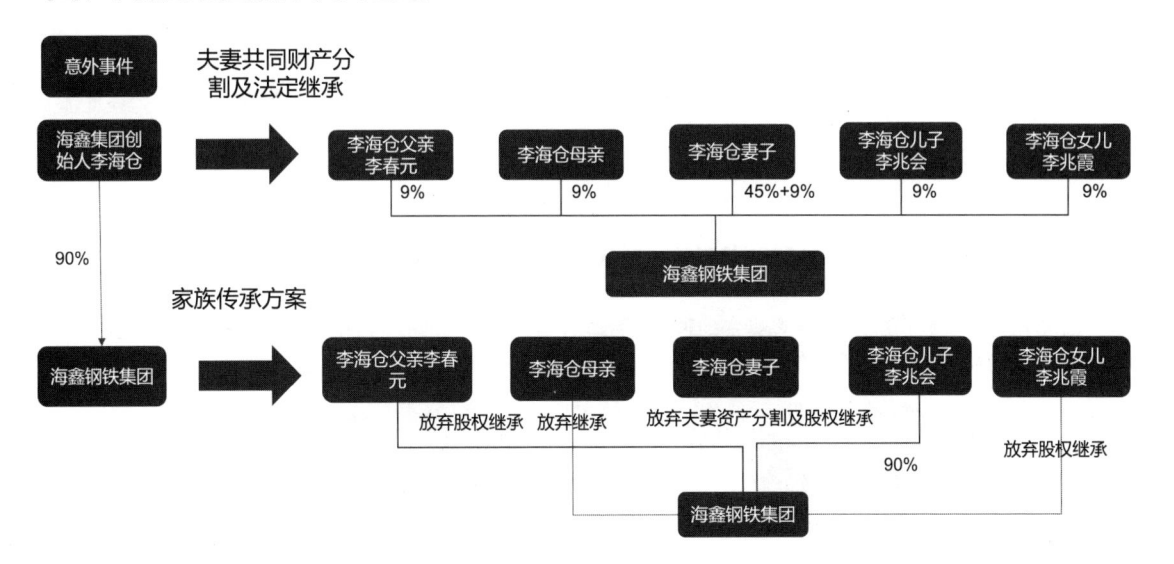

意外事件 — 夫妻共同财产分割及法定继承

海鑫集团创始人李海仓 → 90% → 海鑫钢铁集团

- 李海仓父亲李春元 9%
- 李海仓母亲 9%
- 李海仓妻子 45%+9%
- 李海仓儿子李兆会 9%
- 李海仓女儿李兆霞 9%

→ 海鑫钢铁集团

家族传承方案

海鑫钢铁集团 →
- 李海仓父亲李春元：放弃股权继承
- 李海仓母亲：放弃继承
- 李海仓妻子：放弃夫妻资产分割及股权继承
- 李海仓儿子李兆会：90%
- 李海仓女儿李兆霞：放弃股权继承

→ 海鑫钢铁集团

04 婚姻家庭对家族企业治理的影响

一、夫妻共同债务对家族企业治理的影响

【民法典】第一千零六十四条 夫妻双方共同签名或者夫妻一方事后追认等共同意思表示所负的债务，以及夫妻一方在婚姻关系存续期间以个人名义为家庭日常生活需要所负的债务，属于夫妻共同债务。

夫妻一方在婚姻关系存续期间以个人名义超出家庭日常生活需要所负的债务，不属于夫妻共同债务；但是，债权人能够证明该债务用于夫妻共同生活、共同生产经营或者基于夫妻双方共同意思表示的除外。

二、夫妻约定财产对家族企业治理的影响

【民法典】第一千零六十五条 男女双方可以约定婚姻关系存续期间所得的财产以及婚前财产归各自所有、共同所有或者部分各自所有、部分共同所有。约定应当采用书面形式。

夫妻对婚姻关系存续期间所得的财产以及婚前财产的约定，对双方具有法律约束力。

夫妻对婚姻关系存续期间所得的财产约定归各自所有，夫或者妻一方对外所负的债务，相对人知道该约定的，以夫或者妻一方的个人财产清偿。

三、创始人婚姻变动对家族企业治理的影响——土豆条款

"土豆条款"：为了防止创始人婚姻变动对公司治理结构的影响，创始人配偶需签订《夫妻财产约定协议》。创始人婚姻变动，配偶不得对公司股权进行分割，直至投资人退出或者公司上市后，成为一家公众公司。

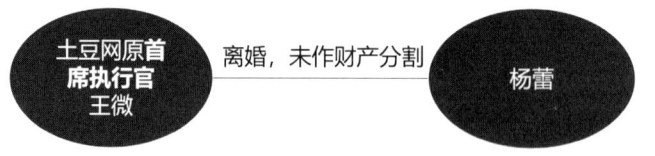

土豆网原首席执行官王微 ——离婚，未作财产分割—— 杨蕾

2010年11月——土豆提交上市申请次日，杨蕾提起诉讼，要求分割婚姻存续期间婚姻财产，即土豆76%的股份，随后土豆38%的股份被冻结进行保全并禁止转让。

2011年6月——双方达成庭外和解，王微需向前妻支付700万美元现金补偿，以获得完全股份控制权，但其中430万美元需在土豆上市成功后兑现。

典型案例：真功夫、当当网——李国庆和俞渝、赶集网、跨境通（SZ:002640）、东尼电子（603595.SH）、沃尔核材(002130.SZ)、唐德影视（300426.SZ）、亚马逊——杰夫·贝佐斯和麦肯齐、传媒大亨新闻集团——鲁伯特·默多克和邓文迪

四、当当网股权架构对家族企业治理的启示

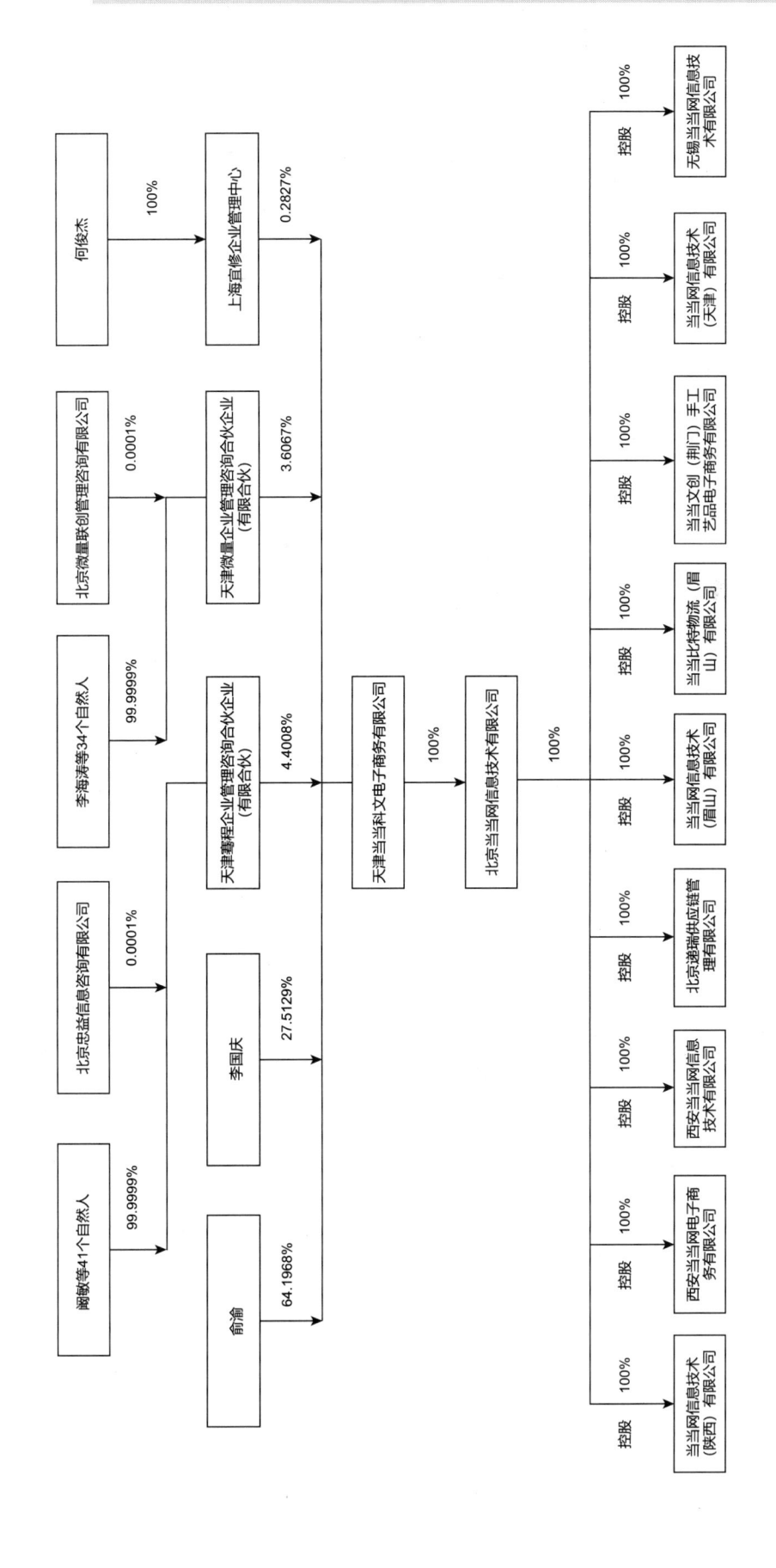

05 家族信托与永续传承

一、家族信托

⚖️ 家族信托

- 信托公司接受单一自然人委托，或者接受单一自然人及其亲属共同委托，以家庭财富的保护、传承和管理为主要信托目的，提供财产规划、风险隔离、资产配置、子女教育、家族治理、公益（慈善）事业等定制化事务管理和金融服务的信托业务。

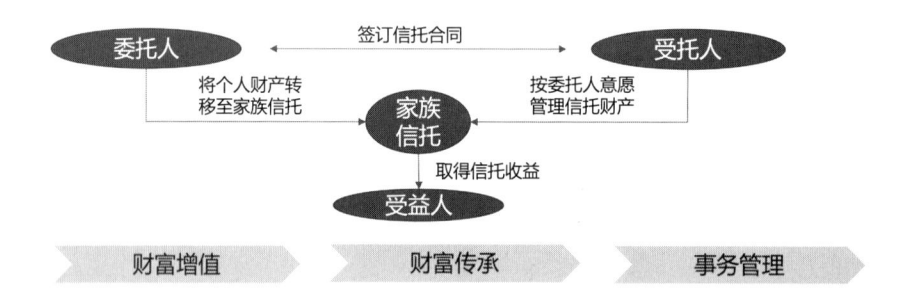

```
委托人 ——签订信托合同—— 受托人
  │将个人财产转        │按委托人意愿
  │移至家族信托        │管理信托财产
         ↓     家族     ↓
              信托
               │取得信托收益
               ↓
              受益人
```

财富增值　　财富传承　　事务管理

⚖️ 家族信托门槛

> 家族信托财产信托初始设立时实收信托应当不低于1,000万元，受益人应包括委托人或者其亲属（配偶、血亲和姻亲），以及慈善信托或慈善组织，但委托人不得为唯一受益人。
>
> 单纯以追求信托财产保值增值为主要信托目的，具有专户理财性质和资产管理属性的信托业务不属于家族信托。
>
> 公益（慈善）信托、家族信托不适用《关于规范金融机构资产管理业务的指导意见》（银发〔2018〕106号，以下简称"《指导意见》"）相关规定。
>
> ——《关于规范信托公司信托业务分类的通知》（银保监规〔2023〕1号）

二、家族信托与家庭服务信托

《关于规范信托公司信托业务分类的通知》（银保监规〔2023〕1号）：信托业务分为资产管理信托、资产服务信托、公益慈善信托三大类。

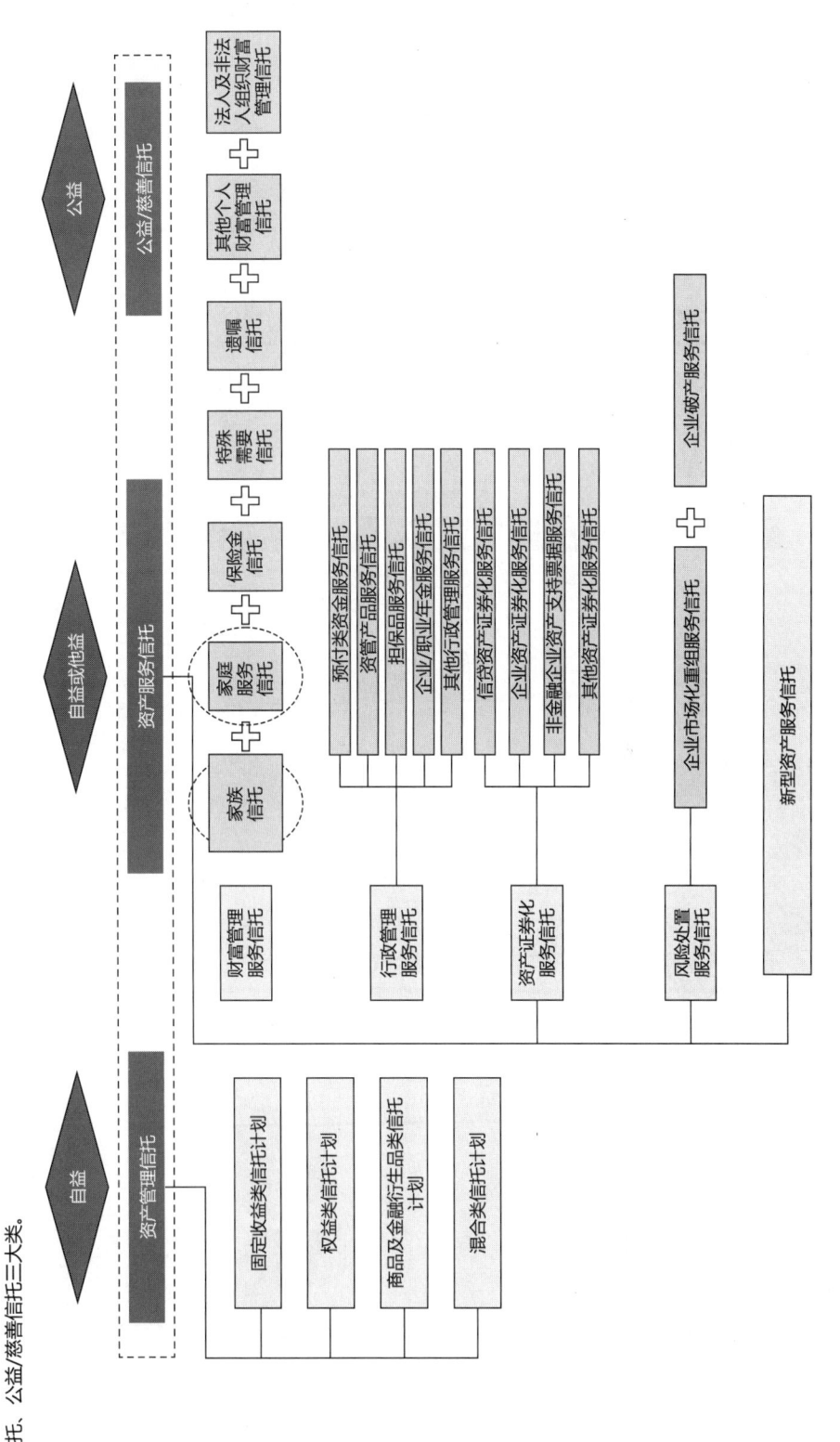

自益	自益或他益	公益
资产管理信托	资产服务信托	公益/慈善信托

资产管理信托（自益）：
- 固定收益类信托计划
- 权益类信托计划
- 商品及金融衍生品类信托计划
- 混合类信托计划

资产服务信托（自益或他益）：
- 家族信托 + 家庭服务信托 + 保险金信托 + 特殊需要信托 + 遗嘱信托
- 财富管理服务信托
- 行政管理服务信托：预付类资金服务信托、资管产品服务信托、担保品服务信托、企业/职业年金服务信托、其他行政管理服务信托
- 资产证券化服务信托：信贷资产证券化服务信托、企业资产证券化服务信托、非金融企业资产支持票据服务信托、其他资产证券化服务信托
- 风险处置服务信托：企业破产服务信托 + 企业市场化重组服务信托
- 新型资产服务信托

公益/慈善信托：
- 其他个人财富管理信托 + 法人及非法人组织财富管理信托

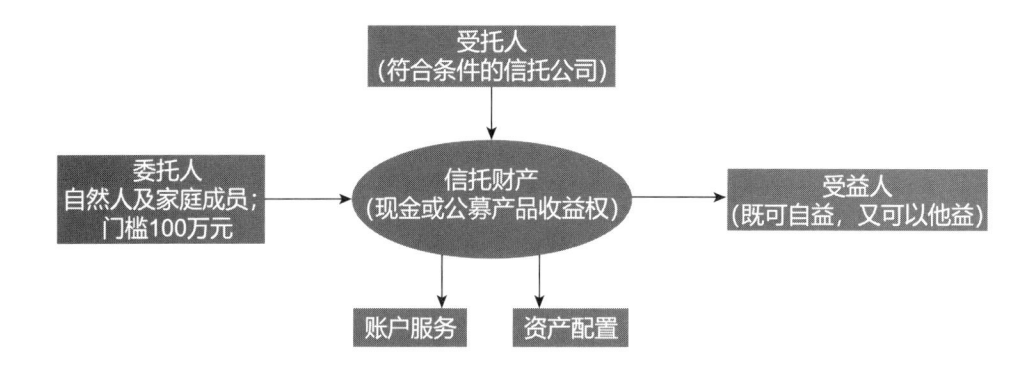

```
                    受托人
                (符合条件的信托公司)
                         ↓
   委托人                                      受益人
自然人及家庭成员;  →  信托财产        →   (既可自益，又可以他益)
   门槛100万元        (现金或公募产品收益权)
                      ↓      ↓
                   账户服务  资产配置
```

⚖ 新规下的家庭服务信托

● 家庭服务信托由符合相关条件的信托公司作为受托人，接受单一个人委托，或者接受单一个人及其家庭成员共同委托，提供风险隔离、财富保护和分配等服务。初始设立时实收信托应当不低于100万元，期限不低于5年，投资范围限于以同业存款、标准化债权类资产和上市交易股票为最终投资标的的信托计划、银行理财产品以及其他公募资产管理产品。

——《关于规范信托公司信托业务分类的通知》（银保监规〔2023〕1号）

	家庭服务信托	家族信托
信托财产门槛	初始设立时实收信托应当不低于100万元	初始设立时实收信托应当不低于1000万元
期限	不低于5年	基于家族传承的稳定性，期限应当具有价值传承的稳定性
信托财产类型	限于以同业存款、标准化债权类资产和上市交易股票为最终投资标的的信托计划、银行理财产品以及其他公募资产管理产品	无限制
受益人	无特殊规定	必须有他益的安排（"委托人不得为唯一受益人"）
委托人	单一个人，或者接受单一个人及其家庭成员共同委托	单一个人，或者接受单一个人及其亲属共同委托

⚖ 新规下的家庭服务信托与家族信托优势对比

家族信托：门槛高、个性化定制服务，无投资范围、委托人范围大：亲属 ★★★A★★★

家庭服务信托：门槛低、限制多：如投资范围局限、委托人范围小：家庭成员 ★★★B★★★

三、新规下的与个人财富有关的其他财富管理信托种类

	保险金信托	特殊需要信托	其他个人财富管理信托	遗嘱信托	家族信托	家庭服务信托
信托财产门槛	无限制	无限制	初始设立时实收信托应当不低于600万元	无限制	初始设立时实收信托应当不低于1000万元	初始设立时实收信托应当不低于100万元
期限	当保险公司约定的给付条件发生时，保险公司按照保险约定将对应资金划付至对应信托专户，由信托公司按照信托文件管理	以满足和服务特定受益人的生活需求为主要信托目的，管理处分信托财产	/	/	/	不低于5年
信托财产类型	以人身保险合同的相关权利和对应利益以及后续支付保费所需资金作为信托财产设立信托	合法所有的财产	合法所有的财产	合法所有的财产	合法所有的财产	投资范围限于同业存款、标准化债权类资产和上市交易标的的信托计划、银行理财产品以及其他公募资产管理产品
受益人	无特殊规定	特定受益人（无特殊规定，可以是自益）	其他个人财富管理信托的信托受益权不得拆分转让	遗嘱继承人	必须有他益的安排（"委托人不得为唯一受益人"）	
委托人	信托公司接受单一自然人委托，或者接受单一自然人及其家庭成员共同委托	接受单一自然人委托，或者接受单一自然人及其亲属共同委托	接受单一自然人委托，提供财产保护和管理服务	单一委托人（立遗嘱人）	单一个人，或者接受单一个人及其亲属共同委托	单一个人，或者接受单一个人及其家庭成员共同委托

四、家族信托的永续传承

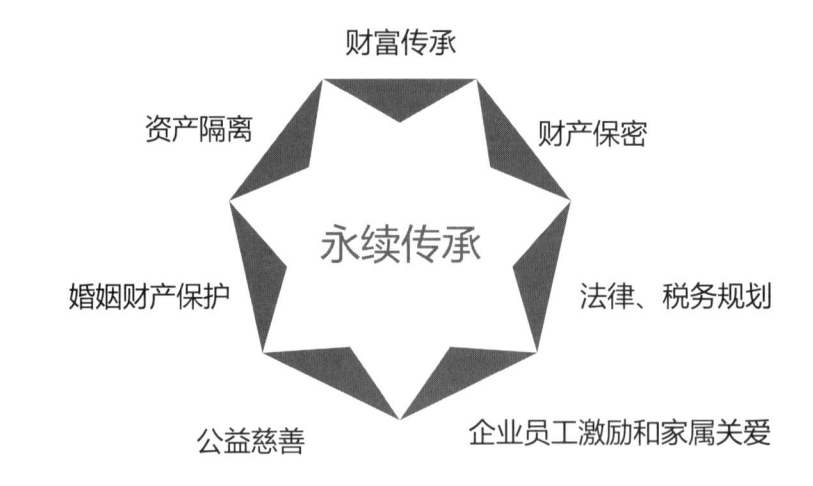

永续传承：
- 财富传承
- 资产隔离
- 财产保密
- 婚姻财产保护
- 法律、税务规划
- 公益慈善
- 企业员工激励和家属关爱

06 家族信托之企业家如何设置家族信托传承企业

一、家族企业传承问题

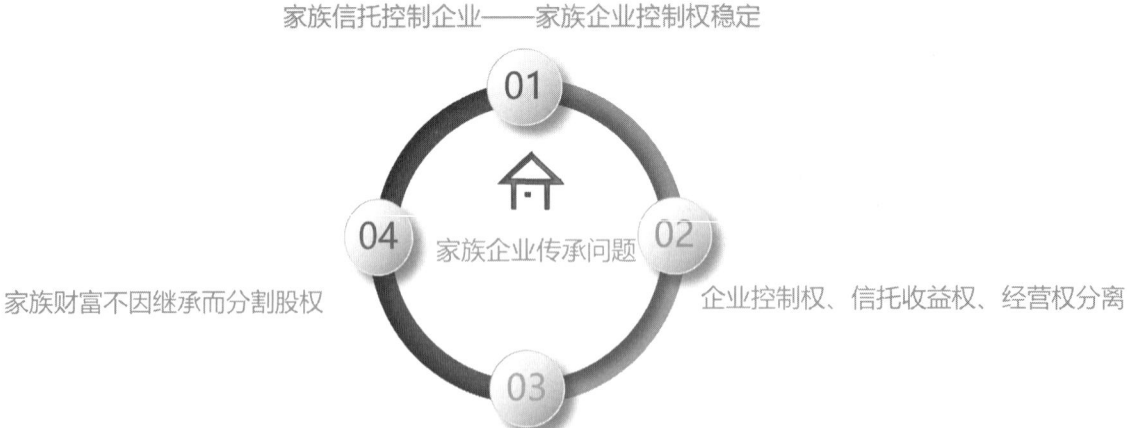

家族企业传承问题：

01 家族信托控制企业——家族企业控制权稳定

02 企业控制权、信托收益权、经营权分离

03 合法节税，财富增值，子孙后代享有平等的收益分配权

04 家族财富不因继承而分割股权

二、家族企业传承的信托架构

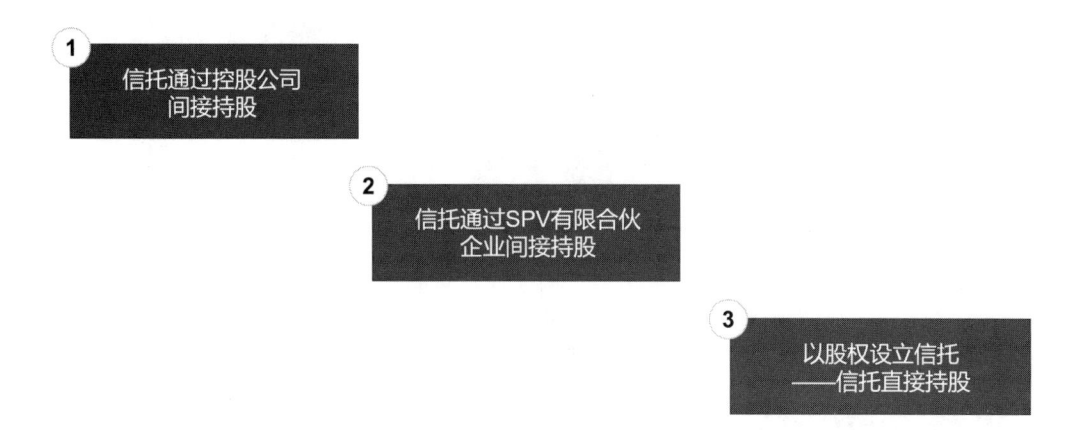

1. 信托通过控股公司间接持股
2. 信托通过SPV有限合伙企业间接持股
3. 以股权设立信托——信托直接持股

- **信托通过控股公司间接持股**

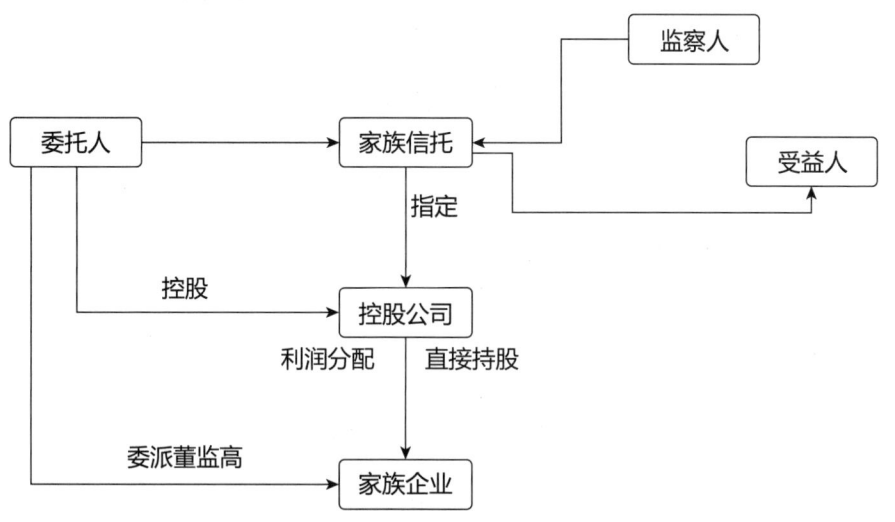

```
                              监察人
                                │
  委托人 ──────────→ 家族信托 ←──┘         受益人
    │                  │ 指定         ↗
    │ 控股              ↓         ──┘
    ├──────────→   控股公司
    │              利润分配 │ 直接持股
    │                      ↓
    └── 委派董监高 ──→ 家族企业
```

- **信托通过SPV有限合伙企业间接持股**

```
                         委托人              监察人
                          │                    │
                    ①资金交付                   │
                    ②信托设立登记               │
           ③份额转让   ↓         监督           │
   委托人 ─────────→ 家族信托 ←─────────────────┤
     │               ↑ 利润分配 │ 担任LP    指定 │
     │               │          ↓               │
     │ 担任GP         └── SPV有限合伙企业        │
     │                    ↑ 利润分配 │ 直接持股  │
     │                    │          ↓          ↓
     └─④委派董监高 ──────→ 家族企业          收益人
```

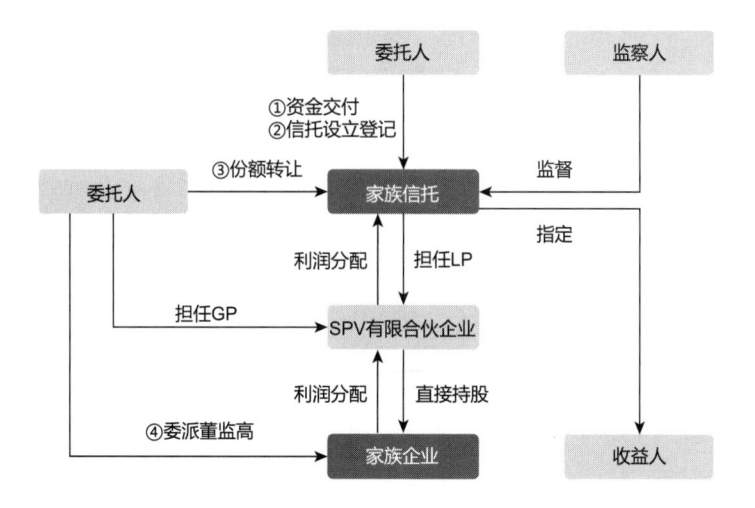

- **信托直接持股**

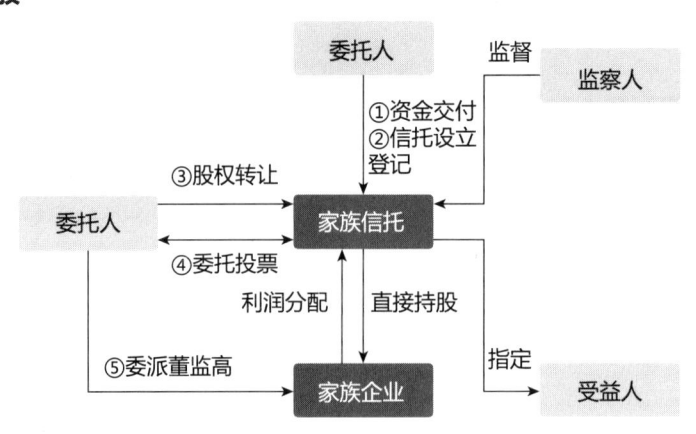

```
委托人 →①资金交付 ②信托设立登记→ 家族信托 ←监督— 监察人
委托人 —③股权转让→ 家族信托
委托人 ←④委托投票→ 家族信托
家族信托 —直接持股→ 家族企业
家族企业 —利润分配→ 家族信托
委托人 —⑤委派董监高→ 家族企业
家族信托 —指定→ 受益人
```

三、SPV家族信托设立方案

"资金信托+SPV"是指由委托人首先设立一个资金信托，再由受托人设立一个特殊目的公司（SPV），以公司名义收购委托人名下的股权，间接完成股权家族信托的设立。

1. 设立家族信托
委托人委托1000万元以上资金设立家族信托，指定委托人及其他家庭成员为受益人，信托期限可为固定或无固定，并设置临时分配及每年度固定分配信托利益条款；
这个层级的安排与设立一般资金信托一致，其资金的来源可以是委托人的自有资金，也可以是委托人通过合法渠道获得的过桥资金，以确保资金信托的合法性。

2. 由受托人设立一个特殊目的公司（SPV）
为更好地实现资产隔离效果，家族信托的财产管理方式为全权委托，信托资金由受托人按照信托文件约定全权管理，用于认购或受让有限合伙企业LP份额，GP由委托人指定的法人机构担任，负责合伙企业的日常管理（包括行驶下层项目公司股东职权）。

3. SPV不从事经营活动，仅作为持股平台，可以评价受让委托人持有的较小比例的股权，并以公司资金支付相应对价，通过这样的操作，委托人在设立资金信托时所转移的信托资金再次回转到自己手中，公司股权也通过间接的方式转入家族信托

四、家族信托持股上市公司的案例

- **案例1：振华新材（688707） 境内家族信托持A股上市**

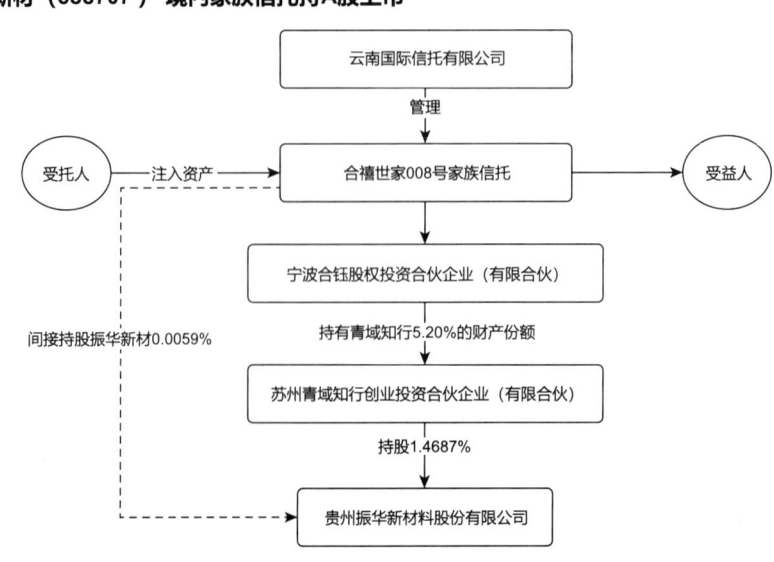

```
云南国际信托有限公司 —管理→ 合禧世家008号家族信托
受托人 —注入资产→ 合禧世家008号家族信托 → 受益人
合禧世家008号家族信托 → 宁波合钰股权投资合伙企业（有限合伙）
持有青域知行5.20%的财产份额
苏州青域知行创业投资合伙企业（有限合伙）
持股1.4687%
贵州振华新材料股份有限公司
间接持股振华新材0.0059%
```

● **案例2：欧普照明（603515） 上市公司内部转让股份**

2022年9月10日，欧普照明发布《关于实际控制人增加一致行动人及一致行动人之间内部转让达到1%的提示性公告》，对外披露实际控制人马秀慧女士，基于资产规划需要，将其所持欧普照明的1.01%的股份，转让给上海峰岳企业管理合伙企业，这家合伙企业就是马秀慧设立的家族信托的信托财产。

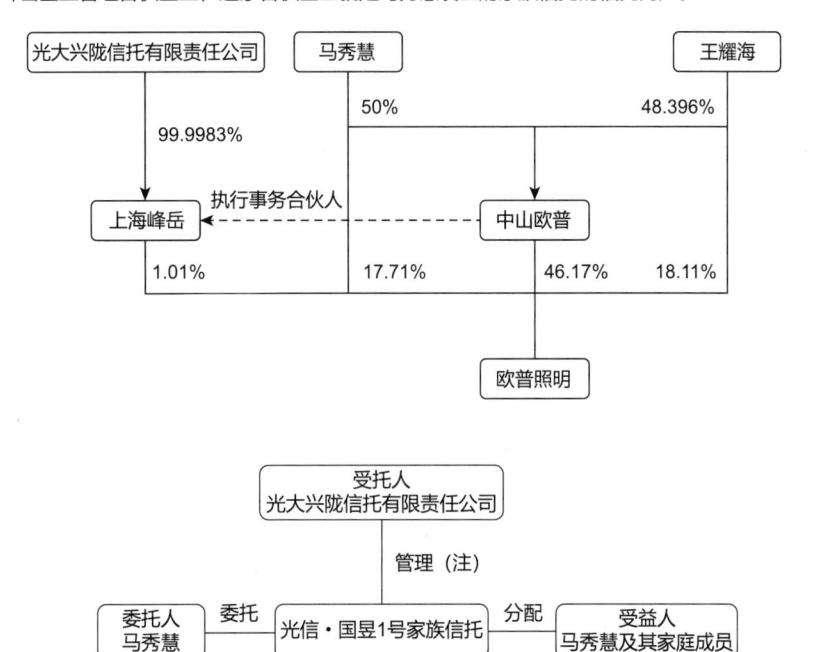

```
光大兴陇信托有限责任公司    马秀慧              王耀海
          │              50%            48.396%
     99.9983%              │                │
          ▼                │                │
      上海峰岳 ──执行事务合伙人─── 中山欧普
       1.01%              17.71%   46.17%   18.11%
                                │
                              欧普照明
```

```
                  受托人
          光大兴陇信托有限责任公司
                  │ 管理（注）
   委托人    委托    │              分配    受益人
   马秀慧 ──────▶ 光信·国昱1号家族信托 ────▶ 马秀慧及其家庭成员
```

注：根据欧普照明披露的提示性公告，受托人光大兴陇按委托人的意愿以受托人的名义进行管理、运用光信·国昱1号家族信托。

● **案例3：芯原股份（688521） 境外家族信托持A股上市**

芯原微电子第一大股东权属情况

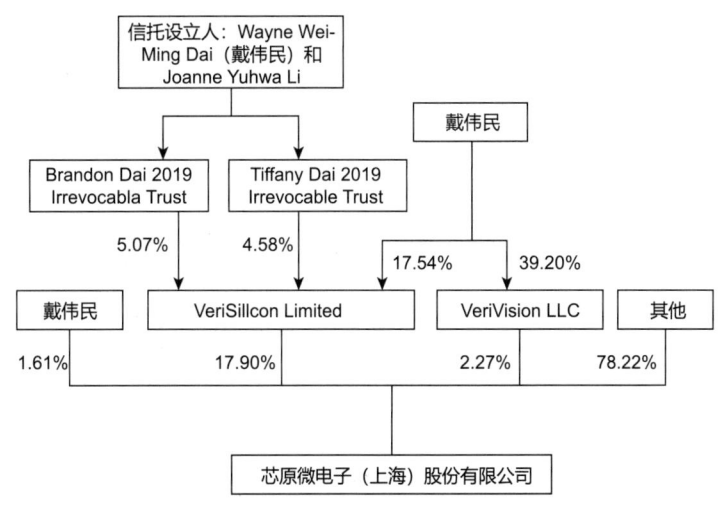

```
信托设立人：Wayne Wei-
Ming Dai（戴伟民）和
Joanne Yuhwa Li
        │                                  戴伟民
   ┌────┴────┐                               │
   ▼         ▼                               │
Brandon Dai 2019  Tiffany Dai 2019
Irrevocabla Trust  Irrevocable Trust
     5.07%           4.58%          17.54%   39.20%
戴伟民         VeriSillcon Limited      VeriVision LLC      其他
 1.61%             17.90%                 2.27%           78.22%
                         │
                 芯原微电子（上海）股份有限公司
```

四、家族信托案例：盛美股份境外家族信托

- HUI WANG（王晖）及其儿子BRIAN WANG、女儿SOPHIA WANG分别持有控股公司美国ACMR部分股权，并通过两个家族信托——David Hui Wang和Jing Chen Family Living Trust（生存信托）及David Hui Wang和Jing Chen Irrevocable Trust（不可撤销信托）持有控股公司美国ACMR部分股权，通过控股公司美国ACMR间接控股盛美股份。

信托名称	David Hui Wang和Jing Chen Family Living Trust
信托设立日期	2001年2月28日
信托的性质	一般家族信托
信托期限	长期
设立人及其权利义务安排	设立人为HUI WANG与JING CHEN夫妇 设立人对于信托中的资产不享有任何权利，不承担任何义务
受托人及其权利义务安排	受托人为JING CHEN 受托人根据信托文件对于信托中的资产享有权利，承担义务
受益人及其权利义务安排	受益人为设立人之子女BRIAN WANG与SOPHIA WANG，若JING CHEN亡故，则子女BRIAN WANG与SOPHIA WANG各受益50%。在此之前，受益人对信托资产不享有任何权利，不承担任何义务
设立以来信托表决权实际行使情况	受托人JING CHEN根据信托文件对于信托中的资产（美国ACMR股份）行使表决权
运作方式	受托人负责根据信托协议中列出的受托人权利运行信托

信托名称	David Hui Wang和Jing Chen Irrevocable Trust
信托设立日期	2000年1月29日
信托的性质	不可撤销家族信托
信托期限	长期
设立人及其权利义务安排	设立人为HUI WANG与JING CHEN夫妇 设立人对于信托中的资产不享有任何权利，不承担任何义务
受托人及其权利义务安排	受托人为JING CHEN 除信托表决权外，受托人根据信托文件对于信托中的资产不享有任何实益权利；受托人的义务根据信托文件为受益人的利益持有、管理并分派信托资产
受益人及其权利义务安排	受益人为HUI WANG子女BRIAN WANG与SOPHIA WANG，各受益50% 受益人根据信托文件对于信托中的资产享有权利，受益人就信托中的资产不负有受托义务
设立以来信托表决权实际行使情况	受托人JING CHEN根据信托文件对于信托中的资产（美国ACMR股份）行使表决权
运作方式	受托人负责根据信托协议中列出的受托人权利运行信托

07 家族信托税务问题

家族信托的税赋问题

（一）个人转让住宅相关税费计算表

纳税人	税种	适用条件		税费
出让方	增值税及附加	取得不动产权证未满2年		计税金额×5.6%
		取得不动产权证满2年	普通住房（附注1）	免征
			非普通住房	（计税金额−上手发票或契税完税证金额）×5.6%
	个人所得税	据实征收	转让自用满5年家庭唯一住房	免征
			提供房产原值（购房发票或契约税完税证等）以及上手来源为赠与的	（计税金额−房产原值−合理费用）×20%
		核定征收	非赠与取得的房屋，且不能提供房屋原值（发票或契约完税证等）的	计税金额×1%×计税金额×3%（法院拍卖）
受让方	契税	家庭唯一住房	建筑面积90平方米及以下	计税金额×1%
			建筑面积90平方米以上	计税金额×1.5%
		非家庭唯一住房或受让方为非自然人		计税金额×3%
	印花税	受让方为非自然人		计税金额×0.05%
		受让方为自然人		免征
		权利证照贴花		每件5元

（二）个人转让非住宅相关税费计算表

纳税人	税种	适用条件	税费
出让方	增值税及附加	提供上手购房发票或契税完税证	（计税金额−上手发票或契税完税证金额）×5.6%
		无法提供上手购房发票、契税完税证	计税金额×5.6%
	个人所得税	提供房产原值（购房发票或契约税完税证等）以及上手来源为赠与的	（计税金额−房产原值−合理费用）×20%
		非赠与取得的房屋，且不能提供房屋原值（发票或契约完税等）的	计税金额×1.5%（普通交易） 计税金额×3%（拍卖）
	土地增值税	提供房屋及建筑物重置价格评估报告或购房发票的：（附注2） 土地增值税=增值额×四级超率累进税率−扣除项目金额×速算扣除系数，其中： 1. 提供房屋及建筑物重置价格评估报告的： 增值额=房地产转让收入−重置成本价×成新度折扣率−取得土地使用权所支付的地价款和费用−转让环节缴纳的税金； 2. 不能提供房屋及建筑物重置价格评估报告，但能提供购房发票的： 增值额=房地产转让收入−购房发票所载金额×[1+从购买年度起至转让年度止的间隔年数×5%]−转让环节缴纳的税金。	
		既没有评估报告，又不能提供购房发票的	计税金额×5%
	印花税	签订产权转移书据	计税金额×0.05%
受让方	契税	转移土地、房屋权属	计税金额×3%
	印花税	签订产权转移书据	计税金额×0.05%
		权利证照贴花	每件5元

08 家族信托案例

一、家族信托案例：曹德旺家族"河仁基金会"

- 2011年4月11日，河仁基金会与福建省耀华工业村开发有限公司和三益发展有限公司签署捐赠协议书，约定河仁基金会以赠与方式获赠福建省耀华工业村开发有限公司和三益发展有限公司所持有的300,000,000股福耀玻璃股份，占福耀玻璃总股本的14.98%。其中：福建省耀华工业村开发有限公司赠与240,089,084股福耀玻璃股份，均为限售流通股，占福耀玻璃总股本的11.99%；三益发展有限公司赠与59,910,916股福耀玻璃股份，均为非限售流通股，占福耀玻璃总股本的2.99%。

（一）继承所涉证券过户；

（二）捐赠所涉证券过户，指向基金会捐赠所涉证券过户，且基金会是在民政部门登记并被认定为慈善组织的基金会（不含境外基金会代表机构）；

（三）依法进行的财产分割所涉证券过户，暂仅指离婚情形；

（四）法人资格丧失所涉证券过户；

（五）私募资产管理所涉证券过户；

——《证券非交易过户业务实施细则》（适用于继承、捐赠等情形）2020年

二、家族信托案例：何享健家族 "和的慈善信托"

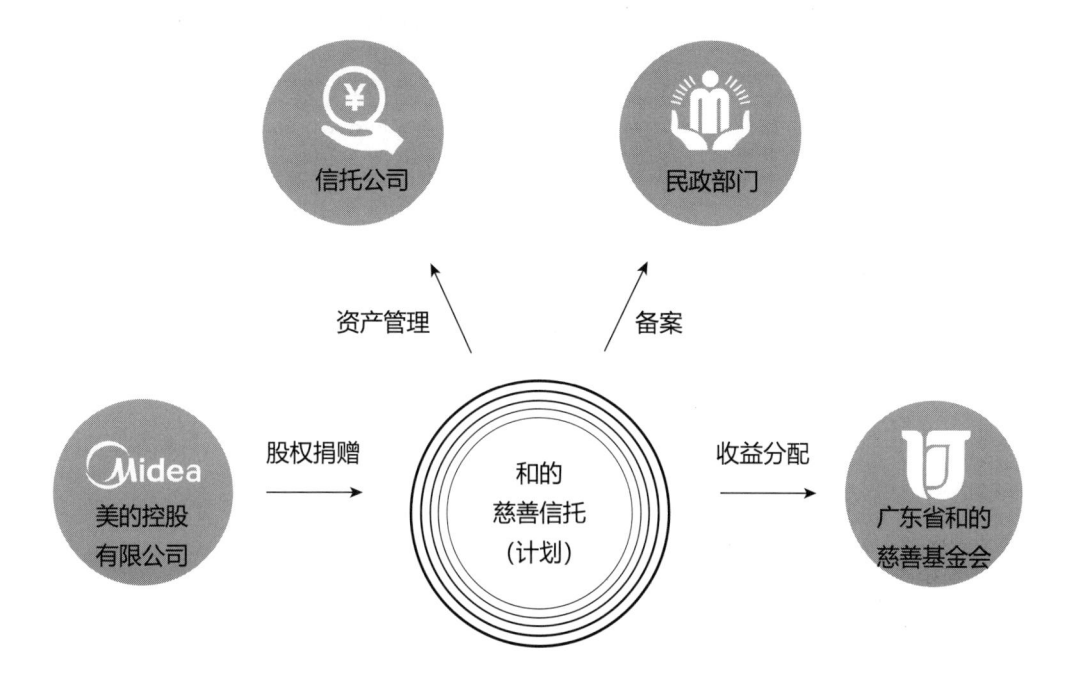

```
        信托公司            民政部门
           ↑                  ↑
       资产管理              备案
                │
  美的控股   股权捐赠    和的        收益分配   广东省和的
  有限公司  ─────────→  慈善信托   ─────────→  慈善基金会
                       （计划）
```

▶ 慈善信托：和的慈善信托（计划）

委托人：	美的控股有限公司
受托人：	信托公司
慈善信托财产：	1亿股美的集团股权及收益
慈善信托目的：	支持公益慈善事业，促进社会和谐发展；根据委托人意愿可用于合法合规的其他慈善用途
慈善项目管理人：	广东省和的慈善基金会
慈善信托分配：	信托财产及收益永续分配给慈善项目管理人
受益人：	和的慈善基金会开展慈善项目的最终受捐助人

注：在"和的慈善信托"正式落地之前，已宣布捐赠的1亿股权在内部隔离一个资金池，捐赠的1亿股权的收益分红独立核算，让这个捐赠实际上发挥作用。

和的慈善捐赠体系

- 1亿股美的集团股权 → **和的慈善信托（计划）**：美的控股有限公司将宣布捐赠的1亿股美的集团股权收益分红独立核算，2018年、2019年现金分红共2.5亿元，已捐赠至和的慈善基金会。

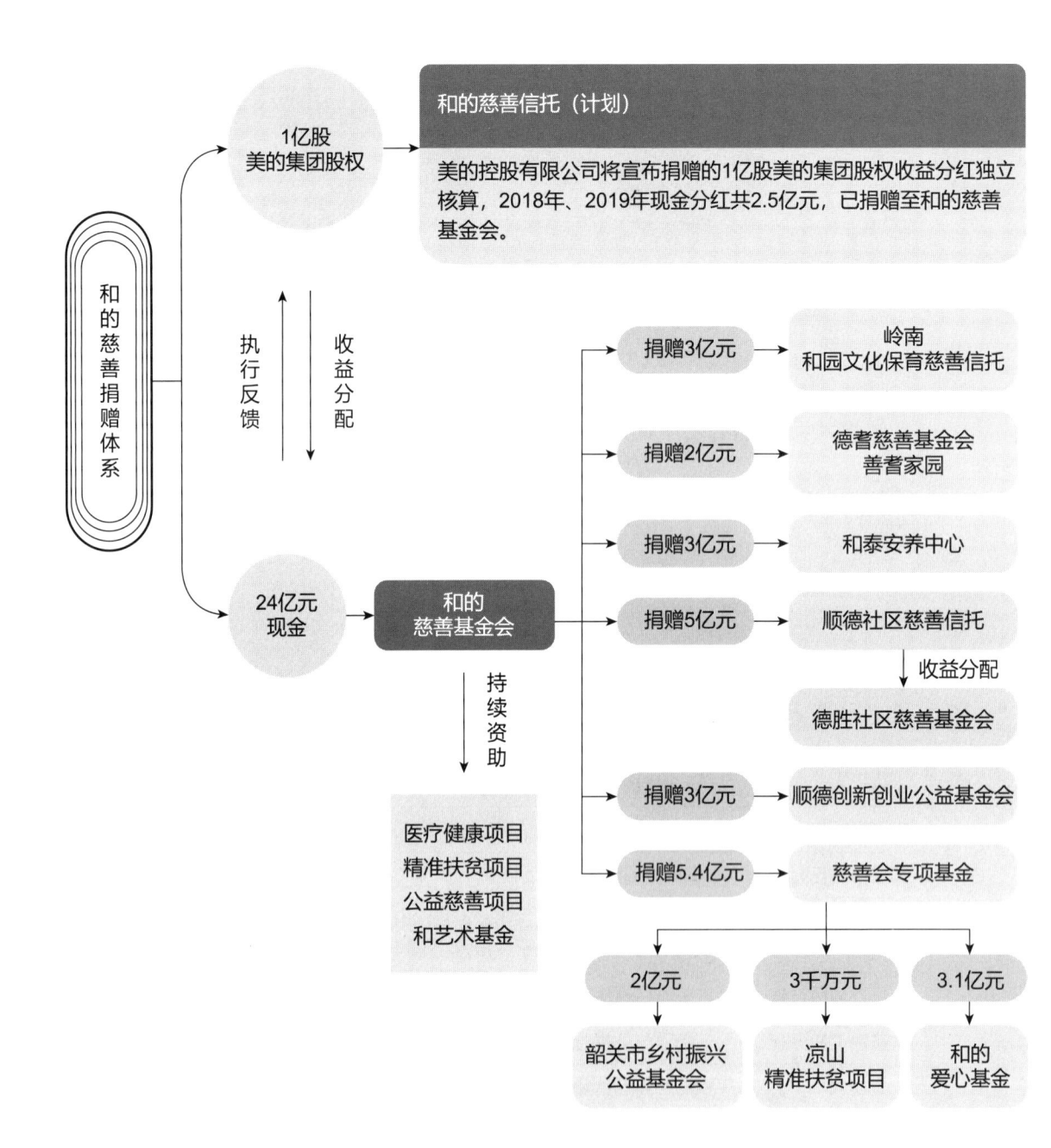

（执行反馈 / 收益分配）

- 24亿元现金 → **和的慈善基金会**

和的慈善基金会持续资助：
- 医疗健康项目
- 精准扶贫项目
- 公益慈善项目
- 和艺术基金

和的慈善基金会捐赠：

捐赠3亿元	岭南和园文化保育慈善信托
捐赠2亿元	德耆慈善基金会 善耆家园
捐赠3亿元	和泰安养中心
捐赠5亿元	顺德社区慈善信托 → （收益分配）德胜社区慈善基金会
捐赠3亿元	顺德创新创业公益基金会
捐赠5.4亿元	慈善会专项基金

慈善会专项基金分配：
- 2亿元 → 韶关市乡村振兴公益基金会
- 3千万元 → 凉山精准扶贫项目
- 3.1亿元 → 和的爱心基金

三、家族信托案例：鲁冠球家族三农扶志基金慈善信托

- 2018年6月27日，万向集团总裁鲁伟鼎基于慈善目的，决定以其持有的万向三农集团有限公司（以下简称"万向三农"）6亿元出资额对应的全部股权作为信托财产，委托万向信托股份公司（以下简称"万向信托"）设立"鲁冠球三农扶志基金"。
- 2018年6月29日，扶志基金成立。扶志基金通过万向三农间接控制万向德农股份有限公司（以下简称"万向德农"）48.76%股权、承德露露40.68%股权以及航民股份6%的股权。

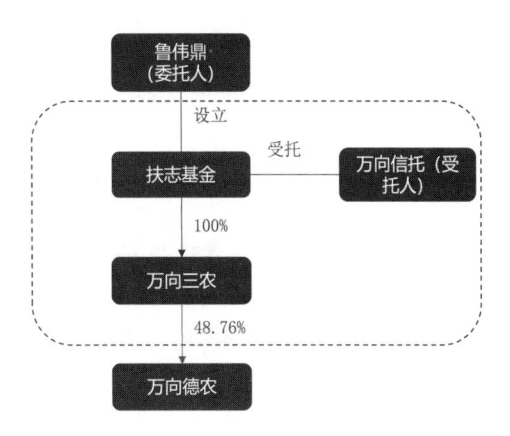

```
鲁伟鼎(委托人)
  │设立
  ▼         受托
扶志基金 ─────── 万向信托(受托人)
  │100%
  ▼
万向三农
  │48.76%
  ▼
万向德农
```

四、家族信托案例：平安财富·鸿承世家系列

💰 平安财富·鸿承世家系列单一万全资金信托

- 根据约定，信托委托人与平安信托共同管理这笔资产。委托人可通过指定继承人为受益人的方式来实现财产继承。信托可设置其他受益人，可中途变更，也可限制受益人权利。信托利益分配多样化，可选择一次性分配、定期定量分配、不定期不定量分配、临时分配、附带条件分配等不同的形式。

- 资产配置是该家族信托计划的核心功能。根据委托人的意愿和特殊情况定制产品。在产品存续期间，可以根据委托人的实际情况和风险偏好来调整资产配置方式和运作策略。资金主要投向物业、基建、证券和集合资金信托计划，预计年收益在4%~4.5%。固定管理费年费率为信托资金的1%，年信托收益率高于4.5%以上的部分，收取50%作为浮动管理费。

五、家族信托案例：家业恒昌张氏家族信托

💰 家业恒昌张氏家族信托计划

- 由北京银行和北京信托推出，该家族信托计划的目的是满足失独客户的隔代继承需求。
- 张先生和老伴儿年逾古稀之际失去唯一的儿子，儿子留下28岁的儿媳和分别只有1岁和3岁的孩子。老两口早年经商创业积累数亿资产，如今面临儿媳改嫁、孙子改姓或孙子长大后不成材，无法继承家业的担忧。于是夫妇决定出资5,000万元设立家族信托，并约定它的受益人为两个孙子及其"直系血亲后代非配偶继承人"。信托财产投资稳健的金融资产，并对受益权分配做出如下规定：
①除非患有重大疾病，受益人在未成年之前对本金和收益没有支配权，在未成年之前只能运用信托财产的收益来支付必要的学习支出；
②18~25岁，受益人可以支配收益，但不能支配本金；25岁以后本金和收益均可自由支配但须兄弟和睦、一致决定；
③若受益人改姓或在张氏夫妇去世后的清明节等按社会公序良俗标准未尽孝道，受益人丧失对本金和收益的支配权；
④一旦受益人死亡，受托资产捐给慈善机构；
⑤受益人成家立业后，本金和收益按两人所生育的继承人数量按比例分配。

六、家族信托案例：不动产、物业家族信托

💰 不动产家族信托

- 2014年，北京银行与北京信托推出房产管理主题的家族信托服务。北京银行担任家族信托的财务顾问。
- 委托人拥有多处房产，为规避子女婚姻的风险，希望将受益人设定为"直系血亲后代非配偶继承人"。
- 第一步，成立资金信托。委托人以其持有的资金设立一个单一资金信托，该资金可以是委托人的自有资金，也可以是委托人合法获得的过桥资金，以确保所设信托的合法性，将信托受益人设定为"直系血亲后代非配偶继承人"。第二步，用资金信托计划购买自家房产。
- 该操作流程满足客户资产隔离的需求，但产生很高的税收成本。首先，资金信托购入委托人房产时，需要交纳二手房交易费用，包括个人所得税、营业税及契税等。其次，信托存续期内，信托持有房产需缴纳房产持有税，以北京为例，按公司持有房产的标准每年缴纳对应价值的0.84%。最后，信托终止阶段，受托人将信托财产和收益分配给受益人，还可能发生房产过户费用。

七、家族信托案例：保险信托

💰 信诚"托富未来"终身寿险

- 保险信托是以保险金或人寿保单作为信托财产，由委托人(一般为投保人)和受托人(信托机构)签订人寿保险信托合同，保险公司将保险赔款或满期保险金交付受托人，由受托人依信托合同约定的方式管理、运用信托财产，并于信托终止时，将信托资产及运作收益交付信托受益人的信托形式，兼具保险和信托制度的双重优势。

- 2014年，信诚人寿推出的"信诚'托富未来'终身寿险"产品就是以保险的资产保全功能为基础，联合中信信托为客户打造具有独立性、保密性以及个性化的解决方案。该款产品保额起售点为800万元，引入了信托选择权，客户可选择由信托公司代为管理保险金，信托公司根据委托协议作为保险金受益人，根据客户意愿管理和分配信托资金。

八、家庭信托案例：家族信托资产隔离的风险（一）
国内家族信托被强制执行第一案 (2020)鄂01执异784号

- 武汉市中院依据杨某申请裁定查封、冻结了张某某名下若干财产，其中就包括一份以张某某作为委托人，张某某之子（非婚生子）作为受益人的"外贸信托·福字221号财富传承财产信托"项下的信托资金1,180万元。
- 家族信托概要
  A.该家族信托的设立时间为2016年2月5日，受托人外贸信托，初始受益人为张某某之子、父亲、母亲、舅舅和外婆5人；B. 2020年5月30日，张某某（委托人）与受托人签订信托受益人变更函，将上述信托受益人变更为张某某之子一人；C. 信托收益用于支付张某某之子的生活、教育等开销，由于张某某之子尚未成年，张某某作为法定监护人起到代管职责。
- 2020年8月14日，武汉市中院要求外贸信托协助执行以下事项：现请外贸信托停止向张某某及其受益人或其他第三人支付信托合同项下的所有款项及其收益。
- 张某某代其儿子提出异议，请求解除对信托资金和收益权的冻结。

九、家庭信托案例：家族信托资产隔离的风险（二）
国内家族信托被强制执行第一案

- 法院同意终止对信托收益的执行，判决要点：
- **1. 案外人张某某之子对案涉信托合同项下的信托基金收益享有排除执行的权益**
  首先法院保全的信托基金受益人为案外人张某某之子。其次，法院认为，杨某与张某某之间的不当得利纠纷，不属于《信托法》第17条第一款规定的四种情形。故案外人张某某之子对案涉信托合同项下的信托基金收益享有排除执行的权益，依法应中止对案涉信托合同项下的信托基金收益的执行。
- **2. 对信托资金的冻结不能解除，此冻结不属于对信托财产的强制执行，不违法**
  对案外人张某某之子提出解除对信托资金的冻结，法院认为：该冻结措施不涉及实体财产权益的处分，不影响信托期间内中国对外经济贸易信托有限公司对张某某的信托财产进行管理、运用或处分等信托业务活动，只是不得擅自为张某某的本金做返还处理，不属于对信托财产的强制执行。因此，法院上述保全信托合同项下资金不违反《中华人民共和国信托法》的相关规定，合法有效。案外人张某某之子此项异议请求不能成立，法院不予支持。

十、家庭信托案例：家族信托资产隔离的风险

信托的隔离保护功能、保密功能、税务筹划功能、投资管理功能、资产传承功能

- 悦康药业、翔宇医疗、诺思格、振华新材通过设立有限合伙形式的SPV，持股家族控股公司，再通过家族控股公司投资私募股权投资基金，最终通过该私募基金投资持股IPO企业。

(1) 家族通过SPV实现对于信托结构下资产的实际控制。

(2) 家族对外形成的投资收益、资产累积等也通过SPV进行持有与掌控。

(3) 家族控股公司对外进行三种类型的投资与持股：

- 控股型家族经营企业的投资；
- 参股型经营企业的投资；
- 财务性投资。

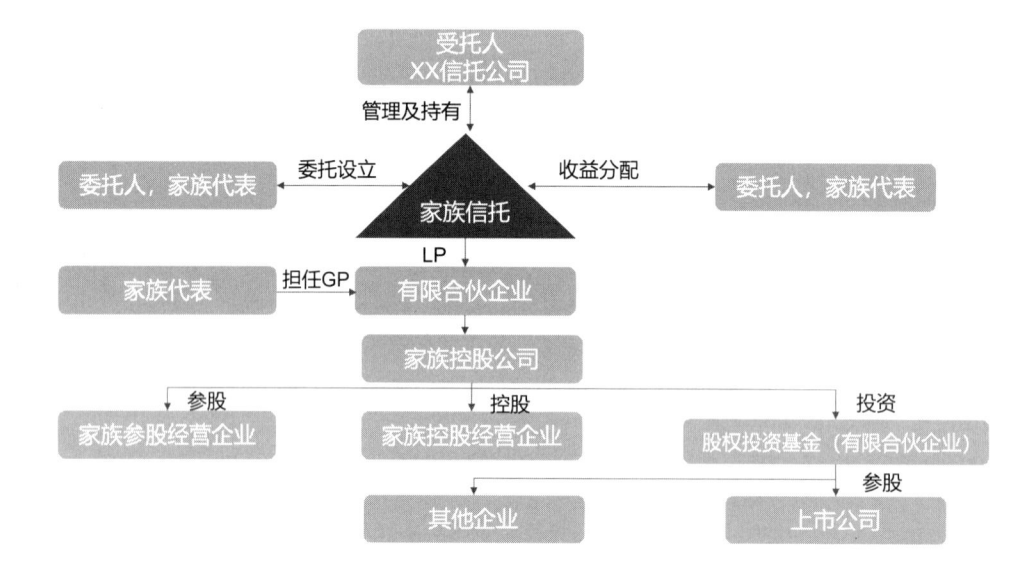

企业家必修课：与创业者和企业家一起研读新《公司法》

说明：2023年12月29日，十四届全国人大常委会第七次会议修订通过《中华人民共和国公司法》，该法自2024年7月1日起施行。

统一大市场下的《公司法》

统一大市场下的《公司法》
- 完善公司治理
- 激发市场活力
- 推动制度型开放
- 优化民营经济发展环境
- 保护各类市场主体的产权和合法权益
- 一视同仁、平等对待

01 简便公司设立和退出

股东出资：货币、非货币财产

《公司法》第四十八条 股东可以用货币出资，也可以用实物、知识产权、土地使用权、股权、债权等可以用货币估价并可以依法转让的非货币财产作价出资；但是，法律、行政法规规定不得作为出资的财产除外。

- 实物
- 知识产权
- 土地使用权
- 股权
- 债权

《中华人民共和国市场主体登记管理条例》第十三条 公司股东……不得以劳务、信用、自然人姓名、商誉、特许经营权或者设定担保的财产等作价出资。

一人股份有限公司的设立

允许设立一人股份有限公司

第九十二条 设立股份有限公司，应当有一人以上二百人以下为发起人，其中应当有半数以上的发起人在中华人民共和国境内有住所。

一人股份有限公司可以不设股东会

第一百一十二条 本法第六十条关于只有一个股东的有限责任公司不设股东会的规定，适用于只有一个股东的股份有限公司。

公司登记便利化要求

第四十一条 公司登记机关应当优化公司登记办理流程，提高公司登记效率，加强信息化建设，推行网上办理等便捷方式，提升公司登记便利化水平。

1. 优化公司登记办理流程
2. 提高公司登记效率
3. 加强信息化建设
4. 推行网上办理
5. 提升登记便利化水平

充分利用信息化建设成果

A 公司登记机关可以按照规定发给电子营业执照。电子营业执照与纸质营业执照具有同等法律效力。

B 公司登记机关应当将公司名称、住所、注册资本、经营范围等公司登记事项通过国家企业信用信息公示系统向社会公示。

C 公司股东会、董事会、监事会召开会议和表决可以采用电子通信方式，公司章程另有规定的除外。

电子通信方式的采用

适用情形：公司股东会、董事会、监事会召开会议和表决可以采用电子通信方式。

限制规定：公司章程另有规定的除外。

董事的清算义务

董事为公司清算义务人,应当在解散事由出现之日起十五日内组成清算组进行清算。

清算组由董事组成
- 公司章程另有规定（除外）
- 股东会决议另选他人（除外）

清算义务人未及时履行清算义务,给公司或者债权人造成损失的,应当承担赔偿责任。

公司的注销制度

简易注销制度

1. 公司在存续期间未产生债务

   或者

2. 已清偿全部债务

3. 经全体股东承诺,可以简易注销

公司通过简易程序注销登记,若存在承诺不实的情形,全体股东应当对注销登记前的债务承担连带责任。

强制注销制度

1. 公司被吊销营业执照、责令关闭或者被撤销

   +

2. 满三年未向公司登记机关申请注销公司登记的

3. 公司登记机关可以通过国家企业信用信息公示系统予以公告,公告期限不少于六十日。公告期限届满后,未有异议的,公司登记机关可以注销公司登记。

原公司股东、清算义务人的责任不受影响。

02 完善公司资本制度

公司对外投资的法律限制

公司可以向其他企业投资。法律规定公司不得成为对所投资企业的债务承担连带责任的出资人的，从其规定。

| 原则：允许公司成为承担连带责任的出资人 | 例外：法律禁止的，从其规定 |

> 《中华人民共和国合伙企业法》
> 第二条 普通合伙企业由普通合伙人组成，合伙人对合伙企业债务承担无限连带责任。本法对普通合伙人承担责任的形式有特别规定的，从其规定。有限合伙企业由普通合伙人和有限合伙人组成，普通合伙人对合伙企业债务承担无限连带责任，有限合伙人以其认缴的出资额为限对合伙企业债务承担责任。
> 第三条 国有独资公司、国有企业、上市公司以及公益性的事业单位、社会团体不得成为普通合伙人。

股份公司授权资本制度

公司章程或者股东会可以授权董事会在三年内决定发行不超过已发行股份百分之五十的股份。但以非货币财产作价出资的应当经股东会决议。

股份公司的类别股发行

公司可以按照公司章程的规定发行下列与普通股权利不同的类别股：

01 优先或者劣后分配利润或者剩余财产的股份

02 每一股的表决权数多于或者少于普通股的股份

03 转让须经公司同意等转让受限的股份

04 国务院规定的其他类别股

☐ 公开发行股份的公司不得发行第二、第三种类别股；公开发行前已发行的除外。
☐ 公司发行第二种类别股的，对于监事或者审计委员会成员的选举和更换，类别股与普通股每一股的表决权数相同。

无面额股的发行

Ⓐ 公司的全部股份，根据公司章程的规定择一采用面额股或者无面额股

Ⓑ 公司可以根据章程规定将已发行的面额股全部转换为无面额股或者将无面额股全部转换为面额股

Ⓒ 采用无面额股的，应当将发行股份所得股款的二分之一以上计入注册资本

公司可以发行无面额股

公司简易减资制度

适用情形：公司使用任意公积金、法定公积金和资本公积金弥补亏损后，仍有亏损的，可以减少注册资本弥补亏损。

限制规定：不得向股东分配，也不得免除股东缴纳出资或者股款的义务，但应当在报纸上或者国家企业信用信息公示系统公告。公司简易减资后，在法定公积金和任意公积金累计额达到公司注册资本百分之五十前，不得分配利润。

03 优化公司治理体系

公司章程的约束范围

> 第五条 设立公司应当依法制定公司章程。公司章程对公司、股东、董事、监事、高级管理人员具有约束力。

公司章程的双重属性

一方面,公司章程作为公司自治性规范,对公司、股东、董监高具有法律约束力;

另一方面,公司章程由股东共同制定,体现了公司与股东,以及股东之间的契约关系。

法定代表人的人选范围

> 第十条 公司的法定代表人按照公司章程的规定,由代表公司执行公司事务的董事或者经理担任。

执行公司事务的董事 经理

1. 法定代表人的人选范围扩大,且表述更合理;
2. "执行公司事务的董事"一般是指在董事会内部接受委任担当具体岗位职务,并就该职务负有专业责任的董事。

法定代表人对外从事民事活动的法律效力

法定代表人以公司名义从事活动，后果由公司承受
法定代表人以公司名义从事的民事活动，其法律后果由公司承受。

公司可以向有过错的法定代表人追偿
法定代表人因执行职务给他人造成损害的，由公司承担民事责任。公司承担民事责任后，依照法律或者公司章程的规定，可以向有过错的法定代表人追偿。

组织机构的统一名称

01 股东会
无论股份有限公司还是有限责任公司，不再区分股东会和股东大会，统一称"股东会"

02 董事
有限责任公司不设董事会的，不再有"执行董事"的称谓，而改为"董事"

高级管理人员的范围

第二百六十五条 高级管理人员，是指公司的经理、副经理、财务负责人、上市公司董事会秘书和公司章程规定的其他人员。

- 经理
- 副经理
- 财务负责人
- 上市公司董事会秘书
- 公司章程规定的其他人员

公司章程可以对高级管理人员范围作出规定

股东会与董事会的职权划分

股东会的职权（第五十九条）	董事会的职权（第六十七条）
（一）选举和更换董事、监事，决定有关董事、监事的报酬事项；（二）审议批准董事会的报告；（三）审议批准监事会的报告；（四）审议批准公司的利润分配方案和弥补亏损方案；（五）对公司增加或者减少注册资本作出决议；（六）对发行公司债券作出决议；（七）对公司合并、分立、解散、清算或者变更公司形式作出决议；（八）修改公司章程；（九）公司章程规定的其他职权。股东会可以授权董事会对发行公司债券作出决议。对本条第一款所列事项股东以书面形式一致表示同意的，可以不召开股东会会议，直接作出决定，并由全体股东在决定文件上签名或者盖章。	（一）召集股东会会议，并向股东会报告工作；（二）执行股东会的决议；（三）决定公司的经营计划和投资方案；（四）制订公司的利润分配方案和弥补亏损方案；（五）制订公司增加或者减少注册资本以及发行公司债券的方案；（六）制订公司合并、分立、解散或者变更公司形式的方案；（七）决定公司内部管理机构的设置；（八）决定聘任或者解聘公司经理及其报酬事项，并根据经理的提名决定聘任或者解聘公司副经理、财务负责人及其报酬事项；（九）制定公司的基本管理制度；（十）公司章程规定或者股东会授予的其他职权。

公司董事的任期与辞任

董事任期

董事任期由公司章程规定，但每届任期不得超过三年。董事任期届满，连选可以连任。

董事任期届满未及时改选，或者董事在任期内辞任导致董事会成员低于法定人数的，在改选出的董事就任前，原董事仍应当按照法律、行政法规和公司章程的规定，履行董事职务。

董事辞任

董事辞任的，应当以书面形式通知公司，公司收到通知之日辞任生效，但存在前款规定情形的，董事应继续履行职务。

担任法定代表人的董事辞任的，视为同时辞去法定代表人。

有限责任公司可以不设立监事会

第六十九条 有限责任公司可以按照公司章程的规定在董事会中设置由董事组成的审计委员会，行使本法规定的监事会的职权，不设监事会或者监事。

第八十三条 规模较小或者股东人数较少的有限责任公司，可以不设监事会，设一名监事，行使本法规定的监事会的职权；经全体股东一致同意，也可以不设监事。

有限责任公司董事会设置审计委员会的，或者公司规模较小的，可以不设监事会；且经全体股东一致同意，可以不设监事。以上规定赋予公司自主决定治理结构更大的自治空间，充分尊重公司自治权。

有限责任公司可以不设立董事会

> 第七十五条 规模较小或者股东人数较少的有限责任公司,可以不设董事会,设一名董事,行使本法规定的董事会的职权。该董事可以兼任公司经理。

Q&A
Q:何为"规模较小或者股东人数较少的有限责任公司"?
A:一般是指中小微型企业。

Q&A
Q:规模较小或者股东人数较少的有限责任公司,在董事、监事设置上有什么区别?
A:规模较小的有限责任公司,可以不设董事会或监事会;但是,不设董事会的,必须设一名董事,而不设监事会的,在全体股东一致同意的情况下,也可以不设监事。

审计委员会的设置

股份有限公司审计委员会的人员组成和任职要求

审计委员会由三名以上董事组成,独立董事应当过半数,且至少有一名独立董事是会计专业人士。

上市公司审计委员会职权规定

上市公司在董事会中设置审计委员会的,董事会对下列事项作出决议前应当经审计委员会全体成员过半数通过:
(一)聘用、解聘承办公司审计业务的会计师事务所;
(二)聘任、解聘财务负责人;
(三)披露财务会计报告;
(四)国务院证券监督管理机构规定的其他事项。

股东会、董事会决议不成立的情形

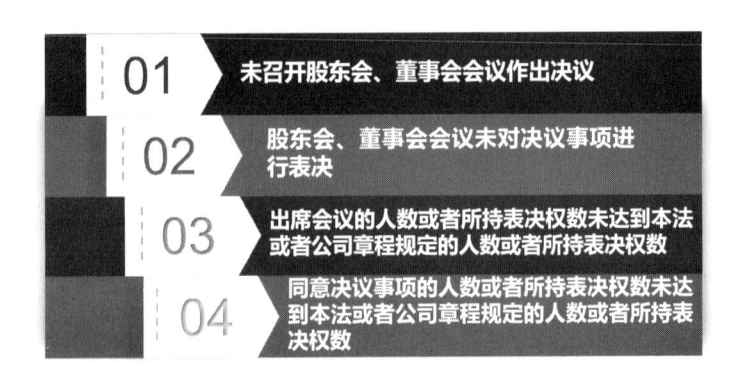

01 未召开股东会、董事会会议作出决议

02 股东会、董事会会议未对决议事项进行表决

03 出席会议的人数或者所持表决权数未达到本法或者公司章程规定的人数或者所持表决权数

04 同意决议事项的人数或者所持表决权数未达到本法或者公司章程规定的人数或者所持表决权数

撤销决议的股东诉讼

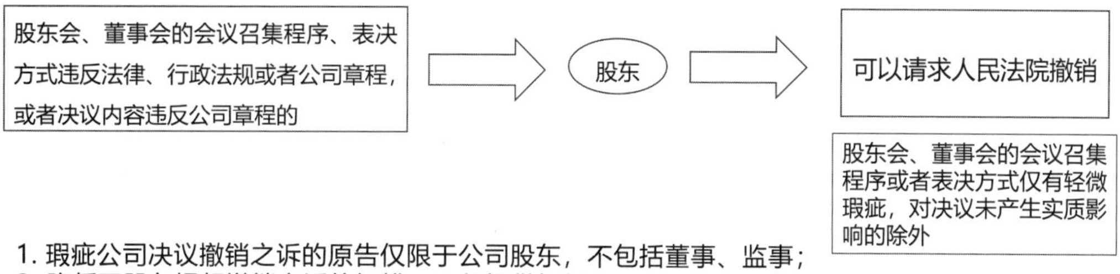

股东会、董事会的会议召集程序、表决方式违反法律、行政法规或者公司章程，或者决议内容违反公司章程的 → 股东 → 可以请求人民法院撤销

股东会、董事会的会议召集程序或者表决方式仅有轻微瑕疵，对决议未产生实质影响的除外

1. 瑕疵公司决议撤销之诉的原告仅限于公司股东，不包括董事、监事；
2. 降低了股东提起撤销之诉的门槛：无须提供担保。

不得以临时提案提出的重大事项

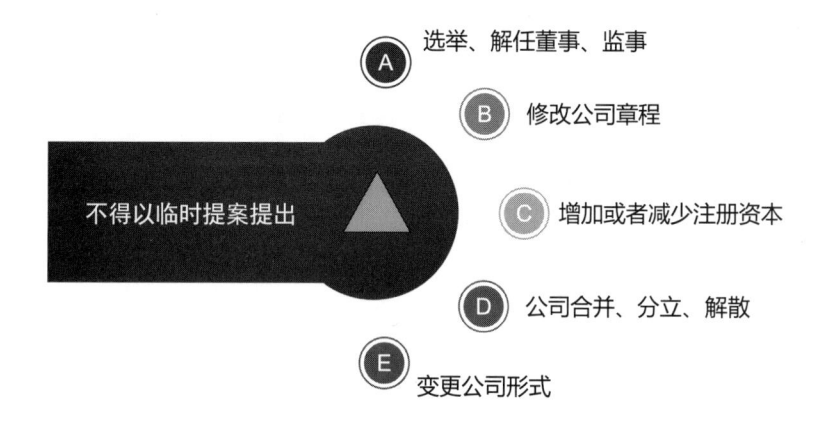

不得以临时提案提出：
- A 选举、解任董事、监事
- B 修改公司章程
- C 增加或者减少注册资本
- D 公司合并、分立、解散
- E 变更公司形式

有限责任公司股东优先认购权

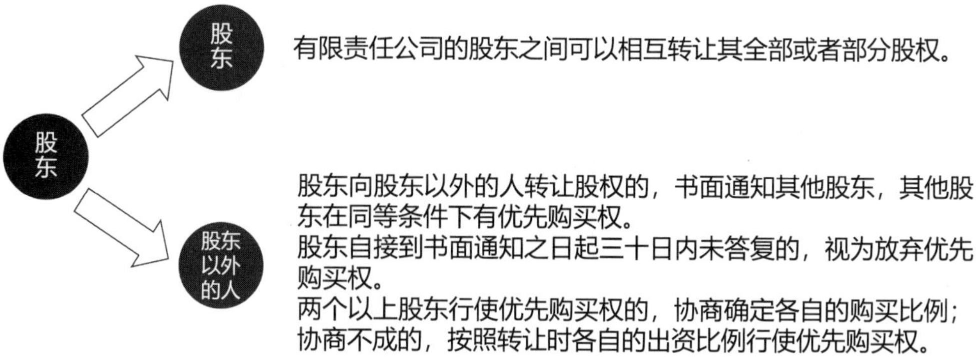

股东 → 股东：有限责任公司的股东之间可以相互转让其全部或者部分股权。

股东 → 股东以外的人：股东向股东以外的人转让股权的，书面通知其他股东，其他股东在同等条件下有优先购买权。
股东自接到书面通知之日起三十日内未答复的，视为放弃优先购买权。
两个以上股东行使优先购买权的，协商确定各自的购买比例；协商不成的，按照转让时各自的出资比例行使优先购买权。

公司章程对股权转让另有规定的，从其规定。

股份有限公司赋予股东优先认购权

股份有限公司为增加资本发行新股时，股东不享有优先认购权，公司章程另有规定或者股东会决议决定股东享有优先认购权的除外。

有限责任公司股东资格的继承

自然人股东死亡后，其合法继承人可以继承股东资格；但是，公司章程另有规定的除外。

公司对外投资或担保的限制要求

公司向其他企业投资或者为他人提供担保，按照公司章程的规定，由董事会或者股东会决议；公司章程对投资或者担保的总额及单项投资或者担保的数额有限额规定的，不得超过规定的限额。

公司为公司股东或者实际控制人提供担保的，必须经股东会决议。

前款规定的股东或者受前款规定的实际控制人支配的股东，不得参加前款规定事项的表决。该项表决由出席会议的其他股东所持表决权的过半数通过。

04 完善国家出资公司规定

国家出资公司的范围

- 国有独资公司
- 国有资本控股公司

包括国家出资的有限责任公司、股份有限公司

国家出资公司党的领导地位

明确党对国有企业的领导作用

国家出资公司中中国共产党的组织,按照中国共产党章程的规定发挥领导作用,研究讨论公司重大经营管理事项,支持公司的组织机构依法行使职权。

国有独资公司的股东会设置

国有独资公司不设股东会,由履行出资人职责的机构行使股东会职权。履行出资人职责的机构可以授权公司董事会行使股东会的部分职权,但公司章程的制定和修改,公司的合并、分立、解散、申请破产,增加或者减少注册资本,分配利润,应当由履行出资人职责的机构决定。

国有独资公司的董事会设置

过半数为**外部董事** — A — 董事会 — B — 应当有公司职工代表

国有独资公司设董事会,依照法律规定行使职权。
国有独资公司的董事会成员中,应当过半数为外部董事,并应当有公司职工代表。
董事会成员由履行出资人职责的机构委派;但是,董事会成员中的职工代表由公司职工代表大会选举产生。

国有独资公司设专门委员会

国有独资公司不设监事会或者监事,在董事会中设置审计委员会,行使本法规定的监事会职权。

05 强化大股东、董监高责任

控股股东的责任承担

控股股东责任

- 公司的控股股东、实际控制人、董事、监事、高级管理人员利用关联关系损害公司利益给公司造成损失的，应当承担赔偿责任

- 股东利用其控制的两个以上公司实施逃避债务，严重损害公司债权人利益的，各公司应当对任一公司的债务承担连带责任

- 公司的控股股东、实际控制人指示董事、高级管理人员从事损害公司或者股东利益的行为，与该董事、高级管理人员承担连带责任

公司股东的连带责任

▶ 公司股东滥用公司法人独立地位和股东有限责任，逃避债务，严重损害公司债权人利益的，应当对公司债务承担连带责任。

▶ 股东利用其控制的两个以上公司实施前款规定行为的，各公司应当对任一公司的债务承担连带责任。

▶ 只有一个股东的公司，股东不能证明公司财产独立于股东自己的财产的，应当对公司债务承担连带责任。

注："只有一个股东的公司"包括一人有限责任公司，也包括一人股份有限公司。

股东出资加速到期规定

公司不能清偿到期债务的，公司或者已到期债权的债权人有权要求已认缴出资但未届出资期限的股东提前缴纳出资。

降低了股东加速出资的门槛，无须以公司是否明显缺乏清偿能力作为条件，强化了股东出资义务。在股东加速出资制度下，认缴注册资本不是空头支票，公司注册资本并非越多越好。公司设立时，股东要适当评估公司注册资本规模。

决议被法院宣告无效、撤销或确认不成立

公司股东会、董事会决议被人民法院宣告无效、撤销或者确认不成立的：

1. 公司应当向公司登记机关申请撤销根据该决议已办理的登记。

2. 公司根据该决议与善意相对人形成的民事法律关系不受影响。

股东知情权的范围

股东有权查阅、复制公司章程、股东名册、股东会会议记录、董事会会议决议、监事会会议决议和财务会计报告。

股东可以要求查阅公司会计账簿、会计凭证。股东要求查阅公司会计账簿、会计凭证的，应当向公司提出书面请求，说明目的。

1. 股东行使知情权的范围扩大，除会计账簿外，还有权查阅公司会计凭证，统一司法实践中不同法院的不同裁判标准，有利于维护股东的合法权益；

2. 同时，股东要求查阅会计凭证的，需要向公司提出书面请求并说明目的，公司有合理依据认为股东查阅会计账簿、会计凭证有不正当目的，可能损害公司合法利益的，可以拒绝提供查阅，并说明理由。

股东可以向公司申请查账

主体资格：连续一百八十日以上单独或者合计持有公司百分之三以上股份的股东。

申请条件：有理由怀疑公司业务执行违反法律、行政法规或者公司章程的，可以向公司提出书面请求，委托会计师事务所、律师事务所等中介机构，在必要范围内，查阅公司的会计账簿、会计凭证。

拒绝查阅：公司有合理依据认为股东查阅会计账簿、会计凭证有不正当目的，可能损害公司合法利益的，可以拒绝提供查阅，并应当自股东提出书面请求之日起十五日内书面答复股东并说明理由。

救济途径：公司拒绝提供查阅的，股东可以向人民法院提起诉讼。

股东会临时提案的提出

股东 → **董事会** → **股东会**

股东：
1. 单独或者合计持有公司百分之一以上股份的股东。
2. 可以在股东会会议召开十日前提出临时提案并书面提交董事会。
3. 临时提案应当有明确议题和具体决议事项。

董事会：
1. 董事会应当在收到提案后二日内通知其他股东，并将该临时提案提交股东会审议。
2. 但临时提案违反法律、行政法规或者公司章程的规定，或者不属于股东会职权范围的除外。
3. 选举、解任董事、监事以及本法第一百一十六条第三款规定的事项，不得以临时提案提出。

强制执行中的股东优先购买权

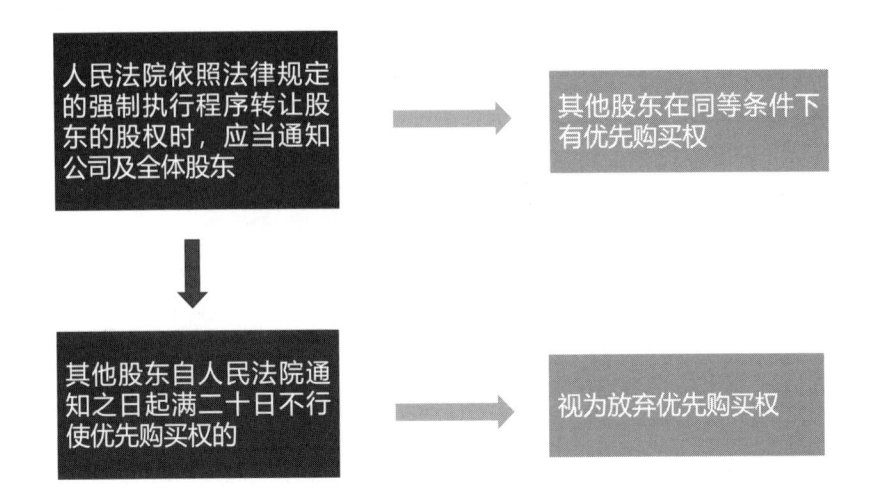

人民法院依照法律规定的强制执行程序转让股东的股权时，应当通知公司及全体股东 → 其他股东在同等条件下有优先购买权

其他股东自人民法院通知之日起满二十日不行使优先购买权的 → 视为放弃优先购买权

股东未按期足额交纳出资的法律后果

董事会核查：有限责任公司成立后，董事会应当对股东的出资情况进行核查，发现股东未按期足额缴纳公司章程规定的出资的，应当由公司向该股东发出书面催缴书，催缴出资。

宽限期：公司依照前条第一款规定发出书面催缴书催缴出资的，可以载明缴纳出资的宽限期；宽限期自公司发出催缴书之日起，不得少于六十日

股东失权：宽限期届满，股东仍未履行出资义务的，公司经董事会决议可以向该股东发出失权通知，通知应当以书面形式发出，自通知发出之日起，该股东丧失其未缴纳出资的股权

出资不足的股权转让责任

- **转让人承担补充责任**

股东转让已认缴出资但未届出资期限的股权的，由受让人承担缴纳该出资的义务；受让人未按期足额缴纳出资的，转让人对受让人未按期缴纳的出资承担补充责任。

- **受让人承担连带责任**

未按期足额缴纳出资或者作为出资的非货币财产的实际价额显著低于所认缴的出资额的股东转让股权的，受让人知道或者应当知道存在上述情形的，在出资不足的范围内与该股东承担连带责任。

股东抽逃出资的法律后果

■ 公司成立后，股东不得抽逃出资。

■ 股东抽逃出资的 →
- 股东应当返还抽逃的出资
- 给公司造成损失的，负有责任的董事、监事、高级管理人员应当与该股东承担连带赔偿责任

股东表决权的确定

股东会会议由股东按照出资比例行使表决权；但是，公司章程另有规定的除外。

原则：依照出资比例确定、行使表决权

例外：章程可以对表决权进行特殊约定

董事责任保险的规定

公司可以在董事任职期间为董事因执行公司职务承担的赔偿责任投保责任保险。

公司为董事投保责任保险或续保后，董事会应当向股东会报告责任保险的投保金额、承保范围及保险费率等内容。

> "董事责任保险"是指公司董事在履行公司管理职责的过程中，因工作疏忽、不当行为而被追究个人赔偿责任时，将由保险公司负责赔偿该董事进行责任抗辩时所支出的相关法律诉讼费用，同时承担其他相应民事赔偿责任的保险。

董事会决议的责任承担

- 董事应当对董事会的决议承担责任

- 董事会的决议违反法律、行政法规或者公司章程、股东会决议，给公司造成严重损失的，参与决议的董事对公司负赔偿责任

- 经证明在表决时曾表明异议并记载于会议记录的，该董事可以免除责任

董监高与公司关联交易的程序

| 董事、监事、高级管理人员直接或者间接与本公司订立合同或者进行交易 | → | 应当就与订立合同或者进行交易有关的事项向董事会或者股东会报告,并按照公司章程的规定经董事会或者股东会决议通过。董事会决议时,关联董事回避表决 |

董事、监事、高级管理人员的近亲属,董事、监事、高级管理人员或者其近亲属直接或者间接控制的企业,以及与董事、监事、高级管理人员有其他关联关系的关联人,与公司订立合同或者进行交易,适用上述规定

董监高可以取得公司商业机会的情形

董监高可以取得属于公司商业机会的例外情形:

1 已经向董事会或者股东会报告,并经董事会或者股东会决议

2 根据法律、行政法规或公司章程的规定,公司不能利用该商业机会

董监高对股东非货币出资瑕疵承担连带责任

有限责任公司成立后,发现作为设立公司出资的非货币财产的实际价额显著低于所认缴的出资额的,应当由该出资的股东补足其差额;公司设立时的其他股东承担连带责任。

股东有前款规定的行为,给公司造成损失的,应当承担赔偿责任,负有责任的董事、监事、高级管理人员应当与该股东承担连带赔偿责任。

明确了在股东存在非货币财产瑕疵出资的情形下,负有责任的董事、监事、高级管理人员应当与瑕疵出资股东共同承担连带责任。

有过错的董监高对公司资本的充实责任

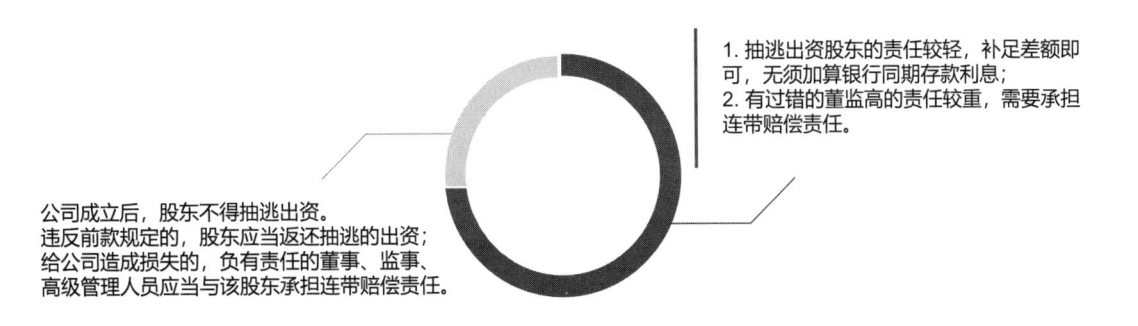

公司成立后,股东不得抽逃出资。违反前款规定的,股东应当返还抽逃的出资;给公司造成损失的,负有责任的董事、监事、高级管理人员应当与该股东承担连带赔偿责任。

1. 抽逃出资股东的责任较轻,补足差额即可,无须加算银行同期存款利息;
2. 有过错的董监高的责任较重,需要承担连带赔偿责任。

为他人取得公司股份提供财务资助的责任

◆ 公司不得为他人取得本公司或者其母公司的股份提供赠与、借款、担保以及其他财务资助,公司实施员工持股计划的除外。

为公司利益,经股东会决议,或者董事会按照公司章程或者股东会的授权作出决议,公司可以为他人取得本公司或者其母公司的股份提供财务资助,但财务资助的累计总额不得超过已发行股本总额的百分之十。董事会作出决议应当经全体董事的三分之二以上通过。

董监高责任

违反上述规定为他人取得本公司股份提供财务资助,给公司造成损失的,负有责任的董事、监事、高级管理人员应当承担赔偿责任。

公司违规分红或减资的责任

违规分红的责任
公司违反规定在弥补亏损和提取法定公积金之前向股东分配利润的,股东应当将违反规定分配的利润退还公司;给公司造成损失的,股东及负有责任的董事、监事、高级管理人员应当承担赔偿责任。

违规减资的责任
违反本法规定减少注册资本的,股东应当退还其收到的资金,减免股东出资的应当恢复原状;给公司造成损失的,股东及负有责任的董事、监事、高级管理人员应当承担赔偿责任。

董事、高管故意或重大过失的赔偿责任

董事、高级管理人员执行职务,给他人造成损害的,公司应当承担赔偿责任;董事、高级管理人员存在故意或者重大过失的,也应当承担赔偿责任。

代持上市公司股票的禁止性规定

禁止违反法律、行政法规的规定,代持上市公司股票。

《证券公司监督管理条例》
第十四条 未经国务院证券监督管理机构批准,任何单位或者个人不得委托他人或者接受他人委托持有或者管理证券公司的股权。

《商业银行股权管理暂行办法》
第十二条 商业银行股东不得委托他人或接受他人委托持有商业银行股权。

《保险公司股权管理办法》
第三十一条 投资人不得委托他人或者接受他人委托持有保险公司股权。

上市公司控股子公司的禁止性规定

上市公司控股子公司不得取得该上市公司的股份

上市公司控股子公司因公司合并、质权行使等原因持有上市公司股份的,不得行使所持股份对应的表决权,并应当及时处分相关上市公司股份

06 加强社会公益保护

公司职工的民主管理

1 公司应当为本公司工会提供必要的活动条件。公司工会代表职工就职工的劳动报酬、工作时间、休息休假、劳动安全卫生和保险福利等事项依法与公司签订集体合同。

2 公司依照宪法和有关法律的规定，建立健全以职工代表大会为基本形式的民主管理制度；通过职工代表大会或者其他形式，实行民主管理。

3 公司研究决定改制、解散、申请破产以及经营方面的重大问题、制定重要的规章制度时，应当听取公司工会的意见，并通过职工代表大会或者其他形式听取职工的意见和建议。

董事会的职工代表设置

应当设置	职工人数三百人以上的有限责任公司（除依法设监事会并有公司职工代表的除外）
可以设置	其他有限责任公司
选举方式	董事会中的职工代表由公司职工通过职工代表大会、职工大会或者其他形式民主选举产生

公司的社会责任承担

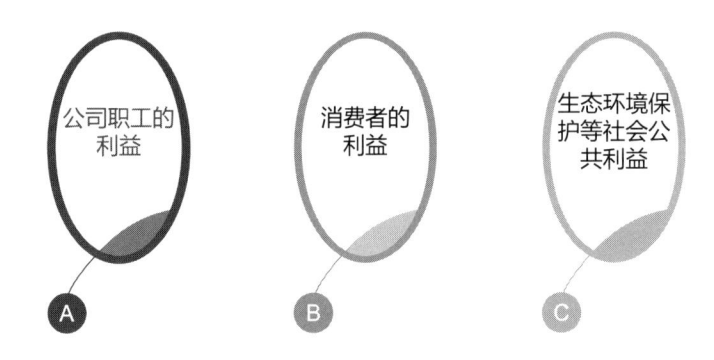

- A 公司职工的利益
- B 消费者的利益
- C 生态环境保护等社会公共利益

第二十条 公司从事经营活动,应当充分考虑公司职工、消费者等利益相关者的利益以及生态环境保护等社会公共利益,承担社会责任。

国家鼓励公司参与社会公益活动,公布社会责任报告。

环境、社会和公司治理(ESG)理念

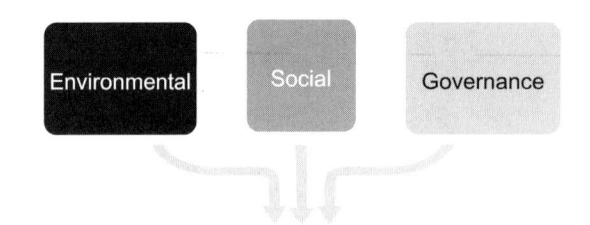

Environmental | Social | Governance

评估公司在促进经济可持续发展、履行社会责任等方面的贡献

企业家必修课：硬科技企业与风险投资的共赢生态合规进阶

01 创始人如何看待风险投资

风险投资

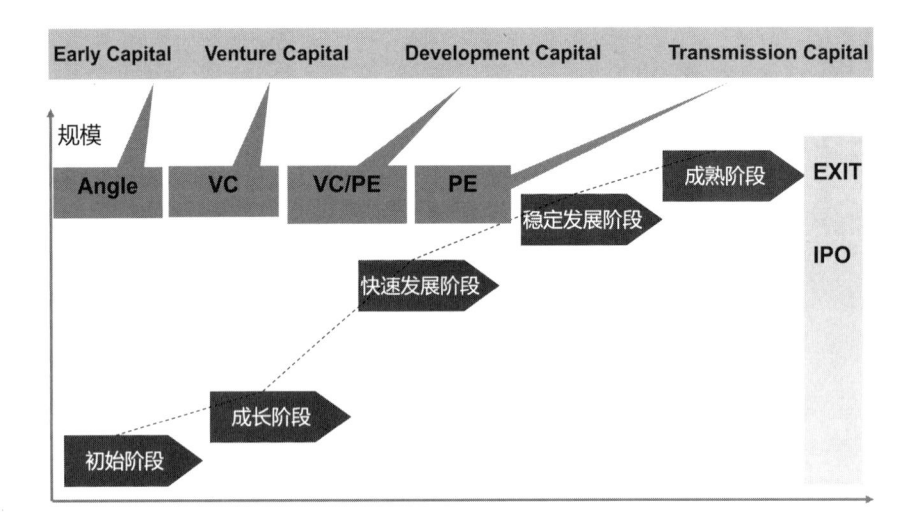

```
规模
        Early Capital   Venture Capital   Development Capital   Transmission Capital
        
        Angle          VC               VC/PE    PE
                                                      成熟阶段      EXIT
                                              稳定发展阶段
                                                                  IPO
                                    快速发展阶段
                       成长阶段
        初始阶段
```

问题一：创始团队是否真的需要风险投资？

业务	业务所在的赛道是否符合国家产业政策或者全球化趋势？ 产品或服务的市场空间是否足够大？ 业务是否具备爆发性增长的可能？ 业务或者产品是否受产业链或者技术制约？
心态	创始人和团队是否愿意接受三大规范（财务规范、税务规范、法律规范） 创始人和团队是否愿意接受对赌？ 创始人和团队是否准备好接受外部股东的监督？

问题二：创业团队什么时候需要风险投资？

阶段	创业目前属于什么阶段？种子期？成长期？成熟期？
资金需求	产品或者服务在可预见的未来是否有明确的资金需求？

问题三：创业团队需要做哪些准备？

BP	对业务的准确描述；可信的行动计划；Financial Model（财务模型）
团队	团队成员是否持有股权？股权结构是否合理？
法律	股权架构是否稳定？股东之间是否存在潜在风险？知识产权是否清晰？业务是否符合国家产业政策？
财务	收入的确认/成本的计量/税负

问题四：怎样在不同的风险投资间做选择？

基金	深入了解其背景情况、出资人情况及过往投资案例
投资人	投资人过往的经历如何？投资人对相关行业是否熟悉？是否具有相关行业的重要资源？投资人的沟通风格和沟通能力如何？
价值	估值提升、产业链提升、供应链提升、资源提升
联合投资	合理的股东结构，降低投资风险

问题五：创业团队和投资机构会有什么样的分歧？

技术认同	所在赛道技术路线如何？国内外技术应用场景如何？是否形成专利壁垒？是否取得国家级的认可？
商业模式	产业链生态是否认可？产品供应链生态是否认可？金融供应链是否认可？企业在生态和产业链上的盈利能力如何？
价值差异	1. 估值；2. 技术路线；3. 商业模式；4. 团队文化

> 什么嘛，这个人压根就没有看懂我的公司!!!

问题六：创始团队还有哪些方面需要注意？

暴露缺点	SWOT
诚信	测试契约精神、测试对民营企业的看法、测试对中国法治的看法
股权管理	创始人保持控制权的稳定性，股权释放有明确的阶段安排，财务投资人、产业投资人、政府引导基金各取所需
Deal Close	TS只是开始，SPA才算完成

02 BP怎么写

BP长什么样?

- 一、做这件事的人是谁?有无行业背景?是否有二次创业的团队成员?
- 二、创始人对项目的见地如何?创业的天时、地利、人和是否具备?
- 三、创始团队是否全身心投入这个项目?自己愿意投多少钱?
- 四、创始人团队架构是否符合商业逻辑?执行力是否强大?
- 五、是否有精确的3年财务预测,(EXCEL)历史财务数据力求事实,预测力求合理、增长性,包括假设条件、收入结构、费用结构等。
- 六、创始团队对竞争对手的看法如何?
- 七、创始团队对失败的看法如何?
- 八、你需要多少钱?不是越多越好,是基于财务预测,基于如果你自己投自己,愿意投多少钱。

注:BP(Business Plan),商业计划书。

BP要点	核心内容
公司介绍	公司基本情况、股权结构、股东背景、关联企业、历史沿革、公司大事记
管理团队	组织架构、高级管理人员简介、内部管理控制、人员结构和分布
行业与市场	市场环境分析、市场机会、竞争者、未来趋势
产品/商业模式	产品(服务)介绍、独特性、市场定位、目标市场、目标客户、市场反应、市场占有率、新产品开发、知识产权
财务数据	近3年的审计报告、财务分析报告、主要资产/债务清单等
融资计划	资金需求及使用计划、投资风险、投资退出计划及可能投资回报

BP对行业的洞察

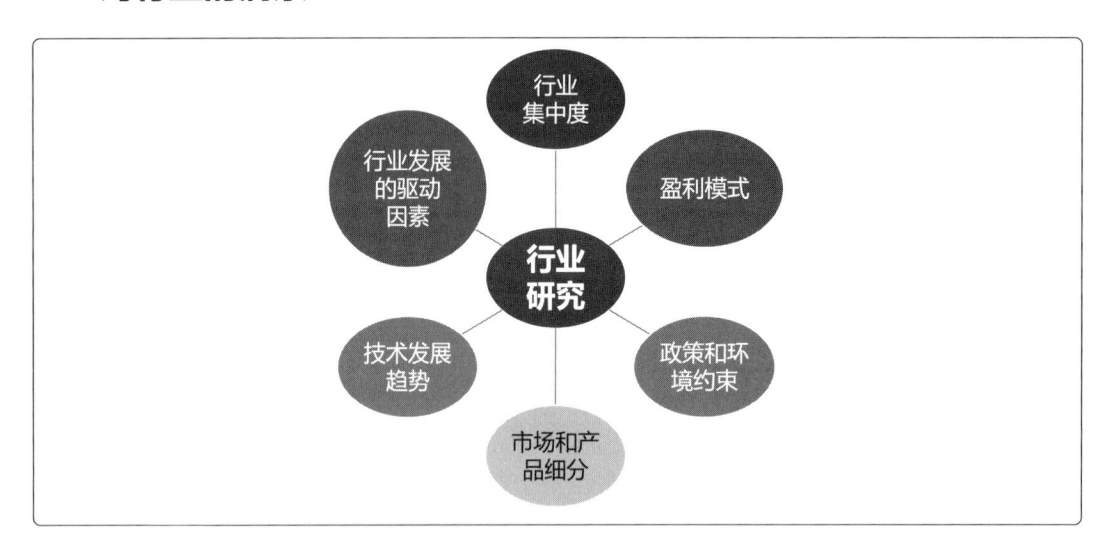

行业研究：
- 行业集中度
- 盈利模式
- 政策和环境约束
- 市场和产品细分
- 技术发展趋势
- 行业发展的驱动因素

03 创始人如何看DD

DD（Due Diligence，尽职调查）——可能释放出什么

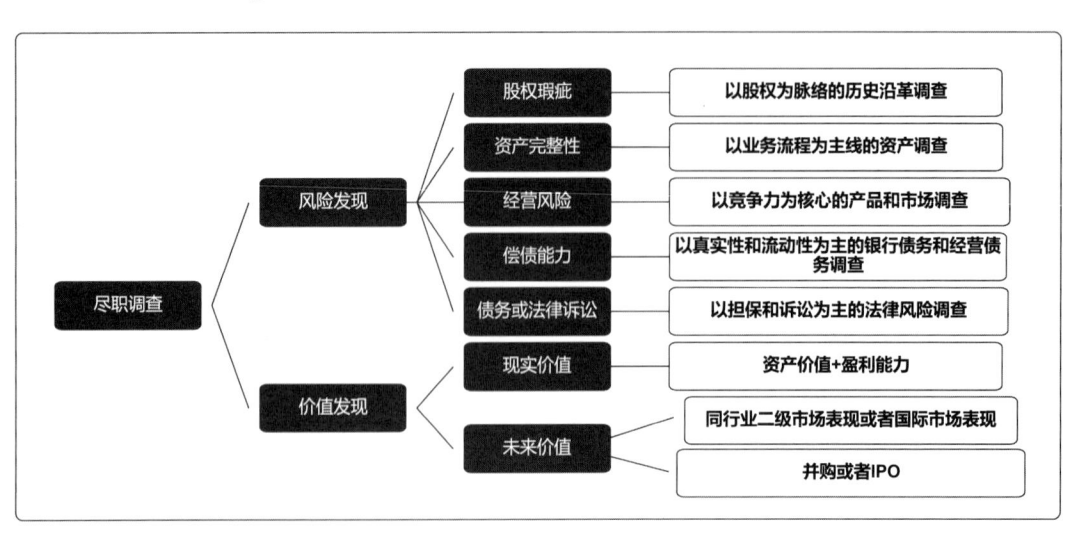

尽职调查
- 风险发现
  - 股权瑕疵 —— 以股权为脉络的历史沿革调查
  - 资产完整性 —— 以业务流程为主线的资产调查
  - 经营风险 —— 以竞争力为核心的产品和市场调查
  - 偿债能力 —— 以真实性和流动性为主的银行债务和经营债务调查
  - 债务或法律诉讼 —— 以担保和诉讼为主的法律风险调查
- 价值发现
  - 现实价值 —— 资产价值+盈利能力
  - 未来价值
    - 同行业二级市场表现或者国际市场表现
    - 并购或者IPO

DD——全面体检

劣势变优势

- 公司历史沿革
- 管理团队背景
- 公司治理结构及管理状况
- 产品和技术
- 业务流程和业务资源
- 行业及市场
- 财务报表的核实
- 资产负债状况
- 经营状况及其变动
- 盈利预测的核查
- 环境评估
- 潜在的法律纠纷
- 发展规划及其可行性

DD——团队

- 人事部门：人员数量、部门分布、人员各项结构
- 财务部门：工资流水、分析人员成本、部门分布
- 财务部门：工资成本和其他人事费用
- 管理人员的工资水平和变化
- 主要管理人员、业务骨干的简历
- 企业的各项人事政策、激励制度
- 各部门对人事政策和激励制度的评价和建议、各部门的成本
- 当地的平均工资水平

DD——盈利能力

毛利率是核心

- 以毛利率、存货周转率、应收账款周转率为指标，对市场情况以及市场地位进行调查
- 以利润率为指标，对成本进行分解调查：
  - 损益表中，主营业务收入后面每项内容与主营业务收入的比例
  - 总成本中每项成本的比例（或单位产品成本中各项成本的比例）
- 经营现金流分析
- 行业比较分析：
  - 选择行业上市公司，将有关指标进行对比
  - 分析同行业上市公司的经营特点
- 会计政策对利润核算有重大影响，应该了解公司会计政策

DD——部门访谈

深入一线，让数据说话

销售部门	采购部门	生产部门	质检部门
•部门内部机构设置、人员数量及分布、销售人员考核与奖惩制度 •企业总体销售政策、产品定价策略、重点销售区域、主要销售方式 •对产品质量的反映、客户对产品质量的反馈 •售后服务、客户关系 •提高销售业绩的措施和需要的政策或支持	•部门内部结构设置、人员数量及分布、人员考核与奖惩制度 •采购政策、供应商关系 •节约成本的措施和需要的政策或支持	•部门内部结构设置、人员数量及分布、人员考核与奖惩制度 •提高效率、节约成本的措施和需要的政策或支持	•质量检测流程和控制制度、改进建议

各部门对本部门奖惩制度及其他业务流程的评价和建议

DD——业务流程

没有最好，只有更好

- 是否有真实的内控？
- 是否有真实的团队协作？
- 做事靠的是制度还是老板的权威？
  - ➢ 销售业绩提高：销售部门的销售政策和人员激励制度
  - ➢ 效率提高：生产流程的优化、设备的利用、产供销之间的衔接
  - ➢ 成本降低：供应部门的控制制度、生产过程的成本控制
  - ➢ 质量提高：质量检测流程的优化、客户意见的反馈和处理方式

DD——财务核数

- 真实的成本：是否有关联采购；是否存在体外循环？
- 真实的费用：工资是否市场化水平？
- 真实的交易：是否存在走账？
- 真实的应收账款：账龄？是否可以市场化收回？

04 创始人如何看TS/SPA

TS/SPA核心条款

保障投资人收益条款	保障投资人持股比例、持股价值条款	保障投资人监督管理公司条款	约束创始人股东行为的条款
• 优先分红权 • 优先清算权 • 共同出售权 • 强制出售权 • 强制回购权 • 对赌条款 • 投资人自由转股条款	• 估值条款 • 优先购买权 • 优先认购权 • 反稀释条款	• 董事会席位分配条款 • 一票否决权 • 股东知情权	• 股权兑现条款 • 股权禁售条款 • 竞业禁止条款 • 全职工作条款 • 关联交易条款

注：TS（Term Sheet of Equity Investment）投资意向书；SPA（Share Purchase Agreement）增资协议。

TS/SPA：估值条款

1. 估值条款约定了公司估值、融资金额、占股比例及交割的先决条件。

2. 投资人承认的估值，决定了投资人为了获得标的公司一定股份所愿意支付的价格，是其主观上对公司价值的认可。

3. 大部分TS中约定采用投后估值，即：出让股权比例=融资金额/公司投后估值。

4. 对于创业企业来说，出让相同比例股权的情况下，公司估值越高，意味着能融到越多的资金。

TS/SPA：估值条款——估值方法

可比公司法

通常，在股票市场上总会存在与进行私募发行的企业类似可比的公司。这些公司股票的市场价值，反映了投资者目前对这类公司的估值。利用这些可比公司的一些反映估值水平的指标，就可以估算私募发行的企业的价值，这就是可比公司法。

>>>>>>>>>>>>>>>>>>>>>>>>>>>>>>>>>>>>>>

使用可比公司法估值，通常有以下几个步骤：

1. 选取合适的可比公司；
2. 选取合适的指标；
3. 估算私募融资企业的价值。

收益法

收益法是预计估价对象未来的正常净收益，选择适当的报酬率或资本化率、收益乘数将其折现到估价时点后累加，以此估算估价对象的客观合理价格或价值，预测估价对象的未来收益，然后利用报酬率或资本化率、收益乘数将其转换为价值来求取估价对象的价值的方法。

>>>>>>>>>>>>>>>>>>>>>>>>>>>>>>>>>>>>>>

使用收益法估值，通常有以下几个步骤：

1. 收集或验证与评估对象未来预期收益有关的数据资料；
2. 分析测算公司的未来预期收益；
3. 分析测算折现率或资本化率；
4. 用折算率或资本化率将公司的未来预期收益折算成现值。

净现值法

利用净现金效益量的总现值与净现金投资量算出净现值，然后根据净现值的大小来评价投资方案。

>>>>>>>>>>>>>>>>>>>>>>>>>>>>>>>>>>>>>>

使用净现值法估值，通常有以下几个步骤：

1. 预测投资方案的每年现金净流量；
2. 根据资金成本率或适当的报酬率将以上现金流量折算成现值；
3. 将方案的投资额也折算成现值；
4. 以第二项的计算结果减去第三项计算结果，即可得出投资方案的净现值。

期权估价法

期权估价法，是指充分考虑企业在未来经营中存在的投资机会或拥有的选择权的价值，进而评估企业价值的一种方法。

>>>>>>>>>>>>>>>>>>>>>>>>>>>>

使用期权估价法估值，通常有以下几个步骤：

1. 搜集或验证与评估对象未来预期收益有关的数据资料；
2. 选取合适的模型。

TS/SPA：估值条款——企业估值面临的问题

生命周期不同阶段面临的估值问题

	婴儿期	青春期	青年期	中年期	老年期
收入/利润	无/低收入 负营业利润	收入增长 利润低/负	收入高增长 利润高增长	收入增长放缓 利润增长放缓	收入和利润 严重下滑
营业历史	无	很短	一段时间	较长	充足
可比公司	无	少量 处于同阶段	较多 处于不同阶段	很多 处于不同阶段	减少 多为成熟公司
价值来源	全部是未来的增长	多数是未来的增长	部分来自现有资产，主要来自未来增长	更多来自现有资产	全部来自现有资产

（1）初创期（婴儿期）企业估值面临的问题

现有投资产生的现金流是多少？	现有投资无法产生现金流或现金流为负
未来增长带来多少价值？	1. 因为没有历史数据可以借鉴，所以很难对收入或利润做出判断 2. 如果尚未形成产品或服务，则很难对市场潜力和盈利能力做出评估 3. 公司整体价值取决于未来增长，但信息量很少
现有资产和新增资产所产生的现金流风险有多大？	缺乏历史数据，很难评估风险
进入成熟期的潜在障碍有哪些？	公司如何能够做到稳定增长

(2) 成长期（青春期和青年期）企业估值面临的问题

现有投资产生的现金流是多少？	存在历史数据，但增长率、利润率以及相关营业指标处于变动中
未来增长带来多少价值？	1. 收入增长是否可以和公司增长同步 2. 竞争将如何影响利润
现有资产和新增资产所产生的现金流风险有多大？	公司增长得越快，风险也越高
进入成熟期的潜在障碍有哪些？	是否能满足市场需求；是否能挺过竞争考验

(3) 成熟期（中年期）企业估值面临的问题

现有投资产生的现金流是多少？	1. 有大量利润和现金流的历史数据 2. 数据是否稳定 3. 现有资产是否得到有效利用
未来增长带来多少价值？	1. 增长通常不快，但回报还是大于资金成本 2. 公司还能产生多久的超额收益，能保持多高的增长率 3. 某些公司还能在兼并过程中维持高增长
现有资产和新增资产所产生的现金流风险有多大？	经营风险稳定，公司可以调整财务杠杆，但影响资本成本
进入成熟期的潜在障碍有哪些？	很难保持高增长率和超额收益

(4) 衰退期（老年期）企业估值面临的问题

现有投资产生的现金流是多少？	1. 历史数据反映的是下降的收入和萎缩的利润 2. 投资回报率低于资本成本
未来增长带来多少价值？	1. 可能负增长 2. 资产出售，规模缩小 3. 低盈利资产剥离，剩余资产效率得到改善
现有资产和新增资产所产生的现金流风险有多大？	整体风险和股权风险随着资产剥离而发生变化
进入成熟期的潜在障碍有哪些？	1. 公司濒临清偿倒闭 2. 如果财务杠杆高，则必须缩小规模

1. 更有效的经营和管理，使现有资产产生更多现金流

2. 在市场好的时候，通过加速投资或投资更好的项目来提高增长率

3. 增强目前的竞争优势来延长高增长期的时间

4. 改变融资比例或手段来减少资本成本

5. 管理好非经营性资产，使其不会贬值

——投资大师达莫达兰教授

TS/SPA：估值条款——估值需考虑的定性化因素

一些无法量化的因素可能对私募产生重大影响，也需在估值中加以考虑。

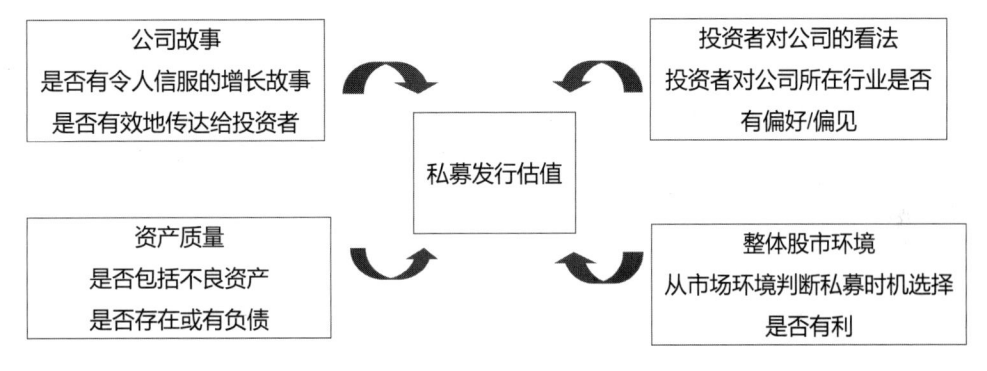

```
公司故事                        投资者对公司的看法
是否有令人信服的增长故事         投资者对公司所在行业是否
是否有效地传达给投资者           有偏好/偏见

              私募发行估值

资产质量                        整体股市环境
是否包括不良资产                 从市场环境判断私募时机选择
是否存在或有负债                 是否有利
```

TS/SPA：对赌条款

对赌条款直译为"价值调整机制"（Valuation Adjustment Mechanism，VAM），指的是投资方与融资方在达成投资协议时，对于未来不确定的情况进行一种约定：如果约定条件出现，投资方可以行使一种对自身有利的权利，用以补偿高估企业价值的损失；否则融资方就可以行使另一种对自身有利的权利，以补偿企业价值被低估的损失。

业绩对赌通常要求目标企业创始股东对企业未来3~5年的财务或非财务指标（统称"业绩指标"）做出预测，并承诺在一定期限内完成其预测的业绩指标。投资方有权按照实际完成情况调整估值，要求对方补偿现金或股权，严重时可能触发创始股东强制回购。

在计算具体的补偿金额（数量）时，一般通过数学公式予以阐述。例如，假设估值调整机制是以某一年度的净利润金额作为调整的基准且以现金进行补偿时，计算公式如下：

当公司未达到承诺净利润时，应补偿投资人的金额 =（1－当年实际净利润／当年承诺净利润）× 实际投资额

交易所审核有关对赌条款的监管要求

投资机构在投资发行人时约定对赌协议等类似安排的，原则上要求发行人在申报前清理。

但同时满足以下要求的可以不清理：
一是发行人不作为对赌协议当事人；
二是对赌协议不存在可能导致公司控制权变化的约定；
三是对赌协议不与市值挂钩；
四是对赌协议不存在严重影响发行人持续经营能力或者其他严重影响投资者权益的情形。

TS/SPA：回购条款

回购条款，是指发生约定的触发事件时，投资人有权要求目标企业或其股东按事先约定的定价机制（通常是8%~15%的年化单利或复利，并扣除投资人在持股期间已获得的分红或现金补偿）买回投资人所持有的全部或部分股权。

触发事件：
- 目标企业业绩指标未达到约定的门槛要求
- 目标企业约定时间内未能合格上市
- 目标企业控制权转移
- 创始团队违反服务期或竞业禁止等义务

股权回购模式

模式一：目标公司股东回购，公司对股东的回购义务承担连带保证责任

融资 → 投资人
投资人 → 回购 → 股东
目标公司 —(连带保证)— 回购条款
股东 ← 回购条款

模式二：目标公司回购，股东对公司的回购义务承担连带保证责任

融资 → 投资人
投资人 —(连带保证)— 股东
目标公司 → 回购 → 回购条款

案例1：公司对赌无效，股东对赌有效

案例

案号：（2012）民提字第11号

海富公司（投资人）与世恒有色（目标公司）、迪亚有限公司（世恒有色唯一股东）及迪亚实际控制人签订增资协议，约定以现金2000万元进行增资。

现金补偿条款

若世恒有色2008年实际净利润无法达到3000万元，海富投资有权要求世恒有色予以补偿，如未能履行补偿义务，海富投资有权要求迪亚有限履行补偿义务。补偿金额=（1−2008年实际利润/3000万元）×本次投资金额。

案例

最高院观点

- 补偿条款的内容使得海富公司的投资可以取得相对固定的收益，该收益脱离了世恒公司的经营业绩，损害了公司利益和公司债权人利益，因此海富投资与世恒有色之间的对赌协议无效。

- 迪亚公司对于海富公司的补偿承诺并不损害公司及公司债权人的利益，不违反法律法规的禁止性规定，是当事人的真实意思表示，因此有效。

案例2：股东回购，公司连带责任

案号：（2016）最高法民再128号

瀚霖公司（目标公司）、强静延等（投资人）、曹务波（股东）共同签订增资协议书及补充协议书。主要约定乙方向甲方增资扩股及其他事宜。

股权回购条款

第二条第1款约定：曹务波承诺争取目标公司于2013年6月30日前完成合格IPO。

第二条第2款约定：如果目标公司未能在2013年6月30日前完成合格IPO，强静延有权要求曹务波以现金方式购回强静延所持的目标公司股权，回购价格为强静延实际投资额再加上每年8%的内部收益率溢价。

第二条第6款约定：瀚霖公司为曹务波的回购提供连带责任担保。

最高院观点：约定公司为股东回购提供连带责任担保的对赌条款有效

在投资人已对目标公司提供担保，经过股东会决议尽到审慎注意和形式审查义务的情形下，由于其投资全部用于公司经营发展，目标公司全体股东均因此受益，并不损害公司及中小股东权益，应当认定目标公司为其股东与投资人签订股权回购协议提供担保的条款合法有效，应当对股东支付股权转让金及其他承担连带清偿责任。

案例3：公司回购，股东连带责任

案号：江苏省高院（2019）苏民再62号

2011年7月，潘云虎等（股东）、扬锻有限（目标公司）、华工公司（投资人）共同签署增资扩股协议及补充协议，约定华工公司向扬锻有限增资扩股的相关事宜。同年，扬锻有限改制为股份公司。

股权回购条款

若扬锻有限未能在限期内成功上市或公司出现重大变化，华工公司有权要求扬锻有限以现金回购华工公司所持的全部扬锻有限的股权，回购股权价款=投资额+（投资额×8%×投资到公司实际月份数/12）—扬锻有限累计对华工公司进行的分红。

案例 一、二审法院观点：股权回购无效

该约定实际是让华工公司作为股东在不具备法定回购股权的情形以及不需要经过法定程序的情况下，直接由公司支付对价而抛出股权，使股东可以脱离公司经营业绩、不承担公司经营风险而即当然获得约定收益，损害了公司、公司其他股东和公司债权人的权益，与《公司法》第二十条资本维持、法人独立财产原则相悖。故该股权回购约定当属无效。

案例 再审法院观点：公司与投资人签订的股权回购协议有效

- 股份回购并不当然违反我国《公司法》的强制性规定，公司在履行法定程序后回购股份，亦不会损害股东及债权人利益，亦不会构成对公司资本维持原则的违反。

- 股份回购的条款内容是当事人特别设立的保护投资人利益的条款，属于商业风险的安排，系各方当事人的真实意思表示。

- 固定收益率8%，与同期企业融资成本相比并不明显过高，不存在脱离目标公司正常经营下所应负担的经营成本及所能获得的经营业绩的企业正常经营规定。

九民纪要

最高人民法院关于印发《全国法院民商事审判工作会议纪要》的通知
法〔2019〕254号

二、关于公司纠纷案件的审理
（一）关于"对赌协议"的效力及履行

1、投资方与目标公司的股东或者实际控制人订立的"对赌协议"：如无其他无效事由，认定有效并支持实际履行，实践中并无争议。

2、投资方与目标公司订立的"对赌协议"是否有效以及能否实际履行，存在争议。对此，应当把握如下处理规则：
（1）在不存在法定无效事由的情况下，目标公司仅以存在股权回购或者金钱补偿约定为由，主张"对赌协议"无效的，人民法院不予支持……
（2）投资方请求目标公司回购股权的，人民法院应当依据《公司法》第35条关于"股东不得抽逃出资"或者第142条关于股份回购的强制性规定进行审查。经审查，目标公司未完成减资程序的，人民法院应当驳回其诉讼请求。
（3）投资方请求目标公司承担金钱补偿义务的，人民法院应当依据《公司法》第35条关于"股东不得抽逃出资"和第166条关于利润分配的强制性规定进行审查。经审查，目标公司没有利润或者虽有利润但不足以补偿投资方的，人民法院应当驳回或者部分支持其诉讼请求。今后目标公司有利润时，投资方还可以依据该事实另行提起诉讼。

TS/SPA：优先分红权条款

优先分红权，是指在目标企业宣告分派股息时，享有优先权的股东有权相较于其他股东有限取得约定比例股息的一种权利。

优先分红权更重要的是可以限制企业分红，防止原有股东套现，确保资金用于公司发展，进而实现投资人自身利益最大化。

目标企业应对

- **拒绝接受**：优先分红条款并非惯常条款，在有明确上市预期等退出渠道的情况下，企业应当尽可能拒绝接受。

- **设定分配上限**：以达到一定收益率为上限。

- 在"优先清算""回购"等条款的计算公式中，将投资人在**持股期间已经获得的分红予以扣减。**

TS/SPA：优先认购权及优先购买权条款

优先认购权

目标企业增资扩股时，投资人在同等条件下按照持股比例享有优先认购权，其目的在于保障现有股东的持股比例和权益不被稀释。

优先购买权

目标企业的其他股东对外出售股权时，投资人在同等条件下按照持股比例享有优先购买的权利。

除外适用

- 为实施股权激励而进行的增资或股权转让
- 在不超过一定比例（如5%）范围内且不会导致企业控制权发生变更的股权转让
- 为维持创始人必要的家庭生活需要而进行的股权转让
- 为保障投资协议其他权利条款（如履行反稀释股权调整、业绩承诺股权调整、领售/拖售交易）的实现而进行的股权转让

TS/SPA：共同出售权条款

共同出售权

共同出售权，又称为"跟售权"，如果创始股东或其他普通股股东向第三方转让股权，投资人则有权按照拟出售股权的股东与第三方达成的价格和协议参与到这项交易中，按照其在目标公司中目前的持股比例向第三方转让股份。

共同出售权本质上是一项卖出期权（put option），优先购买权本质上是一项买入期权（call option）。在同一项创始人转股事件中，投资人仅能选择行使其中一项权利，而不得同时行使两项权利。

除外适用

- 为实施股权激励而进行的增资或股权转让
- 在不超过一定比例（如5%）范围内且不会导致企业控制权发生变更的股权转让
- 为维持创始人必要的家庭生活需要而进行的股权转让
- 为保障投资协议其他权利条款（如履行反稀释股权调整、业绩承诺股权调整、领售/拖售交易）的实现而进行的股权转让

TS/SPA：反稀释条款

概念

反稀释条款是指投资方股东投资后，公司降价融资的，投资方有权要求公司或其他人给予补偿，以防止其持有的股权价值被摊薄。

类型

> **股权补偿**

由控股股东或实际控制人以零对价向原投资方股东转让调整所需的股权。

> **现金补偿**

由控股股东、实际控制人以现金方式补偿原投资方股东。

完全棘轮（对投资人有利）

完全棘轮，是指如果公司后续发行的股份价格低于A轮投资人当时适用的转换价格，那么A轮的投资人的实际转化价格也要降低到新的发行价格。

加权平均棘轮（对目标企业有利）

加权平均棘轮，是指如果后续发行的股份价格低于A轮的转换价格，那么新的转换价格就会降低为A轮转换价格和后续融资发行价格的加权平均值，即：给A系列优先股重新确定转换价格时不仅要考虑低价发行的股份价格，还要考虑其权重（发行的股份数量）。

---

01 根据《股权转让所得个人所得税管理办法（试行）》（国家税务总局公告2014年第67号），不具合理性的无偿让渡股权，视为股权转让收入明显偏低，主管税务机关可以核定股权转让收入。
因此，创始人如接受无偿转让方式补偿投资人的，还需考虑潜在税负风险。

02 如果公司在该轮融资之前有过融资，则在采取以股权转让方式执行反稀释条款时，应当同时明确约定其他投资人或其他现有股东应当对此股权转让予以同意，并放弃其所享有的任何法定或约定的优先购买权。

对反稀释条款的限制

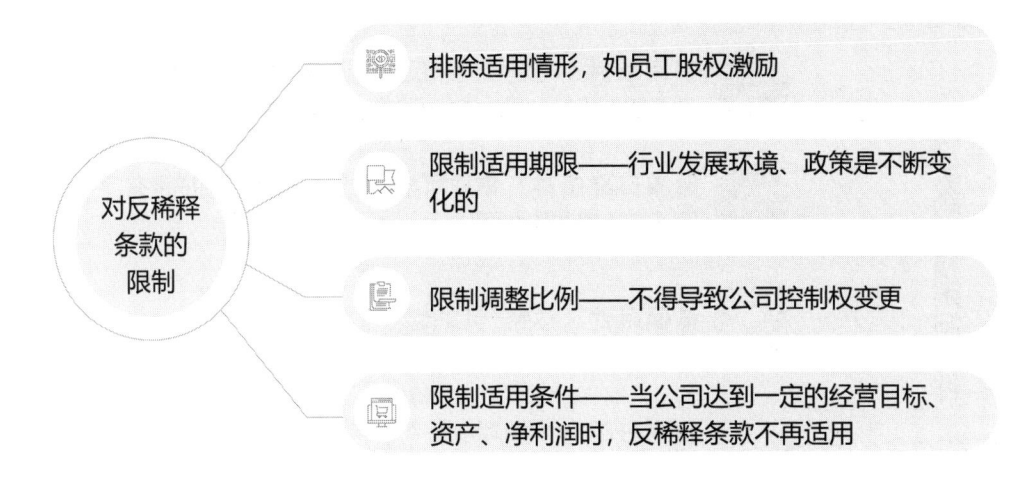

- 排除适用情形，如员工股权激励
- 限制适用期限——行业发展环境、政策是不断变化的
- 限制调整比例——不得导致公司控制权变更
- 限制适用条件——当公司达到一定的经营目标、资产、净利润时，反稀释条款不再适用

TS/SPA：强制出售权

强制出售权，又称为"领售权""拖售权"，投资人有权强制公司的原有股东（主要是指创始人和管理团队）依投资人与第三方达成的转让价格和条件和自己一起向第三方转让股份。

拖售权的发起人

- 投资人单独发起
- 创始股东和持股达到一定比例的投资方股东共同发起
- 各轮次投资人分别同意方可发起
- 董事会同意方可发起

触发条件和限制条件

- **时间条件：** 拖售权股东仅能在融资交割后的一段时间（如3~5年）后，方可要求行使拖售权。
- **触发交易条件：** 常规而言，触发拖售权的前提是有第三方决定收购公司。
- **估值条件：** 达到一定估值才可出售。
- **收购方限定：** 如限制竞争对手。

TS/SPA：董事会席位分配条款

董事会条款

董事会由3个席位组成，创始人团队指派2名董事，其中1名必须是公司的CEO；投资人指派1名董事。

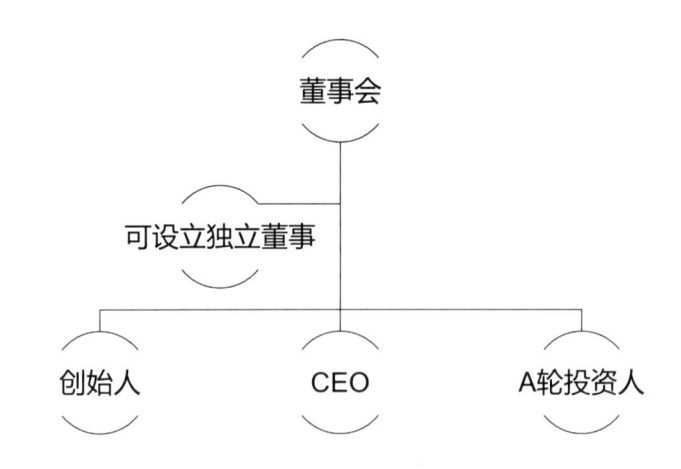

董事会
可设立独立董事
创始人　CEO　A轮投资人

TS/SPA：一票否决权条款

概念

一票否决权是指投资方对标的公司股东会决议的某些事项、投资方委派董事对标的公司董事会决议的某些事项享有否决权。

类型

- 股东会一票否决权和董事会一票否决权
- 全部事项一票否决权与部分事项一票否决权
- 全体投资方一票否决权与部分投资方的一票否决权

常见的保护性条款包括针对以下事项的一票否决权：

事项	具体情形
影响投资人优先权利的重大事项	对投资人的优先股东权利和特权的改变，批准或创设优于或等于投资人优先权利的证券，发行新的证券，批准、实施和变更员工股权激励计划
有关公司治理的重大事项	修改公司组织章程，实质性变更公司经营范围及主营业务，董事会人数、架构以及董事权力的变更，任免公司高管和核心雇员并决定其薪酬或涨薪幅度
公司日常运营中的重大事项	批准和修改公司年度预算、商业计划、运营计划及工作指标等，开拓新的业务线，变更公司名称，重大资本开支（包括对外投资），重大合同的签署及变更，重大资产的处置（包括出售、购买、许可或以其他形式处置实物资产、无形资产、子公司股权等），重大对外借贷、负债或担保，公司审计师的任免、会计政策的调整，员工薪酬标准的重大调整，重大关联交易，提起、终止诉讼或任何司法程序或进行和解，宣布股息或分红
公司资本运作涉及的重大事项	公司股权/股份的回购，公司的合并、分立、清算、解散等，批准和变更上市计划（包括上市地的确定、上市券商及其他中介机构的选择等）

TS/SPA：知情权

在风险投资中，投资人一般会要求在交易文件中约定包括信息权、检查权在内的知情权条款，要求公司定期或不定期向投资人提供公司的财务信息、经营信息和其他信息，以使投资人在投后管理过程中可及时准确了解公司的运营情况。

知情权一般体现为两种权利的结合：
1. **信息权**（公司应在每年、每季度、每月结束后的一定期限内向投资人提供财务报表等文件资料）
2. **检查权**（投资人有权在其认为必要时访问公司的办公场所和经营设施。审阅复制公司的账簿文件，与公司的董事、管理层、员工、会计师等进行直接沟通）。

从公司的角度，在设定投资人知情权的时候，可能存在两个方面的担忧

→ 投资人知情权的行使可能增加公司的负担

→ 公司的商业秘密可能容易发生泄露

TS/SPA：知情权

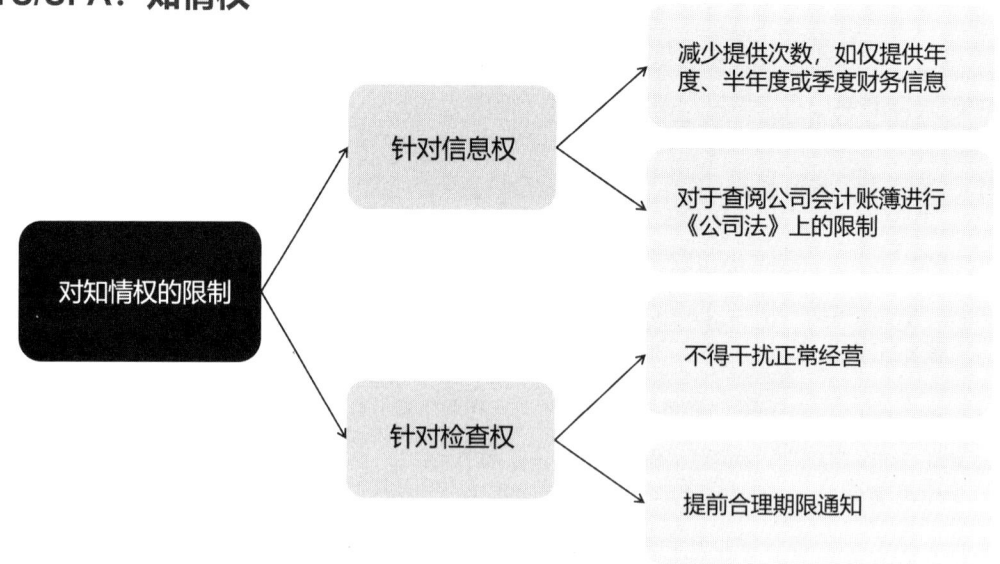

对知情权的限制

- 针对信息权
  - 减少提供次数，如仅提供年度、半年度或季度财务信息
  - 对于查阅公司会计账簿进行《公司法》上的限制
- 针对检查权
  - 不得干扰正常经营
  - 提前合理期限通知

TS/SPA：股权兑现条款

股权兑现条款，是指创始人和管理团队的股份及期权需要一定年限才完全兑现；如果初始股东提前离开公司，只能拿到部分股份或期权。兑现条款是保证团队稳定性的一个有效手段。

创始人股权锁定期限，可由创始人与投资人综合考虑各种因素后协商确定。惯常做法是锁定期限设置为3~5年，以4年居多。在设定总的解锁期限的情况下，各方再视情况设定不同的解锁安排。

常见的解锁安排

按创始人服务年限匀速解锁。
创始人每为公司工作满1年，则其所持公司股权的25%被解锁。（以4年为例）

按月匀速解锁。
创始人每为公司工作1个月，则其所持公司股权的1/48被解锁。

逐年递增解锁。
第1年解锁10%，第2年解锁20%，第3年解锁30%，第4年解锁40%。

一次性解锁机制。
在4年届满之日，创始人才有权一次性获得100%的股权。

"加速解锁",是指虽然创始人股权的解锁期限尚未届满,但该期限因特定事件的发生而被视为提前届满,进而使该受限股权得以提前解锁。惯常的"触发事件"主要包括:公司在合格资本市场首次公开发行股票并上市;公司发生清算事件等。

TS/SPA:投资人自由转股条款

投资人的自由转股权,系指投资人有权自行决定将其持有的公司股权转让给其他方(无论是公司其他股东,还是外部第三方),而无须经公司、创始人或公司其他股东事先同意,亦无须受到其他不合理的限制。

对投资人自由转股条款限制,一般可从以下几个方面予以考虑(见下表)。

方面	具体情形
转股数量	一般而言,投资人可自由转股的部分会涵盖其持有的全部公司股权。但是,在公司/创始人处于较为强势的谈判地位时,可考虑对投资人的转股比例设置一定的限制
转股方式	广义而言,股权转让方式可包括直接或间接的转让、出售、交换、出让、质押、抵押、设定其他担保权益或进行其他处置。公司/创始人可考虑对投资人的转股方式设置限制
转股对象	公司/创始人会通过对潜在股权受让方设置一些限定性条款以保护其利益,主要是指潜在股权受让方不能系公司主营业务的直接竞争对手、该竞争对手的投资方或该竞争对手能够控制的主体。在某些情况下,公司/创始人还可以设置股权受让方的资格资质要求
转股前提	公司、创始人或者其他股东亦可在交易文件中要求对投资人的转股设置优先购买权
转股时点	考虑到公司未来的上市目标,可要求投资人不得在公司已向证监会或其他主管部门递送上市申报资料,或者在进行上市重组的期间内转让公司股权

TS/SPA：优先清算权条款

概念

优先清算权是指公司在清算时，投资人有权优先于其他股东按照事先约定的条件分配公司的剩余财产，但优先清算权只能优先于其他股东，不得优先于公司的债权人。

作用

- 保证投资人在公司经营不善的情况下收回部分投资
- 约束创业者因企业经营不善而可能发生的逃避行为
- 保证投资人在公司控制权发生重大变更或资产发生重大变化时获得一定收益

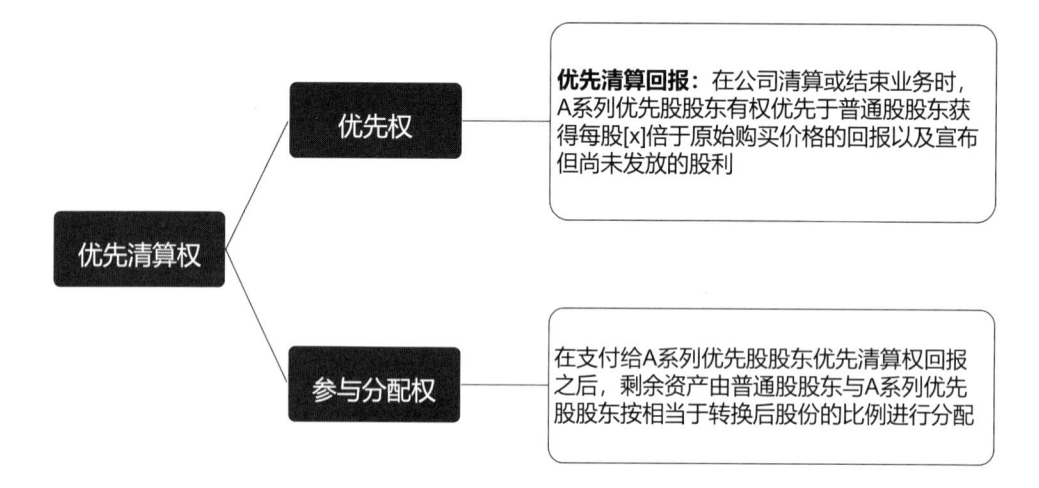

```
                         ┌─ 优先权 ──── 优先清算回报：在公司清算或结束业务时，
                         │              A系列优先股股东有权优先于普通股股东获
                         │              得每股[x]倍于原始购买价格的回报以及宣布
优先清算权 ──┤              但尚未发放的股利
                         │
                         └─ 参与分配权 ── 在支付给A系列优先股股东优先清算权回报
                                        之后，剩余资产由普通股股东与A系列优先
                                        股股东按相当于转换后股份的比例进行分配
```

类型	利益偏向	清算方式
完全参与分配	有利于投资人	完全参与分配权的股份在获得优先清算回报之后，还要跟普通股按比例分配剩余清算资金
附上限的参与分配	相对中立	双方约定清算回报上限；投资人先拿走优先清算回报，然后按转换后股份比例跟普通股股东分配剩余清算资金，直到获得回报上限
不参与分配	有利于创业者	投资人拿走约定的优先清算回报

05 创始人如何看投后管理

投后管理

	途径和方法	目标
帮助企业组建	·规范董事会、股东会 ·强化管理团队、调整管理架构 ·确定战略方向 ·加强财务控制	·治理规范（财务、税务、法律），明晰战略方向
帮助企业扩张	·定期检验公司财务报告 ·定期参加董事会会议 ·融资链接 ·产业整合 ·帮助寻找商业/技术伙伴	·稳健的财务报表 ·促进公司实现增长
退出 IPO/M&A	·帮助公司规范IPO ·寻找M&A伙伴	·推进成功退出 ·IPO、M&A

积极帮助企业成长

项目退出

退出方式	利	弊
上市退出	· 投资者获得较高的投资回报率 · 企业获得新的融资途径	· 上市门槛高，审核周期长 · IPO退出要等待1~3年不等的上市解禁期 · IPO退出面临诸多风险，包括法律风险和经济风险
并购退出	· 并购能够有效缩短退出时间，减少时间成本和机会成本 · 并购退出更高效和灵活	· 并购退出的收益率低于上市退出 · 潜在的实力买家数量有限 · 管理层反对
管理层回购	· 交易简便，成本相对较低，资金退出较彻底 · 保持了企业的独立性	· 《公司法》对回购的限制可能导致法律风险
公司清算	/	· 通常代表着投资项目失败，及时止损

企业家必修课：ESG治理下企业低碳合规与数字化转型进阶

CSR&ESG强制披露OR自愿披露（一）

一、《公司法》征求意见稿关于公司履行ESG的规定

公司从事经营活动，应当在遵守法律法规规定义务的基础上，充分考虑公司职工、消费者等利益相关者的利益以及生态环境保护等社会公共利益，承担社会责任。国家鼓励公司参与社会公益活动，公布社会责任报告。

二、上海证券交易所、深圳证券交易所、北京证券交易所——《上市公司自律监管指引》关于ESG的规定

1. 上证公司治理板块样本公司、境内外同时上市的公司及金融类公司、深证100公司，应当在年度报告披露的同时披露公司履行社会责任的报告

2. ESG基本准则
（1）保护债权人和职工的合法权益
（2）诚信对待供应商、客户和消费者
（3）践行绿色发展理念，积极从事环境保护、社区建设等公益事业
（4）遵守社会公德、商业道德，接受政府和社会公众的监督
（5）不得依靠夸大宣传、虚假广告等不当方式牟利
（6）不得通过贿赂、走私等非法活动牟取不正当利益
（7）不得侵犯他人的商标权、专利权和著作权等知识产权，不得从事不正当竞争

CSR&ESG强制披露OR自愿披露（二）

每股社会贡献值： 即在公司为股东创造的基本每股收益的基础上，增加公司年内为国家创造的税收、向员工支付的工资、向银行等债权人给付的借款利息、公司对外捐赠额等为其他利益相关者创造的价值额，并扣除公司因环境污染等造成的其他社会成本，计算形成的公司为社会创造的每股增值额。

每股社会贡献值=每股收益+（纳税总额+职工费用+利息支出+公益投入总额–社会成本）÷期末总股本

CSR

Corporate Social Responsibility

世界企业永续发展协会（WBCSD）：企业社会责任是"企业承诺持续遵守道德规范，为经济发展做出贡献，并且改善员工及其家庭、当地整体社区、社会的生活品质"。

GOAL　MARKET　ETHICS
RESOURCES　CSR　LONG TERM
CORPORATE SOCIAL RESPONSIBILITY
RESPONSIBILITY　SINCERITY　SUSTAINABILITY

ESG

- Environmental
- Social
- Governance

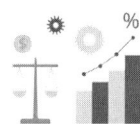

环境方面：
碳及温室气体排放、环境政策、废物污染及管理政策、能源使用/消费，自然资源使用和管理政策、生物多样性、合理性、员工环境意识、绿色采购政策、节能减排措施、环境成本核算、绿色技术等

社会方面：
性别及性别平衡政策、人权政策及违反情况、社团（或社区）、健康安全、管理培训、劳动规范、产品责任、职业健康安全、产品质量、供应链责任管理、乡村振兴公益计划、公益慈善及其他等

治理方面：
公司治理、贪污受贿政策、反不公平竞争、风险管理、税收透明、公平的劳动实践、道德行为准则、合规性、董事会独立性及多样性、组织结构、投资者关系等

"3060"碳目标

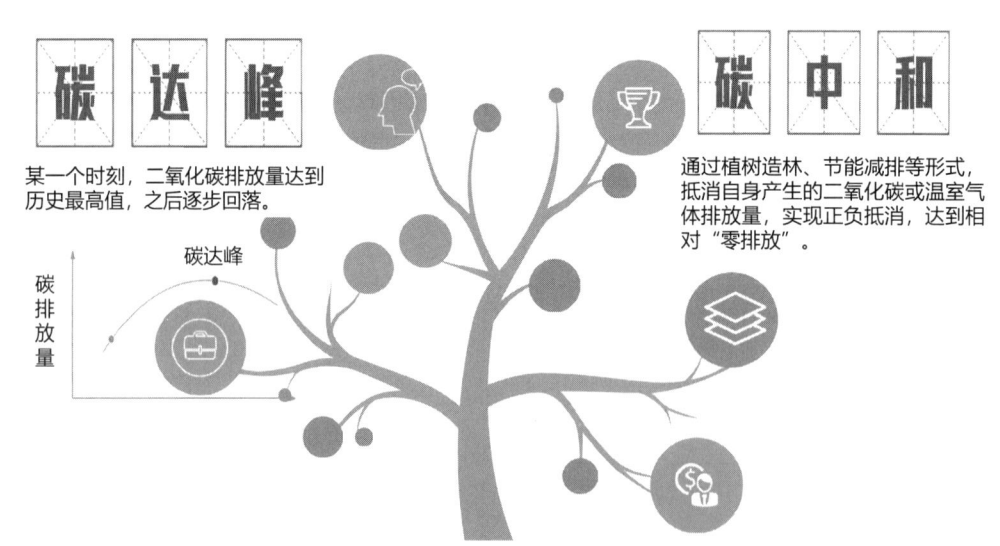

碳达峰
某一个时刻，二氧化碳排放量达到历史最高值，之后逐步回落。

碳中和
通过植树造林、节能减排等形式，抵消自身产生的二氧化碳或温室气体排放量，实现正负抵消，达到相对"零排放"。

《联合国气候变化框架公约》（1992）

2020年9月，中国政府就气候变化作出郑重承诺：中国将提高国家自主贡献力度，采取更加有力的政策和措施，力争实现2030年前二氧化碳排放达到峰值，2060年前实现碳中和。

《巴黎协定》（2016）、《巴黎协定实施细则》（2021）

将全球平均气温较前工业化时期上升幅度控制在2摄氏度以内，并努力将温度上升幅度限制在1.5摄氏度以内。

《国务院关于印发2030年前碳达峰行动方案的通知》（国发〔2021〕23号）

《中共中央 国务院关于完整准确全面贯彻新发展理念做好碳达峰碳中和工作的意见》（2021年9月22日）

《财政部关于印发〈财政支持做好碳达峰碳中和工作的意见〉的通知》（财资环〔2022〕53号）

《碳排放权交易管理办法》（2020）

碳排放：是指煤炭、石油、天然气等化石能源燃烧活动和工业生产过程以及土地利用变化与林业等活动产生的温室气体排放，也包括因使用外购的电力和热力等所导致的温室气体排放

温室气体：是指大气中吸收和重新放出红外辐射的自然和人为的气态成分，包括二氧化碳（CO_2）、甲烷（CH_4）、氧化亚氮（N_2O）、氢氟碳化物（HFCs）、全氟化碳（PFCs）、六氟化硫（SF_6）和三氟化氮（NF_3）。

CCER（国家核证自愿减排量）是指对我国境内可再生能源、林业碳汇、甲烷利用等项目的温室气体减排效果进行量化核证，并在国家温室气体自愿减排交易注册登记系统中登记的温室气体减排量

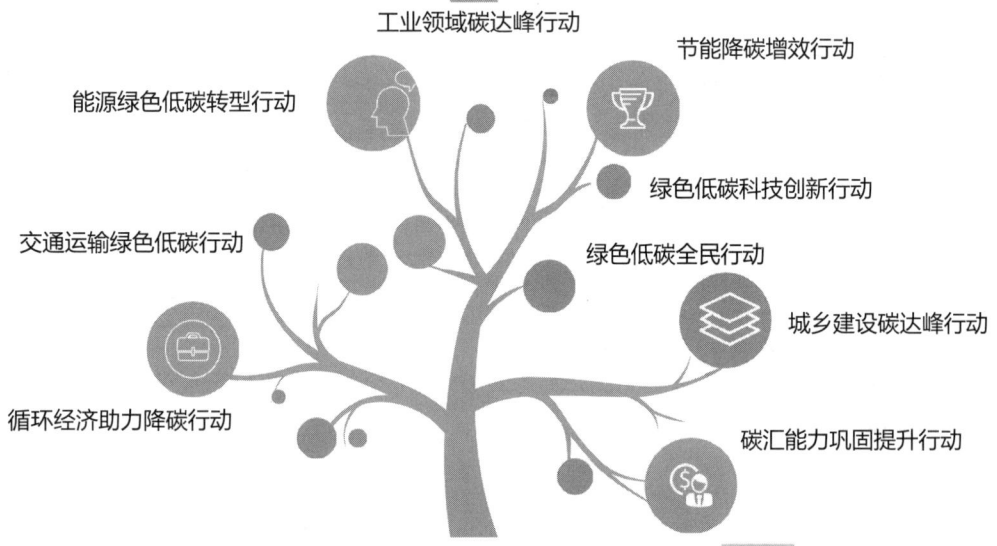

碳排放权：是指分配给重点排放单位的规定时期内的碳排放额度

工业领域碳达峰行动

节能降碳增效行动

能源绿色低碳转型行动

绿色低碳科技创新行动

交通运输绿色低碳行动

绿色低碳全民行动

城乡建设碳达峰行动

循环经济助力降碳行动

碳汇能力巩固提升行动

"新能源+储能" —— 借助光伏、风电等技术，实现清洁发电

清洁低碳安全高效能源 —— 用新工艺、新设备提高煤等传统能源的使用效率

城乡建设绿色低碳 —— 通过催化工艺，将二氧化碳转化为有用的产品和资源

低碳交通运输

绿色低碳重大科技攻关和推广应用 —— 技术加持能源结构转型

完善充换电基础设施支持政策，稳妥推动燃料电池汽车示范应用工作 —— 电机、风机、泵、压缩机、变压器、换热器、工业锅炉等设备为重点，全面提升能效标准

"3060" 碳目标

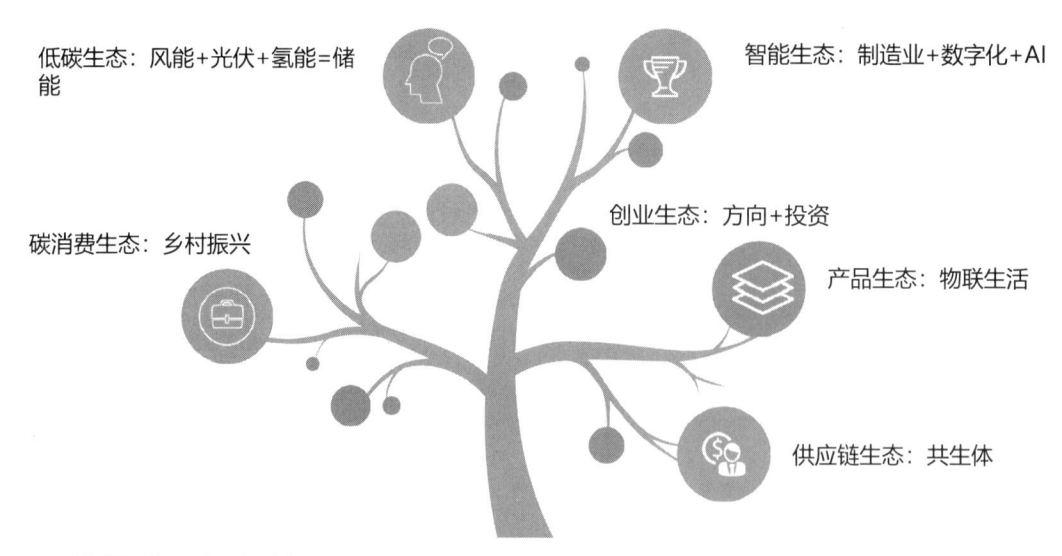

- 低碳生态：风能+光伏+氢能=储能
- 智能生态：制造业+数字化+AI
- 碳消费生态：乡村振兴
- 创业生态：方向+投资
- 产品生态：物联生活
- 供应链生态：共生体

科学碳目标倡议（SBTi，Science-Based Targets initiative）

Targets are considered 'science-based' if they are in line with what the latest climate science deems necessary to meet the goals of the Paris Agreement – limiting global warming to well-below 2℃ above pre-industrial levels and pursuing efforts to limit warming to 1.5℃.

- WRI：World Resources Institute 世界资源研究所
- WWF：The World Wide Fund for Nature 世界自然基金会
- UNGC：The United Nations Global Compact 联合国全球契约组织
- CDP：Carbon Disclosure Project 全球环境信息研究中心

The SBTi's goal

The SBTi's goal is to provide companies worldwide with the confidence that their climate targets are supporting the global economy to halve emissions by 2030, and achieve net-zero before 2050.

SBTi：金融机构科学净零目标设定

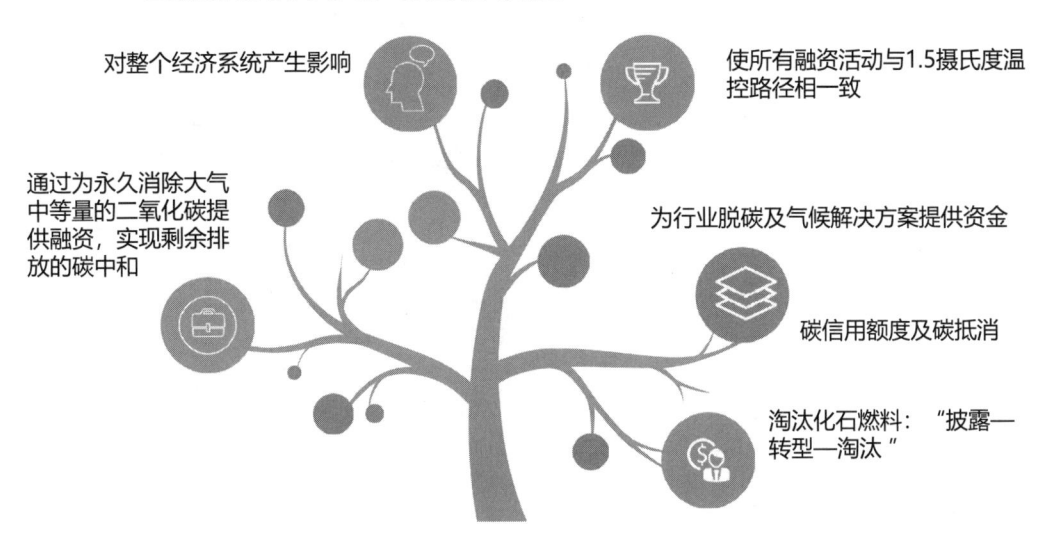

- 对整个经济系统产生影响
- 使所有融资活动与1.5摄氏度温控路径相一致
- 通过为永久消除大气中等量的二氧化碳提供融资，实现剩余排放的碳中和
- 为行业脱碳及气候解决方案提供资金
- 碳信用额度及碳抵消
- 淘汰化石燃料："披露—转型—淘汰"

How can companies set a science-based target?

1. **Commit**: submit a letter establishing your intent to set a science-based target
2. **Develop**: work on an emissions reduction target in line with the SBTi's criteria
3. **Submit**: present your target to the SBTi for official validation
4. **Communicate**: announce your target and inform your stakeholders
5. **Disclose**: report company-wide emissions and track target progress annually

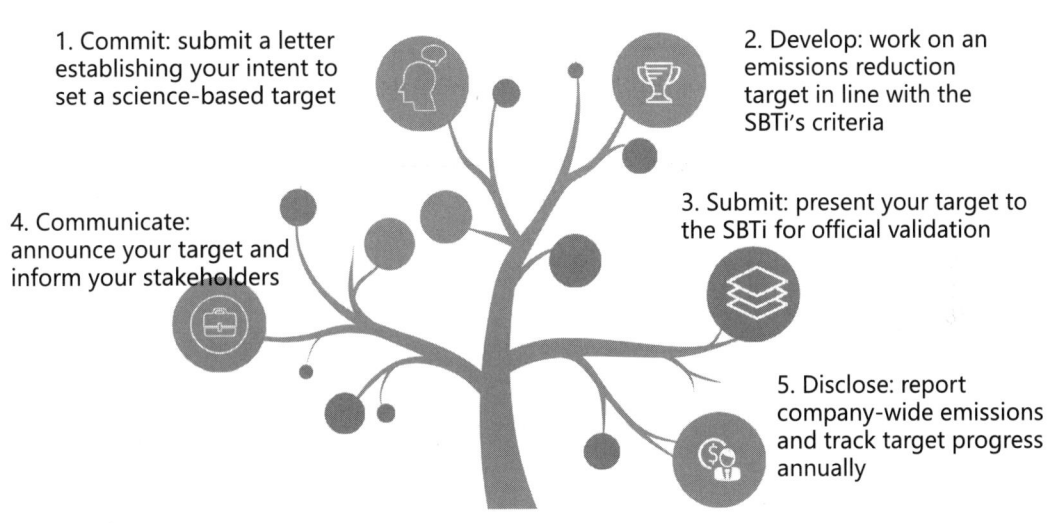

SBTi

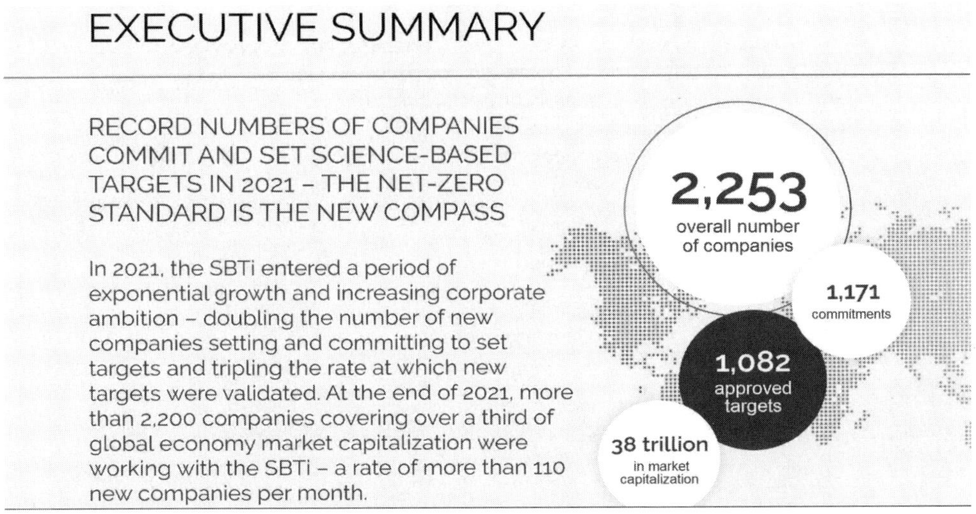

EXECUTIVE SUMMARY

RECORD NUMBERS OF COMPANIES COMMIT AND SET SCIENCE-BASED TARGETS IN 2021 – THE NET-ZERO STANDARD IS THE NEW COMPASS

In 2021, the SBTi entered a period of exponential growth and increasing corporate ambition – doubling the number of new companies setting and committing to set targets and tripling the rate at which new targets were validated. At the end of 2021, more than 2,200 companies covering over a third of global economy market capitalization were working with the SBTi – a rate of more than 110 new companies per month.

- **2,253** overall number of companies
- **1,171** commitments
- **1,082** approved targets
- **38 trillion** in market capitalization

GEOGRAPHIC REACH OF SCIENCE-BASED TARGETS

Companies with approved targets and commitments by region as of December 31 2021.[18]

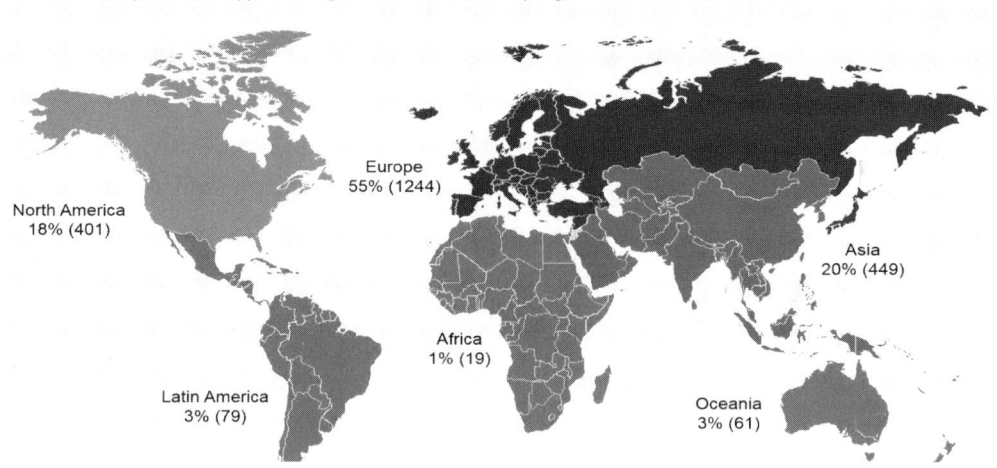

- North America 18% (401)
- Europe 55% (1244)
- Asia 20% (449)
- Africa 1% (19)
- Latin America 3% (79)
- Oceania 3% (61)

G20 BREAKDOWN IN APPROVED TARGETS AND COMMITMENTS

Country view of G20-based companies with approved targets and commitments as of December 2021.

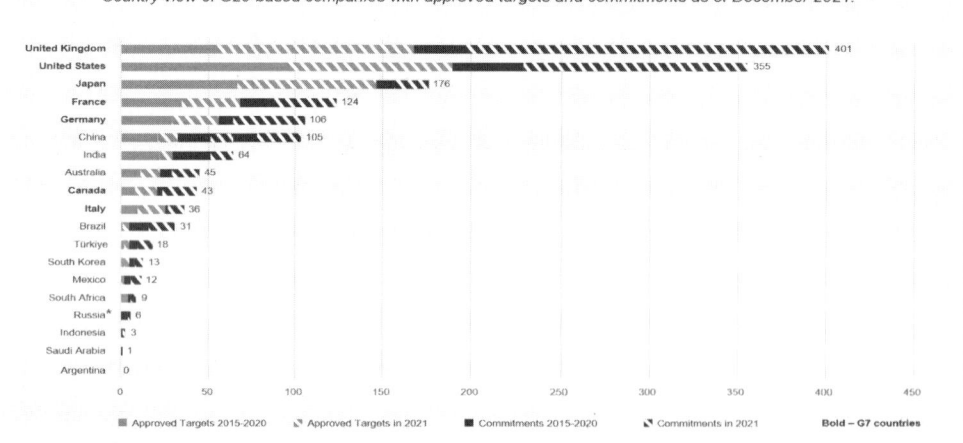

United Kingdom	401
United States	355
Japan	176
France	124
Germany	106
China	105
India	64
Australia	45
Canada	43
Italy	36
Brazil	31
Türkiye	18
South Korea	13
Mexico	12
South Africa	9
Russia*	6
Indonesia	3
Saudi Arabia	1
Argentina	0

Approved Targets 2015-2020 | Approved Targets in 2021 | Commitments 2015-2020 | Commitments in 2021 | **Bold – G7 countries**

SCIENCE-BASED TARGETS BY INDUSTRY

Total number of companies by industry with approved targets and commitments as of December 31 2021.

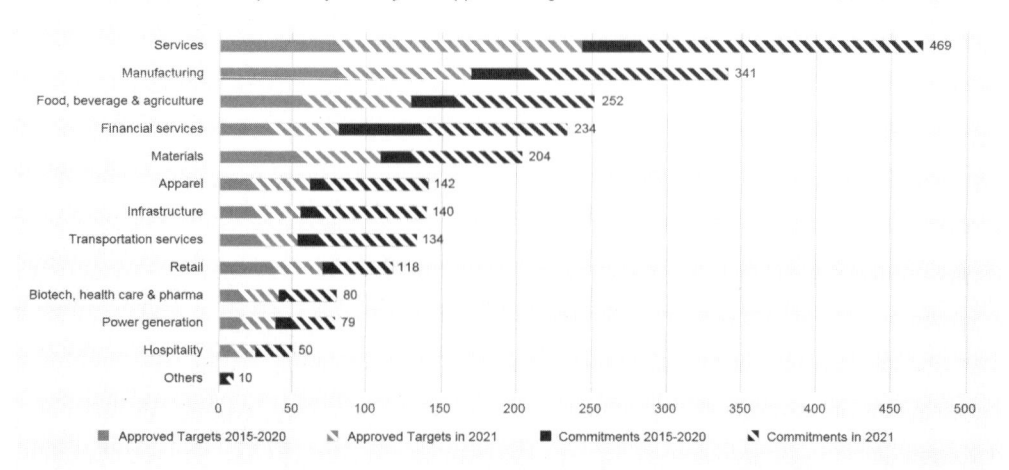

Services	469
Manufacturing	341
Food, beverage & agriculture	252
Financial services	234
Materials	204
Apparel	142
Infrastructure	140
Transportation services	134
Retail	118
Biotech, health care & pharma	80
Power generation	79
Hospitality	50
Others	10

Approved Targets 2015-2020 | Approved Targets in 2021 | Commitments 2015-2020 | Commitments in 2021

企业加入科学碳目标的机遇

- 全球化生态的需求
- 供应链生态需求
- 绿色竞争力需求
- 产品生态需求
- 投融资生态需求

数字化转型之ESG

数字经济是继农业经济、工业经济之后的主要经济形态,是以数据资源为关键要素,以现代信息网络为主要载体,以信息通信技术融合应用、全要素数字化转型为重要推动力,促进公平与效率更加统一的新经济形态。

数字经济核心产业是指为产业数字化发展提供数字技术、产品、服务、基础设施和解决方案,以及完全依赖于数字技术、数据要素的各类经济活动。

- 数字产品制造业
- 数字技术应用业
- 数字产品服务业
- 数字要素驱动业
- 数字化效率提升业

数字基础设施：网络基础设施、数字应用设施（例如大数据中心、物联网、云计算）、试验基础设施（例如车联网、无人机、无人驾驶、无人配送等试验场地）等

数字化治理：政府、企业、行业组织、公众等共同参与的协同治理机制，依托数字技术提高政府治理精准性、有效性，以及互联网平台责任等

数字化公共服务：智慧政务（例如政府数据资源开放共享、大数据辅助决策）、数字乡村（例如农村管理服务数字化、农民生活数字化服务、网络扶贫）、新型智慧城市（城市精细化管理）等

数字化转型：农业、工业、服务业与能源等领域数字化转型，数字化生活和服务产业，以及网络工厂、个性化定制、众包众创、共享经济等新模式新业态等

数字经济交流合作：参与全球数字经济治理体系、加强数字经济国际合作等

数字化创新能力：数字技术基础研发能力、数据要素整合共享、提升数字产业核心竞争力等

数字经济发展环境：数字经济政策法规、重大风险防范、理论研究、统计体系和评估监测、数字化人才队伍建设，以及制约数字化生产力的体制和政策障碍等

上交所上市公司自律监管指引第 1 号——规范运作

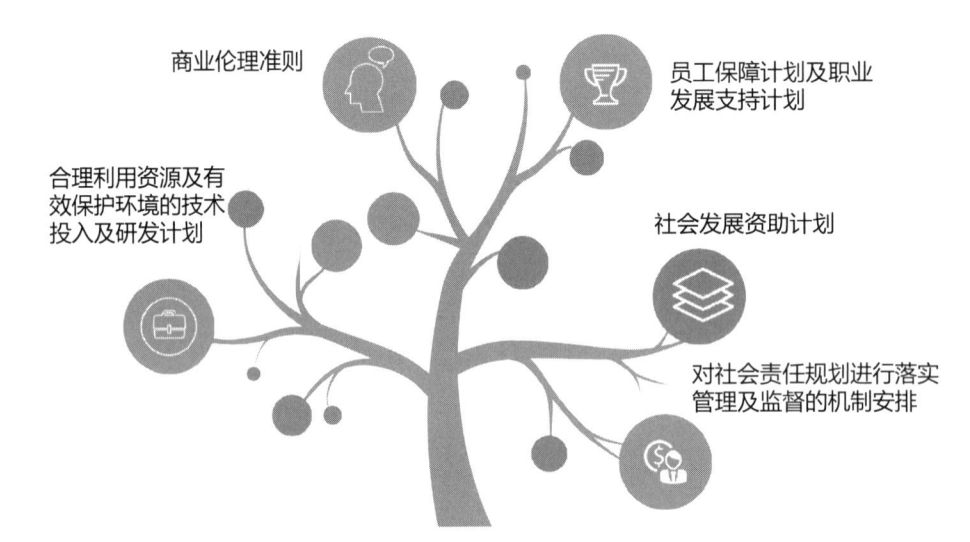

商业伦理准则

员工保障计划及职业发展支持计划

合理利用资源及有效保护环境的技术投入及研发计划

社会发展资助计划

对社会责任规划进行落实管理及监督的机制安排

上交所上市公司自律监管指引第 1 号——规范运作【E】

遵守环境保护法律法规与行业标准

制订执行公司环境保护计划

高效使用能源、水资源、原材料等自然资源

合规处置污染物

足额缴纳环境保护相关税费

保障供应链环境安全

建设运行有效的污染防治设施

公司年度资源消耗总量

公司环境保护方针、年度环境保护目标及成效

公司环保投资和环境技术开发情况

公司环保设施的建设和运行情况

公司排放污染物种类、数量、浓度和去向

与环保部门签订的改善环境行为的自愿协议

公司在生产过程中产生的废物的处理、处置情况，废弃产品的回收、综合利用情况

公司受到环保部门奖励的情况

ESG评价：深圳证券信息有限公司

国证 ESG 评价体系在环境（E）、社会责任（S）、公司治理（G）3 个维度下，设 15 个主题、32 个领域、200 余个指标。

环境维度	
资源利用	水资源
	能源耗用
	物料耗用
气候变化	温室气体排放
	气候变化风险管理
污废管理	污染物
	废弃物
生态保护	环境管理
	生物多样性
环境机遇	绿色业务
	绿色金融

社会责任维度	
员工	员工管理与福利
	员工发展与多样性
	健康与安全保障
供应商	环境管理
	社会责任管理
产品与客户	产品质量与安全
	客户权益保护
社会贡献	公益事业
	科技创新

公司治理维度	
股东治理	股权结构
	股东权利保护
董监高治理	治理结构
	治理信息
ESG治理	治理内容
	治理成效
风险管理	风险管理
	道德规制
信息披露	及时性
	真实准确性
	充分完整性
治理异常	治理异常

国证 ESG 评价共设置 10 个级别，从高到低依次为：AAA/AA/A/BBB/BB/B/CCC/CC/C/D，反映公司 ESG 表现在市场中的相对水平。

ESG：环境（E）

聚焦企业的生产行为，主要反映投入和产出环节中的要素使用效率、废弃物排放水平以及相关治理措施安排情况

关注企业的主观意愿，侧重从整体上衡量企业对保护环境与生物多样性的重视程度，评价标准涉及环保政策制定、环保意识培养、产品可回收设计等

体现环境规制背景下的企业选择，旨在反映企业对未来经济转型中潜在机遇的把控能力

ESG：社会（S）

衡量企业在员工福祉保障、供应链可持续性管理方面的政策制定情况，旨在反映相关风险发生对企业持续生产经营的影响

关注企业在提升产品质量、维护客户权益方面的措施安排，旨在反映相关风险发生对企业持续性盈利水平的影响

从公益事业开展与科技创新贡献两个角度，评价企业对外围间接相关者的责任表现，以及企业创新带来的社会经济效益

ESG：治理（G）

从我国监管规则下的治理机制出发，以监管框架内的合规性为标准，侧重揭示企业在结构设置与运营决策方面的潜在风险

从整体上衡量企业在可持续运营及关键风险防控方面的制度安排情况，旨在提供能够凸显治理水平差异的增量信息

从外部监督视角，衡量企业的信息披露质量及合法合规情况，重点关注关键治理环节的重大风险暴露事件，旨在反映相关问题发生所引发的影响

港交所：《环境、社会及管治报告指引》强制披露规定

《管治架构》
由董事会发出的声明，当中载有下列内容：

(i) 披露董事会对环境、社会及管治事宜的监管

(ii) 董事会的环境、社会及管治管理方针及策略，包括评估、优次排列及管理重要的环境、社会及管治相关事宜（包括对发行人业务的风险）的过程

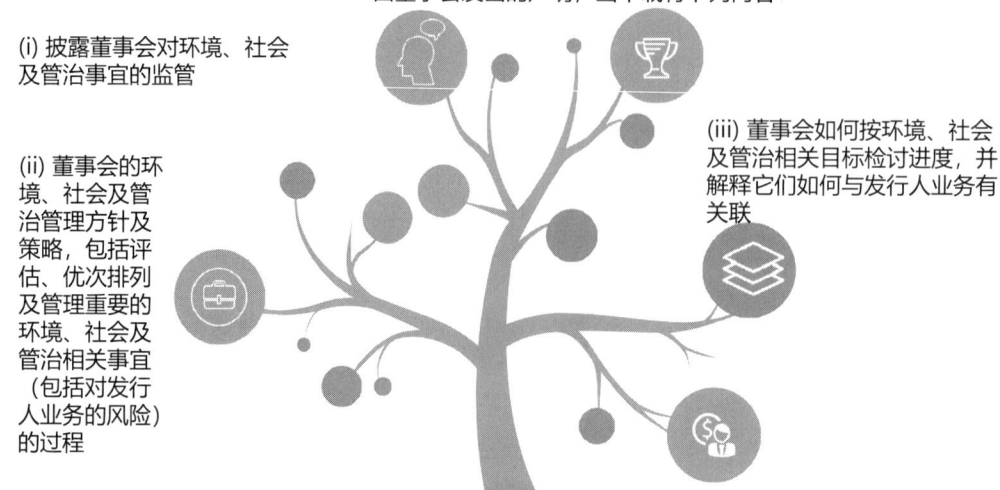

(iii) 董事会如何按环境、社会及管治相关目标检讨进度，并解释它们如何与发行人业务有关联

港交所：《环境、社会及管治报告指引》汇报原则及范围

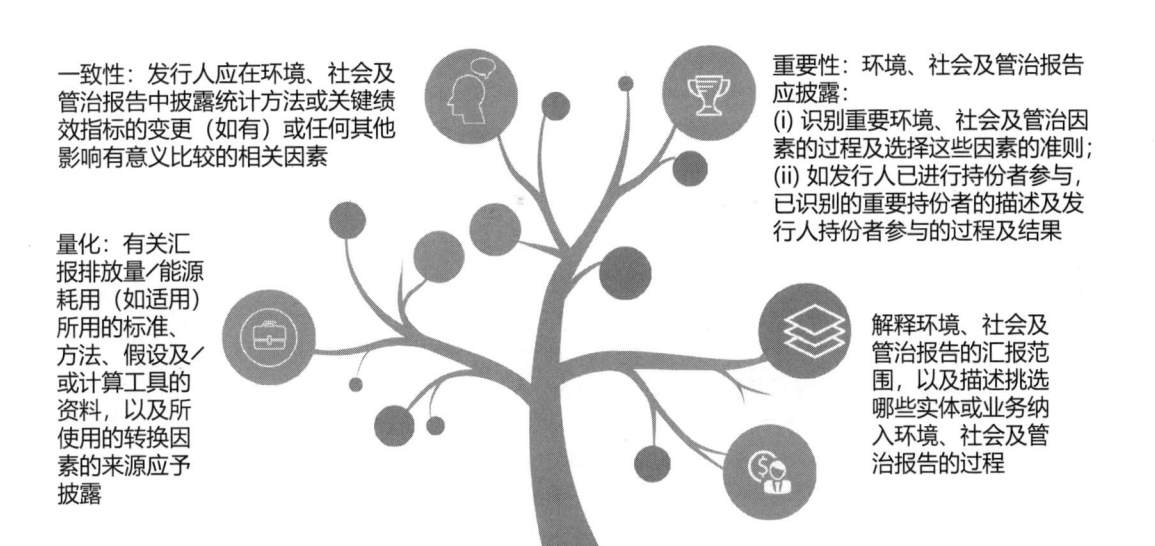

一致性：发行人应在环境、社会及管治报告中披露统计方法或关键绩效指标的变更（如有）或任何其他影响有意义比较的相关因素

量化：有关汇报排放量／能源耗用（如适用）所用的标准、方法、假设及／或计算工具的资料，以及所使用的转换因素的来源应予披露

重要性：环境、社会及管治报告应披露：
(i) 识别重要环境、社会及管治因素的过程及选择这些因素的准则；
(ii) 如发行人已进行持份者参与，已识别的重要持份者的描述及发行人持份者参与的过程及结果

解释环境、社会及管治报告的汇报范围，以及描述挑选哪些实体或业务纳入环境、社会及管治报告的过程

企业家必修课：企业数字化治理下个人信息保护合规进阶

个人信息的本质

个人信息是什么

✓ 权益?
or
✓ 权利?

《中华人民共和国个人民信息保护法》

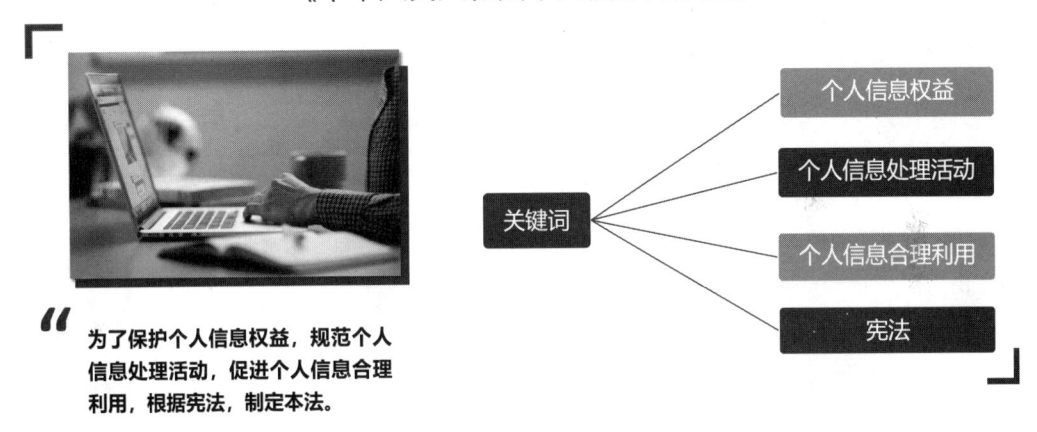

关键词
- 个人信息权益
- 个人信息处理活动
- 个人信息合理利用
- 宪法

"为了保护个人信息权益,规范个人信息处理活动,促进个人信息合理利用,根据宪法,制定本法。

从法律规定范式的角度:个人信息权益是一项基于人格权所衍生出来的权益。个人信息中的私密信息,适用隐私权的规定,隐私权作为自然人的一项具体人格权,受到法律的严格保护。而个人信息中的非私密信息,其权利具有普遍性、广泛性和高度概括性,法律赋予其一般人格权的权益保护。

从民法典的基本权利规范角度:《民法典》将隐私权和个人信息保护作为专章规范,隐私权是作为一项具体人格权予以保护,而个人信息是基于人格权衍生的法益予以保护。显然,法律在保护个人隐私权的基础上赋予个人信息的权益保护。

辨析个人信息

个人信息权益与隐私权

隐私是自然人的私人生活安宁和不愿为他人知晓的私密空间、私密活动、私密信息。
(《民法典》第1032条)

个人信息中的私密信息，适用有关隐私权的规定；没有规定的，适用有关个人信息保护的规定。
(《民法典》第1034条)

任何组织或者个人不得（1）以电话、短信、即时通讯工具、电子邮件、传单等方式侵扰他人的私人生活安宁；（2）进入、拍摄、窥视他人的住宅、宾馆房间等私密空间；（3）拍摄、窥视、窃听、公开他人的私密活动；（4）拍摄、窥视他人身体的私密部位；（5）处理他人的私密信息；（6）以其他方式侵害他人的隐私权。(《民法典》第1033条)

个人信息权益与隐私权

个人信息分类之《民法典》

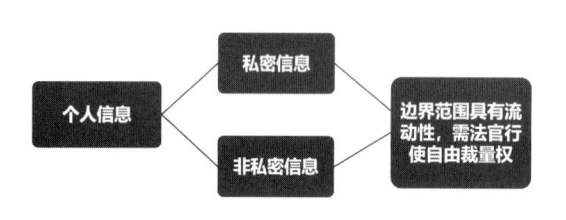

个人信息 → 私密信息 / 非私密信息 → 边界范围具有流动性，需法官行使自由裁量权

个人信息分类之《个保法》

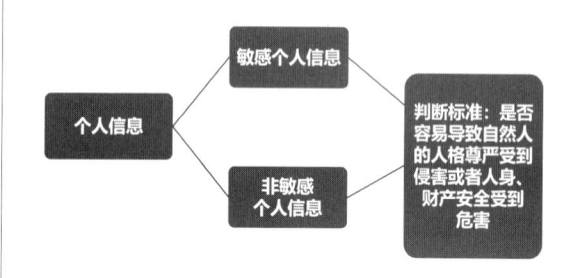

个人信息 → 敏感个人信息 / 非敏感个人信息 → 判断标准：是否容易导致自然人的人格尊严受到侵害或者人身、财产安全受到危害

➤ 敏感个人信息是一旦泄露或者非法使用，容易导致自然人的人格尊严受到侵害或者人身、财产安全受到危害的个人信息，包括生物识别、宗教信仰、特定身份、医疗健康、金融账户、行踪轨迹等信息，以及不满十四周岁未成年人的个人信息。(《个保法》第二十八条)

➤ 敏感个人信息不一定都属于私密信息，敏感信息中生物识别、宗教信仰、特定身份、医疗健康、行踪轨迹等高度关联人格尊严，信息主体不愿为他人所知晓，在一定时代背景下和空间下属于隐私权保护的范畴。

个人信息与数据资产（一）

数据定义　数据是任何以电子或者其他方式对信息的记录。

数据资产　数据资产是数据的集合，数据只有达到一定量，成为大数据，才具有了经济价值。具有了经济价值的大数据，可以在数字市场自由流动，等价交换。因此，数据需要经过一定的创造，成为大数据，依附于一定的载体，可以等价交换，才能成为数据资产。

数据资产性质　具有交换价值的数据资产是独立于人身权的新型知识产权。

个人信息与数据资产（二）

个人信息是以电子或者其他方式记录的与已识别或者可识别的自然人有关的各种信息，不包括匿名化处理后的信息。（《个保法》第四条）

匿名化，是指个人信息经过处理无法识别特定自然人且不能复原的过程。（《个保法》第七十三条第四款）

判断数据与个人信息的唯一标准为是否匿名化。

个人信息与数据资产（三）

个人信息匿名化的关键：

- 匿名化的数据不可以通过反向工程和拆分组合方式复原。

- 技术要求：现有技术条件下不具有可复原性。

- 法律合规要求：不可明知违法，通过技术手段复原个人信息。

企业处理个人信息的数据合规之路

企业处理个人信息数据合规核心五问

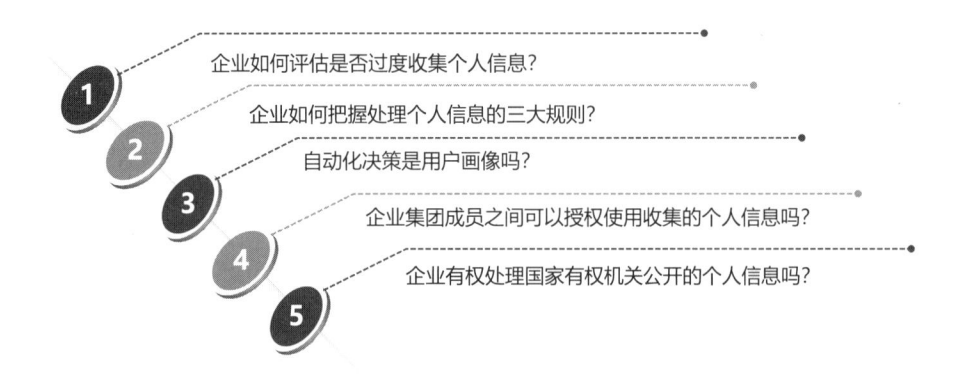

1. 企业如何评估是否过度收集个人信息？
2. 企业如何把握处理个人信息的三大规则？
3. 自动化决策是用户画像吗？
4. 企业集团成员之间可以授权使用收集的个人信息吗？
5. 企业有权处理国家有权机关公开的个人信息吗？

1 企业如何评估是否过度收集个人信息？

> **法律依据**：《个保法》第六条"处理个人信息应当具有明确、合理的目的，并应当与处理目的直接相关，采取对个人权益影响最小的方式。收集个人信息，应当限于实现处理目的的最小范围，不得过度收集个人信息。"

> **企业收集个人信息基本前提**：一是收集个人信息在最小目的范围之内，二是没有过度收集个人信息。

> **判断是否过度收集信息的基本标准**：不得收集与业务无关的个人信息。

企业收集个人信息与提供产品和服务的边界

A 企业不能基于未来可能提供某项产品或服务而扩大收集个人信息的范围

B 企业应当将产品或服务逐项分解，并一一和个人信息收集的单个要素进行关联，以确定是否需要收集个人的某项信息

C 企业基于提供产品和服务是否必须需要某项个人信息支持

2. 企业如何把握处理个人信息的三大规则?

告知+法定豁免规则

《个保法》赋予个人信息处理者在特定情境下的法定豁免规则，即在六种情形下收集个人信息是不需要取得个人同意的。

- **A** 为订立、履行个人作为一方当事人的合同所必需，或者按照依法制定的劳动规章制度和依法签订的集体合同实施人力资源管理所必需
- **B** 为履行法定职责或者法定义务所必需
- **C** 为应对突发公共卫生事件，或者紧急情况下为保护自然人的生命健康和财产安全所必需
- **D** 为公共利益实施新闻报道、舆论监督等行为，在合理的范围内处理个人信息
- **E** 依照《个保法》规定在合理的范围内处理个人自行公开或者其他已经合法公开的个人信息
- **F** 法律、行政法规规定的其他情形

告知+同意规则

"告知+同意规则"，也称为"告知+一般同意规则""告知+一揽子概括式同意规则"，区别于"告知+单独同意规则"。

实践中，企业通过"一揽子概括式同意规则"收集个人信息更容易理解《个保法》规定的"告知+同意规则"。一揽子概括式同意规则无论从保护个人信息权益角度考量还是从促进个人信息合理利用角度考量，经济效用都是最大的，也是最公平、最便利的规则。因此，这种个人能够充分知情、自愿、明确作出同意的收集个人信息的规则便成为当今数字经济最核心的规则。

告知+单独同意规则

规则设定目的：从《个保法》的立法目的理解，"告知+法定豁免规则"和"告知+同意规则"在保护个人信息权益的同时也考量了合理利用个人信息的经济效用。但是，考量经济效用就会牺牲公平，即便是考虑了收集个人信息的最小范围，在涉及收集对个人有重大影响的信息时，有必要采取单独同意的规则，避免一揽子概括式授权对个人产生不利的影响。

"告知+单独同意规则"的五个法定情形：

（1）个人信息处理者向其他个人信息处理者提供其处理的个人信息（第23条）；

（2）个人信息处理者公开其所处理的个人信息（第25条）；

（3）在公共场所安装图像采集、个人身份识别设备，用于维护公共安全的目的以外的目的（第26条）；

（4）处理敏感个人信息（第29条）；

（5）个人信息处理者向中华人民共和国境外提供个人信息（第39条）。

注："告知+单独同意规则"系"告知+同意规则"的例外。相对于一般规定，也称为"特别规定"，这一规则被《最高人民法院关于审理使用人脸识别技术处理个人信息相关民事案件适用法律若干问题的规定》（法释〔2021〕15号）之"基于个人同意处理人脸信息的，未征得自然人或者其监护人的单独同意，或者未按照法律、行政法规的规定征得自然人或者其监护人的书面同意"印证。

3. 自动化决策是用户画像吗？

自动化决策，是指通过计算机程序自动分析、评估个人的行为习惯、兴趣爱好或者经济、健康、信用状况等，并进行决策的活动。（《个保法》）

算法推荐技术是应用生成合成类、个性化推送类、排序精选类、检索过滤类、调度决策类等算法技术向用户提供信息内容。（《互联网信息服务算法推荐管理规定》）

自动化决策与用户画像的关系

互联网时代，商业上的精准营销，即为用户画像，而用户画像形成的背后都是算法，这种算法就是《个保法》规制的自动化决策。因此，用户画像是基于自动化决策而产生的。

自动化决策的利弊

- **利：** 自动化决策可以帮助企业精准地找到合适的客户，让客户减少交易成本。因此，在用户知情和单独同意的情形下，有监督规制的使用算法推荐，有利于减少交易成本。

- **弊：** 自动化决策产生用户画像，企业可以针对常用用户提高单价，进而形成大数据"杀熟"。

《个保法》对于自动化决策侵害用户个人信息权益的规制：

- 个人信息处理者利用个人信息进行自动化决策，应当保证决策的透明度和结果公平、公正，不得对个人在交易价格等交易条件上实行不合理的差别待遇。
- 通过自动化决策方式向个人进行信息推送、商业营销，应当同时提供不针对其个人特征的选项，或者向个人提供便捷的拒绝方式。
- 通过自动化决策方式做出对个人权益有重大影响的决定，个人有权要求个人信息处理者予以说明，并有权拒绝个人信息处理者仅通过自动化决策的方式作出决定。

合规意见：

- 企业在选择自动化决策的时候，需要提供自动化决策和非自动化决策两种路径供用户选择。
- 对于选择使用自动化决策程序的，企业需要保持透明度，即用户有权知情自动化决策和非自动化决策结果的公平、公正。也就是说用户有权要求个人信息处理者以显著方式告知用户其提供算法推荐服务的情况，并以适当方式公示算法推荐服务的基本原理、目的意图、运行机制等。

④ 企业集团成员之间可以授权使用收集的个人信息吗?

两个以上的个人信息处理者共同决定个人信息的处理目的和处理方式的,应当约定各自的权利和义务。(《个保法》第二十条)

合规意见:

➢ 企业集团成员之间如果需要共同处理个人信息,应当按照《个保法》个人信息处理三大规则,明确授权主体,个人可以选择只允许一个主体或者两个以上主体收集其个人信息。

➢ 如果个人只同意一个主体收集其个人信息的,获得许可的主体不得未经个人同意授权其他主体使用个人信息。

➢ 集团或者集团成员合法收集的个人信息如需授权集团成员使用的,需要按照《个保法》第二十三条规定,向个人告知接收方的身份、联系方式、处理目的、处理方式和个人信息的种类,并取得个人的单独同意。

⑤ 企业有权处理国家有权机关公开的个人信息吗?

问题背景:

企业通过爬虫技术等公开抓取国家有权机关公开的个人信息的现象屡见不鲜。以"国家企业信用信息公示系统"和"中国裁判文书网"为例,大量的个人投资信息、个人股权被查封、司法冻结、强制执行信息,大量司法判决中涉及个人重大信息均依法公开。企业公开抓取依法公开的个人信息是否合法,其边界有待商榷。

个人信息处理者可以在合理的范围内处理个人自行公开或者其他已经合法公开的个人信息;个人明确拒绝的除外。个人信息处理者处理已公开的个人信息,对个人权益有重大影响的,应当依照本法规定取得个人同意。(《个保法》第二十七条)

↓

企业通过爬虫技术在"国家企业信用信息公示系统"和"中国裁判文书网"获取的个人投资、个人股权被查封、司法冻结、强制执行、司法判决等信息对个人权益有重大影响。

↓

需取得个人同意

侵犯公民个人信息刑事合规

《刑法》(2020修正)

第二百五十三条之一【侵犯公民个人信息罪】违反国家有关规定,向他人出售或者提供公民个人信息,情节严重的,处三年以下有期徒刑或者拘役,并处或者单处罚金;情节特别严重的,处三年以上七年以下有期徒刑,并处罚金。

违反国家有关规定,将在履行职责或者提供服务过程中获得的公民个人信息,出售或者提供给他人的,依照前款的规定从重处罚。

窃取或者以其他方法非法获取公民个人信息的,依照第一款的规定处罚。

单位犯前三款罪的,对单位判处罚金,并对其直接负责的主管人员和其他直接责任人员,依照该款的规定处罚。

特定名词释义

公民个人信息：
以电子或者其他方式记录的能够单独或者与其他信息结合识别特定自然人身份或者反映特定自然人活动情况的各种信息，包括姓名、身份证件号码、通信通讯联系方式、住址、账号密码、财产状况、行踪轨迹等。

违反国家有关规定：违反法律、行政法规、部门规章有关公民个人信息保护的规定的。

提供公民个人信息：
①向特定人提供公民个人信息，以及通过信息网络或者其他途径发布公民个人信息的；
②将合法收集的公民个人信息向他人提供的，但是经过处理无法识别特定个人且不能复原的除外。

以其他方法非法获取公民个人信息：
违反国家有关规定，通过购买、收受、交换等方式获取公民个人信息，或者在履行职责、提供服务过程中收集公民个人信息的。

侵犯公民个人信息刑事案件立案标准之"情节严重"（一）

《最高人民法院 最高人民检察院关于办理侵犯公民个人信息刑事案件适用法律若干问题的解释》（法释〔2017〕10号）

前提：非法获取、出售或者提供公民个人信息 **或** 为合法经营活动而非法购买、收受本解释第五条第一款第三项、第四项规定以外的公民个人信息，并将购买、收受的公民个人信息非法出售或者提供的：

（三）非法获取、出售或者提供行踪轨迹信息、通信内容、征信信息、财产信息五十条以上的；
（四）非法获取、出售或者提供住宿信息、通信记录、健康生理信息、交易信息等其他可能影响人身、财产安全的公民个人信息五百条以上的；

01 出售或者提供行踪轨迹信息，被他人用于犯罪的；

02 知道或者应当知道他人利用公民个人信息实施犯罪，向其出售或者提供的；

03 非法获取、出售或者提供行踪轨迹信息、通信内容、征信信息、财产信息五十条以上的；

04 非法获取、出售或者提供住宿信息、通信记录、健康生理信息、交易信息等其他可能影响人身、财产安全的公民个人信息五百条以上的；

05 非法获取、出售或者提供第三项、第四项规定以外的公民个人信息五千条以上的；

06 数量未达到第三项至第五项规定标准，但是按相应比例合计达到有关数量标准的；

07 违法所得五千元以上的；

08 将在履行职责或者提供服务过程中获得的公民个人信息出售或者提供给他人，数量或者数额达到第三项至第七项规定标准一半以上的；

09 曾因侵犯公民个人信息受过刑事处罚或者二年内受过行政处罚，又非法获取、出售或者提供公民个人信息的；

10 其他情节严重的情形。

侵犯公民个人信息刑事案件立案标准之"情节严重"（二）

前提： 为合法经营活动而非法购买、收受本解释第五条第一款第三项、第四项规定以外的公民个人信息的：

01 利用非法购买、收受的公民个人信息获利五万元以上的；

02 曾因侵犯公民个人信息受过刑事处罚或者二年内受过行政处罚，又非法购买、收受公民个人信息的；

03 其他情节严重的情形。

侵犯公民个人信息刑事案件立案标准之"情节特别严重"

前提： 非法获取、出售或者提供公民个人信息：

01 造成被害人死亡、重伤、精神失常或者被绑架等严重后果的；

02 造成重大经济损失或者恶劣社会影响的；

03 数量或者数额达到前款第三项至第八项规定标准十倍以上的；

04 其他情节特别严重的情形。

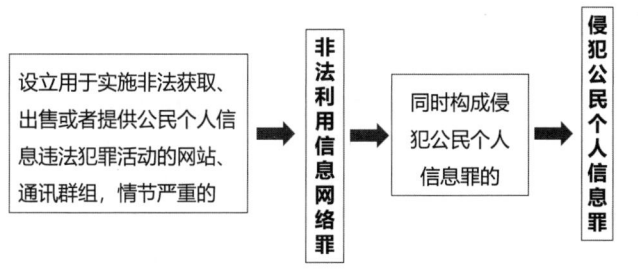

罪名辨析

设立用于实施非法获取、出售或者提供公民个人信息违法犯罪活动的网站、通讯群组，情节严重的 → 非法利用信息网络罪 → 同时构成侵犯公民个人信息罪的 → 侵犯公民个人信息罪

网络服务提供者拒不履行法律、行政法规规定的信息网络安全管理义务，经监管部门责令采取改正措施而拒不改正，致使用户的公民个人信息泄露，造成严重后果的 → **拒不履行信息网络安全管理义务罪**

不起诉或免予刑事处罚的条件：

情节轻微，不起诉或免予刑事处罚的条件：
- 实施侵犯公民个人信息犯罪
- 不属于"情节特别严重"
- 行为人系初犯
- 全部退赃
- 确有悔罪表现

例外： 确有必要判处刑罚的，应当从宽处罚。

公民个人信息的条数的认定：

➢ 非法获取公民个人信息后又出售或者提供的，公民个人信息的条数不重复计算；

➢ 向不同单位或者个人分别出售、提供同一公民个人信息的，公民个人信息的条数累计计算；

➢ 对批量公民个人信息的条数，根据查获的数量直接认定，但是有证据证明信息不真实或者重复的除外。

单位犯罪的适用：

➢ 依照相应自然人犯罪的定罪量刑标准；

➢ 对直接负责的主管人员和其他直接责任人员定罪处罚，并对单位判处罚金。

罚金的裁量：

✓ 犯罪的危害程度；
✓ 犯罪的违法所得数额；
✓ 被告人的前科情况；
✓ 认罪悔罪态度；
✓ ……
✓ 罚金数额一般在违法所得的一倍以上五倍以下。

数据堂之侵犯公民个人信息刑事案件

■ 数据堂公司的营销产品线运营时，由资源合作部购进数据。资源平台部负责对数据进行接收、整理、存储，将数据放入数据堂公司的大数据处理集群（以下简称"集群"），并负责数据发送系统加密和解密程序的设计。

■ 产品组提出要求，技术组根据要求，将集群上的数据根据用户的兴趣、爱好不同进行加工，分别打上不同的标签后，再放入公司集群。

■ 销售组联系客户，客户将其数据需求发送至产品组的李某某，产品组让技术组在公司集群中提取符合条件的数据，再由产品组利用数据发送系统自动将数据发送给客户，其中带有设备号的数据会通过系统自动加上SID。

■ 此后，数据堂公司将数据非法出售给客户进行精准营销。

⚖️ 裁判要点

根据（2018）鲁13刑终549号判决书，山东省临沂市中级人民法院认为：

- 数据堂公司已购买数据字段含有Telephone、LAC位置区代码、CELL基站号、Imei、时间（精确至秒）、URL，饱和度均要求95%以上等。
- 数据堂公司已出售的新资源数据中，均含有手机号、省份、号码归属地、URL时间、APP名、APP域名。
- 本案涉案数据除包含手机号码外，还有手机号码属于某一可识别的限定性群体，根据最高人民法院、最高人民检察院《关于办理侵犯公民个人信息刑事案件适用法律若干问题的解释》的规定，涉案的信息均属于公民个人信息。

淘宝（中国）软件有限公司的零售电商数据产品是否侵犯个人信息？

买家人群画像：主要提供各类商品买家的性别、年龄、职业、区域分布、消费水平及会员等级的占比数等数据。

卖家人群画像：主要提供各类商品的卖家数、卖家星级、占比数等数据。

搜索人群画像：提供搜索某类商品人群的性别、年龄、职业、支付习惯的占比数等数据。

淘宝（中国）软件有限公司商业贿赂不正当竞争纠纷案

⚖️ 裁判要点

- 根据（2017）浙8601民初4034号判决书，杭州互联网法院认为：
  - 信息是数据的内容，数据是信息的形式。涉案数据产品的数据内容虽然来源于淘宝公司所收集的原始数据，但这些原始数据只是网络用户浏览、搜索、收藏、加购、交易等行为痕迹信息外化为数字、符号、文字、图像等方式的表现形式。原始数据所具有的实用价值在于其所包含的网络用户信息内容，而不在于其形式。
  - 用户信息包括个人信息和非个人信息。前者指向单独或与其他信息结合识别自然人个人身份的各种信息和敏感信息，后者包括无法识别到特定个人的诸如网络活动记录等数据信息。
- 根据（2018）浙01民终7312号判决书，杭州市中级人民法院认为：
  - 淘宝公司所获取并使用的是用户进行浏览、搜索、收藏、架构、交易等行为而形成的行为痕迹信息，至于行为人性别、职业、区域及偏好等信息不论是否可从行为痕迹信息中推导得出，亦均属于无法单独或通过与其他信息相结合而识别自然人个人身份的脱敏信息，与销售记录属于同一性质。

《360用户隐私保护白皮书》
电脑中的信息分为三类：
- ✓ 第一类系统信息，绝大多数情况下指微软Windows操作系统的信息；
- ✓ 第二类软件信息，即用户下载或者购买的各种应用软件信息；
- ✓ 第三类个人信息，即通常意义上的隐私信息，个人信息指任何可以与某特定个人相关联的信息，包括姓名、签名、工号、社会保障号、电话号码、保险单号码、工作职衔、财务状况、账户号等。

北京奇虎科技有限公司、深圳市腾讯计算机系统有限公司等公司不正当竞争纠纷案

裁判要点

□ 根据（2010）朝民初字第37626号判决书，北京市朝阳区人民法院认为：

➢ （1）就"隐私"而言，从社会大众对隐私的一般性理解来看，隐私是指不愿告人或不愿公开的个人事情或信息。（2）"360隐私保护器"对QQ2010软件监测提示的可能涉及隐私的文件，均为可执行文件。事实上，涉案的这些可执行文件并不涉及用户的隐私。（3）《360用户隐私保护白皮书》中对"隐私"的界定中明确表述为："可执行文件本身不会涉及用户隐私"。

□ 根据（2011）二中民终字第12237号判决书，北京市第二中级人民法院认为：

➢ 隐私，对于社会公众而言，并不具有确定的内涵和外延，一般而言，是指不愿为人所知的个人信息，通常会包括姓名、婚姻状况、工作职衔、电话号码、个人银行账号、聊天记录等个人信息。《360用户隐私保护白皮书》中也将隐私信息界定为电话号码、工作职衔、财务状况、账户号等个人信息。上诉人奇虎科技公司、三际无限公司、原审被告奇智软件公司并未提交充分证据证明被上诉人腾讯科技公司、腾讯计算机公司扫描的文件含有上述性质的个人信息。

企业家必修课：知产战略下商业秘密保护进阶

01 商业秘密保护的国际规则及域外经验

TRIPS Agreement《与贸易有关的知识产权协定》

Natural and legal persons shall have the possibility of preventing information lawfully within their control from being disclosed to, acquired by, or used by others without their consent in a manner contrary to honest commercial practices so long as such information:

(a) is secret in the sense that it is not, as a body or in the precise configuration and assembly of its components, generally known among or readily accessible to persons within the circles that normally deal with the kind of information in question;

(b) has commercial value because it is secret, and

(c) has been subject to reasonable steps under the circumstances, by the person lawfully in control of the information, to keep it a secret.

自然人和法人应有可能防止其合法控制的信息在未经其同意的情况下以违反诚实商业行为的方式向他人披露，或被他人取得或使用，只要此类信息：

（一）属秘密，即作为一个整体或就其各部分的精确排列和组合而言，该信息尚不为通常处理所涉信息范围内的人所普遍知道，或不易被他们获得；

（二）因属秘密而具有商业价值；并且

（三）由该信息的合法控制人，在此种情况下采取合理的步骤以保持其秘密性质。

What is a trade secret? WIPO

Trade secrets are intellectual property (IP) rights on confidential information which may be sold or licensed. In general, to qualify as a trade secret, the information must be:

(a) commercially valuable because it is secret,

(b) be known only to a limited group of persons, and

(c) be subject to reasonable steps taken by the rightful holder of the information to keep it secret,

including the use of confidentiality agreements for business partners and employees.

The unauthorized acquisition, use or disclosure of such secret information in a manner contrary to honest commercial practices by others is regarded as an unfair practice and a violation of the trade secret protection.

What kind of information is protected by trade secrets?

In general, any confidential business information which provides an enterprise a competitive edge and is unknown to others may be protected as a trade secret. Trade secrets encompass both technical information, such as information concerning manufacturing processes, pharmaceutical test data, designs and drawings of computer programs, and commercial information, such as distribution methods, list of suppliers and clients, and advertising strategies.

A trade secret may be also made up of a combination of elements, each of which by itself is in the public domain, but where the combination, which is kept secret, provides a competitive advantage.

Other examples of information that may be protected by trade secrets include financial information, formulas and recipes and source codes.

What kind of protection does a trade secret offer?

Depending on the legal system, the legal protection of trade secrets forms part of the general concept of protection against unfair competition or is based on specific provisions or case law on the protection of confidential information.

While a final determination of whether trade secret protection is violated or not depends on the circumstances of each individual case, in general, unfair practices in respect of secret information include industrial or commercial espionage, breach of contract and breach of confidence.

A trade secret owner, however, cannot stop others from using the same technical or commercial information, if they acquired or developed such information independently by themselves through their own R&D, reverse engineering or marketing analysis, etc. Since trade secrets are not made public, unlike patents, they do not provide "defensive" protection, as being prior art. For example, if a specific process of producing Compound X has been protected by a trade secret, someone else can obtain a patent or a utility model on the same invention, if the inventor arrived at that invention independently.

Uniform Trade Secrets Act

UTSA § 1.4

"Trade secret" means information, including a formula, pattern, compilation, program, device, method, technique, or process, that:

(i) derives independent economic value, actual or potential, from not being generally known to, and not being readily ascertainable by proper means by, other persons who can obtain economic value from its disclosure or use, and

(ii) is the subject of efforts that are reasonable under the circumstances to maintain its secrecy.

Uniform Trade Secrets Act

The UTSA also provided refinement through comments to the definition of a trade secret itself:

Multiple parties may hold rights to the same trade secret, as they may all individually derive value from it.

A trade secret ceases to exist when it is common knowledge within the community in which it is profitable. This means that the secret does not need to be known by the general public, but only throughout the industry that stands to profit from it.

A party that reverse engineers a trade secret may also obtain trade secret protection for their knowledge, provided the reverse engineering process is non-trivial.

Knowledge preventing loss of funds, such as a particular idea that does not work, is valuable and as such qualifies for trade secret protection.

Regarding reasonable efforts to maintain secrecy, the USTA maintained that actions such as restricting access to a "need-to-know basis" and informing employees that the information is secret met the criteria for reasonable efforts. The UTSA stated that the courts do not require procedures to protect against "flagrant industrial espionage" were not necessary.

Know-how? License agreement?

Know-how shall mean technical data, formulas, standards, technical information, specifications, processes, methods, codebooks, raw materials, as well as all information, knowledge, assistance, trade practices and secrets, and improvements thereto, divulged, disclosed, or in any way communicated to the Licensee under this Agreement, unless such information was, at the time of disclosure, or thereafter becomes part of the general knowledge or literature which is generally available for public use from other lawful sources. The burden of proving that any information disclosed hereunder is not confidential information shall rest on the licensee.

Non-disclosure agreement? NDA

A non-disclosure agreement (NDA), also known as a confidentiality agreement (CA), confidential disclosure agreement (CDA), proprietary information agreement (PIA), secrecy agreement (SA), or non-disparagement agreement, is a legal contract or part of a contract between at least two parties that outlines confidential material, knowledge, or information that the parties wish to share with one another for certain purposes, but wish to restrict access to.

02 商业秘密保护的知识产权法/竞争法规则

> 民事主体依法享有知识产权。知识产权是权利人依法就下列客体享有的专有的权利：
> （一）作品；
> （二）发明、实用新型、外观设计；
> （三）商标；
> （四）地理标志；
> （五）商业秘密；
> （六）集成电路布图设计；
> （七）植物新品种；
> （八）法律规定的其他客体

规范指引：《中华人民共和国民法典》2021年1月1日

商业秘密

> 不为公众所知悉、具有商业价值并经权利人采取相应保密措施的技术信息、经营信息等商业信息。

规范指引：《中华人民共和国反不正当竞争法》（2019年修正）

商业秘密中的技术信息

> 与技术有关的结构、原料、组分、配方、材料、样品、样式、植物新品种繁殖材料、工艺、方法或其步骤、算法、数据、计算机程序及其有关文档等信息。

规范指引：《最高人民法院关于审理侵犯商业秘密民事案件适用法律若干问题的规定》（法释〔2020〕7号）

商业秘密中的经营信息

> 经营信息：民事与经营活动有关的创意、管理、销售、财务、计划、样本、招投标材料、客户信息、数据等信息。
>
> 客户信息包括客户的名称、地址、联系方式以及交易习惯、意向、内容等信息。

> 问题：与特定客户保持长期稳定交易关系，该特定客户是否属于商业秘密？

规范指引：《最高人民法院关于审理侵犯商业秘密民事案件适用法律若干问题的规定》（法释〔2020〕7号）

什么是不为公众所知悉

不为公众所知悉

> "不为所属领域的相关人员普遍知悉和容易获得的"
> 【公众所知悉】
> （一）该信息在所属领域属于一般常识或者行业惯例的；
> （二）该信息仅涉及产品的尺寸、结构、材料、部件的简单组合等内容，所属领域的相关人员通过观察上市产品即可直接获得的；
> （三）该信息已经在公开出版物或者其他媒体上公开披露的；
> （四）该信息已通过公开的报告会、展览等方式公开的；
> （五）所属领域的相关人员从其他公开渠道可以获得该信息的。

> 问题：将为公众所知悉的信息进行整理、改进、加工后形成的新信息是否属于商业秘密？

规范指引：《最高人民法院关于审理侵犯商业秘密民事案件适用法律若干问题的规定》（法释〔2020〕7号）

何为采取相应保密措施

① 相应保密措施=采取的合理保密措施

② 认定标准：根据商业秘密及其载体的性质、商业秘密的商业价值、保密措施的可识别程度、保密措施与商业秘密的对应程度以及权利人的保密意愿等因素，认定权利人是否采取了相应保密措施。

③ 在正常情况下足以防止商业秘密泄露的，采取了相应保密措施情形：
（一）签订保密协议或者在合同中约定保密义务的；
（二）通过章程、培训、规章制度、书面告知等方式，对能够接触、获取商业秘密的员工、前员工、供应商、客户、来访者等提出保密要求的；
（三）对涉密的厂房、车间等生产经营场所限制来访者或者进行区分管理的；
（四）以标记、分类、隔离、加密、封存、限制能够接触或者获取的人员范围等方式，对商业秘密及其载体进行区分和管理的；
（五）对能够接触、获取商业秘密的计算机设备、电子设备、网络设备、存储设备、软件等，采取禁止或者限制使用、访问、存储、复制等措施的；
（六）要求离职员工登记、返还、清除、销毁其接触或者获取的商业秘密及其载体，继续承担保密义务的；
（七）采取其他合理保密措施的。

规范指引：《最高人民法院关于审理侵犯商业秘密民事案件适用法律若干问题的规定》（法释〔2020〕7号）

如何判定具有商业价值

商业价值：不为公众所知悉而具有现实的或者潜在的商业价值的。研究开发成本、实施该项商业秘密的收益、可得利益、可保持竞争优势的时间等因素。

权利人请求参照商业秘密许可使用费确定因被侵权所受到的实际损失的，人民法院可以根据许可的性质、内容、实际履行情况以及侵权行为的性质、情节、后果等因素确定。

人民法院依照《反不正当竞争法》第十七条第四款确定赔偿数额的，可以考虑商业秘密的性质、商业价值、研究开发成本、创新程度、能带来的竞争优势以及侵权人的主观过错、侵权行为的性质、情节、后果等因素。

问题：生产经营活动中形成的阶段性成果是否具有商业价值？

规范指引：《最高人民法院关于审理侵犯商业秘密民事案件适用法律若干问题的规定》（法释〔2020〕7号）

何为侵犯商业秘密

（一）以盗窃、贿赂、欺诈、胁迫、电子侵入或者其他不正当手段获取权利人的商业秘密；

（二）披露、使用或者允许他人使用以前项手段获取的权利人的商业秘密；

（三）违反保密义务或者违反权利人有关保守商业秘密的要求，披露、使用或者允许他人使用其所掌握的商业秘密；

（四）教唆、引诱、帮助他人违反保密义务或者违反权利人有关保守商业秘密的要求，获取、披露、使用或者允许他人使用权利人的商业秘密。

第三人明知或者应知商业秘密权利人的员工、前员工或者其他单位、个人实施本条第一款所列违法行为，仍获取、披露、使用或者允许他人使用该商业秘密的，视为侵犯商业秘密。

规范指引：《中华人民共和国反不正当竞争法》（2019年修正）

何为不正当手段获取权利人的商业秘密

被诉侵权人以违反法律规定或者公认的商业道德的方式获取权利人的商业秘密的。

规范指引：《最高人民法院关于审理侵犯商业秘密民事案件适用法律若干问题的规定》（法释〔2020〕7号）

何为使用商业秘密

被诉侵权人在生产经营活动中直接使用商业秘密，或者对商业秘密进行修改、改进后使用，或者根据商业秘密调整、优化、改进有关生产经营活动的。

规范指引：《最高人民法院关于审理侵犯商业秘密民事案件适用法律若干问题的规定》（法释〔2020〕7号）

何为违反保密义务

违反保密义务

一、当事人根据法律规定或者合同约定所承担的保密义务。
二、当事人未在合同中约定保密义务，但根据诚信原则以及合同的性质、目的、缔约过程、交易习惯等，被诉侵权人知道或者应当知道其获取的信息属于权利人的商业秘密的。

规范指引：《最高人民法院关于审理侵犯商业秘密民事案件适用法律若干问题的规定》（法释〔2020〕7号）

员工、前员工接触商业秘密渠道的认定

员工、前员工接触商业秘密渠道的认定

一、员工、前员工：法人、非法人组织的经营、管理人员以及具有劳动关系的其他人员。
二、人民法院认定员工、前员工是否有渠道或者机会获取权利人的商业秘密，可以考虑与其有关的下列因素：
（一）职务、职责、权限；
（二）承担的本职工作或者单位分配的任务；
（三）参与和商业秘密有关的生产经营活动的具体情形；
（四）是否保管、使用、存储、复制、控制或者以其他方式接触、获取商业秘密及其载体；
（五）需要考虑的其他因素。

规范指引：《最高人民法院关于审理侵犯商业秘密民事案件适用法律若干问题的规定》（法释〔2020〕7号）

如何判定侵权信息与权利人商业秘密实质上相同

判定侵权信息与权利人商业秘密实质上相同

判定侵权信息与权利人商业秘密实质上相同，考虑下列因素：

（一）被诉侵权信息与商业秘密的异同程度；
（二）所属领域的相关人员在被诉侵权行为发生时是否容易想到被诉侵权信息与商业秘密的区别；
（三）被诉侵权信息与商业秘密的用途、使用方式、目的、效果等是否具有实质性差异；
（四）公有领域中与商业秘密相关信息的情况；
（五）需要考虑的其他因素。

规范指引：《最高人民法院关于审理侵犯商业秘密民事案件适用法律若干问题的规定》法释〔2020〕7号

行为保全

行为保全

被申请人试图或者已经以不正当手段获取、披露、使用或者允许他人使用权利人所主张的商业秘密，不采取行为保全措施会使判决难以执行或者造成当事人其他损害，或者将会使权利人的合法权益受到难以弥补的损害的，人民法院可以依法裁定采取行为保全措施。

前款规定的情形属于《民事诉讼法》第一百条、第一百零一条所称情况紧急的，人民法院应当在四十八小时内作出裁定。

规范指引：《最高人民法院关于审理侵犯商业秘密民事案件适用法律若干问题的规定》（法释〔2020〕7号）

员工离职将客户带走属于商业秘密吗

以客户基于对员工个人的信赖而与该员工所在单位进行交易，该员工离职后，能够证明客户自愿选择与该员工或者该员工所在的新单位进行交易的，人民法院应当认定该员工没有采用不正当手段获取权利人的商业秘密。

反向工程获得技术信息属于商业秘密吗

通过自行开发研制或者反向工程获得被诉侵权信息的，人民法院应当认定不属于《反不正当竞争法》第九条规定的侵犯商业秘密行为。

反向工程：是指通过技术手段对从公开渠道取得的产品进行拆卸、测绘、分析等而获得该产品的有关技术信息。

03 商业秘密保护的刑法规则

商业秘密保护的刑法规范

3 《最高人民检察院、公安部关于印发〈关于修改侵犯商业秘密刑事案件立案追诉标准的决定〉的通知》(2020年9月17日)。

2 《最高人民法院 最高人民检察院关于办理侵犯知识产权刑事案件具体应用法律若干问题的解释（三）》（法释〔2020〕10号）。

1 《中华人民共和国刑法》（2020年修正）。

侵犯商业秘密罪

《刑法》第二百一十九条、第二百二十条

第二百一十九条【侵犯商业秘密罪】有下列侵犯商业秘密行为之一，情节严重的，处三年以下有期徒刑，并处或者单处罚金；情节特别严重的，处三年以上十年以下有期徒刑，并处罚金：

（一）以盗窃、贿赂、欺诈、胁迫、电子侵入或者其他不正当手段获取权利人的商业秘密的；

（二）披露、使用或者允许他人使用以前项手段获取的权利人的商业秘密的；

（三）违反保密义务或者违反权利人有关保守商业秘密的要求，披露、使用或者允许他人使用其所掌握的商业秘密的。

明知前款所列行为，获取、披露、使用或者允许他人使用该商业秘密的，以侵犯商业秘密论。

本条所称权利人，是指商业秘密的所有人和经商业秘密所有人许可的商业秘密使用人。

第二百一十九条之一【为境外窃取、刺探、收买、非法提供商业秘密罪】为境外的机构、组织、人员窃取、刺探、收买、非法提供商业秘密的，处五年以下有期徒刑，并处或者单处罚金；情节严重的，处五年以上有期徒刑，并处罚金。

第二百二十条【单位犯侵犯知识产权罪的处罚规定】单位犯本节第二百一十三条至第二百一十九条之一规定之罪的，对单位判处罚金，并对其直接负责的主管人员和其他直接责任人员，依照本节各该条的规定处罚。

侵犯商业秘密罪追诉标准

一	二	三	四
给商业秘密权利人造成损失数额在三十万元以上的	因侵犯商业秘密违法所得数额在三十万元以上的	直接导致商业秘密的权利人因重大经营困难而破产、倒闭的	其他给商业秘密权利人造成重大损失的情形

规范指引：《最高人民检察院、公安部关于印发〈关于修改侵犯商业秘密刑事案件立案追诉标准的决定〉的通知》（2020年9月17日）

造成损失数额或者违法所得数额如何计算

A 以不正当手段获取权利人的商业秘密，尚未披露、使用或者允许他人使用的，损失数额可以根据该项商业秘密的合理许可使用费确定

B 以不正当手段获取权利人的商业秘密后，披露、使用或者允许他人使用的，损失数额可以根据权利人因被侵权造成销售利润的损失确定，但该损失数额低于商业秘密合理许可使用费的，根据合理许可使用费确定

C 违反约定、权利人有关保守商业秘密的要求，披露、使用或者允许他人使用其所掌握的商业秘密的，损失数额可以根据权利人因被侵权造成销售利润的损失确定

D 明知商业秘密是不正当手段获取或者是违反约定、权利人有关保守商业秘密的要求披露、使用、允许使用，仍获取、使用或者披露的，损失数额可以根据权利人因被侵权造成销售利润的损失确定

E 因侵犯商业秘密行为导致商业秘密已为公众所知悉或者灭失的，损失数额可以根据该项商业秘密的商业价值确定。商业秘密的商业价值，可以根据该项商业秘密的研究开发成本、实施该项商业秘密的收益综合确定

F 因披露或者允许他人使用商业秘密而获得的财物或者其他财产性利益，应当认定为违法所得

G

权利人因被侵权造成销售利润的损失，可以根据权利人因被侵权造成销售量减少的总数乘以权利人每件产品的合理利润确定；销售量减少的总数无法确定的，可以根据侵权产品销售量乘以权利人每件产品的合理利润确定；权利人因被侵权造成销售量减少的总数和每件产品的合理利润均无法确定的，可以根据侵权产品销售量乘以每件侵权产品的合理利润确定。商业秘密系用于服务等其他经营活动的，损失数额可以根据权利人因被侵权而减少的合理利润确定。

H

商业秘密的权利人为减轻对商业运营、商业计划的损失或者重新恢复计算机信息系统安全、其他系统安全而支出的补救费用，应当计入给商业秘密的权利人造成的损失。

规范指引：《最高人民检察院、公安部关于印发〈关于修改侵犯商业秘密刑事案件立案追诉标准的决定〉的通知》（2020年9月17日）、《最高人民法院 最高人民检察院关于办理侵犯知识产权刑事案件具体应用法律若干问题的解释（三）》

04 商业秘密保护的侵权赔偿救济

商业秘密权利人提供初步证据合理表明商业秘密被侵犯，且提供以下证据之一的，涉嫌侵权人应当证明其不存在侵犯商业秘密的行为：

3 有其他证据表明商业秘密被涉嫌侵权人侵犯。

2 有证据表明商业秘密已经被涉嫌侵权人披露、使用或者有被披露、使用的风险。

1 有证据表明涉嫌侵权人有渠道或者机会获取商业秘密，且其使用的信息与该商业秘密实质上相同。

商业秘密保护的侵权赔偿救济

4 权利人因被侵权所受到的实际损失、侵权人因侵权所获得的利益难以确定的,由人民法院根据侵权行为的情节判决给予权利人五百万元以下的赔偿。

3 经营者恶意实施侵犯商业秘密行为,情节严重的,可以在按照上述方法确定数额的一倍以上五倍以下确定赔偿数额。赔偿数额还应当包括经营者为制止侵权行为所支付的合理开支。

2 实际损失难以计算的,按照侵权人因侵权所获得的利益确定。

1 因不正当竞争行为受到损害的经营者的赔偿数额,按照其因被侵权所受到的实际损失确定。

05 商业秘密保护的行政救济

技术信息

技术信息 指利用科学技术知识、信息和经验获得的技术方案,包括但不限于设计、程序、公式、产品配方、制作工艺、制作方法、研发记录、实验数据、技术诀窍、技术图纸、编程规范、计算机软件源代码和有关文档等信息

规范指引:市场监管总局关于《商业秘密保护规定(征求意见稿)》

什么是商业秘密中的经营信息

指与权利人经营活动有关的各类信息，包括但不限于管理诀窍、客户名单、员工信息、货源情报、产销策略、财务数据、库存数据、战略规划、采购价格、利润模式、招投标中的标底及标书内容等信息。

什么是商业秘密中的商业信息

指与商业活动有关的，包括但不限于技术信息、经营信息的任何类型和形式的信息。

什么是不为公众所知悉

不为公众所知悉

是指该信息不为其所属领域的相关人员普遍知悉或者不能从公开渠道容易获得。

【公众知悉】
（一）该信息已经在国内外公开出版物或者其他媒体上公开披露或者已经通过公开的报告会、展览等方式公开；
（二）该信息已经在国内外公开使用；
（三）该信息为其所属领域的相关人员普遍掌握的常识或者行业惯例；
（四）该信息无须付出一定的代价而容易获得或者从其他公开渠道可以获得；
（五）仅涉及产品尺寸、结构、部件的简单组合等内容信息，进入公开领域后相关公众可通过观察、测绘、拆卸等简单方法获得。

申请人提交的技术查新报告、检索报告、公开渠道查询商业信息的资料等与涉案信息不构成实质上相同的，可以推定该信息"不为公众所知悉"，但有相反证据证明的除外。

如何判定具有商业价值

商业价值

商业价值：是指该信息因其秘密性而具有现实的或者潜在的商业价值，能为权利人带来商业利益或竞争优势。

符合下列情形之一的，可以认定为该信息能为权利人带来商业利益或竞争优势，但有相反的证据能证明该信息不具有商业价值的除外：
（一）该信息给权利人带来经济收益的；
（二）该信息对其生产经营产生重大影响的；
（三）权利人为了获得该信息，付出了相应的价款、研发成本或者经营成本以及其他物质投入的；
（四）涉嫌侵权人以不正当手段获取或者试图获取权利人的商业秘密的；
（五）其他能证明该信息能为权利人带来商业利益或竞争优势的情形。

何为采取相应保密措施

① 相应保密措施：是指权利人为防止信息泄露所采取的与商业秘密的商业价值、独立获取难度等因素相适应、合理且具有针对性的保密措施。

② 具有下列情形之一，足以防止涉密信息泄露的，可以认定权利人采取了"相应保密措施"：

③ （一）限定涉密信息的密级、保密期限和知悉范围，只对必须知悉的相关人员告知其内容；
（二）任职、离职面谈，提醒、告诫现职员工和离职员工履行其保密义务；
（三）对该信息载体采取了加密、加锁、反编译等预防措施或在相关载体上加注保密标识或加密提示；
（四）对于涉密信息采用密码或者代码等；
（五）对于涉密的机器、厂房、车间等场所限制来访者，采取基本的物理隔离措施，如门禁、监控、权限控制等；
（六）制定相应的保密管理制度并与相关人员签署保密协议；
（七）在竞业禁止协议中对保密义务进行明确约定的；
（八）权利人在劳动合同或保密协议中对商业秘密范围有明确界定且与其所主张的秘密范围相符的；
（九）确保涉密信息他人轻易不能获得的其他合理措施。

商业秘密的权利归属

商业秘密的权利归属：自然人为完成法人或者非法人组织工作任务所研究或开发的商业秘密，归法人或者非法人组织所有，但当事人另有约定的，从其约定。自然人在法人或者非法人组织工作任务以外所研究或开发的商业秘密，归该自然人所有。但其商业秘密系利用法人或者非法人组织的物质技术条件或经验的，法人或者非法人组织有权在支付合理报酬后，于其业务范围内使用该商业秘密。

商业秘密的非法获取

① 经营者不得以盗窃、贿赂、欺诈、胁迫、电子侵入或者其他不正当手段获取权利人的商业秘密。包括但不限于：

② （一）派出商业间谍盗窃权利人或持有人的商业秘密；
（二）通过提供财务、有形利益或无形利益、高薪聘请、人身威胁、设计陷阱等方式引诱、骗取、胁迫权利人的员工或他人为其获取商业秘密；
（三）未经授权或超出授权范围进入权利人的电子信息系统获取商业秘密或者植入电脑病毒破坏其商业秘密的，其中，电子信息系统是指所有存储权利人商业秘密的电子载体，包括数字化办公系统、服务器、邮箱、云盘、应用账户等；
（四）擅自接触、占有或复制权利人控制下的，包含商业秘密或者能从中推导出商业秘密的文件、物品、材料、原料或电子数据，以获取权利人的商业秘密；
（五）采取其他违反诚信原则或者商业道德的不正当手段获取权利人商业秘密的行为。

披露、使用

披露、使用

"披露",是指将权利人的商业秘密公开,足以破坏权利人的竞争优势或损害其经济利益的行为。

"使用",是指将权利人的商业秘密应用于产品设计、产品制造、市场营销及其改进工作、研究分析等。

"保密义务"或者"权利人有关保守商业秘密的要求"包括但不限于

"保密义务""权利人有关保守商业秘密的要求"

(一)通过书面或口头的明示合同或默示合同等在劳动合同、保密协议、合作协议等中与权利人订立的关于保守商业秘密的约定;

(二)权利人单方对知悉商业秘密的持有人提出的要求,包括但不限于对通过合同关系知悉该商业秘密的相对方提出的保密要求,或者对通过参与研发、生产、检验等知悉商业秘密的持有人提出的保密要求;

(三)在没有签订保密协议、劳动合同、合作协议等情况下,权利人通过其他规章制度或合理的保密措施对员工、前员工、合作方等提出的其他保守商业秘密的要求。

限制性使用商业秘密

限制性使用商业秘密

(一)故意用言辞、行为或其他方法,以提供技术、物质支持,或者通过职位许诺、物质奖励等方式说服、劝告、鼓励他人违反保密义务或者违反权利人有关保守商业秘密的要求;

(二)以各种方式为他人违反保密义务或者违反权利人有关保守商业秘密的要求提供便利条件,以获取、披露、使用或者允许他人使用权利人的商业秘密的行为。

教唆、引诱、帮助侵犯商业秘密

教唆、引诱、帮助侵犯商业秘密

（一）故意用言辞、行为或其他方法，以提供技术、物质支持，或者通过职位许诺、物质奖励等方式说服、劝告、鼓励他人违反保密义务或者违反权利人有关保守商业秘密的要求；
（二）以各种方式为他人违反保密义务或者违反权利人有关保守商业秘密的要求提供便利条件，以获取、披露、使用或者允许他人使用权利人的商业秘密的行为。

客户名单

客户名单

权利人经过商业成本的付出，形成了在一定期间内相对固定的且具有独特交易习惯等内容的客户名单，可以获得商业秘密保护。

客户名单，一般是指客户的名称、地址、联系方式以及交易的习惯、意向、内容等构成的区别于相关公知信息的特殊客户信息，包括汇集众多客户的客户名册，以及保持长期稳定交易关系的特定客户。客户基于对职工个人的信赖而与职工所在单位进行市场交易，该职工离职后，能够证明客户自愿选择与自己或者其新单位进行市场交易的，应当认定没有采用不正当手段。

侵犯商业秘密行为的例外

（一）独立发现或者自行研发；
（二）通过反向工程等类似方式获得商业秘密的，但商业秘密或者产品系通过不正当手段获得或违反保密义务的反向工程除外；
（三）股东依法行使知情权而获取公司商业秘密的；
（四）商业秘密权利人或持有人的员工、前员工或合作方基于环境保护、公共卫生、公共安全、揭露违法犯罪行为等公共利益或国家利益需要，而必须披露商业秘密的。

反向工程，是指通过技术手段对从公开渠道取得的产品进行拆卸、测绘、分析等而获得该产品的有关技术信息，但是接触、了解权利人或持有人技术秘密的人员通过回忆、拆解终端产品获取权利人技术秘密的行为，不构成反向工程。

披露人在向有关国家行政机关、司法机关及其工作人员举报前述违法犯罪行为时，须以保密方式提交包含商业秘密的文件或法律文书。

商业秘密权利人或持有人应在其与员工、合作者、顾问等签订的管控商业秘密或其他保密信息使用的任何合同或协议中，向后者提供举报豁免和反报复条款。合同或协议的形式包括但不限于劳动合同、独立承包商协议、咨询协议、分离和解除索赔协议、遣散协议、竞业禁止协议、保密和所有权协议、员工手册等。

认定商业秘密符合法定条件的材料

法定材料

认定商业秘密符合法定条件的材料，包括但不限于下列情形：
（一）商业秘密的研发过程和完成时间；
（二）商业秘密的载体和表现形式、具体内容等不为公众所知悉；
（三）商业秘密具有的商业价值；
（四）对该项商业秘密所采取的保密措施。

提供初步证据合理表明其商业秘密被侵犯

初步证据

权利人提交以下材料之一的，视为其已提供初步证据合理表明其商业秘密被侵犯：
（一）有证据表明涉嫌侵权人有渠道或者机会获取商业秘密，且涉嫌侵权人使用的信息与权利人的商业秘密实质上相同；
（二）有证据表明涉嫌侵权人有渠道或者机会获取商业秘密，且保密设施被涉嫌侵权人以不正当手段破坏；
（三）有证据表明商业秘密已被涉嫌侵权人披露、使用或者有被披露、使用的风险；
（四）权利人提交了与该案相关的民事诉讼、刑事诉讼或其他法定程序中所形成的陈述、供述、鉴定意见、评估报告等证据，用于合理表明其商业秘密被侵犯；
（五）有其他证据表明商业秘密被涉嫌侵权人侵犯。

委托鉴定

委托鉴定

权利人、涉嫌侵权人可以委托有法定资质的鉴定机构对权利人的信息是否为公众所知悉、涉嫌侵权人所使用的信息与权利人的信息是否实质相同等专门性事项进行鉴定。

权利人、涉嫌侵权人可以委托有专门知识的人对权利人的信息是否为公众所知悉等专门性事项提出意见。

权利人、涉嫌侵权人可以就上述鉴定结论或者有专门知识的人的意见向市场监督管理部门提出意见并说明理由，由市场监督管理部门进行审查并作出是否采纳的决定。

涉及计算机软件程序的证据认定

证据认定

　　侵犯商业秘密行为涉及计算机软件程序的，可以从该商业秘密的软件文档、目标程序与被控侵权行为涉及的软件是否相同，或者被控侵权行为涉及的计算机软件目标程序中是否存在权利人主张商业秘密的计算机软件特有内容，或者在软件结果（包括软件界面、运行参数、数据库结构等）方面与该商业秘密是否相同等方面进行判断，认定二者是否构成实质上相同。

涉嫌侵权人不能提供或者拒不提供证据的情形

不提供证据

　　涉嫌侵权人及利害关系人、证明人，应当如实向市场监督管理部门提供有关证据。
　　权利人能证明涉嫌侵权人所使用的信息与自己主张的商业秘密实质上相同，同时能证明涉嫌侵权人有获取其商业秘密的条件，而涉嫌侵权人不能提供或者拒不提供其所使用的信息是合法获得或者使用的证据的，市场监督管理部门可以根据有关证据，认定涉嫌侵权人存在侵权行为。

情节严重

情节严重

（一）因侵害商业秘密造成权利人损失超过五十万元的；
（二）因侵害商业秘密获利超过五十万元的；
（三）造成权利人破产的；
（四）拒不赔偿权利人的损失的；
（五）电子侵入方式造成权利人办公系统网络和电脑数据被严重损坏的；
（六）造成国家、社会重大经济损失，或具有恶劣社会影响的；
（七）其他情节严重的行为。

责令停止侵权

责令停止侵权　　依照《反不正当竞争法》第二十一条之规定，责令侵权人停止违法行为时，责令停止违法行为的时间可以持续到该项商业秘密已为公众知悉时为止，也可以在依法保护权利人该项商业秘密竞争优势的情况下，责令侵权人在一定期限或者范围内停止使用该项商业秘密。

侵权人停止使用商业秘密行为会给国家利益、社会公共利益造成重大损失的，可以不责令停止使用，但应要求其向权利人支付使用期间内相应的合理费用。

侵犯商业秘密的物品

侵犯商业秘密的物品　　对侵犯商业秘密的物品可以做如下处理：

（一）责令并监督侵权人将载有商业秘密的图纸、软件及其有关资料返还权利人；

（二）监督侵权人销毁使用权利人商业秘密生产的、流入市场将会造成商业秘密公开的产品。但权利人同意收购、销售等其他处理方式的除外。

善意侵权

善意侵权　　为生产经营目的使用不知道是未经商业秘密权利人许可的商业秘密，且能举证证明该商业秘密合法来源的，应责令侵权人停止上述使用行为，但商业秘密的使用者能举证证明其已支付合理对价的除外。

不知道，是指实际不知道且不应当知道。前款所称合法来源，是指通过许可合同等正常商业方式取得商业秘密。对于合法来源，使用者或者销售者应当提供符合交易习惯的相关证据。

违反所得计算

违法所得计算

《反不正当竞争法》第二十一条所称违法所得是指，以侵权人违法生产、销售商品或者提供服务所获得的全部收入扣除侵权人直接用于经营活动的适当的合理支出。

市场监督管理部门可以综合参考商业秘密侵权人的会计账簿、生产记录、销售记录、转让协议等资料，计算违法所得的数额。

造成权利人损害的计算

市场监督管理部门调查侵犯商业秘密行为造成权利人的损害的，应按照其因被侵权所受到的实际损失确定；实际损失难以计算的，按照侵权人因侵权所获得的利益确定。在计算"权利人因被侵权所受到的实际损失""侵权人因侵权所获得的利益"的时候，可以参照下列计算方法：

（一）权利人的产品因侵权所造成销售量减少的总数乘以每件产品的合理利润所得之积；

（二）权利人销售量减少的总数难以确定的，侵权产品在市场上销售的总数乘以每件产品的合理利润所得之积；

（三）按照通常情形权利人可得的预期利润，减去被侵害后使用同一信息的产品所得利益之差额；

（四）商业秘密许可他人使用的价款；

（五）根据商业秘密研究开发成本、实施的收益、可得利益、可保持竞争优势的时间等因素确定商业秘密的价值，并以该价值的一定比例确定"权利人因被侵权所受到的实际损失"或者"侵权人因侵权所获得的利益"。

企业家必修课:《孙子兵法》与企业谈判的元规则

01　引　子

何为谈判

> 天下熙熙皆为利来，天下攘攘皆为利往。
>
> ——司马迁《史记·货殖列传》

> 财富的一半来自合同，合同的一半来自谈判。

> 每一场博弈都有两个层面，一是外部博弈，一是内部博弈。外部博弈针对外部对手，意在冲破外部阻碍，达到外部目标……内部博弈……发生在心灵层面……意在打破一切阻碍外部效能的思维习惯。
>
> ——W. 蒂摩西·加尔韦

谈判的困惑

- 你是不是一次又一次在那些火药味爆发的时刻无法保持冷静？
- 你有没有过本来打算听从你搭档的意见，但最后发现自己大喊大叫，或者干脆就转身离开了？
- 你有没有本来打算与他人好好合作，但后来因为固执己见而使谈判僵持不下？
- 你有没有在想要保持冷静的时候，却表现得充满抵触情绪，暴躁不安？

- 你有没有在本打算说"不"的时候，还是说了"行"？

- 你有没有在想要阐明观点或表明立场的时候，却闭嘴不言静静地坐着？

- 你有没有曾经试图想要打破所有人对你的看法，但在关键时刻却依旧觉得太害怕或是担心自己无法承担起"责任"的重担，从而最终放弃了冒险的尝试？

- 你是否曾经感觉到你的激情和生活的目标背道而驰呢？

02 谈判的底线规则

契约精神

> 法律是人类最大的发明，别的发明使人类学会了如何驾驭自然，而法律使人类学会如何驾驭自己。
>
> ——博登海默
>
> 法律为聪明人而立。
>
> ——法律谚语

知道自己知道

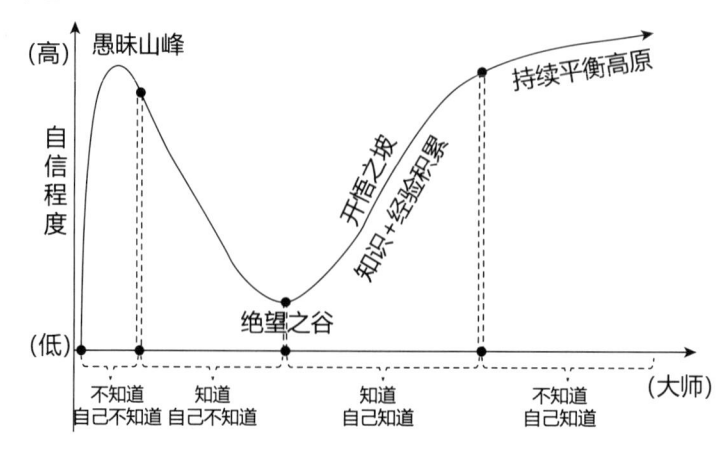

图中曲线横轴为"大师"程度，纵轴为自信程度，依次经过：不知道自己不知道（愚昧山峰）→ 知道自己不知道（绝望之谷）→ 知道自己知道（开悟之坡，知识+经验积累）→ 不知道自己知道（持续平衡高原）。

竞争力

竞争力：实现自己目标的能力。
　　——经济达尔文主义、古典经济学之父　亚当·斯密

竞争力：与他人合作实现自己目标的能力。
　　——约翰·纳什博弈论，用数学方法证明卢梭的理论：行动各方协同合作时，整体利益的规模几乎总是会越变越大，因此每一方都能分得比其孤军奋战时更多的利益。

共识力

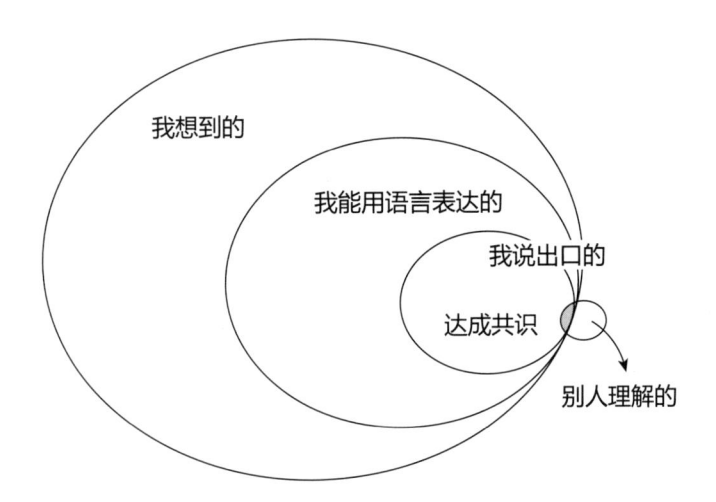

我想到的
我能用语言表达的
我说出口的
达成共识
别人理解的

控场能力

> 生活中的10%是由发生在你身上的事情组成，而另外的90%则是由你对所发生的事情如何反应所决定。

科学方法

> 所谓科学方法，一曰不忽细微，一曰善于解剖，一曰必有证据。
> 　　　　　　　　　　　　　　——黄侃

03 谈判的元规则

谈判的元规则

如果你要说服别人，要诉诸利益，而非诉诸理性。

——本杰明·富兰克林 *Poor Richard's Almanack*

> 君子有九思："视思明，听思聪，色思温，貌思恭，言思忠，事思敬，疑思问，忿思难，见得思义。"
>
> ——孔子

> 知止而后有定，定而后能静，静而后能安，安而后能虑，虑而后能得。
>
> ——《礼记·大学》

合适的人是谈判的灵魂

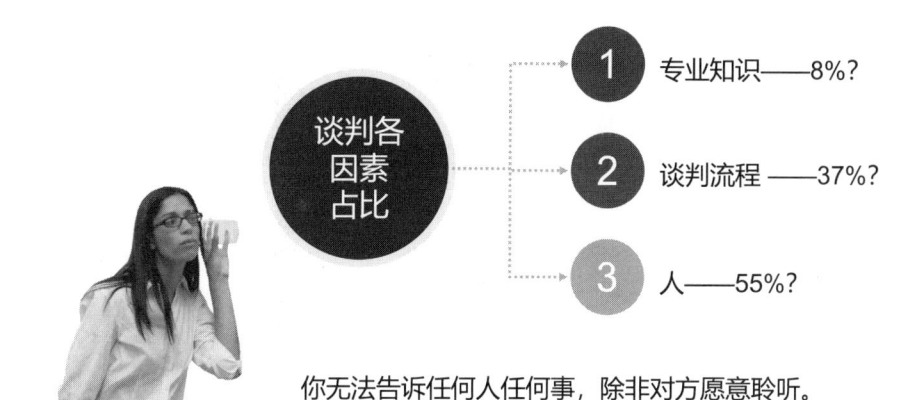

谈判各因素占比

1. 专业知识——8%？
2. 谈判流程——37%？
3. 人——55%？

你无法告诉任何人任何事，除非对方愿意聆听。

谈判的元规则

认清形势，理解博弈形态（单级、双级、多级）
追求单方强势主体长久、稳定、全面的利益
寻求经济、方便、合情的帕累托改进机会
准备好纳什不均衡策略，需要出奇制胜的方法

深切理解"问题情境"
没有问题是不可能的
恶质的问题是可以转换的
保持问题的"般若"状态
热爱问题吧！否则答案有什么价值！！！

谈判的困境

两种困境：

1. 诚实的困境：应该向对方透露多少实情？
2. 信任的困境：应该在多大程度上相信对方的话？

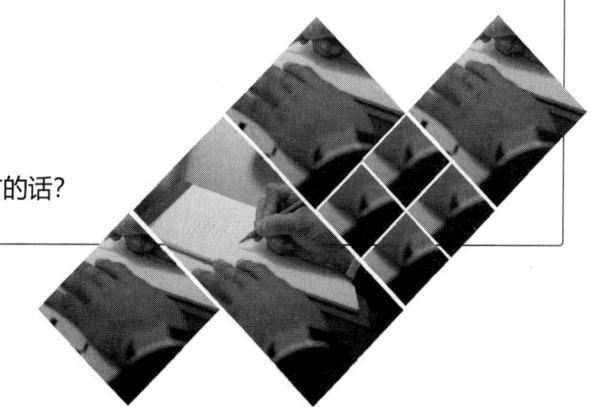

讲真话的原则

真话只能讲一半？

主观感受在先，理性印证随后

主题信号清晰，辅助延展想象

逻辑表达一致，行动展示效果

谈判中的强权劫持

爱哭的毛毛虫的大卫策略

打破均衡，出奇制胜，每一个人都可以做到帕累托改进。

帕累托最优（Pareto Optimality）：是指资源分配的一种状态，在不使任何人境况变坏的情况下，不可能再使某些人的处境变好。

帕累托改进（Pareto Improvement）：是指一种变化，在没有使任何人境况变坏的情况下，使得至少一个人变得更好。

误解是理解的开始

谈判就像切大洋葱

认识论	方法论	价值观
从旧成见到新定见 微冲突 动平衡 建立规矩的边界	传导新希望，汇聚微意愿 大道理 小声讲 复杂的事情 生动地讲 抽象的道理 用行动讲	理解的丰富程度 问题的共识度 行动的可行性 文化习性的培养和积累

04 《孙子兵法》与谈判

谈判有多重要

> 兵者,国之大事,死生之地,存亡之道,不可不察也。
>
> ——《孙子兵法》

谈判的最高境界

> 不战而屈人之兵,善之善者也。
>
> ——《孙子兵法》

谈判五事

> 一曰道,二曰天,三曰地,四曰将、五曰法。
>
> ——《孙子兵法》
>
> **道者**,令民与上同意也,故可以与之死,可以与之生,而不畏危。
> **天者**,阴阳、寒暑、时制也。
> **地者**,远近、险易、广狭、死生也。
> **将者**,智、信、仁、勇、严也。
> **法者**,曲制、官道、主用也。
>
> ——《孙子兵法》

谈判的战略

> 夫未战而庙算胜者，得算多也；未战而庙算不胜者，得算少也。多算胜，少算不胜，而况于无算乎？吾以此观之，胜负见矣。
>
> ——《孙子兵法》

谈判的策略（一）

> 知彼知己者，百战不殆；不知彼而知己，一胜一负，不知彼，不知己，每战必殆。
>
> ——《孙子兵法》

谈判的策略（二）

> 三军可夺气，将军可夺心。是故朝气锐，昼气惰，暮气归。善用兵者，避其锐气，击其惰归，此治气者也。以治待乱，以静待哗，此治心者也。以近待远，以佚待劳，以饱待饥，此治力者也。
>
> ——《孙子兵法》

05 中国古代谈判智慧

谈判范例——毛遂自荐（一）

《史记·平原君虞卿列传》：平原君曰："先生处胜之门下几年于此矣？"毛遂曰："三年于此矣。"平原君曰："夫贤士之处世也，譬若锥之处囊中，其末立见。今先生处胜之门下三年于此矣，左右未有所称诵，胜未有所闻，是先生无所有也。先生不能，先生留。"毛遂曰："臣乃今日请处囊中耳。使遂蚤得处囊中，乃颖脱而出，非特其末见而已。"平原君竟与毛遂偕。

谈判范例——毛遂自荐（二）

平原君与楚合从，言其利害，日出而言之，日中不决。十九人谓毛遂曰："先生上。"毛遂按剑历阶而上，谓平原君曰："从之利害，两言而决耳。今日出而言从，日中不决，何也？"楚王谓平原君曰："客何为者也？"平原君曰："是胜之舍人也。"楚王叱曰："胡不下！吾乃与而君言，汝何为者也！"毛遂按剑而前曰："王之所以叱遂者，以楚国之众也。今十步之内，王不得恃楚国之众也，王之命县于遂手。吾君在前，叱者何也？且遂闻汤以七十里之地王天下，文王以百里之壤而臣诸侯，岂其士卒众多哉，诚能据其势而奋其威。今楚地方五千里，持戟百万，此霸王之资也。以楚之强，天下弗能当。白起，小竖子耳，率数万之众，兴师以与楚战，一战而举鄢郢，再战而烧夷陵，三战而辱王之先人。此百世之怨而赵之所羞，而王弗知恶焉。合从者为楚，非为赵也。吾君在前，叱者何也？"楚王曰："唯唯，诚若先生之言，谨奉社稷而以从。"毛遂曰："从定乎？"楚王曰："定矣。"毛遂谓楚王之左右曰："取鸡狗马之血来。"

谈判范例——煮酒论英雄

> 是时曹公从容谓先主曰:"今天下英雄,唯使君与操耳。本初之徒,不足数也。"先主方食,失匕箸。
>
> ——《三国志·先主传》

谈判范例——鸿门宴

沛公旦日从百余骑来见项王,至鸿门,谢曰:"臣与将军戮力而攻秦,将军战河北,臣战河南,然不自意能先入关破秦,得复见将军于此。今者有小人之言,令将军与臣有郤。"项王曰:"此沛公左司马曹无伤言之。不然,籍何以至此?"项王即日因留沛公与饮。项王、项伯东向坐,亚父南向坐,——亚父者,范增也;沛公北向坐;张良西向侍。范增数目项王,举所佩玉玦以示之者三,项王默然不应。范增起,出,召项庄,谓曰:"君王为人不忍。若入前为寿,寿毕,请以剑舞,因击沛公于坐,杀之。不者,若属皆且为所虏。"庄则入为寿。寿毕,曰:"君王与沛公饮,军中无以为乐,请以剑舞。"项王曰:"诺。"项庄拔剑起舞,项伯亦拔剑起舞,常以身翼蔽沛公,庄不得击。

于是张良至军门见樊哙。樊哙曰:"今日之事何如?"良曰:"甚急!今者项庄拔剑舞,其意常在沛公也。"哙曰:"此迫矣!臣请入,与之同命。"哙即带剑拥盾入军门。交戟之卫士欲止不内,樊哙侧其盾以撞,卫士仆地,哙遂入,披帷西向立,瞋目视项王,头发上指,目眦尽裂。项王按剑而跽曰:"客何为者?"张良曰:"沛公之参乘樊哙者也。"项王曰:"壮士!赐之卮酒。"则与斗卮酒。哙拜谢,起,立而饮之。项王曰:"赐之彘肩。"则与一生彘肩。樊哙覆其盾于地,加彘肩上,拔剑切而啖之。项王曰:"壮士!能复饮乎?"樊哙曰:"臣死且不避,卮酒安足辞!夫秦王有虎狼之心,杀人如不能举,刑人如恐不胜,天下皆叛之。怀王与诸将约曰:'先破秦入咸阳者王之。'今沛公先破秦入咸阳,毫毛不敢有所近,封闭宫室,还军霸上,以待大王来。故遣将守关者,备他盗出入与非常也。劳苦而功高如此,未有封侯之赏,而听细说,欲诛有功之人,此亡秦之续耳。窃为大王不取也!"项王未有以应,曰:"坐。"樊哙从良坐。坐须臾,沛公起如厕,因招樊哙出。

沛公曰:"今者出,未辞也,为之奈何?"樊哙曰:"大行不顾细谨,大礼不辞小让。如今人方为刀俎,我为鱼肉,何辞为?"于是遂去。乃令张良留谢。良问曰:"大王来何操?"曰:"我持白璧一双,欲献项王,玉斗一双,欲与亚父。会其怒,不敢献。公为我献之。"

谈判范例——一诺千金

楚人曹丘生，辩士，数招权顾金钱。事贵人赵同等，与窦长君善。季布闻之，寄书谏窦长君曰："吾闻曹丘生非长者，勿与通。"及曹丘生归，欲得书请季布。窦长君曰："季将军不说足下，足下无往。"固请书，遂行。使人先发书，季布果大怒，待曹丘。曹丘至，即揖季布曰："楚人谚曰'得黄金百，不如得季布一诺'，足下何以得此声于梁楚间哉？且仆楚人，足下亦楚人也。仆游扬足下之名于天下，顾不重邪？何足下距仆之深也！"季布乃大说，引入，留数月，为上客，厚送之。季布名所以益闻者，曹丘扬之也。

06 哈佛谈判心理学——福克斯

谈判的心理场控

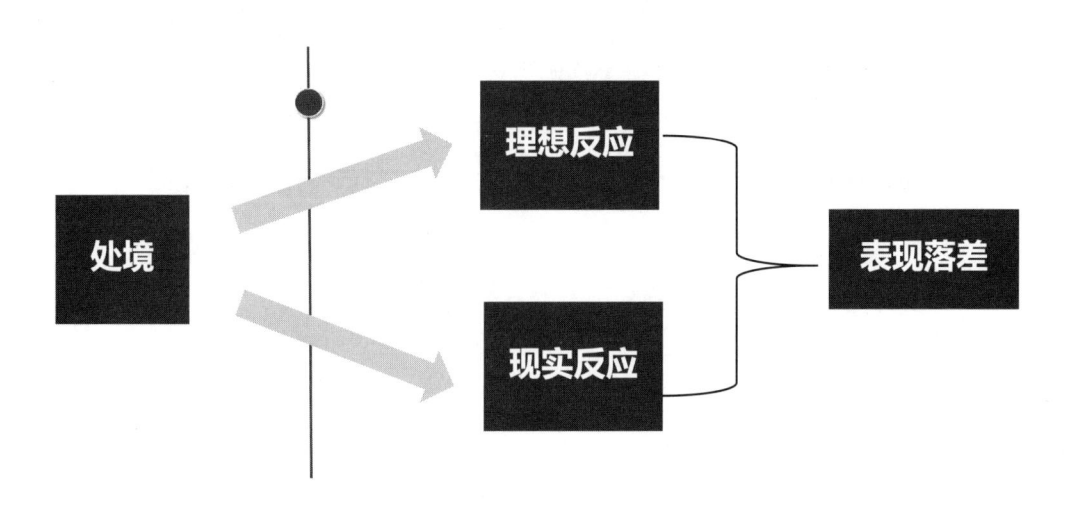

处境 → 理想反应 ┐
　　　　　　　　├ 表现落差
处境 → 现实反应 ┘

谈判的困惑

- 想认真倾听，却发现自己唠叨不停？
- 想与他人密切协作，却发现自己一意孤行、固执己见？
- 想保持冷静，却发现自己暴跳如雷？
- 想回绝对方，却发现自己点头允诺？
- 说完话，过后却想收回？
- 想站起来表达意见或亮明态度，却迟迟没有起身？
- 想不按他人的期望行事，又顾忌破坏气氛？
- 觉得自己没有按照本心行事？

团队技能

愿景	人际
设定预期 激励他人 创新与创造 激情与使命	沟通与影响 团队合作 情商 指导他人
分析	**执行**
风险管理 优质决策 关键业绩指标（KPIs）与投资回报（ROI） 服从性	责任 关注结果 项目管理 运营效率

认识你的四大成员（一）

- 01 你的梦想家（CEO） — **规划蓝图** 设立战略愿景，指明方向
- 02 你的思想者（CFO） — **看清事态** 分析数据，管理分析
- 03 你的恋人（CHRO） — **提供关怀** 感知情感，维护关系
- 04 你的勇士（COO） — **高效行动** 采取行动，达成目标

认识你的四大成员（二）

内在谈判者	关注点	力量来源	提供
梦想家	我要什么 我不要什么	直觉	创新
思想者	我的意见 我的想法	理性	分析
恋人	我的感觉 我的信任度	情感	人际
勇士	要做什么 不做什么	意志力	成就

认识你的四大成员（三）

思想者
运用事实与逻辑
考虑后果
全方位观察

梦想家
构筑愿景
敢于追求梦想
感知前行方向

勇士
说出事实
坚持立场
采取行动

恋人
借助情感发展关系
与他人协作
建立并维持信任

认识你的四大成员（四）

梦想家会说："看，前面有个大花园，开满了娇艳欲滴的玫瑰。"

思想者会说："你要不眠不休疾步前行25个小时，才能看到那片玫瑰，过了花期，她就凋零了。"

恋人会说："亲爱的，我懂你的疲惫，来，跟我好好说说。"

勇士会说："跑起来，为了那娇艳的玫瑰。"

促变者之守望者、船长、旅行者

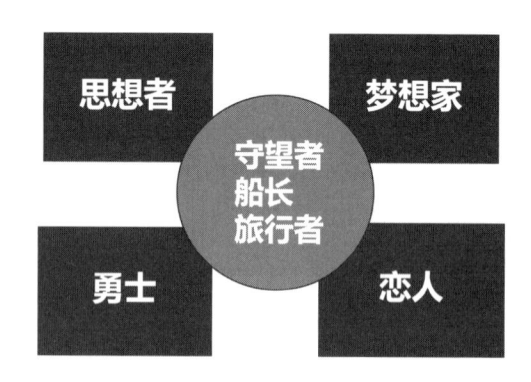

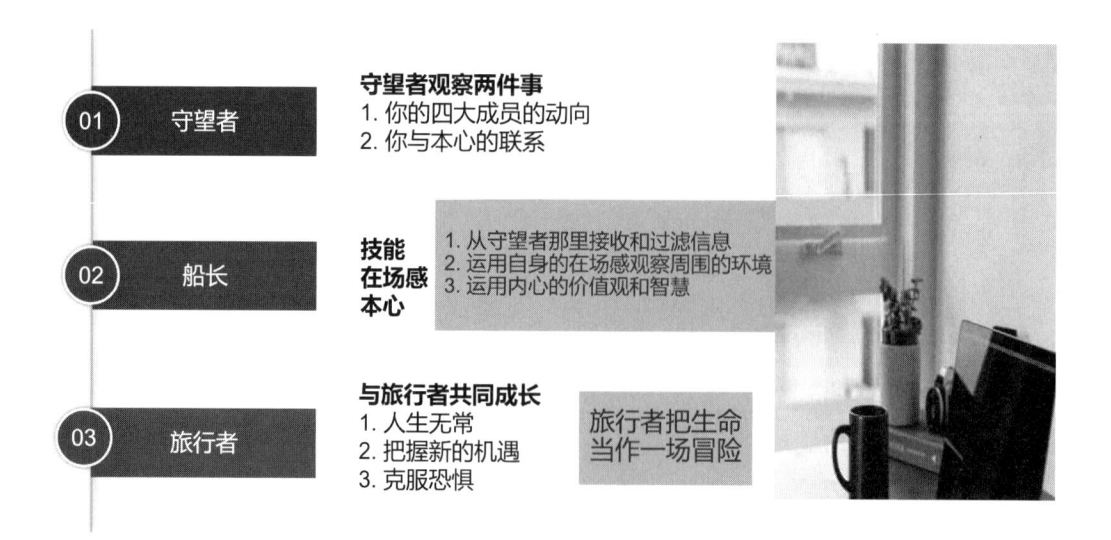

	思想者	梦想家
	守望者 船长 旅行者	
	勇士	恋人

01 守望者
守望者观察两件事
1. 你的四大成员的动向
2. 你与本心的联系

02 船长
技能
在场感
本心
1. 从守望者那里接收和过滤信息
2. 运用自身的在场感观察周围的环境
3. 运用内心的价值观和智慧

03 旅行者
与旅行者共同成长
1. 人生无常
2. 把握新的机遇
3. 克服恐惧

旅行者把生命当作一场冒险

07 沃顿商学院斯图尔特·戴蒙德的谈判准则

优秀谈判者VS普通谈判者

一、普通谈判者怪罪对方的频率是优秀谈判者的3倍多。

二、普通谈判者能想到的具有创造性的策略数量是优秀谈判者的一半。

三、普通谈判者用于寻找双方共同点的时间不到优秀谈判者的1/3。

四、普通谈判者与对方共享的信息量远远少于优秀谈判者，对长远利益所做的评述次数是优秀谈判者的一半。

五、普通谈判者做出无端评价从而激怒对方的次数是优秀谈判者的4倍。

结论：消极因素所占比例越大，谈判成功的可能性就越小。

谈判行为	优秀谈判者/%	普通谈判者/%
每小时激怒对方的行为		
自我吹嘘，暗示不公平	2.3	10.8
每一问题的策略选择项	5.1	2.6
指责	1.9	6.3
信息共享	12.1	7.8
"长远性"评述	8.5	4.0
"共同点"评述	38.0	11.0

开场白：一切都好吗？

第一：这个问题有助于你和对方建立一种良好的人际关系——你一开始就表现得亲切健谈

第二：这是一个问句，提问是一种收集信息的极佳方式

第三：这个问题首先关注对方以及他们的情绪和感受，而不是谈判本身

第四：这个问题是随意的闲聊，有助于为双方营造轻松舒适的氛围

优势谈判的四个层次

01 迫使对方按照你的意愿行事

02 让对方按照你的思路思考

03 让对方理解你想让他们理解的观念

04 让对方感受到你想让他们感受的

十二条谈判策略

A
1. 目标至上。
2. 重视对手。
3. 进行情感投资。
4. 谈判形式千差万别。

B
5. 遵守循序渐进这一最佳原则。
6. 交换评价不相同的东西。
7. 摸清对方的谈判准则。
8. 开诚布公，积极推动谈判，避免操纵谈判。

C
9. 始终和对方保持畅通，指出显而易见的问题，将对方引至己方设定的道路。
10. 找出问题的症结所在，并将它转变成机会。
11. 接受双方的差异。
12. 做好准备——列一份谈判准备清单并根据清单内容进行练习。

六条谈判技巧

1. 沉着冷静，感情用事只能毁掉谈判
2. 准备充分，哪怕只有5秒时间
3. 找出决策者
4. 专注于自己的目标，而不是计较是非对错
5. 进行人际沟通，在谈判中，人几乎是决定一切的因素
6. 承认对方的地位和权力，看重他们

列好谈判清单

1. 如果对方获得的信息比你多很多,你就会处于劣势。不要轻易做出承诺,要采取渐进的方式,直到获得更多信息或更多信任。
2. 收集大量有关对方的信息。问他们有关细节的问题,看看是否所有的信息都相互匹配。对每一件事进行检查和测试。请可靠的第三方提供帮助。
3. 对方是否逃避你的问题或转移话题?对方越躲躲闪闪,他们掩盖真相的可能性就越大。
4. 如果与诚实相比,欺骗能让对方更有利可图,那就改变刺激物。例如,就对方在一段时期内的表现(价值)给予对方一定的报酬。
5. 除非有明确的保护措施,否则不要向对方提供自己的资产数额。
6. 确保任何协议的真实性,告诉对方:"只要你所说的是真话,我就会放心,你也不用付出任何代价。"如果对方犹豫退缩,一定要警惕。
7. 在协议中将违反协议的后果予以说明。
8. 亲自与对方见面,这样有些事情就很难隐藏。
9. 除非谈判双方各自可以亲自交谈,观察彼此,否则不会进行谈判。
10. 如果对方对某些内容有所保留,你对此感到不满,那就问对方:"我还有什么应该知道的吗?"

信任,但也要核实

1. 比双赢更重要的事:实现目标
2. 你的态度、可信度和透明度
3. 循序渐进式争取更多
4. 一切谈判与情景密切相关
   (1) 我们的谈判目标是什么?
   (2) 他们是谁?
   (3) 要想说服他们,需要采用哪些策略和技巧?
5. 慎用权力
   权力?在相关时间范围内实现自己目标的能力。
6. 找出更深层次的动机

面对强硬谈判对手的策略

一、谈判前制定准则

准则是赋予某项决定合理性的一条惯例、一项政策或一个参照点。它既可以是从前所说的话、所做的承诺或所给予的保证,也可以是谈判中对方同意采取的一种做法。

例:任何一个议题如果无法在15分钟内得到解决,直接进入下一个议题。

二、准确描述让谈判事半功倍

谈判最重要的并不是合理性,而是对方的感受和看法。

三、直接指出对方的不当行为

谈判的时候,应该打开百叶窗,务必让阳光照到对方的眼睛上,这样对方就会分心。(《影子当道》)

四、收起争强好胜的心

当你从事竞技性体育运动的时候(跑步、篮球、足球、游泳),在你处于比赛最激烈的时刻,你想的是什么?

实现利益最大化的模式：四象限谈判模型

第一象限：问题和目标	第二象限：形势分析
1. 目标：短期/长期 2. 问题：妨碍目标实现的问题有哪些？ 3. 谈判各方：决策者、对方、第三方 4. 交易失败怎么办？最糟糕的情况是什么？ 5. 准备工作：时间、相关准备、谁掌握了更多信息	6. 需求/无形资产：双方的、理性的、情感上的、共同的、相互冲突的、价值不等的 7. 观念：谈判各方脑海中的想法、角色转换、矛盾冲突 8. 沟通：风格、关系？ 9. 准则：对方的准则、谈判规范 10. 再次检查目标：就双方而言，为什么同意/拒绝？
第三象限：选择方案/降低风险	**第四象限：采取行动**
11. 集思广益：可以实现目标，满足的方案有哪些？ 12. 循序渐进策略：降低风险的具体步骤 13. 第三方：共同的敌人且有影响力的人 14. 表达方式：为对方勾画蓝图、抛出问题 15. 备选方案：如有必要对谈判进行适当调整或施加影响	16. 最佳方案/优先方案：破坏谈判协议的因素、谈判中的欺诈因素 17. 谈判发言人：发言方式和发言对象 18. 谈判过程：议程、截止日期、时间管理 19. 承诺/动机：主要针对对方 20. 下一步：谁会采取行动？他会做什么？

谈判效果的评估

- 双方之间的沟通效果如何？双方是否有沟通？
- 双方之间是否了解、理解、考虑了彼此的感受？
- 双方采取的态度是强迫对方的意愿还是与之合作？
- 双方仍就历史问题指责对方，还是为了长远发展尊重对方？应该由什么样的谈判者来传递这个信息？
- 双方是否坦诚交流并交换彼此的需求？
- 双方是采取循序渐进的行动还是想一蹴而就？
- 双方所采取的行动是否有助于实现他们的目标？
- 双方的情绪水平有多高？双方是否努力保持冷静？
- 双方是否利用彼此的准则来达成一项决议？
- 是否有一个尊重差异的问题解决方式？

谈判之外的TIPS——关于电子邮件的沟通方式

- 添加语气，开头语插入"友好""难过"等字眼。
- 千万不要根据收到电子邮件的第一反应回复邮件。
- 发送电子邮件前阅读一遍，想象对方在心情糟糕的情况下阅读该邮件的情况。
- 进行角色互换，提一些与对方有关的事情，拉近距离。
- 心烦或生气的时候千万不要发电子邮件，可以先存为草稿。
- 尽量使电子邮件简短。
- 发送一封非常重要且敏感的邮件前，可以请同事朋友帮忙检查一遍。
- 幽默非常有效，但前提是对方看待幽默的方式与你相同。

08 谈判者的性格类型与AC模型

谈判者的性格类型

判断她的性格类型
- 竞争型
- 合作型
- 折中型
- 回避型
- 迎合型

心理学家汤姆斯和基尔曼：按照谈判者在谈判中的强硬和合作程度将人的性格类型分为五种模式。

AC模型

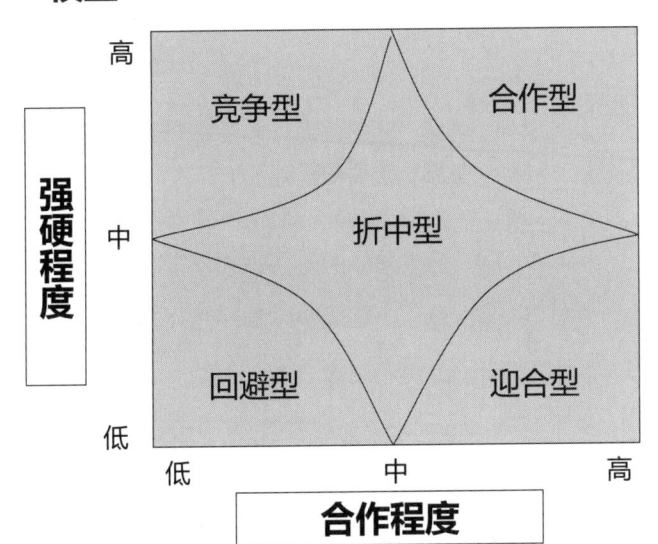

强硬程度（高／中／低） × 合作程度（低／中／高）

- 竞争型（高强硬、低合作）
- 合作型（高强硬、高合作）
- 折中型（中间）
- 回避型（低强硬、低合作）
- 迎合型（低强硬、高合作）

AC模型清楚地显示出每一种性格类型在图中的位置，以及每一种性格类型中强硬度与合作度相结合的情况。

五种性格类型素描

竞争型：压力大；使用最后通牒，制裁；很少向别人提供帮助

合作型：表示关切；信任；提供帮助；提出新的选择方案

折中型：做事折中；寻找交换条件，有时会向别人提供帮助

回避型：消极抵制；不会向别人提供帮助；找借口；经常改变谈话主题

迎合型：满足对方的渴望和需求；保持和谐气氛；避免伤害对方感情，十分愿意帮助别人

09 商务谈判的APRAM模式

APRAM模式

谈判是一个连续不断的过程，一般每次谈判都要经过评估、计划、关系、协议和维持五个环节，当前国际上流行的APRAM（Appraisal, Plan, Relationship, Agreement, Maintenance）谈判模式。

评估（Appraisal）：进行科学的评估。

计划（Plan）：制订正确的谈判计划。

关系（Relationship）：建立谈判双方的信任关系。

协议（Agreement）：达成使双方都能接受的协议。

维持（Maintenance）：协议的履行与关系的维持。

企业家必修课：《孙子兵法》与企业谈判的元规则

实施步骤

1. 项目评估

（1）需求评估；（2）可行性分析；

（3）项目总体安排；（4）项目授权；

（5）谈判项目预演。

2. 制订正确的谈判计划

（1）确定在和对方谈判时自己要达到什么样的目标；

（2）努力理解谈判对手的目标；

（3）再次进行比较；

（4）详细制订时间计划、预算计划和人员计划，并做出风险评估。

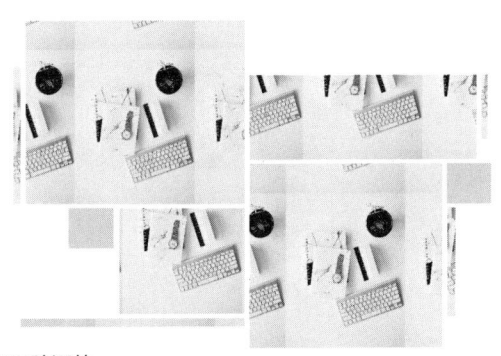

3. 建立谈判双方的信任关系

（1）努力使对方信任自己；（2）设法表现出自己的诚意；

（3）行动胜过语言。

4. 达成使双方都能接受的协议

（1）核实对方的目标；（2）清楚地确定双方意见的一致点；

（3）为了协调不一致的地方，要提出双赢式的解决方案；

（4）共同解决其他分歧。

5. 协议的履行与关系的维持

（1）要求别人信守协议，首先自己要信守协议；

（2）对于对方遵守协议的行为给予适时的情感反应。

囚徒困境博弈——博弈论谈判

当两个共犯合谋入室盗窃被抓后，警察将两名犯罪嫌疑人关在不同的屋子里面，然后警察和两名犯罪嫌疑人开始博弈。按照法律规定，坦白和抵赖最终的刑罚处罚如右表所示，发现两名犯罪人各种组合的选择，（坦白，坦白）是两名犯罪人嫌疑的占优策略，即纳什均衡，但是这个策略并不是帕累托最优。

	坦白（B）	抵赖（B）
坦白（A）	-8, -8	0, -10
抵赖（A）	-10, 0	-1, -1

10 谈判礼仪与谈判风格

商务谈判动机

动机是促使人去满足需要的行为的驱动力。

01 未满足的需要 → 02 内心紧张 → 03 动机 → 04 行为 → 05 自我满足、紧张消除

商务谈判动机，是促使谈判人员去满足需要的谈判行为的驱动力。

商务谈判的具体动机类型：

1. 经济型动机；
2. 亲和型动机；
3. 疑虑型动机；
4. 冒险型动机。

商务谈判的心理禁忌

一般谈判心理禁忌，包括：戒急、戒轻、戒俗、戒狭、戒弱。

专业谈判心理禁忌
包括：

1. 禁忌缺乏信心；
2. 禁忌热情过度；
3. 禁忌举措失度；
4. 禁忌失去耐心；
5. 禁忌掉以轻心；
6. 禁忌假设自缚。

商务谈判心理挫折的预警机制

- 心理挫折是人在追求实现目标的过程中遇到自感无法克服的障碍、干扰而产生的一种焦虑、紧张、愤懑或沮丧、失意的情绪性心理状态。
- 对绝大多数人而言，感到挫折时的行为反应主要有攻击、退化、畏缩和固执四种。
- 在商务谈判中，无论是什么原因引起的谈判者的心理挫折，都会对谈判的圆满成功产生不利的影响。
- 商务谈判心理挫折的预警机制包括以下几个方面：加强自身修养；做好充分准备；勇于面对挫折；摆脱挫折情境；适当宣泄情绪；学会换位思考。

商务谈判礼仪——迎送礼仪

- 确定迎送规格
- 迎送前的准备
- 迎送中的各个环节

商务谈判礼仪——交谈礼仪

- 尊重对方，谅解对方
- 及时肯定对方
- 态度和气，言语得体
- 注意语速、语调和音量

商务谈判礼仪——会见礼仪

- 做好会见准备
- 会见时的介绍礼仪
- 会见过程中应注意的问题

商务谈判礼仪——谈判座次

横桌式

客方：6 4 2 1 3 5 7
会谈桌
主方：7 5 3 1 2 4 6

竖桌式

主方：7 5 3 1 2 4 6
会谈桌
客方：6 4 2 1 3 5 7

商务谈判礼仪——签约仪式

并列式

客方随员席　主方随员席
客方签字人　主方签字人
签字桌

相对式

签字席
签字桌
签字各方所有人员席

商务谈判礼仪——宴请礼仪

◆ 商务宴请的礼仪
◆ 赴宴的礼仪
◆ 参加酒会的礼仪

商务谈判礼仪——馈赠礼仪

- 馈赠目的
- 馈赠原则
- 赠礼礼仪
- 受礼礼仪

商务谈判礼仪——见面礼节

◆ 握手
◆ 拥抱
◆ 鞠躬礼
◆ 合十礼
◆ 称呼

商务谈判礼仪——电话联系礼节

◆ 打电话的注意事项
◆ 打电话的一般礼节

商务谈判礼仪——仪容仪表礼节

◆ 男士的仪容仪表标准
◆ 女士的仪容仪表标准

商务谈判礼仪——其他礼节

中餐宴会礼节　A

西餐宴会礼节　B

舞会礼节　C

商务谈判人员应具备的综合能力

- 洞察能力
- 应变能力
- 社交能力
- 决策能力
- 语言表达能力
- 情绪控制能力
- 开拓创新能力

美国人谈判风格

1	自信心强，自我感觉良好	2	干脆利落，不兜圈子
3	时间观念强	4	重视利润，积极务实
5	重合同，法律观念强	6	谈判风格幽默

英国人谈判风格

A	B	C	D
不轻易与对方建立个人关系	不能按期履行合同	注重礼仪，崇尚绅士风度	忌谈政治宜谈天气

德国人谈判风格

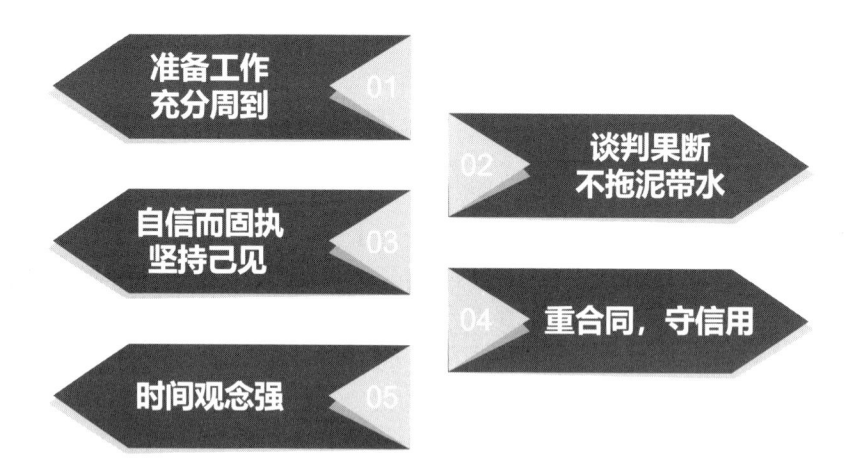

- 01 准备工作充分周到
- 02 谈判果断不拖泥带水
- 03 自信而固执坚持己见
- 04 重合同，守信用
- 05 时间观念强

法国人谈判风格

- A 谈判方式比较独特
- B 富有人情味，重视人际关系
- C 坚持用法语谈判
- D 重视个人力量
- E 时间观念不强

俄罗斯人谈判风格

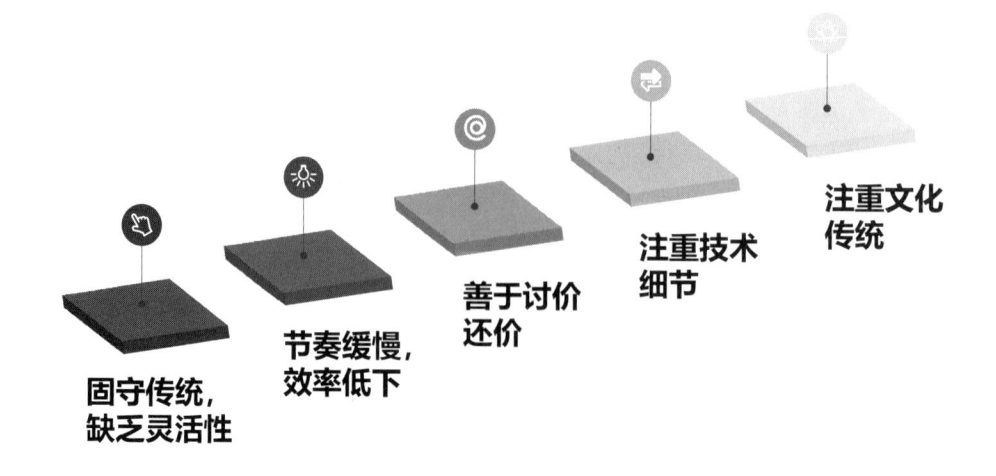

- 固守传统，缺乏灵活性
- 节奏缓慢，效率低下
- 善于讨价还价
- 注重技术细节
- 注重文化传统

阿拉伯人谈判风格

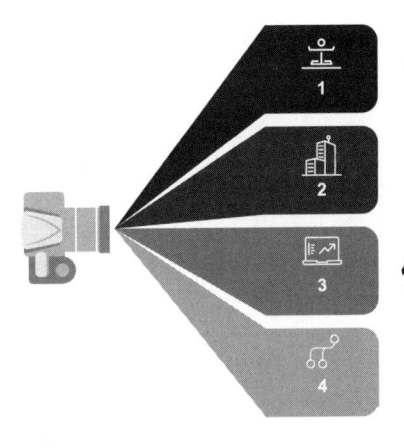

1. 谈判节奏较为缓慢
2. 中下级人员在谈判中起重要作用
3. 代理商作用不可小觑
4. 偏爱讨价还价

日本人谈判风格

- 等级观念根深蒂固
- 团队意识强烈
- 注重礼仪讲究面子
- 执着耐心不易退让
- 尽量避免诉诸法律

中国人谈判风格

重视人际关系	比较含蓄	注重礼节	工作节奏不快
A	B	C	D

中西方谈判风格的比较

◆ 先谈原则还是先谈细节？
◆ 重团队还是重个人？
◆ 重立场还是重利益？

11 谈判统筹及技巧

圆桌及方桌的座次安排

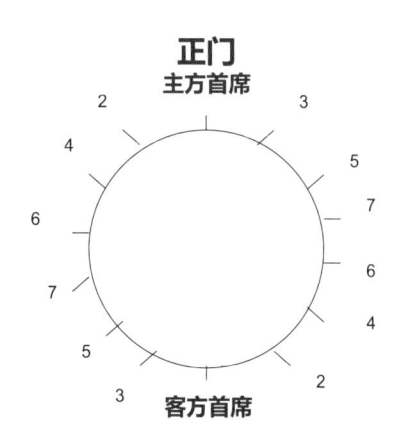

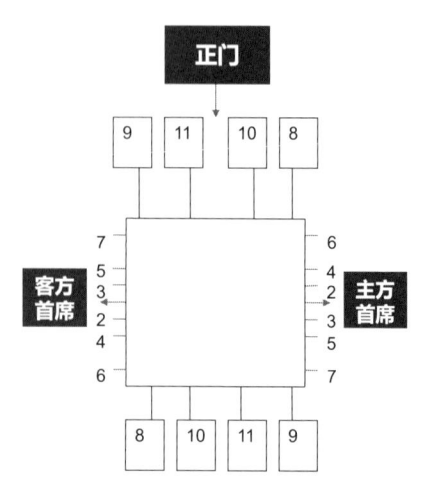

谈判准备

- A 眼睛
- B 笑容
- C 手势
- D 坐姿

01 收集谈判信息
02 确定谈判目标
03 安排谈判人员
04 制定谈判策略
05 拟订谈判计划

1 收集谈判信息

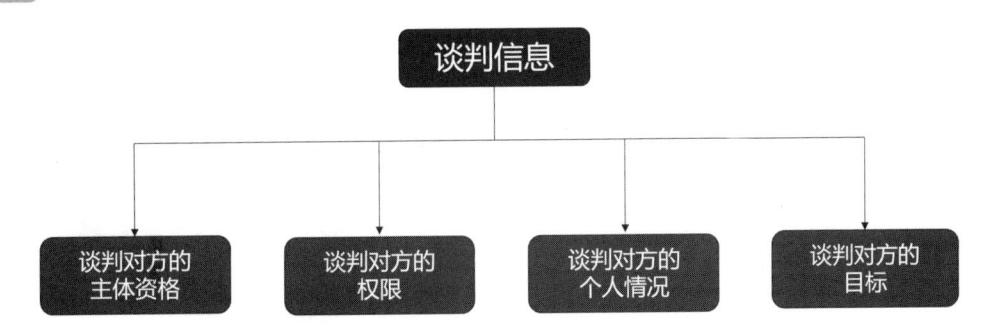

谈判信息
- 谈判对方的主体资格
- 谈判对方的权限
- 谈判对方的个人情况
- 谈判对方的目标

2 安排谈判人员

● 谈判队伍的规模

- 取决于谈判标的大小、重要性、复杂性。
- 英国谈判专家比尔斯科特认为:谈判队伍以4人为佳,最多不超过12人。
- 一般商务谈判3~5人。

● 谈判人员的选择

基本观念:忠于职守、平等互利、团队精神

能力素质:敏捷清晰的思维推理能力和较强的心理自控能力;信息表达与传递能力;坚强的毅力和必胜的信心;敏锐的洞察力和应变力

职业道德:正直、无私和敬业精神

● 组建谈判队伍

主谈人:谈判队伍的领导者,也是谈判的主要发言人。负责领导和组织谈判队伍,具备较强的组织管理能力和沟通能力,具有丰富的谈判经验。

专业技术人员:
- 商务人员
- 法律人员
- 翻译人员

- 谈判人员分工

A 分工	B 配合
第一层次：即主谈人，职责是掌握谈判进程、协调意见、决定重要事项。 第二层次：业内专家和专业人员，包括法律专家。职责是阐明谈判的意愿，弄清对方的意图、条件、基本情况，草拟谈判文件，提出专业意见和论证意见。	成员之间的语言、动作，互相协调、互相呼应。

3 制定谈判策略

(一) 选择谈判策略： 根据所做的评估和所处的形势，选择一种或多种有效的谈判策略。

1. 争议或交易的整体性VS个别性
   争议的全盘解决与就某个单一的问题的谈判所采取的策略。

2. 维持关系利益VS一次性/单次的交易
   各方之间是否需要继续维持良好的关系？

3. 心理、名誉利益

4. 最佳替代方案：是否存在强有力的法律诉求或权力资源。

(二) 制定谈判策略

■ 竞争型/对抗式的谈判策略

— 01 **目标**
  为委托人争取最大的利益和最小的损失

— 02 **方法**
  讨价还价，利用各种方法和手段，包括争辩、威胁、警告或提出诉求等，尽力说服对方让步，直至任何一方认为谈判陷入僵局或达成协议

— 03 **类似案例**
  a. 是否首先开价？如何开价？开价多少？
  b. 底线：底线的合理性，底线有可能被设置得过高
  c. 目标：双方能否达成协议并可以继续讨价还价的情况
  d. 让步：做多大的让步？如何让步？

■ 问题解决型的谈判策略——整合双方的资源并找到一个解决方案，或增加可得的资源以更好地达成双方均认可的解决方案

A 考量双方的差异。现实情况是，差异而非共同点更能帮助各方达成共识，如赔偿案件中，赔偿额度、赔偿时间等的差异。

B 专注于双方或各方非对抗的共同点：如在离婚或争夺抚养权的纠纷中，夫妻双方都希望孩子能快乐生活。

C 关注扩展现有资源的方法：抛开现有资源，问自己是否还可以创造其他资源。

4 拟订谈判计划

● **议事顺序**

对于所涉及的多个事项，考虑讨论、谈判的次序：是否有利于为谈判制订全盘计划

- 先"小问题/次要问题" → 后"重要问题"
- 先"主要问题" → 后"次要问题"
- 先"一两个重大事项（评估解决方案的可能性）" → 后"其他问题"
- 几个问题同步进行

Tips：议事顺序安排不能确保对方也接受，因此要注意向对方解释，或者你有足够的优势和强势，让对方接受你的议事顺序。

● **议事日程**

己方安排议事日程的利

（1）可以使己方谈判人员轻车熟路，心理上有优势。
（2）可以适应己方的需要。
（3）为己方出其不意运用谈判策略埋下契机。
（4）引导和控制谈判的节奏及方向。

己方安排议事日程的弊

（1）容易泄露己方的谈判意图，对方可以从谈判议程上揣摩出己方的有价值的信息。
（2）对方在谈判前故意不提出异议，谈判中提出修改议程，使己方陷入被动。

- **谈判期限**

  - 谈判期限是从谈判的准备阶段起到谈判的终局阶段之间的时间段。
  - 谈判期限的合理把握直接影响谈判效率。
  - 利用谈判期限的技巧：主场谈判，延长期限对己方有利；客场谈判，缩短期限对己方有利；中立地点谈判，期限把握要有弹性。

- **谈判地点**

  若无特殊情况，力争主场谈判。主场谈判是最佳选择。
  选择主场谈判，主场的外观环境很重要。

  主场　客场　中立场

  特殊情况下，可以选择客场谈判。此时，一定是客场谈判对己方有利。若客场谈判毫无优势可言，主动提出客场谈判是一件十分忌讳的事情，因为这是一种示弱行为。
  客场谈判可以考察对方实力，隐瞒己方不足。

  各方对主场、客场争执不下时最好采用中立地点。
  多出现在谈判各方关系紧张甚至敌对的情况。
  可适当避免任何一方利用主场优势。

谈判技巧

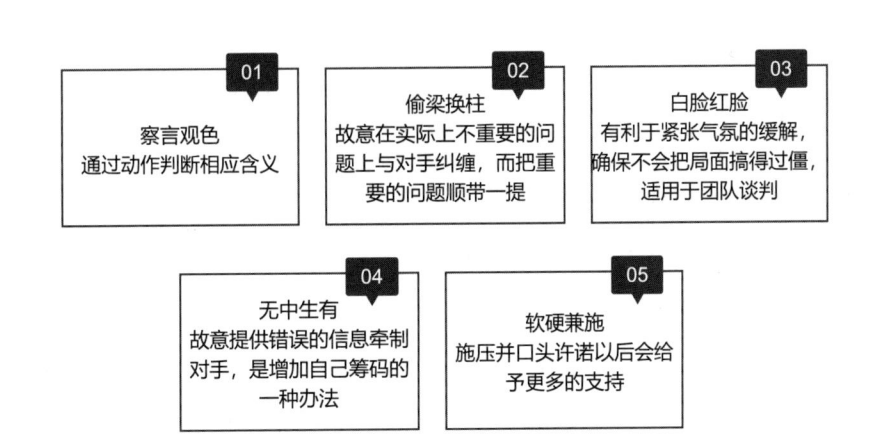

01 察言观色
通过动作判断相应含义

02 偷梁换柱
故意在实际上不重要的问题上与对手纠缠，而把重要的问题顺带一提

03 白脸红脸
有利于紧张气氛的缓解，确保不会把局面搞得过僵，适用于团队谈判

04 无中生有
故意提供错误的信息牵制对手，是增加自己筹码的一种办法

05 软硬兼施
施压并口头许诺以后会给予更多的支持

【示范文本】

为做好____项目的谈判工作，按照____的指示，拟订如下工作方案。

一、项目情况简介

二、参加谈判人员

项目总协调人：

谈判组由下列人员组成：

商务部：

技术部：

财务部：

采购部：

法律部：

三、谈判提纲的拟订

谈判提纲由____拟订，于____年____月____日交谈判组讨论后定稿，作为谈判的基础。

四、资料的准备

1.谈判资料

一般包括合作对方的资料介绍、本公司资料介绍、项目本身资料和其他相关资料。

2.资料提供部门

3.提供资料时间

各部门应于____年____月____日前将相关的谈判资料送交谈判组，由谈判组负责发给谈判人员作为参考。

五、参加谈判人员的职责

参加谈判人员必须保守公司秘密，最终决策由总协调人做出。谈判过程中如有不同意见，应向总协调人提出，总协调人不能立即作出决策的，应向公司总经理汇报。

六、日程安排

七、经费预算

八、其他

确定参加的谈判人员

- 在确定谈判方案后，需要确定具体参与谈判的人员代表，并进行内部分工，以便在谈判桌上角色分明，相互配合，各有重点。一般来说，参与的谈判代表身份要与对方对称，主要负责人要有相对应的决定权。在谈判前，内部要有分工，要确定以谁为中心、技术问题由谁负责、法律问题由谁负责、谁负责提出尖锐问题进行质询、谁负责调和争论避免僵局、谁负责记录等。每个角色各有任务，这样才能有主有从，可进可退，攻守自如，临阵不乱。

- 本次项目谈判由于主要涉及技术性问题，所以，中方派出了以总经理为负责人的谈判队伍，包括销售经理（回答中方产品的市场问题）、技术研发经理（主要回答技术研发中的解决方案）、公司法务人员（主要提出合作方式、商标许可使用、合作备忘录的内容等问题）。

- 如果顾问单位需要律师参与商务谈判，最好是在参加谈判前由主要的合伙律师牵头，组织小组进行研究准备，最终委派一名有经验的合伙人或者资深律师参与。

拟定谈判的初步程序和谈判提纲

- 由于一个项目的内容较多，所有内容不可能在一次磋商中全部解决，也不是一次的内容一下子全部谈完，所以，必须计划"开始谈什么，接着谈什么，最后谈什么"，事先要有一个大致的安排。同时，要预计哪些环节可能出现分歧，出现这些分歧应采取什么对策。

- 本次项目谈判外方时间紧张，在北京停留的时间只有4个小时左右，中方首先在公司附近的一个宾馆会议室安排一个简短的欢迎仪式，放映中方公司介绍的幻灯片，然后参观中方办公区和生产区。午饭后，在中方会议室进行1.5个小时的会谈。

- 谈判提纲是针对该项目具体内容拟定的供谈判时参考使用的纲要，是指导谈判进程、防止谈判偏离预定轨道的提示性文件。

【示范文本】 　　　　　　　　**工程承包项目谈判提纲**

本公司参加谈判人员：
谈判时间：
谈判地点：
一、工程项目的具体情况
　　1.工程名称、所在地
　　2.工程技术情况
　　3.工程项目审批文件情况
　　4.勘察资料、设计图
二、工程项目概预算情况
　　1.概预算依据
　　2.概预算具体内容
三、工程质量
　　1.标准
　　2.工期要求
　　3.监理
四、合同文书
　　1.合同条款
　　2.主要内容
　　3.解决纠纷途径
　　4.索赔时效
　　5.通知条款
　　6.发包方派驻工地人员及其职责
　　7.隐蔽项目的验收
　　8.质量问题的处理
五、其他方面
谈判分工：
技术部负责项目技术内容的准备
法律部负责合同的可行性
概算部负责审核项目概算

● **善于倾听**

善于倾听
- 专注
- 速记
- 配合
- 完整

专注：如对方思路清晰，专注才能紧紧跟住对方的思路，捕捉到所有有关的信息；如对方是泛泛而谈，思维发散，更需要在专注倾听的过程中选择自己需要的信息。

速记：对于重要的问题和关键之处，必须及时记录。对方长时间的叙述过程正好是己方一边倾听一边思考的过程，己方及时作出判断和寻求对策，需要及时记录。

配合：如果能够一边倾听，一边以体态语言，如口头语、表情、手势等，向对方表达自己的了解程度，或者要求对方解释、澄清问题，这种方式更能激起对方陈述的欲望，从而获取更多的信息。

完整：要全面听取对方的意见后进行判断，特别注意不要随便打断对方的谈话，要让对方把话说完，了解对方的真正意图，从而给予恰当的回答。

● 清晰表达自己意见

表达意见

倾听完毕对方的意见后，需要自己对对方的陈述提出问题，阐述己方对这一问题的立场和观点，提出自己的方案。对法律工作者而言，如果在听取对方陈述后不能有的放矢，抓住要害，只会让当事人大失所望。

01 通俗易懂：为了使谈判顺利进行，法律工作者务必使用通俗易懂的语言，尽快使对方明白自己的意思，如果必须使用较为艰深的词语和专业的词汇，要及时解释。因为对经营者而言，他们肯定不会同意做他们根本就听不懂的事情。

02 重点突出：在商务谈判中，经营者是主角，法律工作者只是助手，所以，谈判中往往留给法律工作者的时间并不多。当需要法律工作者叙述时，其要抓住主题，绝对不能远离主题去叙述一些无关紧要的事情。如果有许多意见，一定要首先交代有几点意见，然后按照序号顺序说明，叙述时，要直接说明观点，不要拐弯抹角。

03 精确严谨：对于法律工作者而言，思维的严谨是通过语言的严谨体现出来的，而且各方对于法律意见都是比较重视的。所以表达意见时，如果涉及数字，法律工作者要讲出精确的数值，如价格、税率、质量规格等；如果涉及法规文件，一定要讲出法规文件的发文号、具体条款及内容。

04 慎重修正：虽然法律工作者严谨，但许多时候，随着谈判的深入，或者自己对问题认识的深入，需要对自己已经表达的意见进行修正和补充，此时尽可能一次补充完毕，并巧妙地将修正意见融合在补充意见之中。切记：不对自己的意见修修补补。

● 运用不同的方式提问

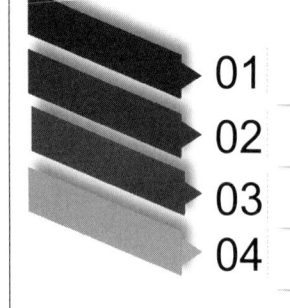

01	通过提问获取信息	Ex:"我们已经根据贵方的建议修改了付款方案，您看这样可以吗？……"
02	通过提问澄清事实	Ex:"按照行业惯例，运输费用由贵方承担，我想这点应该没有争议吧。"
03	通过提问推进谈判进程	Ex:"对于合作方式我们已经确定下来了，下一步，对于费用的支付方式，贵公司有什么考虑吗？"
04	通过问题确定选择范围	Ex:"贵方认为签订协议之日起5日内支付还是10日内支付？"

企业家必修课：企业危机管理与合规治理进阶

01 企业家如何应对危机

企业家如何应对危机

> Uneasy lies the head that wears a crown.
>
> ——Shakespear

> Never waste a good crisis.
>
> ——Churchill

> A pessimist sees the difficulty in every opportunity; an optimist sees the opportunity in every difficulty.
>
> —— Churchill

> 知止而后有定，定而后能静，静而后能安，安而后能虑，虑而后能得。
>
> ——《礼记·大学》

02 企业处理危机的基本准则

一诺千金

得黄金百，不如得季布一诺

《史记·季布栾布列传》记载"季布者，楚人也。为气任侠，有名于楚。项籍使将兵，数窘汉王。及项羽灭，高祖购求布千金，敢有舍匿，罪及三族"。

根据史书记载，汉高祖刘邦在楚汉战争中赢得天下后，那些曾经跟随他打天下的大将几乎没有逃过《史记·越王勾践世家》所述的命运，"蜚鸟尽，良弓藏；狡兔死，走狗烹"的历史规律。为何败军之将季布得以全身而退。根据《史记·季布栾布列传》记载，凭的是"得黄金百，不如得季布一诺"的信誉招牌。

临危不惧，变则通

> 《世说新语·言语》记载："钟毓、钟会少有令誉，年十三，魏文帝闻之，语其父钟繇曰：可令二子来。于是敕见。毓面有汗，帝曰：卿面何以汗？毓对曰：战战惶惶，汗出如浆。复问会：卿何以不汗？对曰：战战栗栗，汗不敢出。"
>
> 钟毓、钟会两个少年第一次面见威严的皇帝，一般都会紧张、害怕。钟毓紧张出汗，情理之中。但是，钟会竟然没出汗，有损皇帝尊严。这个时候，钟会临危不惧，一句"战战栗栗，汗不敢出"让"三曹"之一的文学大家魏文帝龙颜大悦。

正面回应，行胜于言

第一时间正面回应的准则：简短、明确、真诚，限制在一定范围内。

道义上诚恳致歉，明确做不到的惩罚措施是什么，法律会作出公正的裁决。

行动承诺

> 区别危机公关和危机管理的方法之一，就在行动承诺。
>
> ——鲍勇剑

一切没有行动承诺的表态，至多是漂亮的危机公关，而能够经得起检验的危机管理一般包含下面的具体行动：

1. "我们已经发现的问题有……"
2. "我们正采取的行动是……"
3. "我们还将落实……"
4. "检验上述行动的时间节点在……"
5. "如果没有做到，我们承诺的惩罚为……"

03 新城控股创始人的危机劫

一、出现危机

上海二中院
刚刚 来自 360安全浏览器

#案件资讯# 【王振华、周燕芬猥亵儿童案二审当庭宣判】
2021年5月19日，上海二中院依法对被告人王振华、周燕芬猥亵儿童上诉一案进行了不公开开庭审理并当庭宣判，裁定驳回上诉，维持原判。

> 新城控股集团1993年创立于江苏常州，总部设于上海。2015年，新城控股集团在上海证券交易所A股上市。
>
> 2019年6月30日，新城控股创始人王振华猥亵儿童事件经媒体报道后，在网络上迅速发酵，谴责之声不绝于耳。

二、危机处理

新城控股应对危机的过程

01 发现危机

2019年7月2日，公司现任董事长、总裁王晓松接到上海市长风新村派出所电话后，于当日23:00左右前往派出所，公司原董事长王振华被采取强制措施。

02 沟通危机

2019年7月3日9:30起，为避免内幕信息扩散，王晓松逐一通知公司董事及主要高管要求召开紧急会议，并于该日13:00—14:00统一口头告知与会董事及主要高管关于王振华被采取强制措施的事宜。与会董事及主要高管建议尽快取得正式拘留通知书，以确定信息的真实准确性。

03 分解危机

2019年7月3日15:00左右，王晓松到派出所领取前任董事长被刑事拘留的书面通知书，公司董事会自此确认前任董事长被刑事拘留事宜，董事会秘书组织开展信息披露工作，并根据董事会要求准备相关信息披露材料。

04 解决危机

2019年7月3日19:20左右，公司召开第二届董事会第十六次会议，审议通过了《关于选举第二届董事会董事长的议案》，选举公司董事兼总裁王晓松任公司第二届董事会董事长。王晓松将行使法定代表人职权，签署董事会重要合同、重要文件及其他应由公司法定代表人签署的文件。

三、危机公关指南：高管早知道

1 危机公关指南第一条：企业领导者应公开承认错误。

2 危机公关指南第二条：企业尽早并尽可能多跟外界沟通，尽快公布所有情况。

3 危机公关指南第三条：企业高管需要通过媒体或其他渠道，尽可能有效、得体地站在自己的立场叙述整件事情。

4 危机公关指南第四条：企业领导需要解释公司在将来会做出怎样的改变。

达特茅斯大学塔克商学院企业传播学教授保罗·阿尔真蒂：《哈佛商业评论》《危机公关：高管不可不知的几件事》

04 海底捞的两次危机

企业危机管理6S原则

一、承担责任原则(Shoulder)
二、真诚沟通原则(Sincerity)
三、速度第一原则(Speed)
四、统筹决策原则(System)
五、权威证实原则(Standard)
六、不要聪明原则(Smartass)

一、"勾兑门事件"

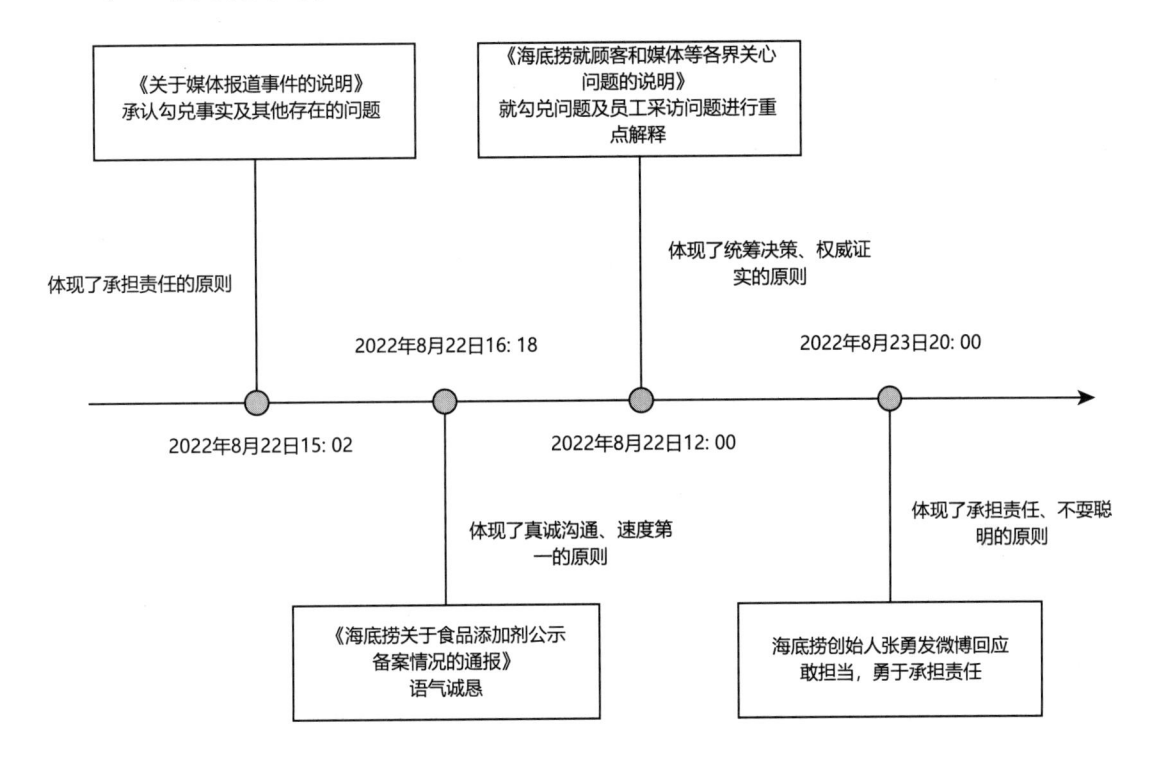

```
《关于媒体报道事件的说明》           《海底捞就顾客和媒体等各界关心
承认勾兑事实及其他存在的问题          问题的说明》
                                就勾兑问题及员工采访问题进行重
                                点解释

                                体现了统筹决策、权威证
体现了承担责任的原则                  实的原则

                2022年8月22日16:18        2022年8月23日20:00
─────●──────────●──────────●──────────●──────────→
2022年8月22日15:02    2022年8月22日12:00

              体现了真诚沟通、速度第              体现了承担责任、不要聪
              一的原则                          明的原则

              《海底捞关于食品添加剂公示          海底捞创始人张勇发微博回应
              备案情况的通报》                  敢担当,勇于承担责任
              语气诚恳
```

二、"老鼠门事件"

2017年8月25日上午,《法制晚报》看法新闻曝光海底捞北京劲松店、太阳宫店后厨老鼠乱窜,打扫卫生的簸箕和餐具同池混洗,用顾客使用的火锅漏勺掏下水道,然后放到装餐具的锅中一起清洗等一系列食品安全问题,引发社会广泛关注。

《关于海底捞火锅北京劲松店、太阳宫店事件的致歉信》—— **2017年8月25日10:23**

把握住了危机处理最佳时机 (危机出现的2小时内发表致歉信)

海底捞危机管理规范：承担责任原则

01 首先是对事件的定性，"经公司调查，认为媒体报道中披露的问题属实"，勇敢承认问题属实，不推脱、不隐瞒、不找理由，意思很明确——问题是真的，责任在我。

02 《通报》全篇的处理措施，都是对问题的解决方案——我错了，我改。

03 《通报》的第6条，充分说明公关是做人的工作。"涉事停业的两家门店的干部和职工无须恐慌，你们只需按照制度要求进行整改并承担相应的责任。该类事件的发生，更多的是公司深层次的管理问题，主要责任由公司董事会承担。"

海底捞危机管理规范：真诚沟通原则

真诚沟通原则

● 处理措施非常透明，涉事店面整改—所有店面排查，连海外店也没有忘记；排查除鼠—汇报政府、接受处理—阳光餐饮工作—第三方虫害治理技术、门店设计等诸多步骤处理，让消费者看到海底捞处理此事件的力度，感受到海底捞表达歉意的真诚性。

● 每一条举措都配备责任人，从公司副总、总经理到公司董事，最后上升至公司的董事会承担主要责任，这也体现了海底捞的真诚感。

海底捞危机管理规范：速度第一原则

海底捞对"老鼠门事件"的回应速度迅速

——下午2点，海底捞官方微博就"老鼠事件"发表致歉信，承认问题属实，致歉并决定整改。

——下午3点，《法制晚报》看法新闻官方微博发出海底捞后厨存在系列食品安全问题。

——下午5点，海底捞官方微博再次发布处理通报，称涉事门店将停业，海底捞将全面彻查处理。

海底捞危机管理规范：统筹决策原则

通过《道歉信》《通报》可以看出海底捞对于此事件的处理方式为

- 系统性
- 策略性
- 多部门联动
- 持续处理

海底捞危机管理规范：权威证实原则

监管部门

媒体、第三方机构

权威人士，如专家、KOL等

在《通报》中，海底捞积极汇报政府主管部门并接受处理意见，同时，还邀请政府、媒体、消费者等检查监督；在具体的整改措施中邀请第三方机构进行处理，也是权威证实的一种措施。

05 企业家讲真话与道歉的艺术

1. 穷则独善其身，达则兼济天下。

——《孟子》的《尽心章句上》

2. 功成不必在我。

——胡适

盒马鲜生CEO——侯毅的道歉艺术

2018年盒马鲜生被媒体曝出上海大宁店工作人员撕下了前几日的生鲜产品标签，换成当日标签事件。食品安全无小事，面对标签门事件，盒马鲜生CEO经受舆论猛烈批评之后在微博上发了一封道歉信。这封道歉信非常诚恳，补救措施到位，赢得大多数网友的谅解。

> **侯毅**
> 57分钟前·盒马鲜生CEO　　　　已关注
>
> 这几天心情很沉重。盒马一路走来，承蒙大家的厚爱，让我们一点点积累起影响力和口碑。但近期包括标签事件在内，我看到用户对我们不好的反馈在增加。我也是盒马的用户，与大家感同身受。服务、品质是盒马的生命线，但我们没保持好对客户的敬畏之心，散漫了对客户第一的坚持！
>
> 亲爱的每一位用户，向你们深深致歉，对不起！
>
> 痛定思痛。此次标签事件，盒马上海区总经理负有管理责任，今天就地免职。我们已经开始在所有门店开展自查，进一步完善操作标准。今天起，任何人做出有违客户第一的行为，我们将执行最严厉处罚，绝不手软。作为盒马CEO，我应该是捍卫客户第一的首要责任人。我将招募消费者担任盒马的服务监督员，将遇到的体验问题随时向我转达，帮我一起督促盒马越来越好。具体招募方法稍晚发出，欢迎热心用户报名。再次感谢大家对盒马的关心。
>
> ◎ 长沙市 61万阅读
>
> 转发 25　　评论 278　　赞 233

道歉的五大要素

赢得别人谅解的道歉关键是什么？

美国学者Gary Chapman博士和Jennifer Thomas博士在其合著 *The Five Languages of Apology* 里归纳道歉必须具备的五大要素：

(1) 表达歉意；
(2) 承认过错；
(3) 弥补过失；
(4) 真诚悔改；
(5) 请求饶恕。

06 舆情引导的黄金四小时法则

危机三性

01 突发性

02 对个人、对组织形成困扰和威胁

03 反应和决策时间短

一般地，危机最先会在互联网开始传播，网络媒体的深度调查或者自媒体的自由发挥，往往成为危机产生的导火索。

企业舆情危机

- 企业被恶意不实报道指责违背政策、触犯法律法规、违背公序良俗，或者对企业创始人的行为产生误解，故意制造舆论效应。
- 竞争对手通过水军恶意捏造不实信息或针对企业存在的小问题煽风点火，制造混乱，对企业品牌、产品进行恶意攻击。
- 客户无理索赔或者拒绝协商、敲诈等，处理不当后，引发恶意投诉，发布不实信息、言论。
- 在职或离职人员发布对企业的不实信息，对企业进行名誉、商誉侵扰。

企业舆情处置流程

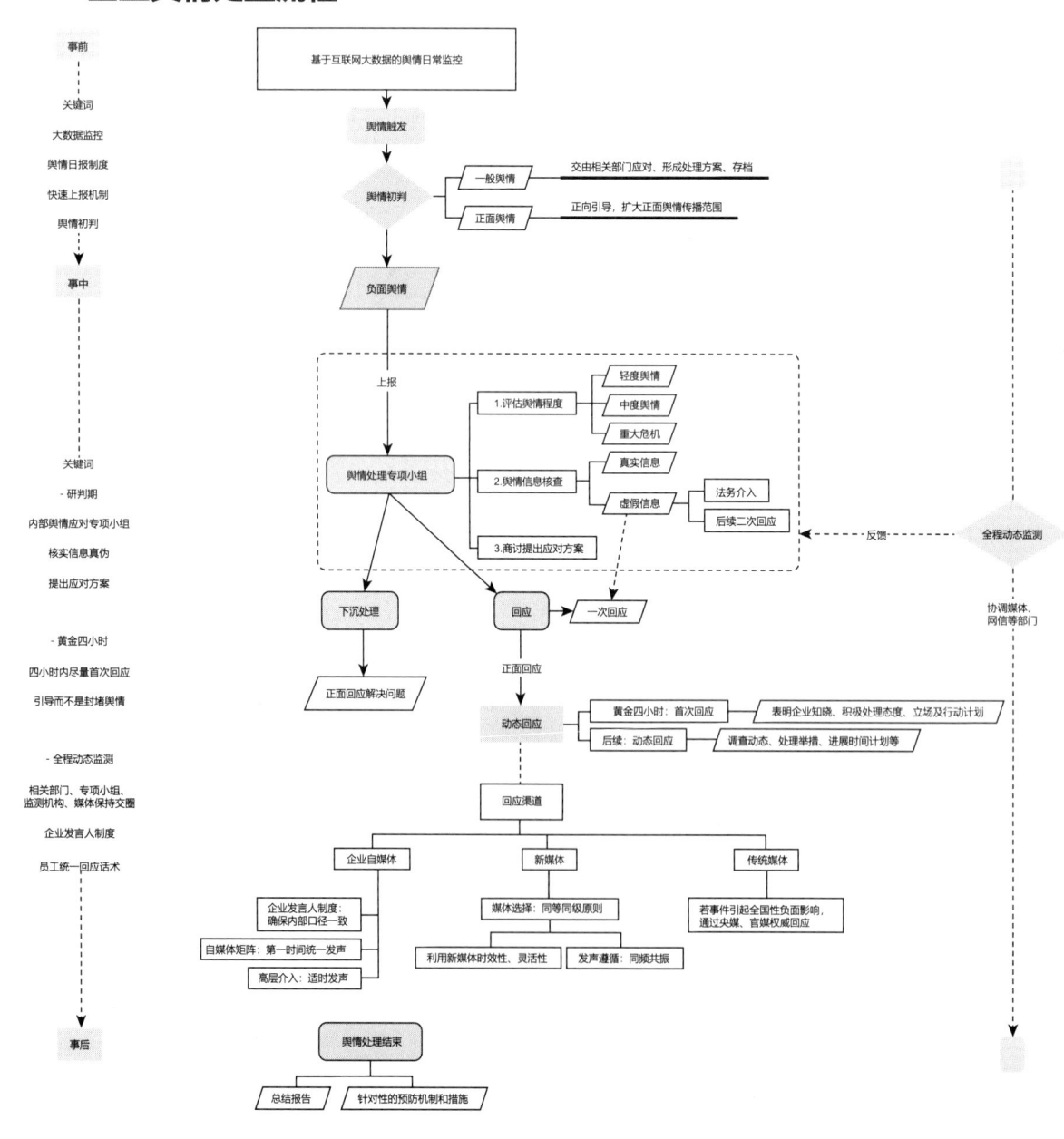

事前
关键词
- 大数据监控
- 舆情日报制度
- 快速上报机制
- 舆情初判

事中
关键词
- 研判期
  - 内部舆情应对专项小组
  - 核实信息真伪
  - 提出应对方案
- 黄金四小时
  - 四小时内尽量首次回应
  - 引导而不是封堵舆情
- 全程动态监测
  - 相关部门、专项小组、监测机构、媒体保持交圈
  - 企业发言人制度
  - 员工统一回应话术

事后

流程图：

基于互联网大数据的舆情日常监控 → 舆情触发 → 舆情初判
- 一般舆情 → 交由相关部门应对、形成处理方案、存档
- 正面舆情 → 正向引导，扩大正面舆情传播范围
- 负面舆情 → 上报 → 舆情处理专项小组
  1. 评估舆情程度：轻度舆情／中度舆情／重大危机
  2. 舆情信息核查：真实信息／虚假信息（法务介入、后续二次回应）
  3. 商讨提出应对方案
  → 下沉处理（正面回应解决问题）／回应（一次回应）
  → 正面回应 → 动态回应
    - 黄金四小时：首次回应 → 表明企业知晓、积极处理态度、立场及行动计划
    - 后续：动态回应 → 调查动态、处理举措、进展时间计划等
  → 回应渠道
    - 企业自媒体
      - 企业发言人制度：确保内部口径一致
      - 自媒体矩阵：第一时间统一发声
      - 高层介入：适时发声
    - 新媒体
      - 媒体选择：同等同级原则
      - 利用新媒体时效性、灵活性
      - 发声遵循：同频共振
    - 传统媒体
      - 若事件引起全国性负面影响，通过央媒、官媒权威回应
  → 舆情处理结束 → 总结报告／针对性的预防机制和措施

全程动态监测 ← 反馈
协调媒体、网信等部门

企业家必修课：企业私董会与企业家精神进阶

01 私董会的本源

私董会的起源

私董会起源于美国的"总裁圆桌会议",有别于公司的董事会,私董会的特点在于企业家身份共鸣、视野一致、非利益相关性和私密性。

私董会没有正式的主持人。临时主持人首先是企业家,其次是作为观察者控场,引导大家帮助某个企业家找出困惑的根源,给出自己的经验分享。

段位匹配—思想匹配—经验匹配—时间观念匹配

私董会的运行机制

企业家在私董会里能得到什么

- **盲人摸象**
企业做得越大,企业家要解决的问题就越大,就像办公室里的一头大象,要靠小组成员一起摸,才能看清全貌。
- **美女梳妆**
鼓励企业家到小组里照照镜子,更好地认识自己。
- **智慧探险**
通过与专家、小组成员的对话,把别人的智慧转化成自己的智慧。
- **心灵旅伴**
私董会的小组成员间不戴面具,可以真心诚意地聊聊烦心事。

私董会的目的

> "私董"的最终目的是通过解决具体问题,帮助企业家看清自我,启迪智慧。因此,引导这样一场会议,不能仅仅依靠技术流程,还要把态度和思想注入其中。

02 私董会的组织和运行

私董伙伴

让小组能够以更加开放的心态,真实地表达自己的观点,从而获得真收获。

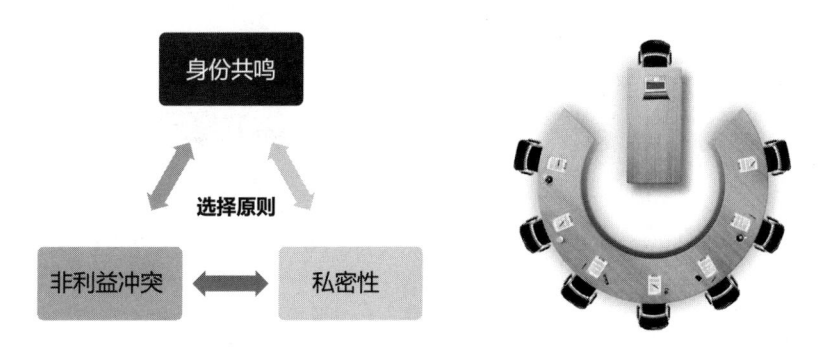

身份共鸣

选择原则

非利益冲突 ↔ 私密性

私董会的核心

- 同级别、类规模企业的管理者一起碰撞出的火花
- 聚焦实际问题，而非演绎问题
- 签订保密协议
- 私董会效果取决于问题的寻找、聚焦与澄清，提问是核心

03 私董会之实战演练

私董会圆桌会议环节

环节	内容
起 30分钟	开场
承 30分钟	提出困惑，确认议题
会间休息 10分钟	主持人与问题拥有者讨论如何阐述问题
转 60分钟	问题阐述、提问探究
会间休息 10分钟	主持人与私董们非正式讨论
合 60分钟	澄清定义、分享建议、总结承诺
结束	确定下次会议的时间和地点

私董会圆桌会议流程

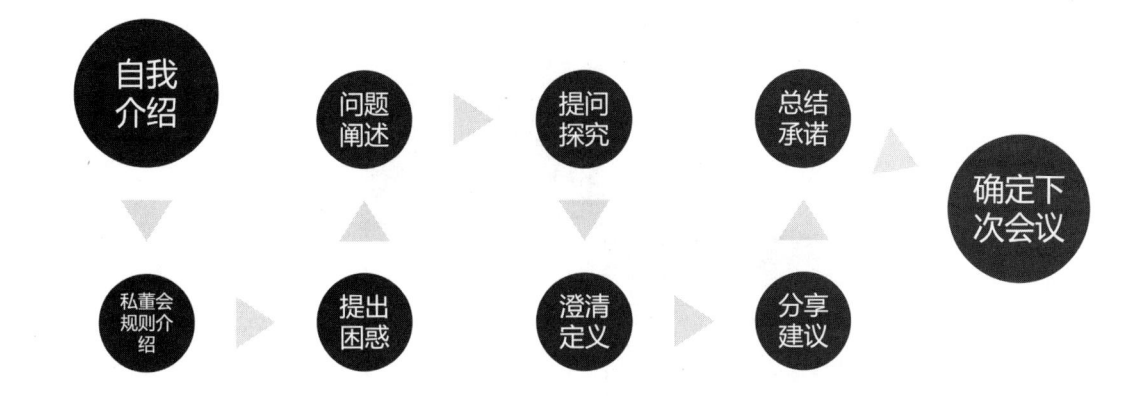

自我介绍 → 问题阐述 → 提问探究 → 总结承诺 → 确定下次会议

私董会规则介绍 → 提出困惑 → 澄清定义 → 分享建议

开场

内容	要点
开场白	介绍私董会是什么
自我介绍 (2分钟/人)	• 基本信息 • 打开话匣子的一个问题
四项规则 (15分钟)	直呼其名、身份共鸣 收起手机、全心投入 发言限时 保密承诺（重点部分、仪式感） • 大家同意吗？ • 违规怎么办？ • 主持人维护规则

引导要点：

1. 让大家彼此认识更多，开启"约哈里之窗"

2. 带大家一起建立规则，并让大家知道规则的意义

3. 强调环境的私密性，建立信息坦露的安全感环境

约哈里之窗

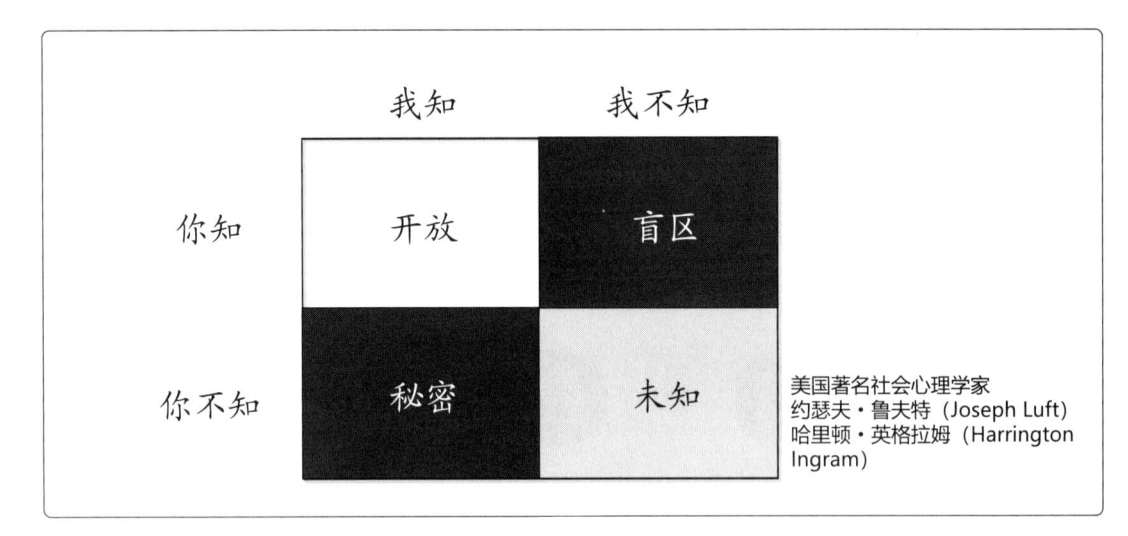

	我知	我不知
你知	开放	盲区
你不知	秘密	未知

美国著名社会心理学家
约瑟夫·鲁夫特（Joseph Luft）
哈里顿·英格拉姆（Harrington Ingram）

自我介绍

基本信息

- 姓名
- 出生地
- 家庭
- 创业故事

破冰互动

浅问题：

例：说说你名字的由来。

深问题：

例：如果再给你一次选择的机会，你还会选择创业吗？

话匣子工具箱

- 说出你一生中错过的最大的机会。
- 最近一次对人发火是什么时候（孩子除外）？你感到后悔吗？
- 什么对你是最重要的，以至于没有它生活就没有意义？
- 谈谈你一生中最艰难的时刻。
- 你与生命中重要的某个人是否有未解决的事宜？你如何处理它？
- 有什么让你感觉无能为力的事吗？
- 谈了你和父亲或母亲的关系，你长大的感觉怎么样？
- 如果不从商，你最喜欢的职业是什么？

- 说说你名字的来历或者你的理解。
- 家人之外，谁对你的影响最大？
- 你一生中最冒险的决定是什么？
- 列出五次有深刻影响的高峰体验。
- 你最喜欢自己哪个方面？
- 你最珍贵的记忆是什么？
- 写出一份个人目标和价值观宣言。
- 列一份感恩名单。
- 哪三个形容词最适合描述你？
- 在一段关系中你最看重什么？

私董会规则

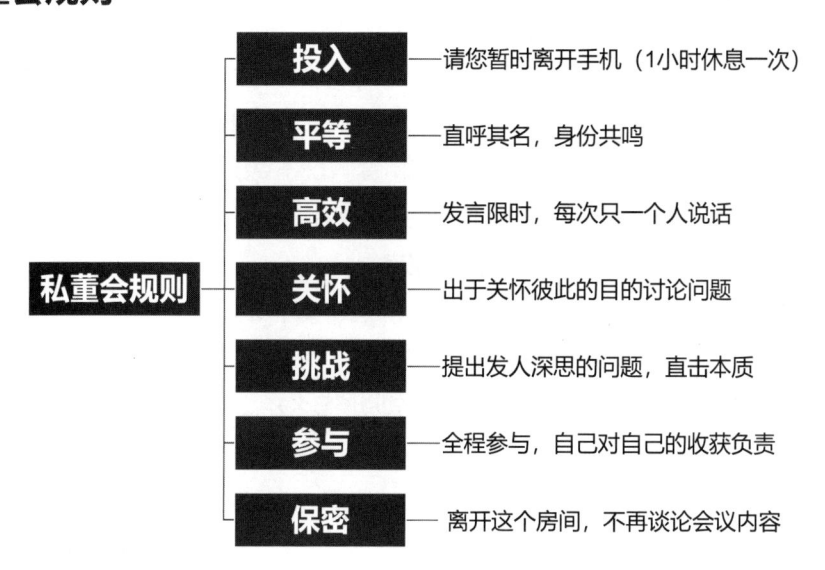

- **投入** —— 请您暂时离开手机（1小时休息一次）
- **平等** —— 直呼其名，身份共鸣
- **高效** —— 发言限时，每次只一个人说话
- **关怀** —— 出于关怀彼此的目的讨论问题
- **挑战** —— 提出发人深思的问题，直击本质
- **参与** —— 全程参与，自己对自己的收获负责
- **保密** —— 离开这个房间，不再谈论会议内容

提出困惑

内容	要点
主持人引导	解释什么是困惑 困惑、问题、课题的区别
提出困惑 （每人2分钟）	静思2分钟，写出希望寻求建议的困惑 私董逐一提出困惑，按编号记录困惑 主持人复述一遍大家提出的困惑，确保理解无疑义
投票	用投票纸无记名投票，每人两票 唱票、宣布结果 如出现相同票数，票数相同的困惑提出者每人有2分钟的拉票时间

引导要点：

1. 创造有安全感的环境，让大家愿意打开心扉，说出真问题
2. 清晰地阐述问题、课题和困惑的区别，可以举例子
3. 认真聆听私董们的困惑，总结提炼并记录在白板上
4. 主持人依次复述大家的困惑，给私董补充修正的机会，并确保大家的理解一致
5. 无记名投票，每人2票，可以投自己的问题

课题、问题和困惑

- **课题：研究或讨论的主要问题或亟待解决的重大事项**
  （一种概念，是浅问题，让人想象）
  - 我应该如何合理安排工作和家庭生活？
- **问题：要求解答的题目**
  （一种具体的探讨，是浅问题，让人思考）
  - 孩子和我越来越疏远了，我是否应该多放一点精力在他身上？
- **困惑：感到疑惑，不知道该怎么办**
  （一种具体的行动选择，是深问题，让人行动）
  - 我现在应该继续留在公司，还是回归家庭？

判断困惑

这些都是困惑吗？

1. 是继续做本行业，还是转型？
2. 产品质量很好，但竞争力下降了？
3. 等待政府政策，还是自己发展市场？
4. 有产能，缺市场？
5. 如何让集团接受我的建议？
6. 需要资金？
7. 原材料和人工费用上涨，价格上不去？
8. 是否引进新设备和技术？（效益看不清楚）
9. 如何让产品差异化和建立品牌？
10. 如何提升中层管理人员素质？
11. 老员工和管理层跟不上企业的发展？
12. 招聘合适的复合型人才难，不好鉴别？
13. 行业下滑，如何开拓市场？
14. 招聘时遇到高工资、低能力者，核心人才难招？
15. 企业发展缺乏人才？招不到合适的人才？

有些是，有些不是

1. 是继续做本行业，还是转型？
2. 产品质量很好，但竞争力下降了？
3. 根据政府政策开拓市场，还是自己发展市场？
4. 有产能，缺市场？
5. 如何让集团接受我的建议？
6. 需要资金？
7. 原材料和人工费用上涨，价格上不去？
8. 是否引进新设备和技术？（效益看不清楚）
9. 如何让产品差异化和建立品牌？
10. 如何提升中层管理人员素质？
11. 老员工和管理层跟不上趟了？
12. 招聘合适的复合型人才难，不好鉴别？
13. 行业下滑，如何开拓市场？
14. 招聘时遇到高工资、低能力者，怎么办？
15. 企业发展缺乏人才？招不到合适的人才？

问题VS困惑

困惑

- 是继续做本行业，还是转型？
- 等当地政府政策，还是自己发展市场？
- 是否引进新设备和技术？（效益看不清楚）

问题

- 产品质量很好，但竞争力下降了？
- 有产能，缺市场？
- 如何让集团接受我的建议？
- 需要资金？
- 原材料和人工费用上涨，价格上不去？
- 如何让产品差异化和建立品牌？
- 如何提升中层管理人员素质？
- 老员工和管理层跟不上趟了？
- 招聘合适的复合型人才难，不好鉴别？
- 行业下滑，如何开拓市场？
- 招聘时遇到高工资、低能力者，核心人才难招？
- 企业发展缺乏人才？招不到合适的人才？

如何将问题转化为困惑

- 案主提的是问题，你可以问："你接下来想怎么做？比如……再比如……"
- 如果案主说"没想好"，接着问："是否在犹豫是否马上做，还是再想想后决定？"

课题是群体的，问题是别人的，困惑是自己的

如何正确地总结困惑

话术模板

- 我如何/我的困惑是_____？
- 这个问题是重要的，因为_____。
- 到目前为止，为了解决这个问题我已经做了_____。
- 我希望小组帮助我的是_____。

产生议题

在纸上写下困惑 → 1分钟阐述困惑 → 投票选出议题

确认案主

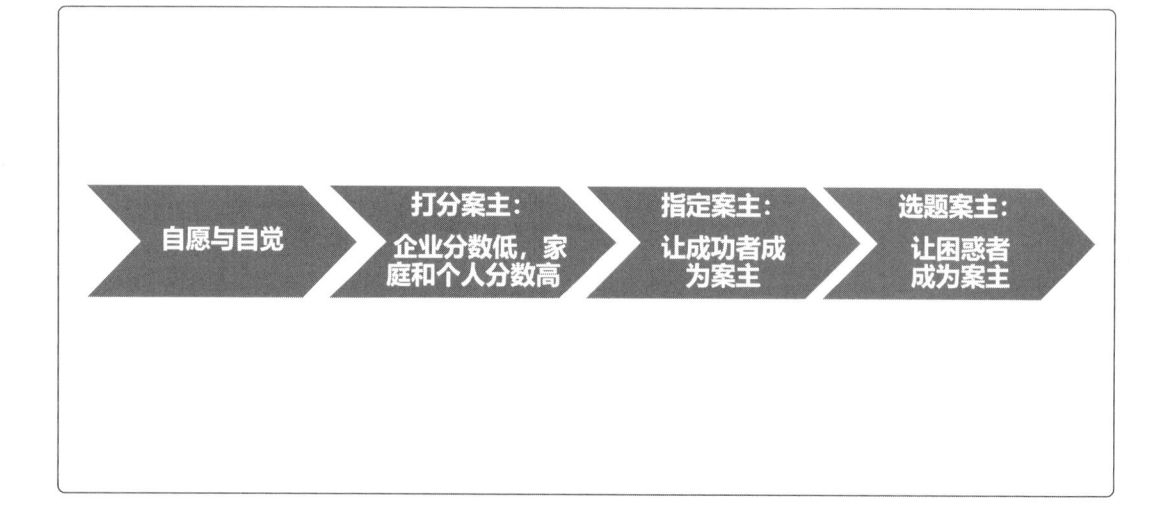

自愿与自觉 → 打分案主：企业分数低，家庭和个人分数高 → 指定案主：让成功者成为案主 → 选题案主：让困惑者成为案主

问题阐述

内容	要点
主持人引导	告诉问题拥有者，如何阐述问题，需要介绍什么，阐述的目的是让大家更好地了解情况，进而给予有效帮助
问题阐述 5~10分钟	• 问题的背景、来龙去脉 • 现状是什么 • 面临的选择和对选择的思考 • 未来可能的结果 • 你希望大家帮助你什么

引导要点：

1. 让大家知道问题的轮廓，对问题拥有者的个人和公司背景有大概的了解

2. 注意阐述的全面性，而不是某个点的深入介绍

3. 通过适当的引导和提问，使阐述更加全面

阐述原则
- 是自己的问题还是别人的问题？
- 是过去的问题还是未来的问题？
- 是事实描述还是演绎问题？

- 短时间内有效阐述，需要阐述什么？
    - 背景历史：避免长篇大论，产生保护壳
    - 现状：现实和目标的差距（想要）
    - 面临的选择和对选择的思考：具体行为的选择
    - 未来可能的结果：造成的不确定

提问探究

内容	要点
主持人引导	由浅入深、由表及里 提问探究的目的是认识本质 只提问，不定义，更不建议 限时：一个提问和追问，1~2分钟 先轮流提问，再举手提问
提问与回答 （每轮1~2分钟）	第一轮，每人提一个问题，可以追问，但问答时间限1~2分钟 第二轮，可以举手提问，问答时间1分钟 可以根据实际情况开展第三轮和第四轮 主持人可以通过追问，获得更多信息 可让不同观点者举手，适当辩论 抓住关键问题。深入探究

引导要点

1. 只能提问，不能澄清定义和建议
2. 尽可能地打开信息不透明的地方
3. 抓住关键性问题，挖本质，多问几个为什么
4. 促进"群众斗群众"，充分讨论多种可能性
5. 快问快答，突破案主心理防线

如何提问

提问原则

- 由浅入深，由表及里
- 一般性问题，扫除盲区
- 关键性问题抓住不放，打破砂锅问到底

提问方式

前几轮为开放式问题：
——我的问题是_____？
最后一轮为封闭式问题：
——是不是_____ / 会不会_____

提问顺序

> 分辨三种不同角色成员
>
> - 鹦鹉：（自我认知强）挑刺的，用来打破僵局的
> - 麻雀：（自我认知和同理感受平衡）跟随的，用来缓和局面的
> - 老鹰：（同理感受强）深思熟虑的，用来突破困局的
>
> 提问：从鹦鹉开始，到老鹰结束

学会提问

提问的意义
- 问题只是一段话的简要描述，也许提问者并没有思考清楚或者表述完整，也许提问者提出的只是一个表象问题，如果不能澄清问题的实质，就不可能有真正有价值的解决方案。

错误的提问
- 没有澄清问题，就主观臆断提问者的企业状况，并擅自提出解决方案。问题是，这个方案真的能够解决问题吗？现实是，高管通常不懂得如何挖掘问题的本质，而是轻易地给出答案。

错误的提问者
- 在企业中，不同级别的管理者拥有不同的职责，因而造就不同的思维和格局。一个有效的私董会，应当是同类人的集合，从相同的维度思考问题，是有效沟通的基础。

澄清定义

内容	要点
主持人引导	上一节是望、闻、问、切，现在是开具"诊断书" 每人静思2分钟，写出问题本质、根源
澄清定义 (每人2分钟)	私董：分别对问题进行澄清，发表自己对问题本质、根源的看法 问题拥有者：最后澄清，通过大家的澄清，自己如何看待自己的问题

澄清定义

引导要点：

1. 静思非常关键，让大家用纸笔梳理大脑中的想法

2. 多问几个为什么，找到问题的本质和根源是什么

3. 控制时间

话术模板

你可以这样总结：

案主的困惑实际上是由_____造成的？

分享建议

内容	要点
主持人引导	分享为先，你的经验和经历是什么 简单建议
分享建议 （每人2~3分钟）	每人分享自己的经历和经验 先分享后建议

引导要点:

1. 问题没有标准答案,每个人的实际情况不同,经验的参考比直接的建议更重要

2. 更多的是对问题拥有者的支持和鼓励,避免批评、批判

3. 问题拥有者获得极大的能量和加持,而不是被打击和批评

4. 要告诉案主只需要接受有价值的建议

话术模板

- 请以"我"开头:

如果我是你的话,我会_____(真诚建议)

我遇到过类似的困惑,我是如何解决的(成功经验、失败教训)

总结承诺

内容	要点
主持人引导	问题拥有者总结收获和下一步行动 私董总结本次收获
总结承诺	问题拥有者思考1分钟,总结本次私董会的思考和收获,并给出下一步行动承诺(5~10分钟) 私董总结本次私董会的收获,一句话帮助案主,提醒帮助应当实在可行

引导要点：

1. 如何创造有高度正能量的结尾

2. 重申保密协议

3. 善用监督者和帮助者，形成团队力量

会议总结

案主：

- 我的收获是……
- 我可以在一个月内做的是……
- 结果和衡量标准是……
- 督促者是……

与会私董：

- 通过讨论案主的问题，反思我自己，我的收获是……
- 在案主改进过程中，我可以给予的具体帮助是……

04 私董会之企业高管会议模式

为什么企业内部高管会议需要运用私董会圆桌会议

克服往常的讨论会的弊端

- 讨论会的通病
  - 老板发言滔滔不绝
  - 会上不说，会外乱说
  - 该说的不说，不该说的乱说
  - 由单斗变群殴
  - 办公室弊病横行

> 私董会圆桌会议的结构性议事程序和主持人角色让与会人员必须表达自己真实的观点，阻止冲突的发生

- 例会的通病
  - 提而不议
  - 议而不定
  - 定而不决
  - 决而不行

> 私董会圆桌会议的总结承诺阶段正好要求问题拥有者必须找到可评价的结果和进度监督人

让高管在讨论问题时能够换位思考

1. 感知不是现实
2. 非理性以理性为基础
3. 人都是自己过去的产物

认识这三个前提，我们能够透彻地了解我们的领导行为和周围所发生的事情，把过去和现在的延续交接点弄明白，从而让自己多一些智慧的光芒。

→ 私董会照镜子的功效：让人们更好地了解自己（情感）和现实（认知），从而使行为正确。

让新的政策尽快落地

- 企业新政策推广执行最难的是
  - 如何宣导到位
  - 如何让政策成为大家的共识
  - 如何让政策成为大家共同的政策

- 私董会圆桌会议的提问探究环节，通过大家对政策执行者提问，来了解政策到底是什么，比单纯宣导政策更有效。提问者提出的问题，恰恰是政策执行中容易混淆的部分。
- 最后总结承诺阶段，对案主表达支持，并提供具体支持行为，让政策推广成为每一位与会者的责任。

05 私董会之情景策略规划

绝对理性决策（最大化）

- 认为当前行为的未来结果具有不确定性
    - 哪些行为是可能的？
    - 每个备选方案可能产生的结果是什么？如果采用，出现结果的概率有多大？
    - 每个备选方案可能产生的结果有多大价值？就价值而言，如何再进行选择？
- 决策最后总带有遗憾，认为如果把结果预测得更准确、精确，就会做出更好的选择

有限理性决策（满意化）

- 并非所有的备选方案是已知的，并不是所有结果都需要考虑，并不是所有偏好都在同一对象、时间上出现
    - 编辑：复杂的问题和情景可以简化
    - 分解：将大问题转化为各个组成部分，逐个解决
    - 经验法：识别问题属于何种类型，用适当的行为规则解决
    - 狭义框架：按偏好性确定一组足以解决问题的条件（而非最有效率的条件）

找出重点因素

1. 脑力激荡
   - 列出所有影响企业业务的不确定因素

   `宏观的`　`微观的`　`行业的`　`竞争对手的`

2. 拉斯维加斯投票(Las Vegas Voting)，确定最重要的2个因素
3. 形成与讨论 4 个情景 (Scenario)

确定情景

1. 分情景小组
   - 参与Workshop的人按职位级别均匀分配的原则组成4个小组
2. 讨论情景描述
   - 环境描述
   - 竞争描述
   - 我公司在该情景中的状况
3. 向大组做情景报告
   - 报告
   - 大组反馈
   - 修改报告

主情景确定

- 小组向大组做修改后的报告

- 大组讨论4个情景，并确立主情景

- 围绕主情景制定公司企业（Corporate）与商业（Business）战略

情景分析

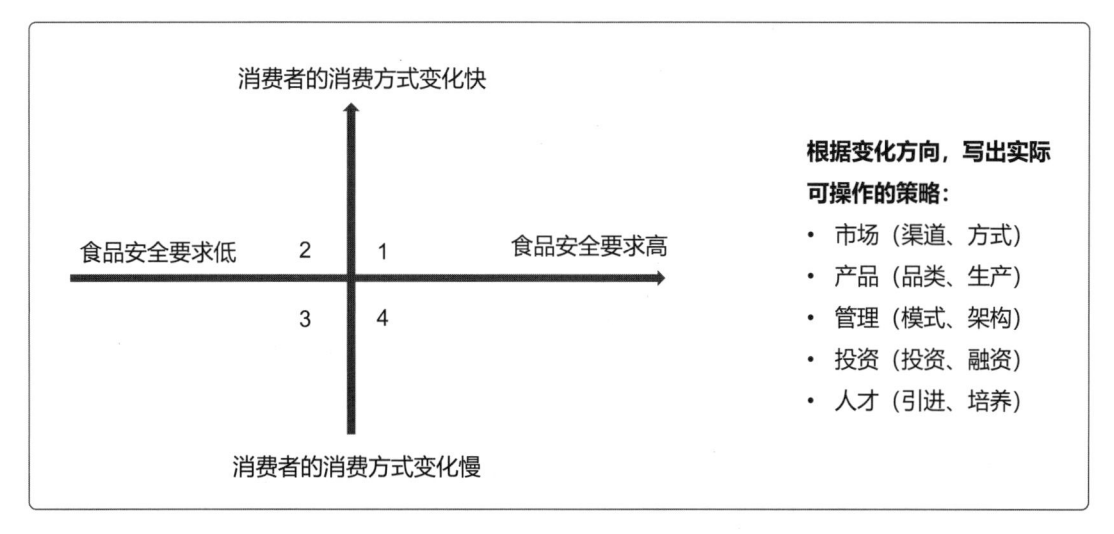

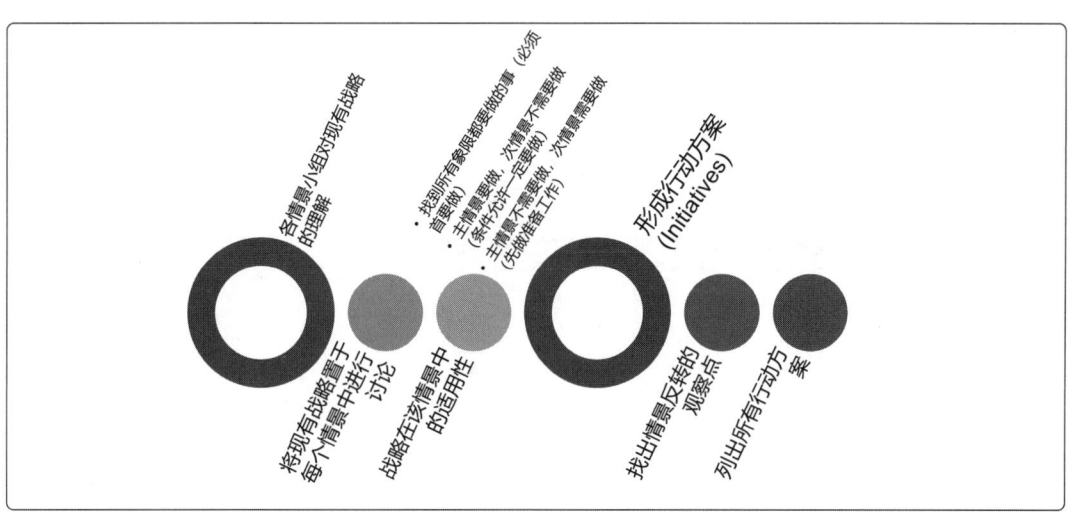

```
        消费者的消费方式变化快
                ↑
                |
                |
食品安全要求低  2 | 1  食品安全要求高
   ─────────────┼─────────────→
                | 
                3 | 4
                |
                |
                ↓
        消费者的消费方式变化慢
```

根据变化方向，写出实际可操作的策略：
- 市场（渠道、方式）
- 产品（品类、生产）
- 管理（模式、架构）
- 投资（投资、融资）
- 人才（引进、培养）

各情景小组对现有战略的理解 → 将现有战略放置于每个情景中进行讨论 → 战略在该情景中的适用性 → 找到所有参与者都要做的事（必须做）、主情景要做，次情景不需要做（事件允许一定要做）、主情景不需要做，次情景需要做（先做准备工作） → 形成行动方案(Initiatives) → 找出情景反转的观察点 → 列出所有行动方案

制定预算

1. 列出被选中的行动方案

2. 针对行动方案，确定下一步立刻要做的工作

   主情景集中讨论对行动方案的立刻实施，次情景集中讨论为执行行动方案要做的准备工作

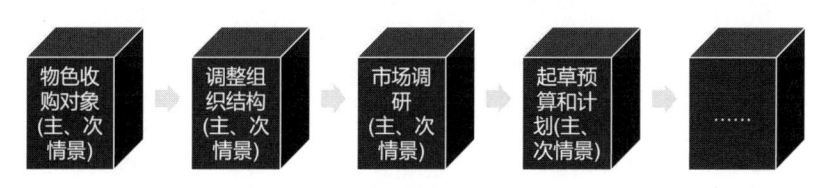

   物色收购对象(主、次情景) → 调整组织结构(主、次情景) → 市场调研(主、次情景) → 起草预算和计划(主、次情景) → ……

3. 将下一步要做的工作落实到具体的人，确定时间表

企业家必修课：企业知识产权战略合规进阶

01 知识产权

知识产权图谱

- 作品
- 地理标志
- 发明 实用新型 外观设计
- 集成电路布图设计
- 商标
- 植物新品种
- 商业秘密

核心技术
- 核心技术的来源
- 核心技术的保护措施
- 核心技术权属纠纷
- 核心技术人员的认定标准
- 核心技术人员的稳定性

研发体系
- 研发人员背景情况
- 研发投入情况
- 是否违反竞业禁止
- 是否违反保密协议
- 是否存在技术纠纷

市场价值
- 对企业生产经营的贡献度
- 涉及生产的具体环节
- 知识产权的应用情况

行业竞争态势
- 产品竞争力
- 技术的先进性和可替代性
- 相对竞争优势
- 竞品技术分析

获得知识产权
- 申请专利
  - 发明
  - 实用新型
  - 外观设计
- 注册商标
- 版权登记
- 商业秘密文献化

维护知识产权
- 专利期限监视
- 专利费用缴纳
- 商标续展
- 侵权监控
- 驰名商标
- 商业秘密监管

实施知识产权
- 维权
- 许可
- 转让
- 融资

技术转让
- 技术转让方
- 专利权（或申请权）
- 持有人
- 技术受让方

知识产权战略

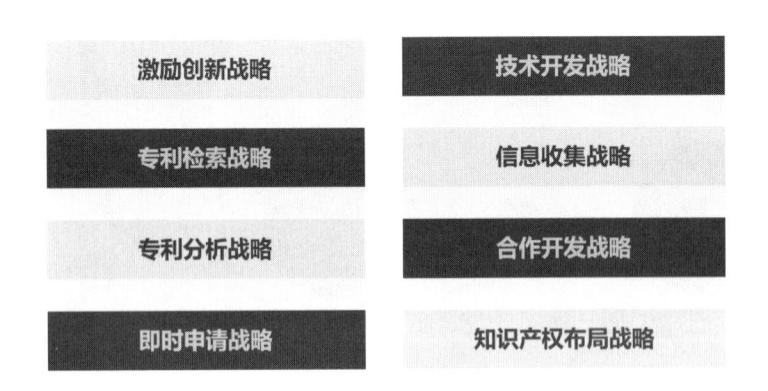

激励创新战略	技术开发战略
专利检索战略	信息收集战略
专利分析战略	合作开发战略
即时申请战略	知识产权布局战略

01 品牌开发 商标先行
商标品牌化
品牌商标化
商标领先一步

02 硬核科技 专利首选
实用新型与发明同时申报
专精特新驱动技术，专利领先一步

03 产品上市 版权加持
版权是产品的灵魂，让创新领先一步

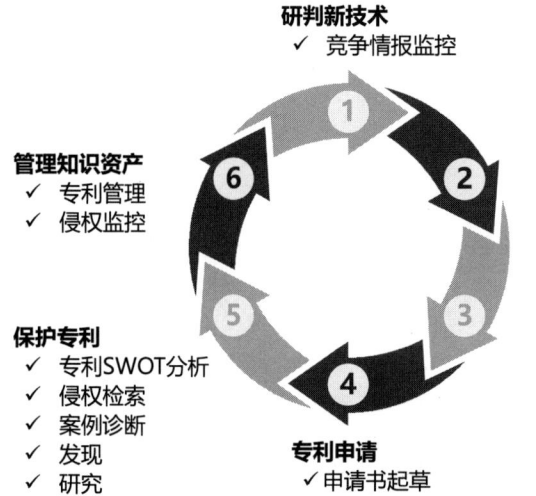

	专利法	商标法	著作权法	反不正当竞争法
保护对象	发明创造 实用新型 (invention/utility) 外观设计 (design)	商标（TM）	作品（work）	商业秘密（trade secret）
权利获得	申请、审查	申请、审查	自动产生	自动产生+保密
授权条件	新颖性、创造性 实用性或其一	显著性	独创性	秘密性、经济性 实用性、保密措施
审查时间	平均4~9个月，发明2年	平均10个月	无（后置判断）	无（后置判断）
程 序	复杂	复杂	简单	简单
费 用	高	中	低	低
权利维持	高额年费	续展费	无	无
保护期限	20、10、15年	10年（可续展）	有生之年+50年*	无
保护地域	授权国	授权国	国际公约成员国	本国
排他权范围	制造权、使用权、销售权、许诺销售权、进口权	同类或类似商品上使用相同或相似标志	发表权、署名权、修改权、保护作品完整权、使用权及获得报酬权	无
权利限制	强制许可 合理使用		法定许可 合理使用	

*此项可因作品性质不同而不同

02　专　利

研判新技术
- 竞争情报监控

开展技术调查分析
- 可专利性
- 自由实施分析
- 前景分析
- 侵权分析

分析信息
- 专利文件结构分析
- 专利检索结果模式分析
- 技术矩阵分析
- 核心重点专利分析
- 技术发展趋势、活跃度分析
- 竞争对手分析

专利申请
- 申请书起草
- 答复审查意见
- 复审、诉讼

保护专利
- 专利SWOT分析
- 侵权检索
- 案例诊断
- 发现
- 研究
- 情报收集
- 诉讼准备

管理知识资产
- 专利管理
- 侵权监控

专利法律状态与事实

科创企业专利法律状态：

- **A** 年费缴纳情况
- **B** 是否存在终止或无效的情况
- **C** 专利权剩余期限
- **D** 权利获取方式

核心技术依赖性

专利许可形式

普通许可
- 专利权人
- 多个被许可人

排他许可
- 专利权人
- 被许可人

独占许可
- 仅被许可人

职务发明问题

	职务发明	非职务发明
定义	1. 执行本单位的任务； 2. 主要是利用本单位的物质技术条件完成； 3. 退休、调离原单位后或者劳动、人事关系终止后1年内做出的，与其在原单位承担的本职工作或者原单位分配的任务有关的发明创造	/
申请专利的权利	单位	发明人或设计人

专利侵权纠纷

专利侵权判定 01

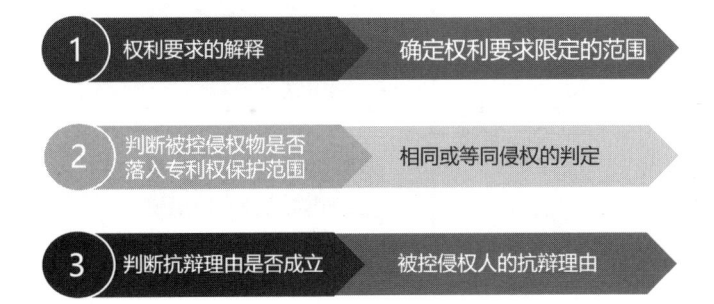

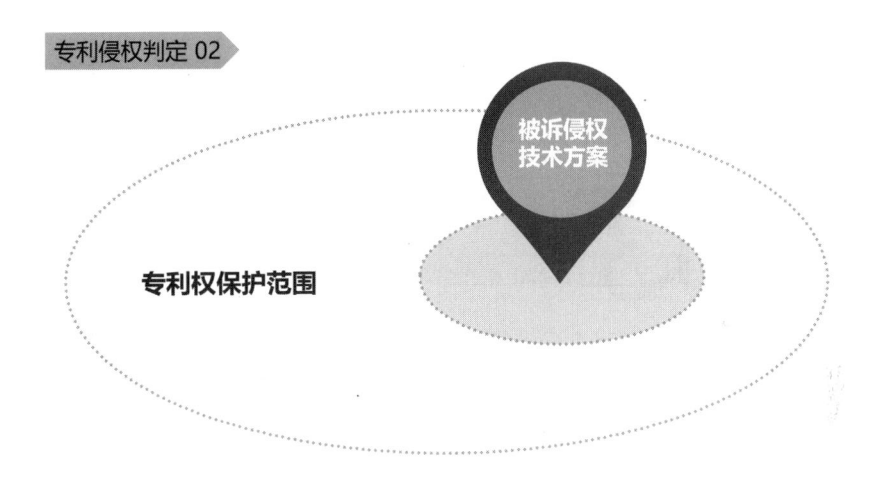

1. 权利要求的解释 —— 确定权利要求限定的范围
2. 判断被控侵权物是否落入专利权保护范围 —— 相同或等同侵权的判定
3. 判断抗辩理由是否成立 —— 被控侵权人的抗辩理由

专利侵权判定 02

- 被诉侵权技术方案
- 专利权保护范围

专利侵权的抗辩

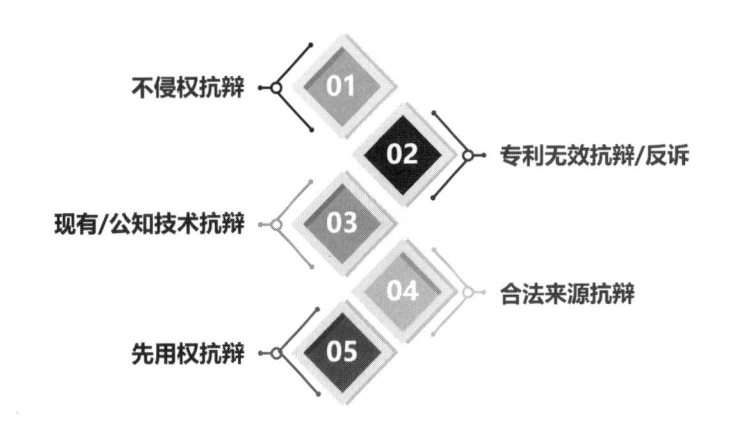

- 01 不侵权抗辩
- 02 专利无效抗辩/反诉
- 03 现有/公知技术抗辩
- 04 合法来源抗辩
- 05 先用权抗辩

专利侵权赔偿计算方式

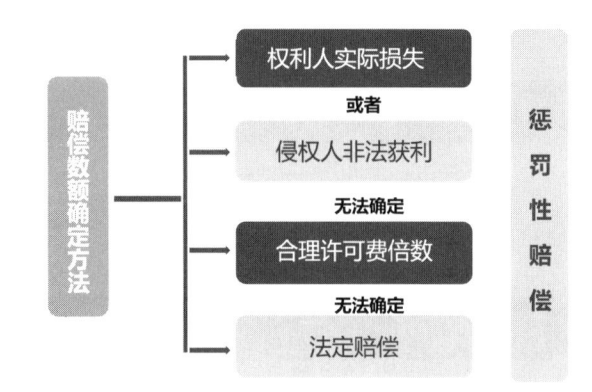

```
                    ┌─ 权利人实际损失
                    │      或者
                    ├─ 侵权人非法获利            惩
赔偿数额确定方法 ──┤    无法确定               罚
                    ├─ 合理许可费倍数            性
                    │    无法确定               赔
                    └─ 法定赔偿                  偿
```

03 商　标

问题1：商标的作用

问题2：重要商标依赖性

问题3：商标许可形式

问题4：商标侵权纠纷

商标的作用

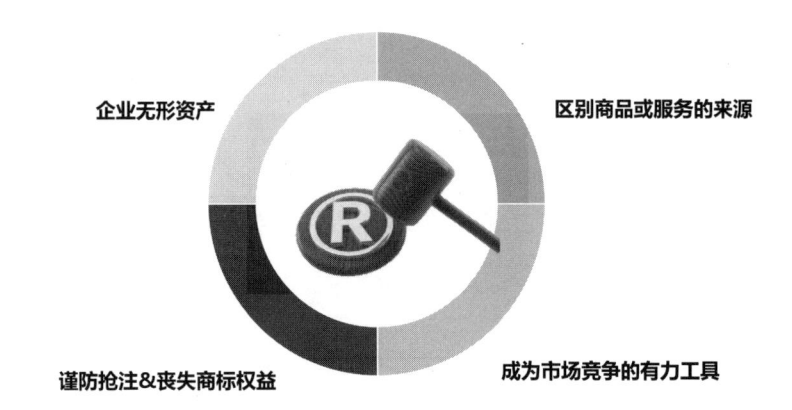

- 企业无形资产
- 区别商品或服务的来源
- 谨防抢注&丧失商标权益
- 成为市场竞争的有力工具

商标注册条件

由文字、图形、字母、数字、三维标志和颜色等几种元素任意组合而成
显著性，便于识别
不得与他人在先取得的合法权利相冲突

商标注册原则

- 先申请原则
- 优先权原则
- 国家统一注册原则
- 自愿注册与强制注册相结合原则

商标注册流程

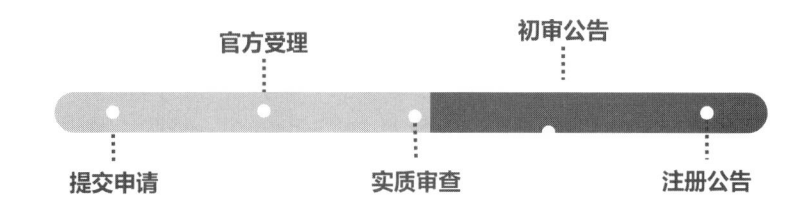

提交申请 → 官方受理 → 实质审查 → 初审公告 → 注册公告

商标许可形式

普通许可
- 商标权人
- 多个被许可人

排他许可
- 商标权人
- 被许可人

独占许可
- 仅被许可人

商标侵权纠纷

商标侵权判定

1. 未经许可在同种商品上使用相同商标
2. 未经许可在同种商品上使用近似商标，导致混淆的
3. 在类似商品上使用相同或者近似商标，导致混淆的

商标侵权的抗辩

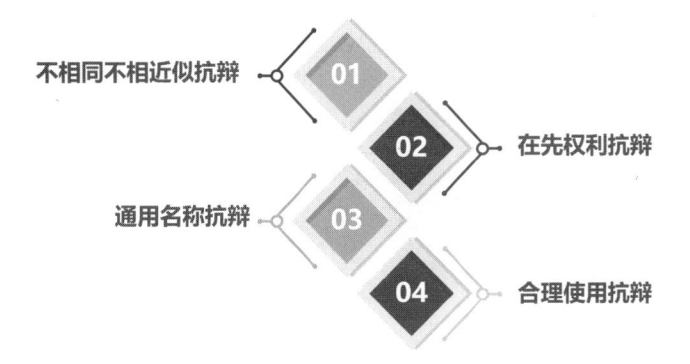

- 01 不相同不相近似抗辩
- 02 在先权利抗辩
- 03 通用名称抗辩
- 04 合理使用抗辩

04 著作权

问题1：著作权的归属

问题2：著作权的授权许可

问题3：著作权仲裁、诉讼纠纷

著作权的归属

委托作品

| 受委托创作的作品，著作权的归属由委托人和受托人通过合同约定。 | 合同未做明确约定或者没有订立合同的，著作权属于受托人。 |

职务作品

一般职务作品，著作权由作者享有，但法人或者其他组织有权在其业务范围内优先使用。作品完成两年内，未经单位同意，作者不得许可第三人以与单位使用的相同方式使用该作品。

特殊职务作品，作者享有署名权，著作权的其他权利由法人或者其他组织享有，法人或者其他组织可以给予作者奖励。

特殊职务作品定义
- 主要是利用法人或者其他组织的物质技术条件创作，并由法人或者其他组织承担责任的工程设计图、产品设计图、地图、计算机软件等职务作品；
- 法律、行政法规规定或者合同约定著作权由法人或者其他组织享有的职务作品。

著作权的授权许可

01 合理使用
《著作权法》第22条规定的十二种情况下使用作品，可以不经著作权人许可，不向其支付报酬，但应当指明作者姓名、作品名称，并且不得侵犯著作权人依照著作权法享有的其他权利。

02 法定许可
《著作权法》第23、33、39、42、43条规定的情况下，可以不经著作权人许可，以特定的方式有偿使用他人已经发表的作品，指明作者姓名、作品名称，并且不得侵犯著作权人依照著作权法享有的其他权利。

著作权仲裁、诉讼纠纷

著作权侵权的判定：接触 + 实质性相似

接触
是指在先作品已发表，或者由于某种特殊原因，使在后创作者有机会获得该作品。

实质性相似
是指在后作品与在先作品在表达上存在实质性的相同或近似，使读者产生相同或近似的欣赏体验。

05 商业秘密

商业秘密与专利

	商业秘密	专利
权利产生方式	立即取得	申请授权取得
权利产生条件	保密	公开换保护
权利客体范围	技术信息、经营信息	发明、实用新型和外观设计
权利取得要件	秘密性、价值性、实用性和保护措施	新颖性、创造性和实用性

商业秘密类型

技术信息指利用科学技术知识、信息和经验获得的技术方案,包括但不限于设计、程序、公式、产品配方、制作工艺、制作方法、研发记录、实验数据、技术诀窍、技术图纸、编程规范、计算机软件源代码和有关文档等信息。

图纸　产品　工艺流程

经营性信息指与权利人经营活动有关的各类信息,包括但不限于管理诀窍、客户名单、员工信息、货源情报、产销策略、财务数据、库存数据、战略规划、采购价格、利润模式、招投标中的标底及标书内容等信息。

采购计划　供货渠道

A 以不正当手段获取商业秘密

B 违反保密义务而擅自披露商业秘密

问题1:窃取/被窃取商业秘密

问题2:违反保密义务、竞业禁止限制

	集成电路布图设计
定义	集成电路布图设计,是指集成电路中至少有一个是有源元件的两个以上元件和部分或者全部互连线路的三维配置,或者为制造集成电路而准备的上述三维配置。
取得条件	独创性
取得程序	申请—初审—登记并公告
保护期	10年

企业家必修课：新《证券法》要点精读与合规进阶

01 如何理解注册制与《证券法》

注册制时代下多层次资本市场

主板	主板突出"大盘蓝筹"特色，重点支持业务模式成熟、经营业绩稳定、规模较大、具有行业代表性的优质企业。
科创板	面向世界科技前沿、面向经济主战场、面向国家重大需求。优先支持符合国家战略，拥有关键核心技术，科技创新能力突出，主要依靠核心技术开展生产经营，具有稳定的商业模式，市场认可度高，社会形象良好，具有较强成长性的企业。
创业板	创业板深入贯彻创新驱动发展战略，适应发展更多依靠创新、创造、创意的大趋势，主要服务成长型创新创业企业，支持传统产业与新技术、新产业、新业态、新模式深度融合。
北交所	专精特新：主要服务创新型中小企业，重点支持先进制造业和现代服务业等领域的企业
创新层	拟IPO市场培育、并购平台、询价定增、做市平台
基础层	兼容并包，规范治理，培育企业资本市场规则意识，培育企业契约精神；股息红利税收优惠支持
区域性股权转让市场	科技成果转化：其他中小微企业（孵化、辅导、规范）

多层次资本市场：公开市场（全国性证券交易场所）、非公开股权市场

适用范畴理解证券法注册制

- **将存托凭证和资产支持证券、资产管理产品等准证券纳入《证券法》法律范畴**
  - 《证券公司及基金管理公司子公司资产证券化业务管理规定》《中国人民银行 中国银行保险监督管理委员会 中国证券监督管理委员会 国家外汇管理局关于规范金融机构资产管理业务的指导意见》。低阶位法
  - 允许搭建红筹架构的境内实体企业，通过境外搭建的红筹架构主体在不拆除红筹架构的基础上在境内证券市场发行存托凭证，即CDR。
- **确立境外发行股票损害境内投资者的长臂管辖原则**
  - 根据《内地与香港股票市场交易互联互通机制若干规定》，中国证监会与香港证券及期货事务监察委员会和其他有关国家或地区的证券监督管理机构，通过跨境监管合作机制，依法查处内地与香港股票市场交易互联互通机制相关跨境违法违规活动。

资本市场监管角度理解注册制

交易所
- 受理企业上市申请
- 审核、判断企业是否符合发行条件、上市条件、信息披露要求

审核工作主要通过提出问题、回答问题方式展开，督促发行人完善信息披露内容

证监会 同意 → **注册生效**

注册制的本质：以信息披露为核心，把选择权交给市场

1. 掠夺之手
2. 扶持之手
3. 无为之手

上市时间可预见性角度理解注册制

一、明确具体审核时限和回复时限

企业申请上市注册，交易所5个工作日内决定是否受理；自受理之日起20个工作日内提出首轮审核问询；受理之日起3个月内出具发行人符合发行条件、上市条件和信息披露要求的审核意见或者作出终止发行上市审核的决定，发行人及中介机构回复问询的时间不计算在内，且回复时间总计不超过3个月。

二、审核结果可预期

公开审核规则、信息披露规则、审核问答等；详细公开受理、问询回复及上市委审议结果。

审核认为发行人不符合发行条件、上市条件和信息披露要求作出终止发行上市审核的决定或者中国证监会作出不予注册决定的，自决定作出之日起6个月后，发行人方可再次向本所提交发行上市申请。

信息披露角度理解注册制

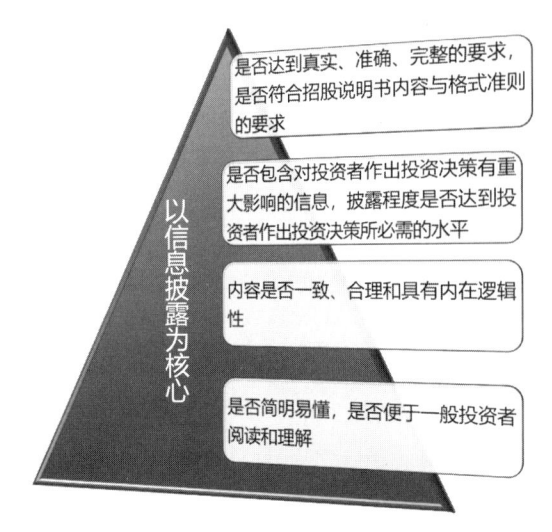

以信息披露为核心

- 是否达到真实、准确、完整的要求，是否符合招股说明书内容与格式准则的要求
- 是否包含对投资者作出投资决策有重大影响的信息，披露程度是否达到投资者作出投资决策所必需的水平
- 内容是否一致、合理和具有内在逻辑性
- 是否简明易懂，是否便于一般投资者阅读和理解

是否充分、全面披露发行人业务、技术、财务、公司治理、投资者保护等方面的信息以及本次发行的情况，是否充分揭示可能对发行人经营状况、财务状况产生重大不利影响的所有因素。

财务数据是否钩稽合理，是否符合发行人实际情况，非财务信息与财务信息是否相互印证，保存人、证券服务机构核查依据是否充分，能否对财务数据的变动或者与同行业公司存在的差异作出合理解释。

是否使用浅白语言，是否简明扼要、重点突出、逻辑清晰，是否结合企业自身特点进行有针对性的信息披露。

从发行人角度理解注册制

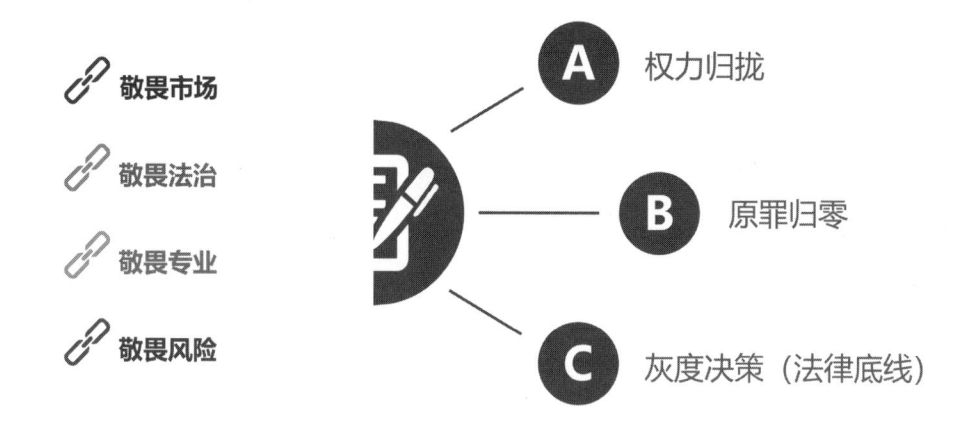

- 敬畏市场
- 敬畏法治
- 敬畏专业
- 敬畏风险

A 权力归拢
B 原罪归零
C 灰度决策（法律底线）

02 证券发行制度

证券发行制度

公开发行证券必须依法注册

- 向不特定对象发行证券
- 向特定对象发行证券累计超过二百人，但依法实施**员工持股计划**的员工人数不计算在内
- 法律、行政法规规定的其他发行行为

证券发行制度

首次公开发行新股

- 具备健全且运行良好的组织机构
- 具有持续经营能力
- 最近三年财务会计报告被出具无保留意见审计报告
- 发行人及其控股股东、实际控制人最近三年不存在贪污、贿赂、侵占财产、挪用财产或者破坏社会主义市场经济秩序的刑事犯罪
- 经国务院批准的国务院证券监督管理机构规定的其他条件

公开发行公司债券的条件

- 具备健全且运行良好的组织机构
- 最近三年平均可分配利润足以支付公司债券一年的利息
- 国务院规定的其他条件

不得再次公开发行公司债券的情形

- 对已公开发行的公司债券或者其他债务有违约或者延迟支付本息的事实，仍处于继续状态
- 违反本法规定，改变公开发行公司债券所募资金的用途

擅自改变公开发行证券所募集资金的用途的，责令改正，处以五十万元以上五百万元以下的罚款；对直接负责的主管人员和其他直接责任人员给予警告，并处以十万元以上一百万元以下的罚款。

公司对公开发行股票所募集资金，必须按照招股说明书或者其他公开发行募集文件所列资金用途使用；改变资金用途，必须经股东大会作出决议。擅自改变用途，未做纠正的，或者未经股东大会认可的，不得公开发行新股。

发行人的控股股东、实际控制人从事或者组织、指使从事违法改变募集资金用途的，给予警告，并处以五十万元以上五百万元以下的罚款；对直接负责的主管人员和其他直接责任人员，处以十万元以上一百万元以下的罚款。

证券发行制度

证券的代销、包销期限最长不得超过九十日。

股票发行采用代销方式,代销期限届满,向投资者出售的股票数量未达到拟公开发行股票数量百分之七十的,为发行失败。发行人应当按照发行价并加算银行同期存款利息返还股票认购人。

⚠️ **证券公司承销证券,不得有下列行为(新增):**

(一)进行虚假的或者误导投资者的广告宣传或者其他宣传推介活动;
(二)以不正当竞争手段招揽承销业务;
(三)其他违反证券承销业务规定的行为。

证券公司有前款所列行为,给其他证券承销机构或者投资者造成损失的,应当依法承担赔偿责任。

03 上市公司收购制度

上市公司收购制度

- 举牌上市公司以5%为界限履行报告和公告义务，每增加或减少1%的公告义务，每增加或减少5%持续报告和公告义务，对违法超比例举牌上市公司限制超比例部分三十六个月不得行使表决权，解决了恶意举牌上市公司的难题。

- 拥有上市公司已发行的有表决权股份达到5%时，应在该事实发生之日起三日内向国务院证券监督管理机构、证券交易所作出书面报告，通知上市公司并予以公告，且在该事实发生之日起三日内不得买卖该上市公司股票，但国务院证券监督管理机构另有规定的除外。

- 拥有上市公司已发行的有表决权股份达到5%后，每增加或减少5%时，应在该事实发生之日起三日内向国务院证券监督管理机构、证券交易所作出书面报告，通知上市公司并予以公告，且在该事实发生之日至公告后三日内不得买卖该上市公司股票，但国务院证券监督管理机构另有规定的除外。

- 违反上述两项规定在敏感期内买入上市公司有表决权的股份，在买入后的三十六个月内，对该超过规定比例部分的股份不得行使表决权。

- 拥有上市公司有表决权股份达到5%后，每增加或减少1%时，应在该事实发生的次日通知上市公司并予以公告。

权益变动公告内容

01 持股人的名称、住所

02 持有的股票的名称、数额

03 持股达到法定比例或者持股增减变化达到法定比例的日期、增持股份的资金来源

04 在上市公司中拥有表决权的股份变动的时间及方式

变更收购要约时不得存在的情形

- 降低收购价格
- 减少预定收购股份数额
- 缩短收购期限
- 国务院证券监督管理机构规定的其他情形

收购条件

- 上市公司发行不同种类股份的,收购人可以针对不同种类股份提出不同的收购条件

锁定期——限制倒壳卖壳

- 在上市公司收购中,收购人持有的被收购的上市公司的股票,在收购行为完成后的十八个月内不得转让

04 证券交易制度

证券交易制度

短线交易

上市公司、股票在国务院批准的其他全国性证券交易场所交易的公司持有百分之五以上股份的股东、董事、监事、高级管理人员,将其持有的该公司的股票或者其他具有股权性质的证券在买入后六个月内卖出,或者在卖出后六个月内又买入,由此所得收益归该公司所有,公司董事会应当收回其所得收益。

短线交易规则
- 上市公司
- 股票在国务院批准的其他全国性证券交易场所交易的公司,如新三板挂牌公司

短线交易标的
- 股票
- 存托凭证
- 可转债
- 其他国务院依法认定的具有股权性质的证券

短线交易约束范围
- 董事、监事、高级管理人员、持股百分之五以上的股东
- 董事、监事、高级管理人员、自然人股东的配偶、父母、子女持有的及利用他人账户持有的股票或者其他具有股权性质的证券(新增)

证券交易制度

为证券发行出具审计报告或者法律意见书等文件的证券服务机构和人员，在该证券承销期内和期满后六个月内，不得买卖该证券。

为发行人及其控股股东、实际控制人，或者收购人、重大资产交易方出具审计报告或者法律意见书等文件的证券服务机构和人员，自接受委托之日起至上述文件公开后五日内，不得买卖该证券。实际开展上述有关工作之日早于接受委托之日的，自实际开展上述有关工作之日起至上述文件公开后五日内，不得买卖该证券。

交易结果恒定原则：按照依法制定的交易规则进行的交易，不得改变其交易结果。

突发性事件导致证券交易结果出现重大异常，按交易结果进行交收将对证券交易正常秩序和市场公平造成重大影响的，证券交易所按业务规则可以采取取消交易、通知证券登记结算机构暂缓交收等措施，并应当及时向国务院证券监督管理机构报告并公告。

通过计算机程序自动生成或者下达交易指令进行程序化交易的，应当符合国务院证券监督管理机构的规定，并向证券交易所报告，不得影响证券交易所系统安全或者正常交易秩序。

采取程序化交易影响证券交易所系统安全或者正常交易秩序的，责令改正，并处以五十万元以上五百万元以下的罚款。对直接负责的主管人员和其他直接责任人员给予警告，并处以十万元以上一百万元以下的罚款。

禁止的交易行为

- 内幕交易
- 操纵证券市场
- 编造、传播虚假信息或者误导信息，扰乱证券市场
- 出借账户
- 违规利用财政资金、银行信贷资金买卖证券

禁止的交易行为——内幕交易

内幕信息

- 证券交易活动中,涉及发行人的经营、财务或者对该发行人证券的市场价格有重大影响的尚未公开的信息,为内幕信息。

内幕信息知情人

- 发行人及其董事、监事、高级管理人员。
- 持有公司百分之五以上股份的股东及其董事、监事、高级管理人员,公司的实际控制人及其董事、监事、高级管理人员。
- 发行人控股或者实际控制的公司及其董事、监事、高级管理人员。
- 由于所任公司职务或者因与公司业务往来可以获取公司有关内幕信息的人员。
- 上市公司收购人或者重大资产交易方及其控股股东、实际控制人、董事、监事和高级管理人员。
- 因职务、工作可以获取内幕信息的证券交易场所、证券公司、证券登记结算机构、证券服务机构的有关人员。
- 因职责、工作可以获取内幕信息的证券监督管理机构的工作人员。
- 因法定职责对证券的发行、交易或者对上市公司及其收购、重大资产交易进行管理可以获取内幕信息的有关主管部门、监管机构的工作人员。
- 国务院证券监督管理机构规定的可以获取内幕信息的其他人员。

证券交易内幕信息的知情人或者非法获取内幕信息的人违反规定从事内幕交易的,责令依法处理非法持有的证券,没收违法所得,并处以违法所得一倍以上十倍以下的罚款;没有违法所得或者违法所得不足五十万元的,处以五十万元以上五百万元以下的罚款。单位从事内幕交易的,还应当对直接负责的主管人员和其他直接责任人员给予警告,并处以二十万元以上二百万元以下的罚款。国务院证券监督管理机构工作人员从事内幕交易的,从重处罚。

禁止的交易行为——操纵证券市场(一)

1. 单独或者通过合谋,集中资金优势、持股优势或者利用信息优势联合或者连续买卖
2. 与他人串通,以事先约定的时间、价格和方式相互进行证券交易
3. 在自己实际控制的账户之间进行证券交易
4. 不以成交为目的,频繁或者大量申报并撤销申报
5. 利用虚假或者不确定的重大信息,诱导投资者进行证券交易
6. 对证券、发行人公开作出评价、预测或者投资建议,并进行反向证券交易
7. 利用在其他相关市场的活动操纵证券市场
8. 操纵证券市场的其他手段

禁止的交易行为——操纵证券市场（二）

操纵证券市场的，责令依法处理其非法持有的证券，没收违法所得，并处以违法所得一倍以上十倍以下的罚款。

没有违法所得或者违法所得不足一百万元的，处以一百万元以上一千万元以下的罚款。单位操纵证券市场的，还应当对直接负责的主管人员和其他直接责任人员给予警告，并处以五十万元以上五百万元以下的罚款。

禁止的交易行为
——编造、传播虚假信息或者误导信息，扰乱证券市场

1. 禁止任何单位和个人编造、传播虚假信息或者误导性信息，扰乱证券市场。

2. 禁止证券交易场所、证券公司、证券登记结算机构、证券服务机构及其从业人员，证券业协会、证券监督管理机构及其工作人员，在证券交易活动中虚假陈述或者信息误导。

3. 各种传播媒介传播证券市场信息必须真实、客观，禁止误导。传播媒介及其从事证券市场信息报道的工作人员不得从事与其工作职责发生利益冲突的证券买卖。

4. 编造、传播虚假信息或者误导性信息，扰乱证券市场，给投资者造成损失的，应当依法承担赔偿责任。

1. 编造、传播虚假信息或者误导性信息，扰乱证券市场的，没收违法所得，并处以违法所得一倍以上十倍以下的罚款；没有违法所得或者违法所得不足二十万元的，处以二十万元以上二百万元以下的罚款。

2. 在证券交易活动中作出虚假陈述或者信息误导的，责令改正，处以二十万元以上二百万元以下的罚款；属于国家工作人员的，还应当依法给予处分。

3. 传播媒介及其从事证券市场信息报道的工作人员从事与其工作职责发生利益冲突的证券买卖的，没收违法所得，并处以买卖证券等值以下的罚款。

禁止的交易行为——出借账户

任何单位和个人不得违反规定，出借自己的证券账户或者借用他人的证券账户从事证券交易

投资者应当使用实名开立的账户进行交易

出借自己的证券账户或者借用他人的证券账户从事证券交易的，责令改正，给予警告，可以处五十万元以下的罚款

禁止的交易行为
——违规利用财政资金、银行信贷资金买卖证券

财政资金、银行信贷资金

- 禁止使用财政资金和银行信贷资金买卖证券，对于违反该规定购买的证券是否有效及如何处理，《证券法》并没有作出规定。
- 该条主要针对国资背景的投资公司使用财政资金举牌上市公司，某些民营企业通过嵌套或者资管计划利用信贷资金举牌上市，扰乱资本市场的行为。

05 投资者保护制度

投资者保护制度

强化证券公司义务（新增）

- **推介产品、服务：** 证券公司向投资者销售证券、提供服务时，应当按照规定充分了解投资者的基本情况、财产状况、金融资产状况、投资知识和经验、专业能力等相关信息；如实说明证券、服务的重要内容，充分揭示投资风险；销售、提供与投资者上述状况相匹配的证券、服务。
- **损害赔偿责任：** 证券公司违反规定导致投资者损失的，应当承担相应的赔偿责任。
- **举证责任倒置：** 普通投资者与证券公司发生纠纷的，证券公司应当证明其行为符合法律、行政法规以及国务院证券监督管理机构的规定，不存在误导、欺诈等情形。证券公司不能证明的，应当承担相应的赔偿责任。

征集投票权（新增）

- **征集人：** 上市公司董事会、独立董事、持有百分之一以上有表决权股份的股东或者依照法律、行政法规或者国务院证券监督管理机构的规定设立的投资者保护机构。
- **征集投票权行使方式：** 自行或者委托证券公司、证券服务机构，公开请求上市公司股东委托其代为出席股东大会，并代为行使提案权、表决权等股东权利。

【欺诈发行股票、债券罪】

第一百六十条 在招股说明书、认股书、公司、企业债券募集办法中隐瞒重要事实或者编造重大虚假内容，发行股票或者公司、企业债券，数额巨大、后果严重或者有其他严重情节的，处五年以下有期徒刑或者拘役，并处或者单处非法募集资金金额百分之一以上百分之五以下罚金。

单位犯前款罪的，对单位判处罚金，并对其直接负责的主管人员和其他直接责任人员，处五年以下有期徒刑或者拘役。

典型案例：万福生科、绿大地、欣泰电气、金亚科技

【违规披露、不披露重要信息罪】

第一百六十一条 依法负有信息披露义务的公司、企业向股东和社会公众提供虚假的或者隐瞒重要事实的财务会计报告，或者对依法应当披露的其他重要信息不按照规定披露，严重损害股东或者其他人利益，或者有其他严重情节的，对其直接负责的主管人员和其他直接责任人员，处三年以下有期徒刑或者拘役，并处或者单处二万元以上二十万元以下罚金。

1. 对于公司和公司首席执行官、财务总监的约束

（1）*Sarbanes-Oxley Act* (Section 807、1106)、*United States Code* (§1348 Securities Fraud)、*Securities Exchange Act of 1934* (Section 32a)：公众公司欺骗股东、故意进行证券欺诈犯罪的，最高可判处25年监禁，对犯有欺诈罪的个人和公司分别处以最高500万美元和2500万美元罚款。

（2）*Sarbanes-Oxley Act* (Section 802)、*United States Code* (§1519)：故意破坏或捏造文件以阻止、妨碍或影响联邦调查的行为被视为严重犯罪，将处以罚款或判处20年监禁，或予以并罚。

（3）*Sarbanes-Oxley Act* (Section 906、1106)、*United States Code* (§1350)：公司首席执行官和财务总监必须对报送给SEC的财务报告的合法性和公允表达进行保证。遗漏重大财务信息的，对其处以100万美元以下罚款、10年以下监禁或并罚；明知财务报告不符合规定却蓄意签署证明的，处以500万美元以下罚款、20年以下监禁或并罚。

2. 对于会计师事务所的约束

Sarbanes-Oxley Act (Section 802)、*United States Code* (§1520)：执行证券发行的会计师事务所的审计和复核工作底稿至少应保存5年。任何故意违反此项规定的行为，将予以罚款或判处20年入狱，或予以并罚。

安然财务舞弊案

1. 涉事公司：安然公司被罚款5亿美元，股票被从道琼斯指数除名并停止交易，安然公司宣告破产。
2. 安然公司首席执行官杰弗里·斯基林被判刑24年并罚款4500万美元；财务欺诈策划者费斯托被判6年徒刑并罚款2380万美元；公司创始人肯尼思莱虽因诉讼期间去世被撤销刑事指控，但仍被追讨1200万美元的罚款。安然公司的投资者通过集体诉讼获得了高达71.4亿美元的和解赔偿金。
3. 审计机构：有89年历史并位列全球五大会计师事务所的安达信因帮助安然公司造假，被判处妨碍司法公正罪宣告破产，同时，安达信被处以50万美元罚款，禁止在5年内从事业务，从此全球五大事务所变成"四大"。
4. 投行：三大投行遭到重罚，花旗集团、摩根大通、美洲银行因涉嫌财务欺诈被判有罪，向安然公司的破产受害者分别支付20亿、22亿和6900万美元的赔偿罚款。